O IMPÉRIO DA NECESSIDADE

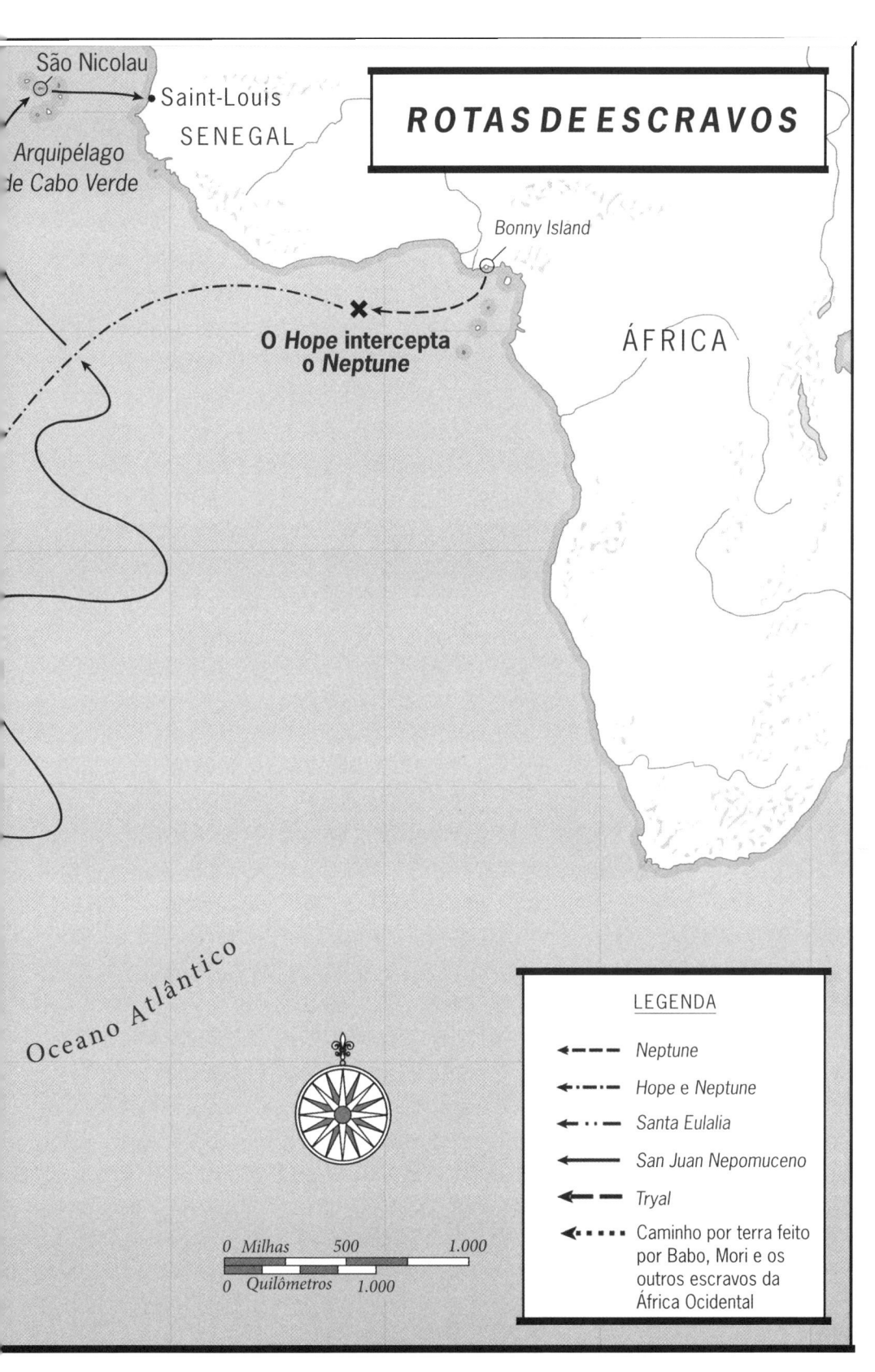

GREG GRANDIN

O IMPÉRIO DA NECESSIDADE
ESCRAVATURA, LIBERDADE E ILUSÃO NO NOVO MUNDO

Tradução de Ana Deiró

Rocco

Título original
THE EMPIRE OF NECESSITY
Slavery, Freedom, and Deception in the New World

Copyright © 2014 by Greg Grandin

Todos os direitos reservados.

Direitos para a língua portuguesa reservados
com exclusividade para o Brasil à
EDITORA ROCCO LTDA.
Av. Presidente Wilson, 231 – 8º andar
20030-021 – Rio de Janeiro – RJ
Tel.: (21) 3525-2000 – Fax: (21) 3525-2001
rocco@rocco.com.br | www.rocco.com.br

Printed in Brazil/Impresso no Brasil

Revisão técnica: Bruno Garcia

Preparação de originais: Vivian Manheimer

Design de capa: Rick Pracher
Imagem de capa: François-Auguste Biard (1798-1882),
Slaves on the West Coast of Africa, c. 1833,
© Wilberforce House, Hull City Museums and
Art Galleries, UK / The Bridgeman Art Library

CIP-Brasil. Catalogação na fonte.
Sindicato Nacional dos Editores de Livros, RJ.

G78i
  Grandin, Greg, 1962-
    O império da necessidade: escravatura, liberdade e ilusão no Novo Mundo / Greg Grandin; tradução de Ana Deiró. – 1ª ed. – Rio de Janeiro: Rocco, 2014.

    Tradução de: The empire of necessity
    ISBN 978-85-325-2943-5

    1. Delano, Amasa, 1763-1823. 2. Escravidão – América do Sul – História – Séc. XIX. 3. Comércio de escravos – América do Sul – História – Séc. XIX. I. Título.

14-13869   CDD – 306.3
                                            CDU – 316

O texto deste livro obedece às normas do
Acordo Ortográfico da Língua Portuguesa.

Para Eleanor

Buscando conquistar uma liberdade maior, o homem apenas amplia o império da necessidade.

> Autor desconhecido, usado como epígrafe de
> "The Bell-Tower", de Herman Melville.

SUMÁRIO

INTRODUÇÃO   *13*

PARTE I: PEIXE PRESO

1 – Falcões à espreita   *27*
2 – Mais liberdade   *37*
3 – Um leão sem coroa   *46*
4 – Corpo e alma   *54*
5 – Uma conspiração de levante e tiros   *66*
INTERLÚDIO: Nunca consegui olhar para a morte sem calafrios   *72*

PARTE II: PEIXE SOLTO

6 – Um guia para o êxtase   *79*
7 – O sistema de nivelamento   *90*
8 – Sonhos dos Mares do Sul   *96*
INTERLÚDIO: O negro sempre terá algo de melancólico   *110*

PARTE III: O NOVO EXTREMO

9 – O comércio de peles   *117*
10 – Decadência   *127*
11 – A travessia   *134*

12 – Diamantes nas solas dos pés   *139*
INTERLÚDIO: A percepção do céu   *146*

PARTE IV: ADIANTE

13 – Matando focas   *153*
14 – Isolados   *164*
15 – Uma terrível autoridade   *181*
16 – A escravidão tem graus   *191*
INTERLÚDIO: Um alegre repasto   *197*

PARTE V: SE DEUS QUISER

17 – Noite do poder   *201*
18 – A história do *San Juan*   *213*
19 – A seita maldita de Maomé   *217*
INTERLÚDIO: O abominável, desprezível Haiti   *229*

PARTE VI: QUEM NÃO É UM ESCRAVO?

20 – Desespero   *235*
21 – Ilusão   *243*
22 – Retaliação   *252*
23 – Condenação   *257*
INTERLÚDIO: A maquinaria da civilização   *275*

PARTE VII: AVARIA GROSSA

24 – Lima ou a lei da avaria grossa   *279*
25 – A Ditosa   *289*
26 – Solidão   *294*
EPÍLOGO: Os Estados Unidos de Herman Melville   *305*
Notas sobre fontes e outros temas   *315*
Arquivos consultados   *335*
Notas   *339*
Agradecimentos   *393*
Créditos das ilustrações   *397*

INTRODUÇÃO

*Quarta-feira, 20 de fevereiro de 1805,
pouco depois do nascer do sol, no Pacífico Sul*

O CAPITÃO AMASA DELANO ESTAVA DEITADO EM SEU CATRE QUANDO SEU oficial de quarto veio avisar que uma embarcação tinha sido avistada se aproximando pela ponta de Santa María, uma pequena ilha inabitada na costa do Chile. Quando Delano acabou de se vestir e subiu, o "estranho navio", como ele mais tarde o descreveu, tinha afrouxado as velas e naquele momento estava à deriva com o vento, em direção a uma ponta de rocha submarina. Para sua perplexidade, não trazia bandeira. Parecia estar em situação difícil e, caso se aproximasse mais dos rochedos, ficaria em perigo. Delano apressadamente mandou carregar um bote com água, abóboras e peixe fresco. Ordenou que baixassem o bote ao mar e embarcou.

O tempo naquela madrugada estava encoberto e corria uma brisa constante, mas o raiar do sol revelou uma baía calma. Do outro lado da ilha, de onde veio a misteriosa embarcação, o mar estava revolto. Ondas infindáveis, recifes pontiagudos submersos e penhascos íngremes tornavam a costa impenetrável, proporcionando refúgios para as focas que em outras partes tinham sido caçadas quase até a extinção. Mas no leste da ilha, onde o *Perseverance* havia ancorado, o mar estava tranquilo, o fim do verão no Hemisfério Sul oferecia uma harmonia reconfortante de tons de terra, marrons, solos reluzentes, um mar esverdeado e céus azuis sem nuvens.

Altos promontórios cobertos de cardos silvestres vermelhos protegiam uma enseadinha arenosa, um porto seguro usado por caçadores de focas e baleias para se reunir, entregar sacos de correspondência para navios que retornavam a seus países e refazer os estoques de água e lenha.

À medida que o bote se aproximava do tal veleiro, Delano pôde ver o nome *Tryal*, pintado em inglês em letras brancas desbotadas ao longo da proa. Ele também pôde ver que o convés estava cheio de pessoas de pele negra, que pareciam ser escravos. E quando subiu a bordo, o capitão nativo da Nova Inglaterra, de pele de alabastro, se viu rodeado por dezenas de africanos, alguns marinheiros espanhóis e mulatos contando suas "histórias" e compartilhando "mazelas" numa Babel de línguas.

Eles falavam wolof, mandinga, fula e espanhol, uma torrente de palavras indecifrável no detalhe, mas bastante tranquilizadora para Delano. Um pouco antes, quando seus homens remavam em direção ao navio, ele tinha observado que as velas estavam todas rasgadas. O que deveria ter sido uma rede ordenada de cordame e talhame era agora uma mistura lanosa desencontrada. O casco, calcificado, coberto de musgo, e arrastando uma longa esteira de algas marinhas, tinha um tom esverdeado. Mas ele sabia que era um ardil comum de piratas fazer seus navios parecerem em dificuldades, de modo a atrair vítimas a bordo. Napoleão tinha acabado de se coroar imperador dos franceses, Madri e Paris estavam em guerra com Londres, e corsários andavam atacando navios mercantes ao bel-prazer, mesmo no distante Pacífico Sul. Agora, contudo, rostos encovados e olhos frenéticos confirmavam que o sofrimento era real, e transformavam os temores de Delano em "sentimentos de pena".

Amasa Delano ficou a bordo do *Tryal* durante cerca de nove horas, de aproximadamente sete da manhã até pouco depois das quatro da tarde. Havia mandado sua equipe de volta para a ilha para encher os barris do *Tryal* de água, e assim passou a maior parte do dia sozinho em meio aos viajantes, conversando com o capitão, ajudando a distribuir a comida e a água que havia trazido, e cuidando do navio para que não ficasse à deriva. Delano, um primo distante de Franklin Delano Roosevelt, de uma família respeitada de armadores e pesqueiros da costa de Massachusetts, era um homem do mar experiente que estava no meio de sua terceira navegação ao redor do mundo. Mesmo assim, não conseguiu perceber que eram os escravos do *Tryal*, e não o homem que se apresentou como capitão, que estavam no comando.

Liderados por um homem mais velho chamado Babo e seu filho, Mori, os africanos ocidentais tinham tomado o controle do *Tryal* quase dois meses antes e executado a maior parte dos tripulantes e passageiros, junto com o comerciante de escravos que os estava levando para Lima. Então fizeram com que Benito Cerreño, o dono e capitão do navio, os levasse para o Senegal. Cerreño havia se esquivado, temeroso de fazer a travessia do Cabo Horn com apenas alguns marinheiros e um navio cheio de escravos amotinados. Ele havia navegado primeiro subindo e depois descendo pela costa chilena, antes de cruzar com o *Perseverance* de Delano. Os escravos poderiam ter lutado ou fugido. Em vez disso, Babo propôs um plano. Os africanos permitiram que Delano subisse a bordo e se comportaram como se ainda fossem escravos. Mori se manteve ao lado de Cerreño e fingiu ser um criado humilde e devoto. Cerreño fingiu ainda estar no comando, inventando uma história sobre tempestades, calmarias e febres para justificar o estado do navio e a ausência de qualquer oficial, exceto ele próprio.

Delano não sabia o que pensar de Cerreño. Continuava a se sentir incomodado na presença dele, mesmo depois de ter-se convencido de que não era um bandido. Delano confundiu o olhar vago de Cerreño – efeito de fome, sede e de quase dois meses sob a ameaça de morte, depois de ter presenciado a execução da maioria de sua tripulação – com desdém, como se o espanhol de aparência aristocrática, vestindo um paletó de veludo e calça larga preta, se achasse bom demais para conversar com um homem da Nova Inglaterra vestindo uma jaqueta de marinheiro. Os africanos, especialmente as mulheres, também deixavam Delano pouco à vontade, embora ele não soubesse dizer por quê. Havia quase trinta mulheres a bordo, entre elas mulheres mais velhas, mocinhas e cerca de nove mães amamentando bebês de colo. Depois que a comida e a água foram distribuídas, as mulheres pegaram seus bebês e se reuniram na popa, onde começaram a entoar um canto fúnebre com uma melodia que Delano não reconheceu. Ele também não compreendia a letra, embora a canção tenha produzido nele um efeito oposto ao do coro tranquilizador de línguas misturadas que o havia acolhido na chegada.

Também havia o criado de Cerreño, Mori, que nunca saía do lado de seu senhor. Quando os dois capitães desceram para a coberta, Mori os seguiu. Quando Delano pediu a Cerreño que mandasse o escravo se retirar, de modo que pudessem ter uma conversa a sós, o espanhol se recusou. O africano era seu "confidente" e "companheiro", insistiu, e Delano podia falar livremente na frente dele. Mori era, disse Cerreño, "capitão dos escravos". De início, Delano achou graça na atenção que Mori dedicava às necessidades de seu senhor. Contudo, começou a se incomodar com sua presença, culpando-o vagamente pelo desconforto que sentia com relação a Cerreño. Delano ficou obcecado com o escravo. Mori, escreveu ele mais tarde, "despertava meu espanto". Outros africanos ocidentais, inclusive o pai de Mori, Babo, estavam sempre por perto, "sempre escutando". Eles pareciam antecipar os pensamentos de Delano, rodeando-o como um cardume de peixes-pilotos, levando-o ora para cá, ora para lá. "Todos eles me olhavam com admiração, como um benfeitor", escreveu Delano em suas memórias, *A Narrative of Voyages and Travels in the Northern and Southern Hemispheres*, publicadas em 1817, ainda confundindo o que achava da maneira que os rebeldes o viram naquele dia, com como realmente o viram, mesmo doze anos após o acontecido.

Foi somente perto do final da tarde, por volta das quatro horas, depois que seus homens tinham voltado com os alimentos e suprimentos adicionais, que a trama armada pelos africanos se revelou. Delano estava sentado na popa de seu barco de serviço, a ponto de voltar para o *Perseverance*, quando Benito Cerreño saltou do navio para fugir de Mori e veio se espatifar a seus pés. Foi naquele ponto, depois de ouvir a explicação de Cerreño para todas as coisas estranhas que tinha visto no *Tryal*, que Delano se deu conta da extensão do engano. Ele então preparou seus homens para reagir e desencadear um terrível ato de violência.[1]

COM O PASSAR DOS ANOS, este caso notável – na verdade uma pantomima com elenco completo, em um ato de nove horas, sobre a relação senhor/escravo desempenhada por um grupo de homens e mulheres desesperados, famintos e sedentos, a maioria dos quais não falava a língua de seus pretensos captores – inspirou um grande número de escritores, poetas e novelistas, que viram na encenação lições para seu tempo. O poeta chileno

Pablo Neruda, por exemplo, acreditava que a audácia dos escravos refletia a inconformidade da década de 1960. Nos últimos anos de vida, Neruda começou a escrever primeiro um poema longo e depois um roteiro de cinema que ele intitulou "Babo, o Rebelde". Mais recentemente, em 1996, o uruguaio Tomás de Mattos escreveu um romance no estilo caixa chinesa, *La Fragata de las máscaras*, que usava o engodo como uma metáfora para um mundo onde a realidade não era o que estava escondido por trás da máscara, mas a própria máscara em si.[2]

No entanto, de longe a história mais famosa inspirada pelos acontecimentos no *Tryal* e uma das mais impressionantes obras escritas da literatura norte-americana, é *Benito Cereno*, de Herman Melville. Quer ele tenha ficado impressionado com a artimanha dos escravos ou intrigado com a ingenuidade de Amasa Delano, Melville pegou o capítulo 18 do longo livro de memórias de Amasa Delano, "Particulars of the Capture of the Spanish Ship *Tryal*", e o transformou no que muitos consideram sua outra obra-prima.

Melville usa o próprio navio fantasmagórico para criar o cenário, descrevendo-o como se tivesse vindo não do outro lado da ilha, mas das profundezas, envolto em mantos de vapor, movimentando-se "como um carro fúnebre", deixando um rastro de "grinaldas escuras de algas", sua corrente de âncora enferrujada parecendo corrente de escravos e suas balizas expostas através do casco como ossos. Os leitores sabem que o mal está a bordo, mas não sabem quem ou o que ele é ou onde poderia estar à espreita.[3]

Exceto por um final totalmente inventado, *Benito Cereno*, publicado em capítulos numa revista chamada *Putnam's Monthly* no final de 1855, é em grande medida fiel ao relato de Delano: depois que a artimanha é revelada, o navio é capturado e seus rebeldes, entregues às autoridades espanholas. Mas são os acontecimentos no navio, que ocupam dois terços da história, que levaram os críticos da época a comentarem sobre sua "estranha narrativa" e a descreverem sua leitura como um "horror crescente".[4]

A maior parte de *Benito Cereno* é ficção de Delano. Páginas e páginas dedicadas aos devaneios dele, e os leitores vivenciam o dia a bordo do navio – que Melville enche de estranhos rituais, comentários misteriosos, símbolos peculiares – como ele o vivencia. Melville mantém em segredo, do mesmo modo que foi mantido em segredo para Delano, o fato de os escravos serem fugitivos. E como o Delano real, a versão de Melville fica pasma com o relacionamento do capitão espanhol com seu criado pessoal negro. Na história, Melville combina o Babo e o Mori históricos em um único personagem chamado Babo, descrito como um homem magro de rosto aberto. A ideia de que o africano pudesse estar não só em pé de igualdade com o capitão espanhol, mas ser seu senhor estava além da compreensão de Delano. Amasa observa Babo cuidar delicadamente do indisposto Cereno, vestindo-o, limpando cuspe de sua boca e aconchegando-o em seus braços negros quando ele parece desmaiar. "Enquanto senhor e criado estavam postados diante dele, o negro sustentando o branco", escreve Melville, "o capitão Delano não pôde deixar de refletir sobre a beleza daquele relacionamento capaz de apresentar tamanho espetáculo de fidelidade de um lado e de confiança de outro." A certo ponto Melville faz Babo lembrar Cereno de que está na hora de fazer a barba, e então faz o escravo torturar psicologicamente o espanhol com uma navalha, enquanto Amasa, sem desconfiar de nada, assiste.

Melville escreveu *Benito Cereno* entre o fracasso de venda e crítica de *Moby-Dick* em 1851 e o início da Guerra Civil Americana em 1861, em um momento em que parecia que o autor e o país estavam enlouquecendo. Limitado a um dia e ao convés de uma escuna de tamanho médio, o conto transmite uma claustrofobia que poderia ser aplicada a Melville (ele tinha nesta altura se isolado do mundo, no "norte frio" de sua fazenda de Berkeshire) ou a uma nação presa, apanhada numa cilada (como Amasa Delano foi apanhado numa cilada) de seus próprios preconceitos, incapaz de ver e assim evitar o conflito que se aproxima. Pouco depois de acabar de escrevê-lo, Melville sofreu um colapso e a América entrou em guerra. É uma história forte.[5]

De fato, tão forte que é fácil esquecer que o incidente original em que é baseada não ocorreu nos anos 1850, às vésperas da Guerra Civil, nem nos recintos habituais onde historiadores dos Estados Unidos estudam a escravatura, como num navio no Atlântico ou numa *plantation*. Aconteceu no Sul do Pacífico, a oito mil quilômetros de distância do centro nevrálgico da escravatura americana, décadas antes que o comércio negreiro se expandisse no Sul e avançasse rumo ao Oeste, e não envolvia um senhor de escravos racista ou paternalista, mas, em vez disso, um republicano da Nova Inglaterra que se opunha à escravidão. Os acontecimentos no *Tryal* iluminam não uma América a caminho da Guerra Civil, mas um momento anterior, a Era da Revolução, ou a Era da Liberdade. A revolta dos escravos ocorreu no final de 1804, quase que exatamente na metade do caminho entre a Revolução Americana e as guerras hispano-americanas pela independência, um ano depois de o Haiti se declarar livre, criando a segunda república das Américas e a primeira de todos os tempos em qualquer lugar, nascida de uma rebelião de escravos.

EDMUND MORGAN, DE YALE, nos anos 1970, foi um dos primeiros historiadores modernos a explorar plenamente o que ele chamou de "paradoxo central" dessa Era da Liberdade: ela também foi a Era da Escravidão. Morgan estava se referindo especificamente à Virgínia colonial, mas o paradoxo pode ser aplicado a todas as Américas, do Norte e do Sul, do Atlântico ao Pacífico, como revela a história que conduz aos acontecimentos no *Tryal* e o próprio episódio em si. O que era verdade para Richmond não era menos verdade para Buenos Aires e Lima – que liberdade para muitos era a liberdade de comprar e vender pessoas negras como bens.[6]

Para ser exato, a Espanha trazia africanos escravizados para as Américas desde o início dos anos 1500, muito antes que o republicanismo subversivo, juntamente com todas as qualidades atribuídas a um homem livre – direitos, interesses, livre-arbítrio, virtude e consciência pessoal – começasse a se espalhar pelos Estados Unidos. Mas a partir da década de 1770, o tráfico de escravos passou por uma transformação impressionante. A Coroa espanhola começou a liberalizar sua economia colonial e as comportas se abriram. Comerciantes de escravos começaram a importar africanos para o continente de todas as maneiras que podiam, trabalhando com corsários para descarregá-los em praias vazias e enseadas escuras, transportando-os rios acima para as planícies e contrafortes do interior e levando-os em marcha forçada por terra. Os mercadores foram rápidos em adotar a nova linguagem associada à economia do *laissez-faire* para exigir o direito de importar ainda mais escravos. E eles não mediram palavras para dizer o que queriam: queriam *más libertad, más comercio libre de negros* – mais liberdade, mais comércio livre de negros.

Mais escravos, inclusive Babo, Mori e outros rebeldes do *Tryal*, chegaram ao Uruguai e à Argentina em 1804 do que em qualquer ano anterior. Na ocasião em que Amasa estava navegando pelo Pacífico, uma "febre de comércio de escravos", nas palavras de um historiador, havia se disseminado de Buenos Aires a Lima. Cada região das Américas tem sua própria história de escravatura, com seus próprios ritmos e pontos altos, mas tomando o Hemisfério Ocidental como um todo, o que estava acontecendo na América do Sul no princípio do século XIX era parte de uma explosão do tráfico de escravos no Novo Mundo que havia começado anteriormente, no Caribe, e estava bastante avançada no Brasil, colônia de Portugal, e, depois de 1812, atingiria o Sul dos Estados Unidos com força especial, com o movimento do algodão e do açúcar na Louisiana, atravessando o Mississippi na direção do Texas.

Tanto nos Estados Unidos como na América Espanhola, o trabalho escravo produziu riqueza que tornou possível a independência. Mas a escravatura não era apenas uma instituição econômica. Também era uma instituição psíquica e imaginativa. Em uma época em que a maioria dos homens e quase todas as mulheres viviam alguma forma de ausência de liberdade – presos por obrigação, seja a contratos de aprendizagem, contratos por dívida, arrendamentos de terras, casas de trabalho ou cadeias, a um marido ou a um pai –, definir o que era a liberdade podia ser difícil. Dizer o que não era, contudo, era fácil: "um escravo da Guiné." O ideal do homem livre, portanto, respondendo por sua própria consciência pelo controle de suas próprias paixões interiores, livre para buscar seus próprios interesses – o homem racional que se encontrava no centro de um mundo esclarecido –, era aprimorado em oposição ao seu contrário fantasiado: um escravo, preso tanto a seus apetites quanto o era ao seu senhor. Por sua vez, a repressão do escravo era uma metáfora conhecida para a maneira como a razão e a vontade devem reprimir desejos e impulsos se quisermos ser realmente livres e capazes de reivindicar uma posição de igualdade em uma civilização de homens igualmente livres.[7]

Poderia parecer uma abstração dizer que a Era da Liberdade também foi a Era da Escravidão. Mas considerem os seguintes números: dos 10.148.288 africanos de que se tem conhecimento embarcados em navios negreiros com destino às Américas entre 1514 e 1866 (de um total que historiadores estimam ser de no mínimo 12.500.000), mais da metade, 5.131.385, foram embarcados depois de 4 de julho de 1776.[8]

O *PAS DE TROIS* NO PACÍFICO SUL entre o nativo da Nova Inglaterra Amasa Delano, o espanhol Benito Cerreño e o africano ocidental Mori, coreografado por Babo, é dramático o suficiente para provocar espanto em qualquer historiador, capturando o choque de povos, economias, ideias e fés que era a América do Novo Mundo no início do século XIX. O fato de Babo, Mori e alguns de seus companheiros serem muçulmanos significa que três das grandes religiões monoteístas do mundo – o catolicismo de Cerreño, o protestantismo de Delano e o islã dos africanos ocidentais – se confrontaram no navio-palco.

Além de pura audácia, o que é mais fascinante com relação ao engano de um dia inteiro é a maneira como expõe uma falsidade maior, na qual todo o edifício ideológico da escravatura se apoiava: a ideia não apenas de que escravos eram leais e simplórios, mas que não tinham vidas ou pensamentos independentes ou, se eles tivessem um eu interior, este também estava submetido à jurisdição de seus senhores, era também propriedade, que o que se via por fora era o que existia por dentro. Os africanos usaram talentos que seus senhores diziam que eles não possuíam (astúcia, razão e disciplina) para mostrar a inconsistência dos estereótipos nos quais os encaixavam (simplórios e leais). Naquele dia a bordo do *Tryal*, os escravos rebeldes é que foram os senhores de suas paixões, capazes de adiar seus desejos de, digamos, vingança ou liberdade imediata, e controlar seus pensamentos e emoções para desempenhar seus papéis. Mori em particular, como um oficial espanhol que examinou o caso escreveu posteriormente, "era um homem habilidoso que representou com perfeição o papel de um escravo humilde e submisso".[9]

O homem que eles enganaram, Amasa Delano, estava no Pacífico caçando focas, uma indústria predatória, sangrenta e, por um breve período, tão lucrativa quanto a pesca de baleias, mas ainda mais predatória. É tentador pensar nele como o primeiro de uma longa fila de americanos inocentes no exterior, ignorantes das consequências de suas ações, ao mesmo tempo que levam a si mesmos e todos ao redor à ruína. Delano, contudo, é uma figura mais envolvente. Nascido no movimento ascendente do otimismo cristão que deu origem à Revolução Americana, um otimismo que afirmava que os indivíduos estavam no comando de seus destinos, na vida após a morte e nesta vida, ele encarnava todas as possibilidades e limites daquela revolução. Quando inicialmente partiu da Nova Inglaterra como marinheiro, levava com ele as esperanças da juventude. Acreditava que a escravatura era uma relíquia do passado, certamente destinada a desaparecer. Contudo suas ações no *Tryal*, a descida de sua tripulação ao barbarismo e seu comportamento nos meses que se seguiram falavam de um futuro por vir.

HERMAN MELVILLE PASSOU QUASE toda sua carreira de escritor refletindo sobre o problema da liberdade e da escravidão. Contudo ele o fez na maior parte do tempo de forma elíptica, com a intenção, aparentemente, de separar a experiência das peculiaridades de cor de pele, economia ou geografia. Ele raramente escrevia sobre a servidão humana como uma instituição histórica com vítimas e algozes, mas sim como uma condição comum a todos. *Benito Cereno* é uma exceção. Mesmo em tal obra, embora Melville, ao obrigar o leitor a adotar a perspectiva de Amasa Delano, esteja menos preocupado em expor horrores sociais específicos do que em revelar a ilusão fundamental da escravidão – não apenas a fantasia de que alguns homens eram escravos naturais, mas a de que outros podiam ser absolutamente livres. Percebe-se na leitura de *Benito Cereno* que Melville sabia, ou temia, que a fantasia não iria acabar, que depois da abolição, se a abolição um dia viesse, ela se adaptaria às novas circunstâncias, tornando-se ainda mais enganosa, ainda mais enraizada nas questões humanas. É esta percepção, este temor, que faz com que *Benito Cereno* seja uma história tão duradoura – e Melville um avaliador tão astuto do verdadeiro poder e legado durador da escravidão.

Tomei conhecimento de que *Benito Cereno* era baseado em fatos reais quando escolhi a história para um seminário que lecionei sobre o excepcionalismo norte-americano. Aquela turma explorou como uma ideia geralmente atribuída só aos Estados Unidos – de que a América tinha uma missão providencial, um destino manifesto, de conduzir a humanidade a um novo amanhecer – era na verdade pensada por todas as repúblicas do Novo Mundo. Comecei a pesquisar a história por trás de *Benito Cereno*, pensando que um livro que se concentrava estritamente na rebelião e no estratagema podia ilustrar muito bem o papel que a escravidão desempenhava em autoentendimentos daquele tipo. Mas quanto mais eu tentava compreender o que havia acontecido a bordo do *Tryal*, e quanto mais eu tentava descobrir os motivos e valores dos envolvidos, de Benito Cerreño, Amasa Delano e, sobretudo, de Babo, Mori e dos outros africanos ocidentais, mais convencido ficava de que seria impossível contar a história – ou, melhor dizendo, impossível transmitir o significado da história – sem apresentar o contexto mais amplo. Eu a todo momento me via impelido a avançar pelo campo da atividade humana e da crença não imediatamente ligadas à escravidão, por exemplo, a pirataria, a caça às focas e o islã. Esta é a grande questão quando examinamos a escravatura norte-americana; ela nunca se limitou apenas à escravidão.

EM SUAS MEMÓRIAS, DELANO usa um termo de marinheiros agora obsoleto, "mercado de cavalos", para descrever o amontoado explosivo de marés convergentes, forte o suficiente para afundar navios. É uma boa metáfora. Era nisso que as pessoas a bordo do *Tryal* estavam presas, um "mercado de cavalos" de correntes históricas se chocando, de livre comércio, de expansão norte-americana, e escravidão, e de ideias conflitantes de justiça e fé. As rotas diferentes que conduziram todos os envolvidos no drama para o Pacífico revelam exatamente o paradoxo de liberdade e escravidão na América, tão persuasivo que podia capturar não só escravos e mercadores de escravos, mas também homens que não eram nem uns nem outros.

PARTE I
PEIXE PRESO

Primeiro: O que é um peixe preso? Vivo ou morto, um peixe é tecnicamente preso quando conectado a um navio ou barco, por todo e qualquer meio controlável pelo ocupante ou ocupantes – um mastro, um remo, um cabo de nove polegadas, um fio de telégrafo ou um fio de teia de arame, dá tudo no mesmo.

— HERMAN MELVILLE, *MOBY-DICK*

CAPÍTULO 1

FALCÕES À ESPREITA

No início de janeiro de 1804, um pirata francês de um braço só chegou no porto de Montevidéu. Os espanhóis de sua tripulação multinacional tinham dificuldade de dizer o nome dele, de modo que o chamavam de capitão Manco – *manco* sendo o termo genérico em espanhol para aleijado. François-de-Paule Hippolyte Mordeille não se incomodava com o apelido. Era do posto que ele não gostava.

Mordeille era um navegador jacobino. Ele comandava homens que usavam cinturões vermelhos, cantavam a Marselhesa e trabalhavam no convés ao ritmo de canções revolucionárias, *Longa vida à República! Morte para todos os reis da terra! Enforquem todos os aristocratas na verga!* Comandando navios chamados *Le Brave Sans-Culottes*, *Révolution* e *Le Démocrat*, ele patrulhava a costa da África da Île de France (hoje Maurício) no Oceano Índico até o Senegal, no Atlântico, perseguindo os inimigos da Revolução Francesa e protegendo seus amigos. Mordeille, fiel ao seu espírito republicano, preferia ser chamado de *citoyen* – cidadão – ou *Citoyen Manco*, se necessário. Mas não de *capitão*.

Navegando para o sul desde o Brasil, Mordeille embicou para estibordo e contornou a costa enquanto entrava no Rio da Prata, a grande estrada de água que leva a Montevidéu, Buenos Aires e a pontos mais além. O largo golfo parecia acolhedor. Mas era raso, cheio de recifes e pedregulhos. Seus afluentes de águas rápidas – era a foz de vários rios – corriam por algumas das regiões mais secas da América do Sul, despejando toneladas

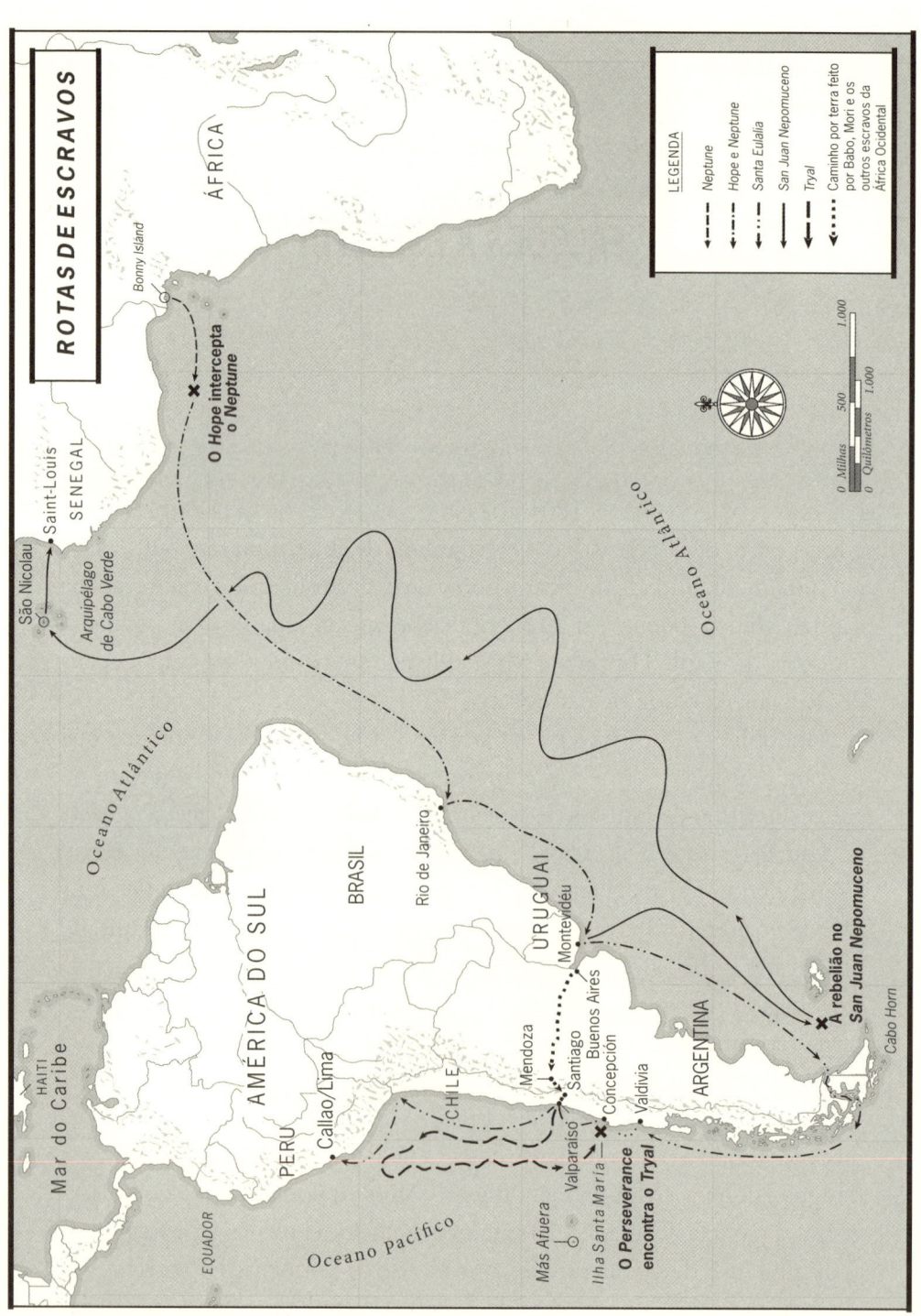

de sedimentos no estuário, levantando bancos de areia e redirecionando rotas marítimas. Fortes ventos trazendo nuvens escuras vindos dos pampas eram especialmente traiçoeiros (no original, é inserido aqui o mesmo mapa da contracapa) quando batiam na água na maré baixa. Alguns anos antes um vendaval tempestuoso havia destruído oitenta e seis navios de uma só vez. Mesmo a margem norte, considerada a rota mais segura e ao longo da qual Mordeille navegou, era conhecida como "costa do carpinteiro", uma vez que tais profissionais que trabalhavam com madeira ganhavam a vida recuperando e reutilizando caibros de navios danificados trazidos pelas águas.[1]

Das duas cidades do Rio da Prata, Buenos Aires, situada mais para o interior na margem sul, era mais rica. No entanto, os marinheiros prefeririam Montevidéu, na margem norte. Era abarrotada de cascos de navios afundados e ainda não tinha um cais nem um píer, mas seu porto era mais profundo que o leito de rio raso ao largo de Buenos Aires e, portanto, preferível para carregar e descarregar. Mordeille entrou velejando, pilotando seu navio, o *Hope*, pelas águas lamacentas da baía, até encontrar ancoragem segura. Atrás dele vinha o *Neptune*, um navio que Mordeille e sua tripulação haviam capturado perto da baía de Biafra.[2]

COM FUNDO DO CASCO de cobre, estrutura de teca, três mastros e três conveses, o *Neptune* de 343 toneladas com um talha-mar pontudo de ângulo afiado adornado por uma carranca com belo trabalho de entalhe: um leão sem coroa, como os espanhóis mais tarde descreveriam a figura de proa. Era grande e parecia um navio de combate. Seu propósito, contudo, era transportar carga, e não guerrar. Não era adversário à altura de embarcações menores, mais bem armadas como o *Hope*, um fato que seu capitão, David Phillips, descobriu a grande custo.

Enquanto o navio estava ancorado ao largo de Bonny Island, Phillips ouvira relatos de que uma corveta francesa navegava pelas rotas marítimas, se mantendo entre ele e alto-mar. Mas com o porão cheio, decidiu se arriscar a um confronto e partir para Barbados. Quando viu o *Hope* se aproximando rapidamente da popa, Phillips deu ordem de fuga. Mas seu perseguidor foi mais rápido, cortando o navio mercante pela proa, obrigando-o a reduzir a velocidade. Mordeille então deu meia-volta, rizando as velas de sua embarcação e dando de cara com o *Neptune*. Phillips estava sem saída.

Se o objetivo fosse destruir o alvo, a luta teria acabado rapidamente. Mas as regras de corso diziam que Mordeille poderia ficar com toda a carga do *Neptune*, de modo que seus homens apontaram os canhões não para o casco, mas para o estaiamento e as velas. Os tiros continuaram enquanto grumetes corriam de um lado para outro jogando água no convés do *Hope* para impedir que pólvora explodida incendiasse o navio. Um grupo de homens se preparou com machados para tomar o *Neptune* a mão. Armas que não foram necessárias. Uma bala atingiu o leme, tornando impossível conduzir o navio, e, depois de cerca de mais uma hora de disparos, com onze de seus tripulantes mortos e outros dezesseis feridos, e suas velas furadas e cordame em pedaços, o capitão Phillips se rendeu.

Quando os homens de Mordeille abriram a escotilha do porão do *Neptune*, encontraram quase quatrocentos africanos, principalmente meninos e homens com idades entre doze e 25 anos, mas também algumas mulheres e crianças.

Eles estavam acorrentados e vestidos com batas de algodão azul.

Documentos espanhóis indicam que alguns dos rebeldes do *Tryal* estavam entre eles. Mas não dizem quem ou quantos. O nome Mori era comum entre os cativos embarcados em Bonny. De acordo com um banco de dados de nomes africanos, de todos os homens registrados chamados Mori que deixaram a África como escravos, um número grande, pouco menos que 37 por cento, partiu de Bonny. Variações de Babo – Baboo, Babu, Baba e assim por diante – também se encontravam entre os escravos embarcados em portos próximos. Os registros judiciais mencionam os nomes de apenas treze outros participantes no motim, todos homens: Diamelo, Leobe, Natu, Qiamobo, Liché, Dick, Matunqui, Alasan, Tola, Yan, Malpenda, Yambaio, ou Samba e Atufal. Os 57 outros homens e mulheres da África Ocidental a bordo do *Tryal* permanecem anônimos.

A maioria dos homens e mulheres que Mordeille encontrou no *Neptune* já viajava há semanas, em alguns casos meses, navegando ao longo dos afluentes principais e secundários do enorme Níger, uma rede muito extensa alcançando os recônditos do interior. Bonny era uma escala muito procurada naquela época, uma vez que grandes navios de considerável calado podiam ancorar no leito de areia dura e embarcar grandes carregamentos, em alguns casos de até setecentos africanos. O rio era "espaçoso e profundo", relatou um marinheiro inglês na época em que o *Neptune* teria chegado, "mais largo que o Tâmisa". A qualquer momento poderia haver uma fila de até quinze navios, muitos deles de Liverpool, alinhada ao longo da costa da ilha, esperando pelos mercadores de escravos que vinham do interior a cada quinze dias. Os mercadores chegavam em flotilhas de vinte a trinta canoas, cada uma contendo até trinta cativos para serem trocados por armas, pólvora, ferro, tecidos e *brandy*.[3]

Os europeus que trocavam mercadorias por escravos, em Bonny e em outros locais da África Ocidental, não tinham nenhuma ideia de onde os escravos vinham. Ainda em 1803, a Real Companhia Britânica da África instruiu seu agente em Cape Coast Castle, na Costa do Ouro, a oeste de Bonny, a investigar de quem os mercadores africanos compravam seus escravos: eles vinham para a costa em "pequenos grupos" ou "caravanas"? Quais eram os nomes das "cidades ou vilarejos por onde passavam"? As pessoas nestas cidades eram "muçulmanas ou pagãs"? Se eles vinham do "Grande Deserto", qual era o nome de suas tribos? Se vinham "de além do Níger", o que "eles sabiam com relação ao curso do rio"? Eles tinham alguma informação sobre a "grande cadeia de montanhas que se acreditava estender da região dos mandingas até a Abissínia"? Os britânicos tinham estado na Costa do Ouro por mais de cem anos – eles controlavam Cape Coast Castle desde 1664 –, e apesar disso o agente deles podia dar apenas respostas vagas a estas perguntas.[4]

Os africanos embarcados em Bonny, ainda que seus escravizadores não conhecessem sua origem, tinham uma reputação de serem obstinados e dados ao fatalismo. Estas duas qualidades podem parecer contraditórias, mas elas frequentemente resultavam na mesma ação: suicídio. Um médico de navio, Alexander Falconbridge, em sua condenação do tráfico de escravos de 1788, relata o fato de que quinze escravos embarcados em um navio em Bonny se atiraram no meio de um cardume de tubarões, antes que o navio deixasse o porto. Outro viajante em um navio negreiro de Bonny, um garoto que foi mantido acordado pelos "gritos daqueles negros", descreveu três cativos que conseguiram se soltar e saltar pela borda: eles ficaram "dançando em meio às ondas, gritando a plenos pulmões o que me pareceu ser uma canção de triunfo", até que "suas vozes foram se tornando cada vez mais fracas no vento".[5]

O NEPTUNE ERA UM NAVIO negreiro de Liverpool, o que significava que, para Mordeille, sua captura era mais do que potencialmente lucrativa. Era pessoal. O francês havia perdido o braço ao fugir de uma masmorra espanhola, mas tinha sido durante um bloqueio em Portsmouth, depois de ser capturado por um corsário de Liverpool, que ele havia desenvolvido seu "ódio tenaz" pelos britânicos.[6]

Liverpool havia entrado na luta contra o republicanismo com excepcional fervor. Quando chegou a notícia no início de 1793 de que os franceses haviam executado seu rei, Luís XVI, os altos representantes da cidade tinham baixado a bandeira da Grã-Bretanha hasteada sobre a alfândega de Liverpool a meio mastro. O pesar levou à raiva, e a raiva à ação contra os regicidas, para impedir que, advertia um jornal, "o barrete vermelho da liberdade fosse levantado, a bandeira da morte fosse desfraldada, a Marselhesa, entoada, o racionalismo, proclamado, e a deusa e sua guilhotina se tornassem permanentes" em Piccadilly. Os traficantes de escravos, os fazendeiros e os transportadores financiaram uma grande frota mercenária composta de sessenta e sete navios corsários, navios velozes, equipados com vinte canhões ou mais para levar a luta contra o jacobinismo para o mar. Por algum tempo, os navios franceses ficaram à sua mercê.

Mas então Paris começou a pôr em campo seus próprios corsários, inclusive Mordeille, e a ascensão de Napoleão levou a um aprimoramento das forças navais da república. Quando o *Hope* finalmente atacou o *Neptune*, a França não só podia se defender melhor em mar aberto, como podia partir para a ofensiva, atacando navios de carga e negreiros britânicos enquanto estes viajavam indo e vindo das plantações de açúcar do Caribe. Navegando sob uma bandeira holandesa e com uma carta de corso francesa, Mordeille estava entre os mais tenazes destes vingadores, saudado pela imprensa napoleônica como o flagelo de Liverpool: "Mordeille! Mordeille! Pequeno e frágil, mas na hora da luta tem o tamanho e a força dos heróis."[7]

O *Neptune* era de propriedade de John Bolton, um dos maiores financiadores da frota mercenária da cidade e fornecedor de um esquadrão privado de quase seiscentos homens que ele havia batizado de Invencíveis de Bolton, armados para proteger Liverpool de inimigos internos e externos. Nascido como "menino pobre", filho de um boticário de aldeia, iniciou sua carreira como aprendiz de balconista nas Índias Ocidentais e diz a lenda que ele transformou um saco de batatas e um pedaço de queijo no capital inicial do que se tornaria um império do tráfico de escravos. Abandonando sua esposa "de cor" e filhos sem um tostão no Caribe, ele voltou para Liverpool, dividindo o tempo entre seu escritório de contabilidade na Henry Street e a Storrs Hall, uma mansão rural construída no meio de um pomar ornamental em um promontório com bosques e vista para o Lago Windemere, onde recebia políticos conservadores e poetas românticos, inclusive seu amigo William Wordsworth.

Bolton podia ter nascido humilde, mas a riqueza produzida por no mínimo 120 viagens de tráfico de escravos lhe permitiu ser enterrado em um caixão de luxo, envolto em veludo negro cravejado de pregos de prata. Seu cortejo fúnebre conteve

> à frente, oito cavalheiros lado a lado, trezentos meninos da Escola Naval em seis fileiras, duzentos e cinquenta cavalheiros a pé, em seis fileiras, sessenta cavalheiros a cavalo, trinta carruagens particulares em uma fileira. Vários troles. (...) Quatro pranteadores a cavalo. Três coches fúnebres, cada um puxado por quatro cavalos. A carruagem particular do Sr. Bolton, puxada por quatro belos cavalos puro-sangue, fechava o cortejo.

Foi uma memorável despedida ao estilo de Liverpool e observadores relataram que os sinos de St. Luke dobraram com beleza excepcional no dia em que Bolton foi enterrado.[8]

À MEDIDA QUE SE preparavam para fazer a travessia do Atlântico, o *Hope* e o *Neptune* eram contradições flutuantes da Era da Revolução. A bordo de um navio estavam africanos escravizados considerados bens móveis, o que significava que de acordo com algumas interpretações da lei natural do liberalismo eles podiam ser comprados, vendidos e comerciados como carga. A bordo do outro, uma tripulação de matizes variados vivia a promessa da Revolução Francesa de *liberté, égalité* e *fraternité*. Europeus, principalmente franceses e espanhóis, trabalhavam lado a lado com mulatos portugueses de pele escura e negros africanos e haitianos que serviam como artilheiros e mosqueteiros. Eles não atribuíam nenhum título à cor de pele e falavam um dialeto igualitário que soava mais ou menos como francês, mas com vestígios de árabe, espanhol, português e da antiga *langue d'oc*, além de incluir palavras colhidas ao redor do Caribe e das costas oeste e leste da África. O próprio Mordeille, nascido no Mediterrâneo, não longe de Marselha e a uma curta velejada do Norte da África, certa vez foi descrito como sendo "negro como um etíope".[9]

Falando em termos estritos, a linha da cor não dividia o Atlântico entre senhores e escravos. Nas frotas navais e mercantes de todos os impérios e repúblicas marítimas na época, homens de cor – entre eles africanos, ilhéus dos Mares do Sul, árabes, indianos, chineses e negros alforriados norte-americanos – trabalhavam em navios, incluindo navios negreiros, como cozinheiros, grumetes, marinheiros e até, em alguns casos, como capitães. Tampouco a pele branca protegia contra o tipo de poder arbitrário sobre o corpo associado à servidão imposta. Gangues de arregimentadores se espalhavam pelas docas e píeres de cidades portuárias por todo o reino britânico à caça de homens para encher os navios da Marinha Real, que em nada se diferenciavam das gangues de mercadores de escravos que caçavam escravos nas costas e rios da África.[10]

Em Liverpool, vanguarda da reação mercante, sujeitos brutais patrulhavam as ruas, quase sempre liderados por um "oficial dissoluto, mas de aparência determinada, num uniforme maltrapilho e um chapéu velho". Homens fugiam correndo e crianças gritavam só de avistá-los. Rapidamente espalhava-se a notícia de que havia "falcões à espreita". Coitado do pobre marinheiro que não mantivesse sua porta trancada e cortinas fechadas: ele era agarrado como se fosse um criminoso comum, privado de sua liberdade, arrancado de seu lar, de seus amigos, pais, esposa ou filhos, levado às pressas para a casa de *rendez-vous*, examinado, aprovado e enviado para embarcar em um bote, como um negro para um navio negreiro.[11]

Uma vez a bordo de um navio, os marinheiros eram submetidos a um regime tão feudal quanto o *Ancien Régime* e tão brutal quanto o de uma *plantation*. Eles podiam ser chicoteados, alcatroados, submetidos a punições humilhantes e a castigos cruéis, como passar debaixo da quilha – atirados no oceano e arrastados para debaixo do casco, as cracas levando um minuto para fazer o estrago de quinze chicotadas – ou eram executados, obrigados a saltar no mar, ou enforcados com um lais. Mesmo em navios como o *Hope*, que navegava com uma inspiração insurgente e dispensava hierarquia, a autoridade de Mordeille, quer ele fosse chamado de cidadão ou capitão, era absoluta.[12]

O comércio de escravos africanos, contudo, era um tipo de servidão diferente. Não só havia sobrevivido ao despertar da Era da Liberdade, mas estava se expandindo e se tornando ainda mais lucrativo. E assim no *Neptune*, depois de ter sido capturado, os mortos atirados ao mar, os prisioneiros britânicos acorrentados e sua carga de africanos contada, Mordeille fez as contas e calculou que os escravos do navio valiam no atacado, no mínimo, 80 mil pesos de prata (é quase impossível fazer uma conversão para moedas de hoje, mas esta soma principesca era aproximadamente igual ao salário anual dos vice-reis do México e do Peru, os mais altos funcionários espanhóis nas Américas).

Não parece que Mordeille tenha dedicado muito tempo a pensar na contradição, no fato de que era um jacobino convicto, que acreditava nos direitos do homem e nas liberdades do mundo, e ganhava a vida se apropriando de escravos britânicos e vendendo-os aos comerciantes hispano-americanos. Afinal, ele jurava fidelidade não a ideais, e sim à nação francesa, que tinha abolido a escravatura em suas colônias em 1794, mas a reinstitui oito anos depois. O anúncio de Napoleão de tal restituição em 1802 foi breve: "A escravatura será mantida"; o comércio de escravos "terá lugar". Em qualquer caso, as idas e vindas da revolução no que diz respeito à escravatura e à liberdade pouco importavam para o corsário ou, aparentemente, para seus homens.

Quando tudo estava pronto a bordo do *Neptune*, estoque completo, leme reparado, velas danificadas substituídas, estaiamento refeito, os dois navios, o vencedor e sua presa vencida, zarparam para Montevidéu. Os britânicos, inclusive os oficiais, tinham sido postos em um porão, não no que continha os africanos, mas em um menor abaixo do tombadilho superior do *Neptune*.

ATÉ MEADOS DOS ANOS 1770, a maioria dos africanos que fazia a "Passagem do Meio" – a travessia pelo Atlântico até as Índias Ocidentais – não ia muito longe depois que chegava ao Atlântico. Os principais portos de escravos das Américas – Nova Orleans, Havana, Port-au-Prince, Alexandria, Bahia, Rio de Janeiro, Cartagena, Baltimore e Charlestone – eram portais para plantações costeiras, ribeirinhas e em ilhas, fazendas e cidades onde a maioria dos cativos que sobrevivia à viagem passaria o resto da vida.

Mas os africanos trazidos para Montevidéu por Mordeille no *Neptune* chegavam como parte de um novo extremo da escravatura, o motor de uma revolução de mercado que estava remodelando a América Espanhola. Eles já tinham viajado mais de oito mil quilômetros de Bonny até o Rio da Prata. Estavam prestes a ser lançados na maquinaria da corrupção mercantil, embora para eles não fosse haver nenhuma diferença entre o que era chamado de crime e o que se passava por comércio. E para aqueles cativos que continuariam até o Pacífico, inclusive os que acabariam no *Tryal*, nem metade da viagem estava completa.

CAPÍTULO 2

MAIS LIBERDADE

Montevidéu era uma cidade de jardins nos telhados, muito semelhante a como Nathaniel Philbrick descreve Nantucket nos anos 1800. As casas eram todas coladas umas nas outras numa pequena extensão de terra entre uma bela colina e uma baía curva, deixando pouco espaço para jardins. De modo que as mulheres arrumavam plantas e flores ao longo de canteiros nos telhados, onde os homens relaxavam ao anoitecer tomando café e fumando charutos. De baixo vinham as baladas de trovadores passeando pela rua. "O amor é, em geral, o tema destas canções", relatou um viajante inglês.[1]

Outro som subindo das ruas estreitas eram os grandes gritos prolongados de vendedores itinerantes. Estes mascates eram todos escravos, muitos recentemente chegados da África, o que era refletido em suas arengas cantadas quando vendiam empanadas, doces, leite, pães e peixes. Eles trocavam os erres do espanhol por eles africanos e alongavam as vogais em grandiosos cantos fúnebres, como se todo o sofrimento do mundo fosse necessário para anunciar que bolos de cevada tinham sido feitos naquela manhã.

> *Toooltas... toooltitas! Toltitas son de cebáa!*
> (Bolos... bolos... Bolos feitos de cevada!)
> *Chaá que soy negla boba, pala que tanto glita!*
> (Sou um negro chegado direto da África, é por isso que grito!)
> *Toooltas... toooltitas! Ya no me queda ná!*

Esta última frase significava que a mercadoria tinha acabado. Mas sua tradução literal é mais melancólica, especialmente considerando-se as circunstâncias da chegada do vendedor: *Agora não me resta mais nada*. As pessoas livres da cidade tinham que ter gostado daquela mistura de melancolia e comércio, o som agridoce de escravos vendendo suas mercadorias, pois residentes posteriores se lembrariam dessas rimas muito depois dos vendedores desaparecerem das ruas da cidade. No Uruguai, hoje, as crianças as recitam em festas escolares.[2]

Montevidéu era menor que sua extensa cidade irmã, Buenos Aires, que com seus caubóis e tropeiros ainda não tinha certeza sequer se era uma cidade portuária. A zona portuária em Buenos Aires era uma encosta lamacenta de um rio raso, cheia de tavernas, marinheiros bêbados e lixo. Os navios maiores não podiam se aproximar mais que treze quilômetros da costa. A carga tinha que ser posta em pequenas embarcações de serviço, trazidas perto da margem, novamente transferida para vagões anfíbios com grandes rodas que elevavam o fundo dos vagões acima da água, que depois eram puxados por cavalos até a praia. Mais tarde, depois que o rio foi dragado e docas adequadas foram construídas, seus residentes passariam a chamar a si mesmos de *porteños* – pessoas que moram numa cidade portuária. Bem no início dos anos 1800, contudo, a maioria "estava de costas para o rio". Eles olhavam para o interior em direção aos Pampas.[3]

Os moradores de Montevidéu olhavam para o mar. Muitos dos salões nos terraços da cidade eram coroados por uma torre com relógio e telescópio, que quando vistos do porto faziam com que Montevidéu parecesse um monastério fortificado. Os comerciantes subiam em suas torres como monges subindo baluartes, vasculhando os céus em busca de tempestades e o estuário em busca de navios, "muitos sentimentos de ansiedade pela segurança ou chegada esperada de algum navio".[4]

A maioria das mercadorias que entravam e saíam da Argentina, que rapidamente estava se transformando no açougue e na padaria do Atlântico, passava pela baía profunda de Montevidéu. Para fora, iam peles, banha, carne-seca, trigo, bronze, cobre, madeira, cacau, cascas de árvore peruana, chá do Paraguai e vinagre. Entrando, vinham rum de Havana, produtos têxteis de Boston e da Grã-Bretanha, mobília e papel da Inglaterra, chapéus da França, doces e braceletes banhados a ouro de Cádiz, e açúcar, tabaco e álcool destilado do Brasil.

E escravos. Havia uma "fome" de escravos, disse um observador na época, uma "sede". Montevidéu era o porto de escravos oficial do Rio da Prata. Todos os navios negreiros, mesmo se tivessem como destino Buenos Aires, tinham, por lei, que parar lá e ser inspecionados pelo médico do porto e avaliados por um coletor de impostos. Os escravos destinados para portos mais acima no rio seriam transferidos para navios de carga regulares ligando o golfo ao Paraguai. A maioria dos navios negreiros que chegava tinha destino certo, sua carga fazia parte da remessa encomendada por um importador.

Todo dia, contudo, os mercadores subiam em suas torres no telhado para ver o que mais a maré havia trazido, na esperança de ganhar um dinheiro adicional com a chegada não prevista de algum navio. No final de janeiro, um desses comerciantes observou o *Neptune* pouco depois deste ter largado âncora, com o convés cheio do que ele subestimou serem "cento e poucos" escravos. "Duvido que permitam a venda deles", escreveu ele num bilhete para Martín Alzaga, um dos homens mais ricos de Buenos Aires, "mas tenho certeza de que isso vai acontecer de qualquer modo."[5]

QUANDO MORDEILLE CHEGOU A Montevidéu, seu porto em meia-lua estava cheio de homens circulando e de navios arriados na água, com os porões pesados de carga e as velas recolhidas em repouso. Havia um cais movimentado na praia, iluminado por fogueiras de piche, e atrás uma fila de oficinas onde ferreiros e mineiros, carpinteiros, marceneiros, catadores de lixo e calafates reparavam navios para o retorno ao mar. Estivadores, muitos deles escravos de pele negra ou mulata escura, retiravam barris, caixotes e outros escravos dos navios recém-chegados. Nos escritórios de contabilidade dos armazéns da cidade, escriturários e caixas, sentados em cadeiras de espaldar alto, registravam quem devia o que a quem no negócio de transportar seres humanos ao redor da metade do mundo. Eles administravam uma extensa variedade de documentos – notas promissórias, letras de câmbio, extratos de conta-corrente, apólices de seguros, faturas de consignação, recibos de frete e pagamento de impostos – que ligavam os portos do Rio da Prata às cidades do interior, ao Chile e Peru, e na direção inversa, pelo Atlântico, a Londres, Liverpool, Boston, Nova York e aos portos comerciais na África e no Brasil.

Isso era o que os historiadores chamam de revolução de mercado da América espanhola, e os escravos eram o motor que conduzia todo o processo.

Durante séculos, a Coroa espanhola tentou regulamentar o tráfico de escravos, bem como todas as outras atividades econômicas nas Américas. A Espanha proibia suas colônias de comerciar entre si, impedia navios estrangeiros de entrar em portos americanos, proibia mercadores individuais de serem proprietários de suas próprias frotas de navios de carga e limitava a manufatura. Países ou companhias selecionados tinham a concessão do direito de monopólio da importação de escravos, e apenas em alguns portos, principalmente Cartagena, na Colômbia, Veracruz, no México, e Havana, em Cuba. A ideia era impedir o desenvolvimento de uma classe de comerciantes poderosa demais na América, assegurando que suas colônias permanecessem uma fonte de ouro e prata e um mercado para produtos exclusivamente feitos ou embarcados pela Espanha.

De todo modo, essa era a teoria. A prática era outra. O contrabando floresceu desde os primeiros tempos da conquista. A cidade de Buenos Aires foi concebida em corrupção. Durante os primeiros anos do século XVI, seus fundadores espanhóis ganharam muito vendendo por fora parte da prata andina que passava pela cidade rumo à Espanha, e ao longo dos séculos o contrabando constituiu uma grande parcela do comércio do Rio da Prata. Quando um dos primeiros governadores espanhóis tentou acabar com o contrabando de escravos do Brasil por mercadores portugueses, ele foi morto por envenenamento. No final do século XVIII, o comércio ilegal, livre de impostos, grande parte vindo dos novos Estados Unidos ou da Grã-Bretanha, constituía quase metade do comércio do golfo. As mercadorias fluíam entrando e saindo do Atlântico, indo e vindo através da fronteira porosa com o Brasil, e subindo e descendo pelo rio Paraná, que ligava tanto Buenos Aires quanto Montevidéu ao Paraguai.[6]

Os africanos em geral eram o contrabando. Eles podiam ser descarregados à noite numa praia escura mais abaixo na costa de Buenos Aires e levados sem serem percebidos para o mercado da cidade. Ou um importador podia levá-los em marcha forçada para a cidade durante o dia e dizer apenas que eram *negros descaminados* – "negros perdidos" – encontrados em algum lugar no interior, o que significava que a venda deles era isenta de licenças de importação ou do recebimento de impostos. Por vezes, contudo, os africanos eram a cobertura para o que estava realmente sendo contrabandeado, com os comerciantes usando a permissão para importar uma pequena remessa de escravos para esconder uma carga de perfumes de Paris ou picles de Nova York. E em alguns navios britânicos entrando em portos hispano-americanos, marinheiros negros temporariamente fingiam ser escravos, apenas pelo tempo suficiente para convencer os inspetores de alfândega de que eles eram a carga do navio, e não o que estivesse sendo contrabandeado.[7]

No final dos anos 1770, a Espanha estava sob crescente pressão para conceder a seus súditos coloniais *"más libertad"*, mais liberdade econômica. O mundo do Atlântico estava se tornando mais comercializado, com novas oportunidades para os colonizadores se dedicarem ao contrabando e maior abertura para inimigos, como a Grã-Bretanha, progredirem. A Coroa, portanto, precisava encontrar maneiras de regularizar o comércio ilegal, tanto para manter a lealdade de seus súditos colonizadores quanto para deter Londres. Madri também esperava estimular a economia e deste modo gerar mais renda para lutar nas muitas frentes em suas guerras aparentemente intermináveis com algum império. Assim, a começar com a Revolução Americana, a Espanha respondeu a cada explosão de ardor de insurreição, cada declaração de direitos do homem, promulgando mais um decreto de comércio mais livre, inclusive o "livre comércio de negros".[8]

Em novembro de 1776, depois da assinatura em julho da Declaração da Independência na Filadélfia, a Espanha abriu os portos cubanos para navios norte-americanos. Logo em seguida à Revolução Francesa, em 1789, a Coroa permitiu que espanhóis individuais e estrangeiros levassem escravos para os portos de Caracas, Porto Rico, Havana e Santo Domingo. Depois do início da Revolução Haitiana, em 1791, Madri incluiu Montevidéu à lista crescente de portos livres para o comércio de escravos, baixou os impostos sobre a sua venda e permitiu que comerciantes estabelecessem seus preços de acordo com o "princípio" da oferta e da procura, vendendo seus africanos com a "mesma liberdade" com que podiam negociar "qualquer outra mercadoria". Em 1793, o ano em que os franceses executaram seu rei, a Espanha mais uma vez baixou os impostos sobre mercadorias trocadas por escravos, isentando os navios negreiros de taxas de venda e registro, e permitiu que as colônias comerciassem entre si, bem como com o Brasil, colônia de Portugal, para adquirir escravos.[9]

Então, em janeiro de 1804, o Haiti se tornou uma nação independente, tendo derrotado as tropas francesas que tentavam reinstituir a escravatura na ilha. "Ousamos ser livres, permitam-nos assim sermos nós mesmos e por nós mesmos", declararam seus líderes, chocando aqueles que usariam a palavra *liberdade* como liberdade para comprar e vender escravos africanos quando quisessem. Alguns meses mais tarde, a Espanha ampliou os direitos de seus súditos americanos, bem como de quaisquer outros residentes em seus domínios, de enviar seus próprios navios para a África e "comprar negros onde quer que pudessem encontrá-los".*

Os comerciantes do golfo eram notoriamente ambiciosos e quando de fato conseguiram um comércio mais livre usaram a corrupção para ganhar ainda mais. Toda concessão que a Espanha fez para seus súditos americanos só proporcionou novas oportunidades para evitar os cobradores de impostos. Por exemplo, Madri finalmente permitiu aos comerciantes comprar navios construídos no exterior e comerciar diretamente com países neutros ou zarpar direto para a África, comprar africanos e trazê-los de volta, praticamente sem pagar impostos. Mas muitos comerciantes do Rio da Prata achavam mais barato conspirar com armadores de Boston e Providence do que gastar dinheiro para construir suas próprias frotas. Capitães da Nova Inglaterra, ao se aproximarem de Montevidéu ou Buenos Aires em navios carregados de tecidos de Manchester, pistolas de New Haven ou escravos da Costa do Marfim, baixavam a bandeira americana

---

* Nem os comerciantes hispano-americanos, quando pediam mais "liberdade" e "mais comércio livre", nem a Coroa, quando em resposta a essas reivindicações desregulamentou a economia, costumavam invocar a ideia de direitos individuais. Em vez disso, usavam a linguagem da "utilidade", de promover um "bem" maior, como necessário para aumentar a prosperidade do império (ver, por exemplo, Lucena Samoral, *Regulación*, parte 2, pp. 92 e 258). Teólogos espanhóis reconheciam que indivíduos possuíam o que eles chamavam de *fuero* interno, uma esfera de soberania interior, e eles tinham até passado a acreditar, como os pensadores religiosos e filósofos protestantes de língua inglesa, que a busca de lucro pessoal podia gerar virtude pública. Mas a Coroa não aceitava a ideia subversiva do direito natural de que o interesse próprio fosse em si uma virtude.

e hasteavam a bandeira real espanhola, aprontavam seus documentos falsificados e se preparavam para dizer às autoridades portuárias que o navio que estavam comandando era de propriedade de um espanhol local. Uma "venda falsa", era como os capitães da Nova Inglaterra chamavam o procedimento.

Quando Mordeille chegou no *Hope*, com o *Neptune* seguindo atrás, o comércio de escravos no Rio da Prata havia se tornado um vale-tudo. Mais escravos africanos chegaram em 1804 do que em qualquer ano anterior. Em Buenos Aires, o número estava crescendo um terço a cada ano, em Montevidéu dobrava, e em 1804 africanos e americanos de origem africana constituíam mais de 30 por cento da população.[10]

A ESCRAVATURA FOI O MOTOR da revolução de mercado da América espanhola, embora não exatamente da mesma maneira como o foi nas áreas de *plantation* do Caribe, no litoral do Brasil ou, mais tarde, no Sul dos Estados Unidos. Como nestas áreas, africanos e descendentes podiam ser usados para produzir bens de exportação para a Europa, minerar ouro, por exemplo, mergulhar para coletar pérolas no Caribe e no Pacífico, secar peles ou cortar cana.[11] Mas um grande número, talvez até a maioria dos africanos, chegando sob o novo sistema de "comércio livre de negros", era posto para trabalhar gerando mercadorias comerciadas *entre* as colônias.

Africanos e americanos descendentes escravizados abatiam gado e tosquiavam lã nos Pampas da Argentina, fiavam algodão e trabalhavam nos teares em oficinas têxteis na Cidade do México, e plantavam café nas montanhas nos arredores de Bogotá. Eles fermentavam uvas fabricando vinho nos sopés dos Andes e ferviam açúcar peruano para fazer doces. Em Guayaquil, no Equador, trabalhadores de estaleiro escravizados construíam embarcações de carga que eram usadas para transportar trigo chileno para os mercados de Lima. Por todas as cidades prósperas da América espanhola continental, os escravos trabalhavam, com frequência em troca de salários, como trabalhadores braçais, padeiros, oleiros, cavalariços, pedreiros, carpinteiros, curtidores de couro, ferreiros, catadores, cozinheiros e criados. Outros, como os melancólicos ambulantes de Montevidéu, saíam para as ruas, vendendo mercadorias que eles mesmos faziam ou vendiam em troca de comissão.

Não foi somente o trabalho deles que acelerou a comercialização da sociedade. O movimento cada vez maior de escravos para o interior, por todo o continente, a abertura com trabalho escravo de novas estradas e a expansão das antigas interligaram os mercados do interior e criaram circuitos locais de finanças e comércio. Povos escravizados eram ao mesmo tempo investimentos (comprados e depois alugados como trabalhadores), crédito (usados como garantia de empréstimos), propriedade, mercadorias e capital tornando-se uma estranha mistura de valor concreto e abstrato. Garantias para empréstimo e itens de especulação, os escravos também eram objetos de nostalgia, lembranças de um mundo aristocrático fixo, mas em decadência, mesmo que servissem como moeda do novo mundo comercializado. Escravos literalmente faziam dinheiro: trabalhando na Casa da Moeda em Lima, eles pisoteavam mercúrio, misturando-o com minério com os pés nus, levando mercúrio tóxico para dentro de sua corrente sanguínea de modo a amalgamar a prata usada para fazer moedas. E eles eram dinheiro, pelo menos de alguma maneira: não que o valor dos escravos individualmente fosse padronizado com relação a algo intangível chamado dinheiro. Os escravos eram o critério: quando avaliadores calculavam o valor de qualquer *hacienda,* os escravos geralmente representavam metade do valor da propriedade, muito mais valiosos que bens de capital inanimados, como ferramentas e peças de marcenaria.

O mundo estava mudando rapidamente, antigas divisões de hierarquia e status se dissolviam, e escravos, ao lado de animais de criação e terra, com frequência pareciam ser as últimas coisas substanciais. Escravos não apenas criavam riqueza: como itens de consumo para uma classe comerciante em ascensão, eles exibiam riqueza. E uma vez que alguns escravos na América espanhola, especialmente em cidades como Montevidéu e Buenos Aires, recebiam salário, eram também consumidores, gastando seu dinheiro em mercadorias que chegavam em navios com outros escravos ou mesmo até, em alguns casos, consigo mesmos.[12]

CORSÁRIOS FRANCESES COMO HIPPOLYTE MORDEILLE tornavam a promessa de "livre comércio de negros" uma realidade, tanto porque o contrabando em que se destacavam era uma aplicação do princípio, como porque a Espanha, como aliada de Paris nas Guerras Napoleônicas, costumava lhes permitir vender suas presas tomadas dos britânicos nos portos hispano-americanos. As histórias de piratas geralmente os representa como anarquistas, navegando pelo mar "sempre livre" sem estarem presos por nenhuma lei e sem respeitar qualquer tipo de propriedade. Na verdade, eles eram comerciantes capitalistas de vanguarda, ou pelo menos o eram no caso de Buenos Aires e Montevidéu. A partir de 1800, a sociedade comercial local começou a coletar uma taxa informal de seus membros para financiar corsários para protegerem suas cargas contra navios inimigos. Então a sociedade começou a emitir suas próprias cartas particulares de corso, autorizando piratas a capturar e vender mercadorias inimigas. Logo, comerciantes individuais estavam entrando em relações contratuais formais com companhias corsárias incorporadas à França.[13]

Mordeille, que fez viagens para o Rio da Prata durante quase uma década, trabalhava em estreita colaboração com casas comerciais em Cádiz, na Espanha, e comerciantes em Montevidéu e Buenos Aires. Ele leva o crédito de ter sido o pioneiro nos contratos abrangentes de corso do Rio da Prata, que estipulavam os direitos e obrigações de todos os envolvidos – comerciantes, capitão e tripulação – e a porcentagem que cada um receberia com a apreensão de "boas presas", distribuída de acordo com a "hierarquia a bordo e a importância das tarefas que cada um desempenhava". Dinheiro foi levantado, empréstimos foram concedidos, armas e munições, compradas, tripulações, reunidas, e navios, equipados e despachados para capturar a carga de embarcações mercantes com bandeiras de nações inimigas. O francês trazia qualquer carga que pudesse tomar de navios britânicos para Montevidéu, inclusive armas, ferramentas, têxteis, bem como mercadorias de luxo, como xales de seda, lenços finos, linho britânico, saias de renda flamengas, leques adornados, pérolas, espelhos de prata, pentes de ouro e rosários de filigrana. Mas de longe a carga mais preciosa de Mordeille eram os escravos.[14]

Mesmo neste novo mundo de comércio mais livre, Mordeille ainda precisava de permissão real para converter seus saques em mercadorias vendáveis. Assim, pouco depois de chegar a Montevidéu naquele mês de janeiro de 1804 com o *Neptune* a reboque, ele se sentou e escreveu uma carta para o vice-rei espanhol, Joaquín del Pino, que morava no outro lado do rio em Buenos Aires.

CAPÍTULO 3

UM LEÃO SEM COROA

"As ações que fui obrigado a cometer como corsário endureceram meu coração", escreveu Mordeille em sua carta para o vice-rei, em francês mesclado com espanhol. A viagem de travessia do Atlântico tinha sido dura, seus homens estavam com fome e seus navios precisando muito de reparos. "Mas o que me traz mais tristeza e melancolia", continuou ele, "é que meu trabalho não beneficiou os negros."

A administração de um navio negreiro exigia habilidade. Eram necessários muitos homens alertas para alimentar os cativos, para distribuir suprimentos e ficar de vigia – porque todo capitão sabia que revoltas ocorriam com frequência na hora das refeições –, para distribuir a água, racionando-a de modo que durasse a viagem inteira, e para desinfetar o porão dos escravos. Toda esta atividade exigia paciência e atenção.[1]

A tripulação do *Hope* tinha tais virtudes quando se tratava de velejar e combater, disse Mordeille a Del Pino, mas não para cuidar dos escravos. "Diligências naturais" – defecar e urinar – eram problemas, dizia Mordeille, especialmente durante a noite. Escravos precisando se aliviar deveriam informar ao marinheiro de plantão que deveria acompanhá-los a uma latrina improvisada no convés. "Mas entrar no porão aterrorizava meus homens", admitia o corsário. Guardas tinham que fazer manobras passando em meio aos corpos apertados, remexendo em chaves pesadas na escuridão fétida, e então guiar os homens e mulheres acorrentados pela escada da escotilha. Era mais fácil ignorar os chamados e deixar os escravos defecarem em si mesmos, aumentando as camadas de vômito já seco e excrementos incrustados no piso do porão. Era revoltante, declarava Mordeille.

Durante a travessia do Atlântico, o médico do *Neptune*, James Wallace, havia supervisionado o trato aos escravos. Mas as circunstâncias tornaram a viagem de Bonny para a América pior do que de hábito. O navio estava adequadamente abastecido para o percurso previsto para Barbados, mas o estoque teve que ser reforçado para cobrir os 72 marinheiros de Mordeille, que estavam com poucas provisões. A água tinha ficado escassa. (Wallace tinha tentado fazer a ração de água dos escravos durar ao mandar vedar os barris, e então abrir um pequeno buraco no topo, através do qual era inserido o cano de um mosquetão retirado da culatra para ser usado como canudo.) A taxa de mortalidade naquela viagem não foi excepcionalmente alta. Na viagem anterior do *Neptune*, em 1802, 395 africanos foram embarcados em Bonny; 355 desembarcaram na Guiana Inglesa. Desta vez, 349, de um carregamento inicial de cerca de 400 haviam sobrevivido.

Mas eles estavam em mau estado, emaciados, as batas azuis em farrapos. "Estavam completamente nus", relatou Mordeille a Del Pino. Ele não tinha dinheiro para vestir nem alimentar os cativos e de fato estava na esperança de vendê-los de modo a poder pagar sua tripulação, fazer reparos em seus navios e estocar provisões. Também não podia contar com o Dr. Wallace, que havia abandonado o navio e fugido. Mordeille disse a Del Pino que tinha pavor da ideia de ter que rumar para mar aberto sem o médico.

"Em nome da humanidade", implorava Mordeille, numa linguagem que o vice-rei mais tarde disse que achava exagerada, "peço permissão para vender os escravos."

O VICE-REI ESQUIVOU-SE do pedido. Com seus olhos descaídos e nariz aquilino, o único traço angular no rosto gorducho e careca, Del Pino, de 75 anos, não parecia um cruzado. Mas ele era dedicado à tarefa de guardar a América para a Espanha. Quando assumiu o cargo três anos antes, havia lançado uma campanha para acabar com o contrabando, que continuava a fluir entrando e saindo sem taxas. Um dos motivos pelos quais estava relutante em permitir que os escravos de Mordeille desembarcassem era porque sabia que o corsário trabalhava com alguns dos mais poderosos comerciantes-contrabandistas do Rio da Prata, exatamente as pessoas que seus esforços anticontrabando tinham como alvo. Eles tinham feito do vice-rei um inimigo e ele não queria fazer nada que pudesse render a eles mais dinheiro.

E todos reclamavam que as duas cidades tinham se tornado negras, preocupados com o fato de que "escravos de todas as idades e de ambos os sexos estivessem vivendo juntos em alojamentos minúsculos", em antros de "lascívia e vício". Era verdade que todo mundo queria ter escravos. A maioria das mulheres abastadas não assistia à missa sem uma escrava negra a reboque e a maioria não daria à luz sem uma babá negra ou mulata. Mesmo famílias pobres tinham escravos.

Mas não havia nenhuma escassez de escravos. Havia cerca de dez grandes veleiros atracados na baía na época em que Mordeille fez seu pedido. Muitos, talvez a maioria, traziam escravos. A fragata *Venus* havia chegado recentemente, enviada por colonizadores franceses na Île de France sitiada pelos ingleses no Oceano Índico que esperavam trocar os 198 africanos a bordo pelo trigo de que necessitavam desesperadamente. O *L'Egypte*, navio da marinha francesa, estava prestes a aparecer com mais duas presas de Liverpool a reboque, o *Active* e o *Mercury*, transportando 441 africanos. E apenas em dezembro passado Mordeille havia trazido outro navio capturado, o *Ariadne*, um brigue britânico de 130 toneladas, com o porão cheio de africanos, pólvora e balas. (Ao todo, poucos meses antes ou depois da chegada de Mordeille, milhares de africanos foram desembarcados em Montevidéu, inclusive, provavelmente, a maioria dos rebeldes do *Tryal*.)[2]

Del Pino também tinha que levar em consideração a violência crescente, inclusive casos de escravos assassinando seus senhores. O crime era chamado de parricídio, ou *parricidio*, em espanhol, uma vez que matar seu senhor era considerado o equivalente moral de matar o próprio pai ou o rei. Tal transgressão ainda era rara. Mas não tão rara quanto já havia sido. Em 1799, o jardineiro Joaquín José de Muxica foi esfaqueado nas costas por seu escravo, Pedro, que depois foi enforcado pelo crime. No início de 1803, dois escravos, Símon e Joaquín, foram enforcados por executarem um capitão de infantaria, Manuel Correa, em sua casa nos arredores de Montevidéu, junto com seis outras pessoas, inclusive a esposa e o filho do oficial. Em resposta a estes e outros crimes, a Câmara Municipal de Montevidéu mandou construir um patíbulo permanente na praça, numa advertência contra o "orgulho e a audácia", o "espírito insubordinado" e a "insolência excessiva que os negros" exibiam cada vez mais.³

Na mente de muitos espanhóis locais, esses pequenos parricídios tinham todos origem em uma fonte: o parricídio dos parricídios, a execução de Luís XVI em Paris. Alguns anos antes, um boato havia se espalhado por Buenos Aires de que escravos, franceses e espanhóis revoltados estavam tramando uma insurreição. Uma investigação, conduzida por um zeloso traficante de escravos que presidiu sessões de tortura terrivelmente dolorosas, não conseguiu descobrir nada além do descontentamento geral. O inquérito revelou, contudo, trechos de conversas sugerindo que os escravos estavam seguindo com muita atenção os acontecimentos na França revolucionária: *O vice-rei será decapitado porque ele é um cão ladrão. Os franceses tiveram bons motivos para executar seu rei.* E alimentando o medo de que o guilhotinamento tinha uma data de início: *Na Sexta-feira Santa, todos nós seremos franceses.*⁴

Isso foi no início de 1795, quando a Espanha era aliada da monárquica Grã-Bretanha contra a França revolucionária, de modo que o descontentamento foi fácil de sufocar. Mas em 1804 Madri havia rompido com Londres e se aliado a Paris, de modo que os pobres da cidade podiam casualmente mencionar a guilhotina e ainda parecer realistas.

Algumas autoridades espanholas atribuíam os problemas da cidade aos corsários, cujas tripulações combinavam o pior da impetuosidade de marinheiros e a insolência revolucionária. "A chegada deles não é bem-vinda", escreveu um administrador; "eles vêm de uma nação governada por princípios opostos aos nossos em questões de religião e política." Não muito depois desses comentários e apenas alguns meses antes da última vinda de Mordeille, dezenas de negros escravos e livres de Montevidéu, aparentemente depois de terem conversado com marinheiros haitianos que trabalhavam em um navio francês ancorado no porto, fugiram para uma ilha ao norte da cidade, onde proclamaram uma república independente. Eles a chamaram de "Liberdade, Fraternidade e Igualdade" e decretaram que seria governada pela "Lei dos franceses". A ilha-república rapidamente foi suprimida. Mas os escravos continuaram a fugir.⁵

A subversão não era apenas política. Ao longo de séculos a começar pela Conquista, a Coroa espanhola e a Igreja católica não tinham restringido apenas a produção e o comércio, mas também o consumo. O vestuário, por exemplo, era considerado um reflexo da grandeza do plano terreno de Deus em toda sua glória hierárquica barroca. Desta forma, o vestuário era regulado de acordo com posição hierárquica e raça: ouro, pérolas, veludo e seda para os mais bem-nascidos, de sangue mais puro, algodão e lã simples para os súditos do rei mais rudes. A Espanha policiava o "excesso abusivo dos trajes usados por negros, mulatos, índios e mestiços de ambos os sexos", como escreveu um administrador espanhol, reclamando dos "frequentes furtos que são cometidos para que se consiga comprar roupas tão caras".* Mas à medida que a sociedade se tornava mais consumista,

---

* Havia uma relação semelhante entre moda e subversão nos Estados Unidos. Em 17 de novembro de 1793, um incêndio que começou no pátio dos fundos dos estábulos da casa de Albany de Leonard Gansevoort, tio-avô de Herman Melville, quase incendiou por completo a cidade. Foi parte de uma série de incêndios criminosos, inclusive outro no celeiro de Peter Gansevoort, o avô de Melville, herói da Guerra Revolucionária, atribuído a escravos que, como parte do senhorio holandês de Albany temia, tinham sido inspirados pela Revolução Haitiana. A polícia prendeu um escravo chamado Pompey como o líder da conspiração. Eles nunca descobriram seu verdadeiro motivo, mas tinham certeza de que era culpado não só de incêndios criminosos, mas também de outra transgressão: ele gostava de roupas bonitas. Durante os anos duros da Revolução Americana, Albany se vestia apenas de cores escuras à medida que a austeridade do período da guerra reforçava a reputação de austeridade da classe comerciante holandesa abastada. Impedidas de comerciar, as famílias teciam sua própria sarja grosseira de lã. Mas quando o combate acabou, navios mais uma vez voltaram a subir o Hudson trazendo "ricas sedas, cetins e caxemiras". "Cores do arco-íris tomaram o lugar do marrom sombrio e do preto pesado anteriormente usados pelas mulheres, enquanto caxemiras azuis, verde-oliva e escarlates eram selecionadas pelos homens para as casacas." Do mesmo modo que os espanhóis acusavam "negros, mulatos, índios e mestiços" de roubar para se vestir melhor do que deviam, o escravo Pompey, de Albany, foi acusado de roubar dinheiro de sua dona para "comprar o que desejava para vestir". Dizia-se que era "afetado", um "sujeito atrevido e animado entre as mulheres", que esperava "imitar no vestir aqueles que pertenciam a uma sociedade diferente". Até seu nome mudou com o tempo. Em vez do neoclássico Pompey (seu primeiro dono, como outros senhores de escravos da época, aparentemente tinha se dedicado a ler a edição inglesa de 1770 de *Vidas paralelas*, de Plutarco), passou a se fazer chamar pelo nome brincalhão de Pomp. Em algum momento antes do incêndio, Pomp, tendo fugido para Manhattan, foi apanhado "desfilando" pela Broadway "vestindo um casaco vermelho vivo, cortada

à medida que Mordeille e outros corsários traziam seus lenços, saias de renda, leques, espelhos, perfumes, pentes e rosários, o que as pessoas usavam se tornou cada vez mais uma questão não de status designado pelos céus, e sim de gosto pessoal. Escravos, que eram vendidos como mercadoria e postos para trabalhar como assalariados, também eram compradores. Em Buenos Aires e Montevidéu, bem como por todas as colônias, eles, ao lado de outros nas classes mais pobres, começaram a costurar franjas de veludo em suas roupas, a vestir trajes de seda, a usar brincos de pérolas e ouro e "a se vestir como os espanhóis e os grandes homens do país". A linha entre aparência e substância continuou a se tornar mais indistinta.[6]

Del Pino levou em conta todas estas considerações. A última coisa que ele queria era ter centenas de escravos famintos despejados na praia de Montevidéu, especialmente escravos famintos que tinham acabado de passar sessenta dias ouvindo piratas cantarem a "Marselhesa". O que Del Pino queria era ver Mordeille fora do porto o mais rápido possível. E para que isto acontecesse, os navios dele tinham que ser reabastecidos e reparados. Isso custava dinheiro, que Mordeille afirmava não possuir. De modo que o vice-rei disse ao francês que ele poderia vender setenta escravos, mas teria que partir com o restante.

MORDEILLE TINHA UM PLANO de contingência, que já havia acertado com confederados locais, caso seu pedido de permissão para vender todos os escravos do *Neptune* não fosse aprovado. O esquema, como descreveria um dos subordinados de Del Pino, era parte do "repertório padrão de mentiras e truques" que o corsário e seus aliados "usaram para satisfazer seus sórdidos interesses pessoais".

A trama era simples. Mordeille venderia legalmente os setenta escravos para Andrés Nicolás Orgera, um comerciante baseado em Lima que no momento se encontrava em Montevidéu. Eles seriam embarcados no

---

de acordo com a moda, adornada com botões dourados". Ele foi capturado e mandado de volta para Albany. Pomp, juntamente com duas outras escravas condenadas pela acusação de incêndio criminoso – Bet, uma garota de 16 anos e de propriedade do primo de Herman Melvillie, Philip van Rensselar, e Dinah, de 14 anos, escrava de outro parente de Melville, Volkert Douw –, foram executados, enforcados em um olmo não muito longe da mansão do avô de Melville em Albany.

Santa Eulalia, uma fragata que estava em trânsito de Cádiz, Espanha, com destino a Lima. As taxas portuárias seriam pagas e os formulários alfandegários, preenchidos. Então o *Santa Eulalia* e o *Neptune* partiriam de Montevidéu com um intervalo de um dia, se encontrariam numa praia em uma das ilhas do Rio da Prata e secretamente transfeririam o restante dos africanos, com exceção de quarenta rapazes.

O *Neptune* deveria passar por uma remodelação. A tripulação corsária seria trocada por marinheiros mercantes portugueses, as velas seriam armadas ao estilo espanhol para fazê-lo parecer menos britânico. Seu casco e carranca – o leão sem coroa – seriam pintados de preto. Depois de renomeado de a *Aguila,* a *Águia,* zarparia para uma pequena cidade de enseada a sessenta e cinco quilômetros de Buenos Aires. Lá o navio negreiro de Liverpool seria vendido com seus escravos remanescentes para um novo dono, Don Benito Olazábal, um dos principais comerciantes de Buenos Aires.

Mordeille teria que esperar um mês ou pouco mais até que o *Santa Eulalia* chegasse de Cádiz antes que o plano pudesse ser posto em ação. Nesse meio-tempo, ele se ocupou com a supervisão dos reparos em seus navios. O *Hope* estava em serviço a cerca de quinze anos, os últimos três na vida dura de corsário. O casco rangia muito e vazava água constantemente, as bombas tinham que ser usadas incessantemente para mantê-lo na superfície. O *Neptune* também mostrava sinais de desgaste de suas muitas viagens de Liverpool para a Costa do Ouro, e da Costa do Ouro para o Caribe e vice-versa.

Uma das vantagens da baía protegida de Montevidéu, com suas acentuadas marés alta e baixa, era que os dois navios podiam ser reparados ali. Isto é, eles podiam ser rebocados para perto da costa e deixados repousando delicadamente no fundo de lama macia da baía quando a maré baixava, e depois inclinados para um lado. Exceto por ter acesso a uma doca seca, aquela era a melhor maneira para os homens de Mordeille rasparem as cracas dos cascos do *Hope* e do *Neptune,* refazerem a calafetagem de suas costuras e pintarem os cascos com uma mistura de sebo, alcatrão e enxofre para proteger a madeira de vermes. A operação exigia alguma habilidade para ser realizada, mas Mordeille podia contar com o experiente corpo de mestres carpinteiros e carpinteiros navais de Montevidéu. Os primeiros removeriam as velas, as vergas e o estaiamento dos mastros dos dois navios, braceariam com suportes os pés dos mastros nos conveses e porões internos. Então prepaririam suportes para segurar os mastros quando os navios fossem deitados para o lado, usando cordas pesadas enfiadas pelas vigias como polias.

Antes que qualquer parte deste trabalho pudesse começar, os navios tinham que ser esvaziados. Qualquer coisa que não pudesse ser amarrada tinha que ser removida, inclusive os canhões, carga e cativos. Os prisioneiros britânicos foram transferidos para um brigue francês próximo, onde foram mantidos por algum tempo antes de serem libertados. Os escravos foram enviados em saveiros, cerca de quarenta de cada vez, para a costa.

CAPÍTULO 4

CORPO E ALMA

Os AFRICANOS FORAM LEVADOS PARA UM LUGAR CHAMADO *EL CASERÍO DE los negros* – "aldeia dos negros" –, onde os escravos que estavam esperando para serem vendidos ou transferidos para Buenos Aires eram alojados. Ficava no flanco oeste da baía, logo atrás da praia a barlavento da bem cuidada Montevidéu, com seus jardins nos terraços. Era miserável, consistia de um grande complexo de construções feitas de grossas paredes de tijolos crus, e não muito mais que isso, embora, quando as autoridades da cidade a tivessem inaugurado, algumas décadas antes, o fizeram em honra à "mente pia do soberano que não faz nada além de banhar seus súditos com terno amor". Um buraco aberto era usado como latrina e o lixo infestado de ratos fazia pilhas altas. Sob o antigo monopólio ou sob o sistema de licenciamento, as autoridades espanholas podiam de vez em quando obrigar as companhias que exploravam o tráfico de escravos a limpar aqueles alojamentos.* Mas com o comércio de escravos agora liberalizado era difícil tornar qualquer comerciante responsável pela imundície e cabia

---

* Com frequência se considera o "livre comércio" como a retirada do governo da economia. Mas a desregulamentação da escravatura por parte da Espanha na verdade tornou o tratamento de escravos dentro de suas colônias mais um problema de política pública; à medida que o comércio e a propriedade de escravos se tornou mais disseminada, ninguém como pessoa, classe ou companhia podia ser considerado responsável por seus excessos. De modo que lado a lado com a liberalização do comércio de escravos veio uma série de leis e decretos regulamentando a higiene, o enterro, a punição e a educação de escravos.

à cidade fazer a manutenção da "aldeia", e quase a única coisa que esta fazia com frequência e a tempo era enterrar os cadáveres em um lote de terra pouco além dos muros.[1]

Para Mordeille e os comerciantes que ele servia, Montevidéu era um ponto central na economia em expansão do Atlântico. Para um número incontável de africanos, contudo, era a estação final. Ao longo das semanas seguintes, enquanto esperavam no *caserío* para ver qual seria o próximo passo de sua provação, mais quatorze dos africanos embarcados no *Neptune* em Bonny morreriam, somando-se aos 51 que não sobreviveram à travessia do Atlântico. A morte rondava por toda parte.

APENAS ALGUNS DIAS DEPOIS de o *Neptune* aparecer, um brigue português chamado *Belisário* ancorou. Dos 257 africanos embarcados em Moçambique, 91 tinham morrido e a maioria dos que continuavam vivos estava quase morrendo. Então chegou o *La Luisa*, outro navio português de Moçambique. Quase um terço de sua composição original de trezentos africanos tinha morrido durante a travessia. A este ponto, mais e mais escravos estavam chegando do outro lado da África, de sua costa oriental no Oceano Índico. Eram precisos quase quatro meses para fazer a viagem, contornar o Cabo da Boa Esperança e então velejar contra os ventos do oeste que sopram no Atlântico Sul, uma viagem agonizantemente longa e quase sempre letal.[2]

Ao longo do caminho, os africanos morriam de doenças contagiosas ou dos sofrimentos de terem que atravessar o oceano em um espaço claustrofobicamente pequeno. Alguns ficavam cegos. Outros enlouqueciam. Mesmo quando as melhores práticas do princípio do século XIX eram seguidas, os porões nunca eram limpos rápido o suficiente para combater a acumulação de camadas de excrementos, vômito, sangue e pus. Com má ventilação, cozinhando sob o sol equatorial, os compartimentos de carga se deterioravam e apodreciam. Podia-se sentir o cheiro de navios negreiros a quilômetros de distância. O "ar confinado, nocivo pelos eflúvios exalados pelos corpos, e sendo respirado sem parar, logo produzia febres e diarreias que em geral matavam grandes números deles", observou um médico de navio negreiro britânico nos anos 1780. Quando o mau tempo obrigava que vigias e escotilhas fossem fechadas por um longo período, os pisos dos porões se tornavam tão cobertos de "sangue e muco" que "pareciam um abatedouro". "Não está", dizia o médico, "dentro do domínio da imaginação humana conceber a si mesma numa situação mais medonha e repugnante."³

Os médicos do porto de Montevidéu tentaram identificar as doenças mais sérias: escorbuto, consumição, hidropisia, malária, sarampo, febre amarela, febre tifoide, oftalmia, *flux* (ou disenteria incessante, que rapidamente se disseminava nos porões lotados), algo chamado de *el mal de Luanda* (doença de Angola, uma deficiência de vitamina C que os espanhóis distinguiam de escorbuto), gonorreia e sífilis, também conhecida como *mal de Gálico*, mal da Galícia. A varíola era especialmente mortal. Antes que uma vacina eficaz fosse fabricada no início do século XIX, os africanos que chegavam ao Rio da Prata sofrendo da doença eram vendidos por menos da metade do preço previsto se estivessem saudáveis. Mas aqueles que tinham se recuperado da varíola eram vendidos a um preço mais alto, uma vez que se presumia que haviam desenvolvido imunidade.⁴

Navios negreiros eram mais que tumbas flutuantes. Eram laboratórios flutuantes, oferecendo a médicos e cientistas oportunidades para examinar a evolução de doenças em um ambiente bastante controlado de quarentena, entre grandes grupos de pessoas. Com frequência, ao tomar conhecimento de casos através de um médico de bordo, profissionais da medicina usavam a alta mortalidade de escravos para identificar um número desconcertante de sintomas e classificá-los como doenças, levantar hipóteses sobre causas e isolar variáveis, e trazer enormes benefícios para o conhecimento médico.*

---

* Os africanos foram as principais vítimas da varíola no Novo Mundo. Mas também desempenharam um papel crucial na erradicação da doença. Em 1803, depois que sua filha morreu da doença, o rei da Espanha, Carlos IV, ordenou que a vacina (uma versão tinha sido recentemente fabricada pelos britânicos) fosse disseminada em seus domínios. Francisco Xavier de Balmis, o médico que chefiou a expedição real encarregada da tarefa, decidiu que seria melhor transportar a vacina viva. Vinte e dois órfãos com idades variando de 3 a 9 anos foram embarcados em um navio: os médicos fizeram uma pequena incisão nos braços de dois deles e inseriram uma mistura de linfa e pus, que depois de alguns dias produziu as pústulas que forneceriam o material para vacinar outros dois meninos. O procedimento foi repetido até que o navio chegasse à América. Uma vez lá, os órfãos foram saudados e aplaudidos, postos ao pé de altares de igrejas e adotados pelo próprio rei como "crianças especiais do país". Mas a equipe de Balmis

Nas plantações de cana-de-açúcar do Caribe britânico, também, um grupo de médicos, alguns dedicados a aliviar os sofrimentos de seus pacientes, outros buscando tornar o sistema da escravatura mais eficiente, realizaram um importante trabalho pioneiro de epidemiologia. Eles identificaram tipos de febres, aprenderam a reduzir a mortalidade e a aumentar a fertilidade (mais escravos estavam morrendo do que nascendo), fizeram experiências para descobrir quanta água eles precisavam dar aos escravos para que sobrevivessem com uma dieta de peixe seco e charque, e identificaram a melhor proporção de ingestão calórica para horas de trabalho. E quando os escravos não podiam ser mantidos vivos, a autópsia de seus corpos fornecia informações úteis. O conhecimento médico então migrava da indústria da escravatura para beneficiar a comunidade internacional mais ampla; comerciantes de escravos não faziam reivindicações de propriedade das técnicas e dados obtidos através do tratamento de escravos.[5]

Por exemplo, uma epidemia de cegueira que surgiu no navio negreiro *Rôdeur*, que partiu de Bonny Island em 1918 com cerca de 72 escravos, ajudou os médicos especialistas em olhos a identificar informações importantes com relação à oftalmia, ou tracoma. A doença apareceu não muito depois da partida, primeiro entre os escravos e depois no convés, cegando todos os viajantes, exceto um membro da tripulação. De acordo com

---

não tinha recursos para cobrir toda a América espanhola. Do modo que se voltou para a única instituição que já tinha alcançado todos os rincões do vasto reino: a escravatura. Em Havana, Balmis comprou quatro mocinhas escravas, que usou para enviar a vacina para o Yucatan (depois de terem desempenhado a tarefa, as garotas foram vendidas). De início, escravos eram enviados em viagens especialmente organizadas para transportar a vacina. Mas, com o passar do tempo, tornou-se mais fácil apenas usar as rotas comerciais já estabelecidas, enviando a vacina "braço a braço pelos negros" que estavam sendo embarcados como carga. Portugal tinha desde o início se apoiado nos escravos africanos para enviar a vacina para o outro lado do Atlântico, mandando-a para o Brasil nos braços de sete crianças escravas. Depois foi levada para o Rio da Prata em um carregamento de 38 escravos vacinados que deveriam ser vendidos em Montevidéu. Uma mulher africana "com pústulas em perfeito desenvolvimento" levou a vacina para Buenos Aires. E de lá escravos levaram a "descoberta milagrosa" – que tornava a escravatura mais lucrativa para os comerciantes – para o restante da Argentina, através dos Andes, e para o Chile. Antes que os espanhóis começassem a disseminar a vacina através dos braços de órfãos e escravos, o naturalista Alexandre von Humboldt relatou que jovens africanos e pastores de gado nas encostas dos Andes sabiam que a exposição aos tubérculos de úberes de vacas os protegiam da varíola. Africanos e índios, disse Humboldt, "revelam grande sagacidade ao observar o caráter, hábitos e doenças dos animais com os quais vivem".

o relato de um passageiro, os marinheiros cegos trabalhavam sob a direção do único homem que via "como máquinas", amarrados ao capitão por uma corda grossa. "Estávamos cegos – completamente cegos, flutuando como destroços no oceano." Alguns marinheiros enlouqueceram e tentaram se matar de beber. Outros praguejavam dia e noite. Outros ainda se recolheram a suas redes, imobilizados. Cada um "vivia em um pequeno mundo escuro todo seu, povoado por sombras e fantasmas. Não víamos o navio, nem os céus, nem o mar, nem os rostos de nossos companheiros". Mas eles podiam ouvir os gritos dos escravos no porão.[6]

A situação se prolongou por dez dias, entre tempestades e calmarias, até que os viajantes ouviram o som de outro navio. Um navio negreiro espanhol, o *San León*, tinha se aproximado do *Rôdeur*. Mas a tripulação inteira e todos os escravos daquele navio também tinham ficado cegos devido à doença: quando os marinheiros de cada navio se deram conta daquela "horrível coincidência", caíram em um silêncio "como o da morte". O *León* se afastou e nunca mais foi visto.

O único tripulante do *Rôdeur* que ainda via conseguiu pilotar o navio para Guadalupe. Àquela altura, alguns dos membros da tripulação, inclusive o capitão, tinham começado a recuperar parte da visão. Mas 39 africanos não recuperaram, e o capitão decidiu afogá-los amarrando pesos em suas pernas e atirando-os ao mar. O navio tinha seguro e a perda deles estaria coberta. (A prática de fazer seguro de escravos e de navios negreiros, que havia se tornado comum naquela época, conferia um novo tipo de racionalidade ao comércio, ajudando os comerciantes de escravos a decidir que um escravo morto podia valer mais que vivo.) O caso do *Rôdeur* despertou a atenção de Sébastien Guillié, diretor e médico-chefe do Instituto Real para Jovens Cegos de Paris. Ele anotou suas descobertas e as publicou na *Bibliothèque ophtalmologique*, e depois elas foram citadas em outros jornais médicos.*

---

* Um compêndio de oftalmologia de 1846, *Manual das doenças do olho*, chamou o caso do *Rôdeur* de "exemplo melancólico da devastação da oftalmia, sob circunstâncias propícias para sua disseminação" (Squier Littel, MD). Por sua vez, o quacre abolicionista Greenleaf Whittier usou o artigo de Guillié para compor seu poema antiescravatura "Os navios negreiros", que descreve o lançamento ao mar dos "escravos acorrentados e cegos": "um a um,/ Lançados pela borda./ ... Deus da Terra! Que gritos/ Se elevaram até vós?/ .../ O último mergulho foi ouvido,/ A última onda ganhou sua nódoa."

* *

O QUE CAUSOU A MORTE dos africanos no *Joaquín*, que chegou a Montevidéu alguns meses depois do *Neptune*, foi tema de um longo debate. Dos 302 africanos orientais que embarcaram na fragata portuguesa em Moçambique em 19 de novembro de 1803, apenas trinta sobreviveram à viagem de quase meio ano até Montevidéu. As mortes começaram pouco depois da partida, uma por dia, até o navio chegar ao Cabo da Boa Esperança, 46 dias mais tarde. A taxa de mortalidade aumentou regularmente à medida que o navio negreiro entrava no Atlântico e continuou aumentando na Ilha de Santa Catarina, ao largo da costa do Brasil. Depois da escala, o *Joaquín* zarpou rumo ao Rio da Prata.[7]

O médico-chefe de Montevidéu, Juan Cayetano Molina, junto com o capitão do porto, entrou no *Joaquín* na tarde em que o navio chegou ao porto. Quando abriram o porão de carga, ficaram horrorizados com o que viram: trinta africanos esqueléticos em um compartimento imundo e sem nada, completamente vazio, exceto por centenas de grilhões sem uso. Depois de receber a notícia de que a morte mais recente havia ocorrido naquela manhã e que alguns africanos tinham morrido na véspera, Molina e o capitão do porto entraram em pânico e ordenaram que o capitão desancorasse e partisse imediatamente. De início, o capitão se recusou. O barômetro estava caindo e uma tempestade se aproximava. Contudo ele cedeu quando o capitão do porto ameaçou apreender o navio e botá-lo na cadeia se não concordasse. Depois que comida e água foram trazidas a bordo, o *Joaquín* zarpou de volta para o golfo com sua tripulação exausta e escravos emaciados.

Quase que imediatamente depois de o navio deixar o porto protegido de Montevidéu, um vento feroz soprou dos Pampas, criando ondas gigantes pelo estuário. Um *pampero* é espetáculo impressionante: à medida que a pressão da água cai, grilos, mariposas e outros insetos saem voando da terra, empurrados por rajadas de ar quente. Nuvens negras carregadas avançam como uma parede vinda do oeste, misturando água com terra levantada numa chuva de lama. Por vezes o vento pode ser tão forte que empurra uma enorme quantidade de água do golfo para o Atlântico, expondo grandes extensões do leito do rio. A tempestade virou o *Joaquín*, quase emborcando-o. Primeiro suas velas ferradas foram arrancadas das gaxetas e depois os três mastros foram quebrados, deixando o navio "metade destruído". Com o que restava de suas velas e bujarronas, o navio voltou claudicante para Montevidéu, encalhando num banco de areia perto da costa.

Ali então teve início uma prolongada e árdua batalha legal de acusações e contra-acusações. O comerciante que tinha importado os escravos, Martín de Alzaga, acusou Molina de incompetência. Alzaga é um personagem conhecido na história da Argentina, um ardente antissubversivo que definia subversão como qualquer entendimento de *libertad* que fosse além do direito de comprar e vender africanos (tinha sido Alzaga que, durante a investigação da rebelião em Buenos Aires, inspirada pela Revolução Francesa, havia pessoalmente supervisionado as sessões de tortura dos suspeitos, negros e brancos, que exibiam "perigosas tendências igualitárias"). O navio negreiro queria desembarcar os sobreviventes e vendê-los, para recuperar parte de seu prejuízo. As autoridades da cidade, seguindo o diagnóstico de Molina de que eles tinham a bordo uma doença contagiosa, recusaram o pedido.[8]

Alzaga processou o médico por má-fé. Os africanos haviam morrido não de uma doença infecciosa, afirmava o comerciante, mas sim de falta de água e de extremas variações na temperatura a que tinham sido submetidos durante a longa viagem, que, disse ele, tiveram um efeito debilitante nas "miseráveis criaturas desarraigadas". Havia provas de que Montevidéu não estava em perigo: nenhum dos portugueses membros da tripulação tinha morrido durante a travessia.

Autoridades reais convocaram uma comissão de inquérito, que se tornou um exercício curioso nos limites do raciocínio indutivo, o tipo de raciocínio que afirmava que questões de direito, ciência e medicina deveriam ser decididas por meio da observação. A comissão ouviu os depoimentos da tripulação do *Joaquín*, uma vez que esta tinha presenciado a disseminação da doença ao longo de toda a viagem. E convocou como peritos cinco cirurgiões de bordo – dois médicos britânicos, um espanhol, um suíço-italiano e um norte-americano. Todos eles tinham experiência recente no tratamento de escravos doentes, seja porque anteriormente viajaram em um navio negreiro ou porque tivessem passado temporadas trabalhando em Moçambique. Todos, os médicos, marinheiros e oficiais do navio, deram sua opinião sobre o que tinha matado os africanos. Ninguém, contudo, pensou em perguntar aos próprios africanos sobreviventes, que ficaram confinados no porão do *Joaquín* durante investigação.

Os médicos concordaram que os escravos não haviam morrido de uma infecção, e sim de desidratação e diarreia crônica, agravadas pelas agruras físicas e psicológicas da escravidão. Os cirurgiões que tinham estado em Moçambique confirmaram que, muito antes de serem embarcados no navio, os cativos foram submetidos a uma angústia extrema, obrigados a sobreviver à base de raízes e insetos, e que teriam chegado à costa já emaciados e maltratados. Então, uma vez no oceano, no porão escuro e lotado, não teriam tido nada para fazer, exceto ouvir os gritos de seus companheiros e o clangor de suas correntes. Muitos teriam enlouquecido tentando compreender sua situação, tentando ponderar o "imponderável". Eles teriam desenvolvido uma "indiferença total à vida", testemunhou o médico suíço-italiano, Carlos Joseph Guezzi. Nenhuma doença isolada podia ser culpada por aquele estado. Em vez disso, eles tinham definhado emocionalmente. Um "abandono do eu", na opinião de Guezzi, levou-os à morte.

A COMISSÃO CONCLUIU QUE os africanos orientais tinham morrido de uma doença intestinal agravada por *nostalgia, melancolía* e *cisma* – nostalgia, melancolia e depressão ou luto. Montevidéu não tinha nada a temer. Alzaga podia desembarcar os sobreviventes e vendê-los.

Foi uma estranha decisão judicial, que favorecia um comerciante individual enquanto que ao mesmo tempo condenava, pelo menos implicitamente, o tráfico negreiro. A decisão revelou a forma como os profissionais da saúde estavam começando a usar de uma maneira mais clínica termos que no passado tinham sido associados com religião, moralidade e emoções. *Cisma* significa literalmente cisma. Em textos teológicos espanhóis, a palavra se refere não só à divisão da cristandade entre catolicismo e protestantismo, mas à divisão espiritual do homem caído: a rebelião de Adão contra Deus resultou num *cisma* "entre corpo e alma, entre carne e espírito". Quanto à *melancolía*, duas décadas antes da chegada do *Joaquín* a Montevidéu, a Real Academia Espanhola ainda estava associando o termo à possessão demoníaca noturna, com sonhos que "comprimem e espremem o coração". Na Grã-Bretanha, melancólicos podiam ser gênios, almas sublimes capazes de produzir bonita poesia; com mais frequência, contudo, filósofos morais e religiosos da época costumavam considerar a extrema tristeza um vício, como uma autoindulgência consumidora manifestando-se por meio de um apreço por "histórias de amor", "escapadas melodramáticas" e outros "absurdos bem conhecidos" que resultavam no amolecimento do cérebro.[9]

Os médicos que investigaram o *Joaquín*, contudo, usaram esses conceitos de uma maneira decididamente secular, prática e, mais importante, de uma maneira que inequivocamente afirmava a humanidade dos escravos. Diagnosticar africanos escravizados como pessoas que sofriam de nostalgia e melancolia era reconhecer que eles tinham "eus" que podiam ser perdidos, vidas interiores que podiam sofrer com divisões ou alienação, e passados que podiam ser objeto de pesar e luto. O médico espanhol Josef Capdevila foi o que demonstrou mais empatia, enfatizando a "tristeza" que dominava os cativos quando eles se davam conta de que estavam sendo obrigados a deixar para trás "sua família, sua terra natal, sua liberdade – todos os objetos familiares que confortam os sentidos e tornam as pessoas felizes".

Depois de ler a opinião dos cinco peritos, que coletivamente representavam o conhecimento médico nos Estados Unidos, na Grã-Bretanha protestante e na Espanha católica, ficamos com a impressão de que a escravatura deve ter desempenhado um papel importante, mas amplamente não reconhecido, em desapontar a medicina, quando tirou conceitos como a melancolia das mãos de padres, poetas e filósofos e passou-os aos médicos. O historiador e intelectual Thomas Laquer observa que, a partir dos anos 1700, um novo tipo de escrito forense, ao mesmo tempo clínico e humano, começou a revelar "de maneira extraordinariamente detalhada" as "dores, sofrimentos e mortes de pessoas comuns de maneira a tornar aparentes os encadeamentos causais que podiam conectar as ações dos leitores desses escritos com o sofrimento dos sujeitos que falavam". Havia uma efusão sem precedentes de "fatos e de observações minuciosas a respeito de pessoas que antes tinham sido consideradas tão inferiores que não eram dignas de atenção". Laqueur inclui "o romance realista, a autópsia, o relatório clínico e a investigação social" aos papéis que podiam ser acrescentados às observações de médicos de navios negreiros.[10]

Duas décadas depois do incidente com o *Joaquín*, a medicina espanhola não considerava mais a *melancolía* como sendo causada por um íncubo ou um sinal de fraqueza moral. Ao contrário, era reconhecida como um tipo de delírio relacionado à demência e à mania. Os médicos espanhóis também começaram a usar a palavra para se referir a enjoo marítimo, descrevendo a doença, embora não mencionassem diretamente a escravatura, em termos muito semelhantes à maneira como os críticos da "Passagem do Meio" o faziam, como sendo causada por comida rançosa, o espaço exíguo e proximidade de contato excessiva, e, sobretudo, o "isolamento" e "a vida uniforme e monótona" que se vivencia no mar, que pode levar a violentos transtornos nervosos e doenças intestinais. Era como se a cada vez que um médico abrisse a escotilha de um porão de escravos para revelar o horror criado ali embaixo pelo homem se tornasse um pouco mais difícil atribuir doenças mentais a demônios e fracassos pessoais.[11]

Os médicos, contudo, não estendiam a lógica de seu próprio raciocínio para condenar o comércio de escravos. Em vez disso, se concentravam nas provações da "Passagem do Meio" como uma preocupação de ordem técnica. "É do interesse do comércio e da humanidade", disse o membro da comissão de inquérito John Redhead, nascido em Connecticut, e formado em Edimburgo, "tirar os escravos de seus navios o mais rápido possível."[12]

Os AFRICANOS LEVADOS PARA a "aldeia dos negros" devem ter pensado que tinham ido parar em alguma combinação de inferno e céu. Por toda parte, havia grupos de africanos doentes, febris e supurando, ou se recuperando ou morrendo da Passagem do Meio. Contudo, depois de três meses no porão do navio, eles pelo menos estavam em terra, em um complexo de alojamentos ao ar livre, situado na margem de um rio de água doce onde podiam se banhar.

Nos Estados Unidos, bem como no Caribe espanhol, francês, britânico e holandês, e em algumas áreas do Brasil português, os tormentos da viagem oceânica continuavam em terra, à medida que os africanos deixavam para trás um sistema totalitário, o navio negreiro, e entravam em outro, a *plantation*. Na região do Rio da Prata, contudo, havia uma dissociação estonteante entre o regime de terror do Atlântico, conforme revelado no inquérito sobre a travessia do *Joaquín*, e a vida na costa.

Africanos embarcados em Montevidéu ou Buenos Aires para trabalhar em minas ou *plantations* estariam destinados a um sofrimento maior. Mas aqueles que ficavam nas duas cidades se encontravam em um mundo plebeu de considerável liberdade. Muitos trabalhavam como assistentes de negociantes e artesãos que não eram seus donos: a principal obrigação para com aqueles que os consideravam propriedade era uma porcentagem semanal ou mensal de seu ordenado em dinheiro. À medida que as habilidades deles no trabalho cresciam, também crescia sua liberdade. Muitos negociavam seus próprios termos de emprego e alojamento e alguns escravos se tornavam eles próprios artesãos independentes. Não havia grandes concentrações de escravos de *plantation* na região do Rio da Prata. Padeiros, oleiros, rancheiros, produtores de trigo e salgadores de carne eram os maiores donos de escravos. A maioria das pessoas escravizadas pertencia a casas de família com apenas um ou dois escravos. Milhares dos escravos da cidade levavam a vida com pouca ou nenhuma supervisão, dançando, tocando tambor, bebendo, jogando e de maneira geral ignorando os regulamentos que tentavam fazê-los agir de outro modo.*

Os africanos do *Neptune* conseguiram ter uma ideia daquele mundo no complexo de alojamentos. Na realidade, de certa maneira, tratava-se de uma aldeia, um campo de refugiados permanente para pessoas de todo o continente africano, do Senegal, Guiné, Congo, Angola e Moçambique.

---

* O Rio da Prata era o posto avançado mais ao sul daquilo que o historiador e músico Ned Sublette chama de "cinturão de festivais e santos" do Oceano Atlântico, uma fusão de rituais e ritmos católicos e africanos: similares ao *Mardi Gras* dos índios de Nova Orleans e seus clubes de segunda linha, em Montevidéu e Buenos Aires, africanos escravizados e, depois que a escravatura acabou, pessoas livres de cor, organizaram sociedades de ajuda mútua. Quase sempre baseadas em seus lugares de origem, essas organizações compreendiam uma variedade espantosamente diversa de "nações", inclusive *nación* congo, *nación* benguela, *nación* moro, *nación* bornó, *nación* lubano, *nación* angola e *nación* mozambique, elegendo "reis" e "rainhas" e apresentando danças coletivas e procissões públicas. No final do século XVII, autoridades espanholas costumavam reclamar das áreas da cidade onde "homens e mulheres negros são encontrados em diversas casas usando o tambo e tango", palavras que podiam significar os instrumentos (tambores) ou a dança.

Famílias, que ganhavam a vida principalmente com profissões pouco qualificadas, tinham se instalado ali, levantando casas improvisadas e barracos ao redor de fogueiras para cozinhar. Durante o dia, os escravos recém-chegados teriam visto lavadeiras negras saindo cedo pelos portões do complexo de alojamentos e voltando tarde da noite, trabalhando duro, mas sendo deixadas em paz para viver nas margens da liberdade, cantando: *Acuchú chachá acuchú chachá... al cubo del sur, vamo a lavá... vamo todo a lavá*.[13]

EM TODAS AS MUITAS centenas de páginas de documentos oficiais relacionados ao caso do *Neptune*, não existe uma única descrição dos africanos ocidentais, nenhuma informação a respeito deles, exceto que foram embarcados em Bonny Island, que quando foram capturados pela tripulação de Mordeille estavam vestidos com batas de algodão grosseiro azul e que os homens adultos usavam colares de contas ao redor do pescoço e da cintura e que tinham uma linha fina de cabelo raspado ao longo da cabeça, da testa até a nuca.

De uma coisa se sabe com certeza: eles teriam feito qualquer coisa para não voltar para o *Neptune* ou para qualquer outro navio negreiro. Parece que estavam sofrendo da mesma doença que se dizia que os escravos do *Joaquín* tinham sofrido – *nostalgia*, definida por um dicionário espanhol como "um desejo violento compelindo aqueles tirados de seu país a voltar para casa".[14]

CAPÍTULO 5

UMA CONSPIRAÇÃO DE LEVANTE E TIROS

No final de fevereiro, com os reparos de seus navios concluídos e o *Santa Eulalia* recém-chegado de Cádiz, Mordeille, ansioso para voltar para o mar, tomou providências para reembarcar os escravos do *Neptune*. Quatorze tinham morrido no complexo de alojamentos e nove estavam doentes demais para ser removidos, o que deixava cerca de 320 para serem embarcados. Eles foram divididos em dois grupos. Os setenta que Del Pino deu permissão a Mordeille para vender foram postos no *Eulalia*, e o restante, mais de 250, voltou para o *Neptune*.

O *Neptune* foi o primeiro a se rebelar. Chegando a bordo de manhã, nus, exceto por tangas improvisadas e colares de contas que os homens ainda usavam ao redor da cintura e do pescoço, os africanos foram ficando cada vez mais agitados à medida que o dia avançava. Ao entardecer, no convés do navio ancorado, um deles agarrou um marinheiro e o atirou ao mar, gritando: "Eu preferiria matar todos os brancos a voltar para o mar." Assim, o que Mordeille mais tarde descreveria como "uma conspiração de levantes e tiros" havia começado.

O navio entrou em erupção. De início a tripulação de Mordeille tentou defender seu terreno, lutando contra os cativos corpo a corpo. Depois de os escravos terem empurrado mais alguns para dentro da água, os marinheiros fugiram para os escaleres do navio e saíram remando. Um navio de guerra espanhol próximo, o *Medea*, enviou um destacamento de fuzileiros para retomar o navio dos africanos desarmados. Disparando tiros de mosquetão acima da cabeça dos rebeldes, as tropas embarcaram no navio. Quando ficou claro que a revolta havia fracassado, vários dos rebeldes começaram a se atirar das amuradas para dentro da baía.

Conforme já mencionado, de todos os africanos capturados durante os quatro séculos de comércio de escravos, aqueles oriundos da África Ocidental, especialmente os embarcados em portos no golfo da Guiné e na região do Delta do Nilo, e especialmente de Bonny, de onde o *Neptune* partiu, eram conhecidos por seus altos índices de suicídio. Existe uma lenda oral entre os descendentes de escravos que trabalharam nas plantações de arroz nas ilhas da costa da Geórgia que diz que igbos cativos prefeririam se atirar no Atlântico a se submeter à escravidão, não cometendo suicídio, mas "voando" ou "andando" sobre a água – ou dançando nas ondas – de volta para casa. "Negros não" se matavam, recordou Estéban Montejo, um ex-escravo cubano.* "Eles fugiam voando. Eles voavam pelo céu e voltavam para suas terras nativas."[1]

Nenhum dos africanos do *Neptune* conseguiu fugir. Foram todos retirados vivos da água. Escaramuças como essa eram tão comuns em navios negreiros que quase não eram registradas, muito menos se abriam inquéritos sobre os motivos dos rebeldes. Mordeille de fato enviou uma mensagem para o vice-rei Del Pino relatando o incidente, escrevendo que os africanos tinham se rebelado depois de passarem algum tempo em terra com "seus conterrâneos". Depois de verem como os outros "se vestiam e comiam", disse ele, ficaram determinados a "não voltar para o mar". Foi necessário "um esforço indescritível" para que seus homens os pusessem de volta no porão.

---

* Nesse caso, Montejo identifica congoleses como os mais prováveis de fugir "voando": eles "eram os que mais voavam, desapareciam por meio de bruxaria ... sem fazer nenhum ruído. Existem aqueles que dizem que os negros se atiravam nos rios. Não é verdade. A verdade é que eles amarravam uma corrente à cintura que era cheia de magia. Era dali que vinha o poder deles. Eu conheço tudo isso muito intimamente e é verdade além de qualquer dúvida." A equação de suicídio e voo surge ao longo do livro *Song of Solomon*, de Toni Morrison. Depois de ouvir crianças cantando versos de uma velha canção de blues ("Solomon foi voar, Solomon se foi, Solomon foi para casa"). Milkman, protagonista do romance do século XX, se dá conta de sua ligação com um "africano voador" de muito tempo atrás. Certo dia, trabalhando no campo de algodão, o ancestral de Milkman "saiu voando... Ele voou. Você sabe, como um pássaro... Voltou direto para o lugar, qualquer que fosse, de onde tinha vindo".

DEPOIS QUE A ORDEM FOI restaurada e as provisões, estocadas, incluindo cinco barris de tinta preta, o *Neptune* partiu em 21 de março. Os documentos do navio diziam que ele estava indo para a Guiana, mas ancorou um dia depois na praia de uma das ilhas do estuário, onde, conforme planejado, se encontrou com o *Santa Eulalia*. Naquela noite, com a ajuda de guardas costeiros do rei subornados, as tripulações transferiram todos, exceto quarenta dos africanos do *Neptune*, para o *Eulalia*. Enquanto os carpinteiros e pintores de Mordeille começavam a trabalhar para fazer com que o *Neptune* parecesse algo que não fosse um navio negreiro de Liverpool, o *Santa Eulalia* recolhia a âncora e partia com destino a Lima.[2]

O *Eulalia* chegou a alcançar a foz do Rio da Prata, com o mar aberto à frente, quando vários escravos "escaparam do porão". Eles não tomaram o navio inteiro, apenas a parte na frente do *barricado*, a parede de contenção no meio do navio construída para esse tipo de ocasiões, com cerca de dois metros e meio de altura e uma projeção para fora de cerca de sessenta centímetros dos dois lados do navio, e buracos para acomodar bacamartes. A popa e o tombadilho superior permaneceram em mãos espanholas. Os rebeldes ordenaram que o capitão do *Eulalia*, Tomás Lopatequi, partisse rumo à África, mas Lopatequi, ainda no controle da mecânica do navio, inclusive a roda do leme, o cabrestante e o mastro da mezena, em vez disso, rumou para Punta del Este, a ponta norte do golfo, onde a água é profunda na costa. Aproximando-se de terra ao final do dia, Lopatequi ordenou que uma lancha fosse baixada e enviou um mensageiro para pedir ajuda a uma guarnição próxima.

Ancorado pela popa e jogando com a maré, o *Eulalia* balançava silenciosamente, enquanto os africanos na proa e os espanhóis na popa se observavam mutuamente por cima da barricada ao longo da noite. Soldados de cavalaria de chapéus pretos e armados de sabre, comandados pelo segundo-tenente, Josef Casal, chegaram na manhã seguinte. Inseguro quanto a como proceder, Casal pôs metade de seus quarenta homens a bordo do *Eulalia* e manteve o restante em seu barco.

Nada de muito importante aconteceu durante a outra metade do dia. Em certo momento, as mulheres, que ficaram trancadas em um porão separado, conseguiram se libertar. Agora o convés de vante, um espaço de cerca de seis metros por doze, estava tomado por cerca de 290 rebeldes, a maioria deles nua. Os rebeldes pareceram se dar conta de que não existia impasse naquele tipo de situação. A vantagem do tempo e da espera era de seus captores. Tendo tomado metade do navio, libertado as mulheres e exigido que fossem levados de volta para a África, não havia mais nada que pudessem fazer que viesse a ter um resultado efetivo. Portanto, ameaçaram destruir a carga do navio.

O *Eulalia* tinha uma carga valiosa, levava barris de vinho, velas, ferro, pregos, papel, mate, sapatos de couro e mercúrio, usado para extrair prata de minério, e o capitão Lopatequi exigiu que o tenente Casal fizesse alguma coisa para não perdê-la. Presas no tombadilho havia duas caronadas de dez quilos. Um carregamento de projéteis – cilindros de latão cheios de bolas de ferro pesando entre 100 e 230 gramas – também ficava armazenado na popa. Quando o projétil é disparado, a força da descarga rasga o latão fino, propelindo as balas independentemente em forma de cone, infligindo o máximo de sofrimento a seres humanos, especialmente em alvos de muita aglomeração, como estavam os insurgentes na proa do navio, ao mesmo tempo que limitava danos à infraestrutura.

Somente o "rigor de tiros", escreveu Casal a seu superior mais tarde, obrigaria *la negrada* – "a massa negra" – a se submeter. Dois disparos acabaram com a revolta. Casal mandou seus homens retirarem cem dos "mais robustos e terríveis" africanos do navio, dos quais vinte foram identificados como líderes, e levá-los acorrentados para a guarnição. O restante foi devolvido ao navio. Depois de uma investigação acanhada e inconclusiva sobre por que o navio tinha tantos africanos a bordo, as autoridades locais permitiram que o *Santa Eulalia* seguisse para Lima.

Foi uma longa e assustadora viagem rumo ao sul e através do Estreito de Magalhães. O *Santa Eulalia* não era um navio grande. Mais de 250 escravos foram mantidos em compartimentos de carga projetados para alojar não mais que cem seres humanos. Os africanos, deitados de lado, com a frente de um corpo pressionada contra as costas de outro, ouviram na escuridão os caibros do navio gemerem a cada solavanco pelas águas revoltas do estreito. Com comida rançosa, pouca ventilação, pouca água e sem cuidados médicos, eles começaram a morrer. Quinze já tinham morrido quando o navio chegou ao Pacífico, outros dez antes da escala em Arica, no Norte do Chile, seis antes de Pisco, no Peru, e mais vinte quando, afinal, o navio largou âncora em Lima.

O *Santa Eulalia* encerrou a viagem em junho de 1804, com sua carga sobrevivente tendo passado a maior parte dos nove meses no porão de um navio em alto-mar.

ENQUANTO ISSO, O ESQUEMA de Mordeille prosseguiu como planejado: ele entregou o *Neptune* disfarçado, agora chamado *Aguila*, a um grupo de marinheiros portugueses sob o comando de Simão da Rocha, um grumete que havia sido promovido ao cargo de capitão. Rocha pilotou o navio disfarçado até a Ensenada de Barragán, um pequeno vilarejo e porto do mesmo lado de Buenos Aires do Rio da Prata, e o entregou, junto com os quarenta escravos restantes a um novo dono, um comerciante de Buenos Aires.

Mas as autoridades do porto descobriram o engodo. Agindo por ordem do vice-rei Del Pino, que havia sido alertado sobre a rebelião do sobrecarregado *Santa Eulalia*, elas apreenderam o navio, mandaram prender Rocha e embargaram os escravos. Tinham reconhecido o *Neptune* pela carranca pintada de preto da proa: o leão sem coroa.

Mordeille – Cidadão Manco – já tinha partido do Rio da Prata no *Hope*. Ele voltaria repetidas vezes ao longo dos três anos seguintes, entregando pelo menos mais oito navios capturados e quase outros mil escravos africanos a comerciantes de Montevidéu e Buenos Aires.[3]

Quando a Marinha Real Britânica tentou tomar Buenos Aires e Montevidéu, Mordeille e seus homens ajudaram a defender as duas cidades. Ele fez bom uso de seu conhecimento do estuário, conquistado no decorrer de anos evitando autoridades espanholas, atacando os navios ingleses e então fugindo, atraindo-os para águas rasas para encalhar em bancos de areia e baixios.

As tropas britânicas tomaram, mas não conseguiram manter Montevidéu e Buenos Aires. Mas Mordeille morreu expulsando-as, em 3 de fevereiro de 1807, morto por um golpe de baioneta na praia de Montevidéu, onde, ao longo dos anos, ele havia descarregado milhares e milhares de africanos, inclusive os que vieram no *Neptune*.[4]

* *

AQUELES SESSENTA ESCRAVOS do *Neptune* que não seguiram viagem para Lima no *Santa Eulalia* – os quarenta interditados no *Neptune* disfarçado e os vinte "robustos e terríveis" retirados do *Eulalia* – foram enviados para Buenos Aires, onde seriam leiloados no mercado de escravos da cidade. Tinham chegado como butim, mercadorias roubadas duas vezes. Agora, graças à alquimia do "livre comércio de negros", iriam se transformar de presas de um pirata e contrabando em mercadoria vendável.

INTERLÚDIO

Nunca consegui olhar para a morte sem calafrios

HERMAN MELVILLE ACREDITAVA NA ABOLIÇÃO. "É NADA MENOS QUE UM pecado", escreveu ele sobre a escravatura, "que apaga o sol ao meio-dia." Contudo Melville tendia a tratar a servidão como um problema metafísico e a liberdade como uma ideia mais adequada a algum reino interno de soberania pessoal. Esta era uma posição comum na época. Os indivíduos, escreveu Henry David Thoreau em *Walden*, publicado um ano antes de *Benito Cereno*, precisam alcançar "a autoemancipação, mesmo nas províncias das Índias Ocidentais da fantasia e da imaginação". Todos os seres humanos, acreditava Melville, oscilavam em algum lugar entre dois polos extremos de liberdade e escravidão que definiam grande parte da retórica política dos Estados Unidos de antes da Guerra Civil. Suas histórias continham personagens que eram escravos, mas mesmo assim eram concebidos para parecer livres, e homens livres, como Ishmael e Ahab, que eram escravos, principalmente de seus próprios pensamentos emaranhados e paixões incontroláveis. Toda a "jurisprudência humana", escreveu Melville em *Moby-Dick*, podia ser reduzida, em essência, à regra do baleeiro distinguindo "Peixe Preso" (arpoado ou preso por um anzol numa linha, e deste modo propriedade de certa pessoa) de "Peixe Solto" (sem destinatário e, portanto, exposto à pesca). "O que prejudica e tumultua este código magistral", disse Melville, "é a sua admirável brevidade, e é necessário um grande estoque de comentários para explicá-lo."[1]

E uma vez explicado, revela-se que não existe nada que seja um Peixe completamente Preso ou completamente Solto. "Quais são os direitos e liberdades do mundo senão Peixe Solto?... E o que é você, leitor, senão um Peixe Solto e também um Peixe Preso?" "Todos os homens vivem enrolados em cordas de pescar baleia", disse ele mais adiante em *Moby-Dick*. "Todos nascem com a corda no pescoço." "Quem não é um escravo?", pergunta Ishmael. "Diga-me." Existe prazer na pergunta, bem como na resposta implícita – *ninguém* –, uma aceitação do fato de que seres humanos, pela simples limitação de serem humanos, estão presos uns aos outros.[2]

Contudo, houve um momento na carreira de Melville em que ele admitiu que a escravização e exploração de negros da África, ou de descendentes de africanos, era diferente. Foi em uma cena de *Redburn*, baseada parcialmente em sua visita a Liverpool em 1839, quando ele se viu diante de uma estátua do Almirante Horatio Nelson. Nelson tinha liderado os britânicos em sua maior vitória naval, contra a frota combinada francesa e espanhola em Trafalgar, em outubro de 1805, mas ele morreu na batalha, derrubado por uma bala francesa. A maioria dos memoriais que foram construídos por toda a Grã-Bretanha para homenagear o sacrifício de Nelson era de tributos simples, como o pedestal em Londres que sustenta o almirante em pose régia e uniforme de gala completo.

Mas o monumento de Liverpool, situado na Praça Exchange Flags, à sombra do palácio da prefeitura, era estranhamente simbólico, mais adequado, refletiu um observador, para uma nação "bárbara", governada por selvagens ou católicos, em vez de verdadeiros cristãos: um Nelson nu tomba para trás num repouso incômodo nos braços da Vitória, seu pé esquerdo pisando em um homem morto, enquanto a Morte, sob a forma de um esqueleto encapuzado, com as costelas separadas por espaços escuros, agarra seu coração. Ao redor do pedestal ficam quatro figuras acorrentadas na pedra.[3]

Eles deveriam ser prisioneiros de guerra franceses e espanhóis. Mas fizeram Melville pensar em escravos:

> Em intervalos regulares ao redor da base do pedestal, quatro figuras nuas acorrentadas, um tanto exageradas, estão sentadas em diferentes poses de humilhação e desespero. Uma tem a perna dobrada sobre

o joelho, e a cabeça inclinada para frente, como se tivesse abandonado qualquer esperança de algum dia se sentir melhor. Outra tem a cabeça enterrada em desespero, e sem dúvida olha para o mundo pesarosamente, mas como seu rosto estava virado na ocasião, não pude ver a expressão. Essas figuras angustiadas de cativos são emblemáticas das principais vitórias de Nelson, mas eu nunca consegui olhar para seus membros escuros e grilhões sem involuntariamente me recordar de quatro escravos africanos no mercado de escravos.

E meus pensamentos se voltaram para a Virgínia e a Carolina, e também para o fato histórico de que houve uma época em que o comércio de escravos africanos constituiu a principal atividade comercial de Liverpool, e que a prosperidade da cidade deve ter estado indissoluvelmente ligada à sua instauração. E lembrei de que meu pai sempre conversava com os senhores que visitavam nossa casa em Nova York sobre a infelicidade que a discussão da abolição desse comércio havia ocasionado em Liverpool, que a luta entre interesse sórdido e humanidade havia criado um triste caos diante das lareiras de comerciantes, afastado pai e filho e até separado marido e mulher.

Melville tinha ficado particularmente impressionado com a maneira como o "horrendo esqueleto" do monumento "insinuava sua mão sob a veste do herói", para agarrar o coração de Nelson. "Uma obra muito impressionante e fiel à imaginação; nunca consegui olhar para a morte sem calafrios."[4]

Considerando que Melville resistiu a pensar a exploração da escravidão como um problema singular, distinto de outras formas de dominação, a proposição apresentada no segundo parágrafo é interessante: a riqueza de Liverpool, bem como a riqueza da Carolina e da Virgínia, foram construídas nas costas dos africanos escravizados. Mas o que é especialmente impressionante é o fluxo da prosa, a maneira como uma impressão inicial passageira desencadeia um fluxo "involuntário" de associações revelando o papel ampliado da escravatura na história ocidental, a maneira como o comércio fez com que coincidências aparentemente casuais se encaixassem em um padrão significativo.

Uma dessas coincidências envolve a própria estátua de Nelson. Melville provavelmente não sabia, mas o monumento foi erguido por um comitê cívico constituído principalmente de escravos, donos de companhias de navegação mercante e donos de plantações que eram gratos ao fato de a Marinha Real Britânica, graças a Nelson, ter estabelecido seu domínio sobre o Atlântico, de modo que eles pudessem ir e vir com seus navios às plantações escravistas no Caribe em relativa segurança. Entre eles, por coincidência, estava John Bolton, o comerciante de escravos responsável pela chegada à América de alguns dos africanos cujas ações a bordo do *Tryal* mais tarde inspirariam Melville a escrever *Benito Cereno*.

A visão de Melville logo desapareceria e ele retomaria a discussão da escravidão como uma representante da condição humana em geral. Contudo, enquanto em Liverpool, ele deu "repetidas" voltas ao redor do horrendo memorial. "A forma com que aquele grupo de esculturas me afetou", escreveu Melville em *Redburn* com base naquela visita, "deve ter se refletido no fato de que eu nunca mais passei pela Chapel Street sem passar pelo pequeno arco para olhá-lo de novo. E ali, de noite ou de dia, eu tinha certeza de que encontraria Lorde Nelson, ainda tombando para trás, a coroa da vitória ainda pairando sobre a ponta de sua espada, e a Morte feroz e sôfrega como sempre, enquanto os quatro cativos de bronze ainda lamentavam seu cativeiro."

Melville voltou mais uma vez para ver o monumento, em 1856, um ano depois de ter escrito *Benito Cereno*. "Depois do jantar, fui até a Exange", escreveu ele em seu diário. "Olhei para a estátua de Nelson, com uma emoção peculiar, recordando-me de vinte anos atrás."[5]

PARTE II
PEIXE SOLTO

O que é o próprio grande globo, senão um Peixe Solto?

— HERMAN MELVILLE, *MOBY-DICK*

CAPÍTULO 6

UM GUIA PARA O ÊXTASE

Amasa Delano nasceu em uma daquelas enormes famílias de peregrinos que, se não pelo *pedigree*, então pela quantidade de integrantes, parecia ter um dedo em tudo que a América estava se tornando. Seu tataravô, Philippe de Lannoy, chegou a Plymouth, vindo da Holanda, em 1621, em um navio depois do *Mayflower*. Em menos de uma década, ele havia se unido a outros colonizadores para transportar sua família para o outro lado da baía, fundando o que se tornaria a cidade de Duxbury numa ponta de terra coberta de floresta e pradaria, aninhada entre o oceano e as salinas, e banhada por fontes de água doce.

Philippe casou-se duas vezes, teve cinco filhos, quatro filhas e 38 netos – que por sua vez, avidamente, tiveram um número prodigioso de filhos: um dos filhos de Philippe, o bisavô de Amasa, foi multado em dez libras por ter cometido "cópula carnal" com uma mulher com quem subsequentemente se casou. "Eles são tantos que se empoleiram em árvores, como perus", comentou certa vez um vizinho de Duxbury. Os Delano, como o nome passou a ser escrito, logo podiam ser encontrados por toda a Nova Inglaterra, do Maine a Nova York e além, incluindo ramos da família que produziram alguns dos mais bem-sucedidos homens de negócios, artistas e estadistas da América, entre eles três presidentes: Ulysses S. Grant, Calvin Coolidge e Franklin Delano Roosevelt. Os ancestrais da mãe de Amasa também chegaram cedo a Plymouth, descendentes de um homem de Devonshire que dizia ter sido feito cavaleiro pela Rainha Elizabeth.[1]

Na ocasião do nascimento de Amasa, em 1763, Duxbury era uma cidadezinha pesqueira pobre, feita de trilhas para cavalos e chalés mobiliados com móveis toscos feitos em casa. Somente uma casa tinha algo que pudesse ser chamado de tapete, ninguém tinha uma carroça de quatro rodas e apenas poucas famílias eram donas de escravos africanos. Marshfield, uma cidade mais adiante, era mais rica. Seus filhos iam para Harvard ou se alistavam na Marinha Real Britânica. Duxbury continuou bem provida de fazendeiros, carpinteiros navais, "homens de nervos de ferro" capazes de "derrubar florestas e viver de migalhas". Todos eram pobres, mas alguns eram mais pobres, principalmente os idosos que perderam seus parentes e não conseguiam viver sozinhos. As famílias se revezavam para "manter" uma prima distante de Amasa, por exemplo, "a velha Jane Delanoe", e depois pagaram por seu caixão quando ela morreu.[2]

Os pais de Amasa, Samuel e Abigail, chamaram seus outros filhos de Alexandre, William e Samuel Jr. Mas batizaram o primogênito com o nome do tio, Amasa, que em hebraico significa fardo ou carregar um fardo pesado. Só existe um Amasa no Velho Testamento. Ele era sobrinho do Rei Davi, assassinado por seu primo Joab, que com a mão direita puxa a barba de Amasa num gesto amistoso, como se para beijá-lo, enquanto que com a esquerda enfia um punhal em seu flanco. Os intestinos de Amasa se derramam no chão e ele morre em meio ao próprio sangue. "Quanto mais conspiração existe no pecado, pior ele é", foi o modo que um comentário sobre a Bíblia no século XVIII interpretou essa passagem. E se a referência bíblica não fosse ameaçadora o suficiente, as circunstâncias da morte do tio xará foram ainda mais sinistras.[3]

Em 4 de outubro de 1759, o tio de Amasa, Amasa Delanoe, um sargento da Rangers Rogers, uma famosa milícia britânica, participou de um ataque a Saint Francis, um povoado de índios abenaki aliado dos franceses próximo do rio Saint Lawrence. Os homens do vilarejo tinham saído em patrulha, deixando a maioria das crianças, mulheres, doentes e idosos. Vestidos como índios, os Rogers atearam fogo ao vilarejo. "Em menos de um quarto de hora toda a cidadezinha estava em chamas, um terrível massacre", registrou Robert Kirk, um membro escocês dos Rangers Rogers em seu diário. "Aqueles que as chamas não devoraram foram mortos a tiros ou a machadadas." Kirk descreveu aquilo como "a cena mais sangrenta de toda a América".

O massacre acabou em poucas horas, mas a retirada pelo vale do rio Connecticut, com os britânicos perseguidos pelos franceses e pelos abenaki, durou semanas. Com pouca comida e água e muito expostos à natureza, os Rangers, divididos em pequenos grupos, se perderam na floresta. Exaustos e passando fome, eles sobreviveram graças ao canibalismo. A unidade em que Kirk estava matou uma índia que eles tinham capturado em Saint Francis, Marie-Jeanne Gill, filha do chefe abenaki. "Então nós a grelhamos e a comemos quase toda", escreveu Kirk, "e obtivemos grande força com isso." O grupo de Delanoe, reduzido a três soldados, fez o mesmo com seu prisioneiro, que pode ter sido o outro filho do líder abenaki, Xavier. No dia seguinte, os abenaki capturaram Delanoe e seus homens perto do Lago Champlain, e quando eles descobriram que os britânicos "tinham matado e comido um garotinho", os índios "os mataram e os escalpelaram" por "vingança".[4]

O JOVEM AMASA COMEÇOU a nadar primeiro em água doce e depois em água salgada, e aos 5 anos de idade já era capaz de mergulhar no oceano frio e ficar dentro da água por períodos de tempo incomuns. Mesmo quando menino, ele tinha um físico compacto, como se fosse composto de energia condensada. Junto com seus irmãos mais novos, Samuel e William (Alexander tinha morrido quando bebê), Amasa aprendeu a construir navios com o pai, carpinteiro naval, e a navegar em viagens de pesca para os Grandes Bancos, trazendo bacalhaus, cavalas e arenques para vender em Boston. Abandonou a escola depois de alguns anos, se rebelando contra a "severidade dos mestres", embora continuasse a ser um leitor voraz.

Duxbury era uma cidade pequena e a maior parte da educação moral de Amasa se deu no banco que sua família tinha na igreja da primeira paróquia. O reverendo Charles Turner foi o pastor da cidade durante os primeiros treze anos de vida de Amasa. Era um homem de aparência severa que usava uma peruca branca surpreendentemente grande e fazia suas rondas visitando famílias e assustando crianças. "Eu tinha um medo terrível dele", recordou um dos contemporâneos de Amasa.[5]

Turner passava autoridade, mas sua teologia era subversiva. Era um homem de "grande eloquência", parte de uma geração de pregadores que estavam plantando as sementes do que mais tarde se tornaria conhecido como unitarismo. Eles estavam deixando para trás o frio calvinismo dos pais e avós de Delano, que afirmava que havia pouco que um indivíduo pudesse fazer para mudar o curso de sua vida após a morte (e que achava que não havia nada demais em chamar um bebê de Amasa) e abraçando uma "fé mais liberal", incluindo a noção de que o homem era dotado de livre-arbítrio. Turner teve uma oportunidade de apresentar sua opinião em Boston em 1773, diante de uma audiência de magistrados reais. Ele havia sido selecionado para fazer o Sermão de Eleição anual, uma honra de grande prestígio, em reconhecimento a sua longa e brilhante carreira no clero.[6]

Apresentado diante do governador britânico de Massachusetts, Thomas Hutchinson, em uma época em que os jornais de Boston estavam debatendo abertamente a questão da independência, o sermão de Turner era praticamente uma incitação à insurreição. "As escrituras", dizia ele, "não podem ser corretamente interpretadas se não forem explicadas de uma maneira simpática à causa da liberdade." Turner dizia que tinha vivido por quase duas décadas entre os bons homens e mulheres de Duxbury. A opinião de Londres sobre eles, bem como sobre o "povo" da América, dizia que eram "pouco superiores aos índios bárbaros", mas eles, mais que o rei e seus representantes, eram a verdadeira fonte e os guardiões da virtude.

Turner também incluiu em seu sermão um argumento que se tornaria cada vez mais comum em debates públicos, a ideia de que a "avareza" dos indivíduos podia contribuir para o "interesse público". Ao aumentar a riqueza e os recursos disponíveis, a busca de ganho pessoal, disse ele, podia beneficiar a comunidade como um todo. Nessa nova equação, qualidades que os cristãos no passado consideravam vícios, tais como ambição, eram postas na categoria de "interesses". Elas não deveriam ser *reprimidas*, e sim *equilibradas* pela virtude – ou, nas palavras de Turner, "enriquecidas" por "princípios mais elevados" que protegeriam o "bem comum" dos "sentimentos vis de alguns". As paixões, apetites e interesses do homem, dizia ele, precisavam ser regulados com o que "poderíamos, se quisermos, chamar de Constituição".[7]

Os comentários de Turner são um exemplo de um dos aspectos que na opinião do historiador Gordon Wood tornaram a Revolução Americana radical: a equação da governança do indivíduo com a governança da sociedade, a confiança numa Constituição moral para controlar as paixões nos indivíduos e uma Constituição escrita para controlá-las na política. O governador Hutchinson "estremeceu e mudou de cor durante o sermão" e "deliberadamente não convidou Turner para o banquete festivo que se seguiu". Samuel Adams, contudo, ficou tão impressionado com o sermão de Turner que o distribuiu por toda parte, pelas colônias e em Londres, onde o texto chegou à escrivaninha de Benjamin Franklin.[8]

De volta a Duxbury, Turner conduziria seu rebanho até as vésperas da revolução e o deixaria lá. Ele se aposentou do clero no início de 1776, devido a problemas de saúde. Em 3 de julho de 1776 – um dia depois que o Congresso Continental votou em favor da ruptura com a Grã-Bretanha –, o novo clérigo da cidade, Zedekiah Sanger, foi ordenado, e o reverendo Elijah Brown, pastor da igreja da primeira paróquia de Sherborn, nas vizinhanças, fez o sermão.[9]

O otimismo de Brown com relação à natureza humana era ainda maior que o de Turner. "Não há nada na revelação divina que seja contraditório ou contrário à razão pura e comedida", disse em seu discurso apresentando Sanger. "A razão, aquele raio brilhante da deidade, aquele esplendor da eterna luz divina, quando inicialmente implantada na alma humana", prosseguiu ele escolhendo um conjunto de palavras luminosas que irradiavam puro amor, "era um guia para o êxtase e a glória."[10]

Mas o reverendo Brown tinha um problema. Como muitas de suas cidades vizinhas, Duxbury se aliou à Sociedade dos Filhos da Liberdade, de Boston, contra Londres. Três anos antes, o pai e os tios de Amasa ajudaram a formar a primeira companhia de milicianos da cidadezinha, prometendo "lutar ou morrer" com o Congresso. Duxbury pagou um preço. Antes mesmo da batalha de Lexington, tropas reais estavam perseguindo os residentes, cercando a igreja durante serviços religiosos e reuniões políticas, e impedindo os pescadores de saírem para o mar. A Marinha Real Britânica ateou fogo a uma escuna ao largo da costa, transferindo a tripulação, que incluía vários primos de Amasa, para um navio-prisão no porto de Nova York, onde alguns morreram. Em outros lugares também a guerra contra os britânicos causou pesadas baixas. E as perdas sofridas nas mãos dos britânicos não foram nada comparadas à epidemia de varíola que começou em 1775 e varreu a América do Norte, da Nova

Inglaterra ao México, sitiando cidades e vilarejos e fazendo mais de cem mil vítimas.¹¹

E assim, ao final do sermão celebrando o brilho esplendoroso e o êxtase da razão como obra divina, Brown tornou-se sombrio. Ele disse à congregação de Duxbury que apoiava a independência deles da Grã-Bretanha e incitou a cidade a continuar "lutando por nossos direitos naturais". Mas a situação é "calamitosa", disse ele; "o céu está zangado conosco". As pragas debilitantes, os gemidos dos feridos, o sangue de nossos irmãos, os horrores da guerra – de que outro modo tal sucessão de desgraças pode ser compreendida senão como castigo? "Pecaminosamente", perguntou ele, "será que nós não abandonamos o Senhor?"

Brown havia abandonado a doutrina da predestinação para almas individuais, contudo ele se atinha à ideia de que Deus falava através da história, aquela história era mais que o registro de atos individuais derivados do livre-arbítrio. Era uma expressão do favor ou do desfavor divino. Se os bons de Duxbury tivessem usado o livre-arbítrio virtuosamente – para lutar por seus direitos naturais –, então como explicar seu sofrimento?

Amasa tinha 13 anos de idade em 1776. De acordo com todos os relatos, ele era um garoto atento. Ainda assim, sentado no banco de igreja da família Delano, provavelmente não compreendia a profundidade do paradoxo de Brown, de que vidas individuais pudessem não ser predestinadas, mas que o curso da história ainda era guiado por Deus. Seria apenas no fim de sua vida que ele questionaria a ideia de que se a razão e a disciplina fossem usadas para controlar apetites e impulsos, o sucesso chegaria. Em todo caso, o questionamento do reverendo foi breve, ocorrendo ao final de um sermão longo, muito longo.

Quando Brown encerrou, ele cedeu a palavra para o novo clérigo de Duxbury, que começou com o tema que estava na mente de todos. O reverendo Sanger começou com uma citação do Levítico: "Apregoareis liberdade na terra a todos os seus moradores."

A REVOLUÇÃO MUDOU DUXBURY. Samuel Delano, pai de Amasa, teve sucesso como dono de um pequeno estaleiro, passando de "pobre e sem grande instrução" a dono de um lote de terra de tamanho decente, que conseguiu comprar em 1783. Contudo, embora seja sempre citado entre os homens cujas habilidades e trabalho duro tornaram Duxbury rica, seu nome não aparece nas listas daqueles que ficaram ricos, como seu vizinho Ezra Weston. Weston também começou como pequeno proprietário e carpinteiro naval, mas passou a dominar a economia da cidade no final dos anos 1700 como o dono de um grande estaleiro, uma ferraria, áreas de produção de madeira, cordoaria, serraria para cortar vergas e de uma frota de navios pesqueiros. Ele conquistou tanta riqueza e influência que ganharia um apelido tão condenatório quanto podia ser imaginado na Nova Inglaterra republicana: Rei César.[12]

A prosperidade pós-revolucionária de Duxbury resultou no aumento da prostituição, do alcoolismo, do uso de linguagem chula, jogo e outras iniquidades concentradas nas proximidades de seus estaleiros. "Fiquem longe daqui", advertiu um veterano a um bando de garotos de fazenda do interior procurando emprego na frota pesqueira da cidade. "É Sodoma, e será afundada, sem dúvida." Indivíduos como o "Rei César", que governavam a pequena Sodoma de Duxbury, acumularam fortunas que não seriam imagináveis apenas décadas antes. O filho de Weston, Ezra Weston Jr. – que tinha mais ou menos a mesma idade de Amasa –, herdou do pai não apenas o negócio e as propriedades, mas também o título. Ele tornou-se o Rei César II, que presidiu a expansão ainda maior do império de navegação de sua família.[13]

Com a riqueza, veio a pobreza. O tipo de caridade esporádica de família e igreja que pagava pelo caixão da velha Jane não era mais suficiente para lidar com a miséria que se disseminava. Em 1767, a cidade havia votado para "confinar os pobres" em uma casa de trabalho, e pouco depois um comitê foi criado para administrar a instituição. Em troca de comida e roupa, os insolventes catavam estopa (como Oliver Twist, de Charles Dickens), tiravam mechas de cânhamo ou juta de cordas velhas, que então seriam misturadas com piche e utilizadas para calafetar cascos de navios.[14]

As mudanças em Duxbury eram amostras de mudanças maiores que ocorriam por toda parte na nova república. Gordon Wood descreve esse período da história americana, nas décadas que se seguiram ao triunfo da revolução, como um grande desmanche. "Tudo parecia estar se desfazendo", escreve ele, "e assassinatos, suicídios e violência se tornaram respostas cada vez mais comuns aos fardos que a liberdade e a expectativa de lucro estavam impondo às pessoas." Longe de criar uma nação fundada na "benevolência e na abnegação, o republicanismo esclarecido estava criando competitividade social e individualismo". A ideia do reverendo Turner de que "princípios mais elevados" podiam temperar ambições pessoais encabeçava. Para muitos, a ambição particular *era* o princípio mais elevado. Por toda parte, homens rudes estavam acumulando grandes fortunas, especulando, emprestando dinheiro a juros altos, padronizando preços ou buscando cargos públicos tendo em vista a promoção não dos ideais da república, e sim dos interesses de sua classe, ou pior, apenas de seus interesses pessoais, ao "explorar a retórica revolucionária da liberdade e igualdade". "A revolução", escreve Wood, "foi a fonte de suas próprias contradições."[15]

Em Duxbury, uma resposta a essas mudanças era partir para o exterior. Mesmo antes da revolução, o reverendo Turner havia definido o conhecimento do mundo como um bem, positivo, uma maneira de cultivar a virtude cívica. "Se alguns termos gerais não conseguem passar a ideia da bênção da liberdade", pregava ele, "então que sejam aprendidos da história do mundo." Na virada do século, partir de Duxbury era considerado uma maneira de não só conhecer o mundo, como de crescer nele. Uma lei não escrita governava a cidade, "um decreto natural", como descreveu um residente, "de que todo garoto devia ocupar seu lugar a bordo de um navio tão logo pudesse". A experiência permitiria aos filhos de Duxbury "expandir suas compreensões" e melhorar suas circunstâncias – isto é, se aprimorar moral e materialmente.[16]

COMEÇANDO A VIDA QUANDO A IDEIA de uma América independente ainda era obscura na mente de alguns radicais e terminando-a em 1823, quando todo o Hemisfério Ocidental (exceto por Cuba, Porto Rico e o Canadá) era livre, Amasa Delano foi verdadeiramente um novo homem da Revolução Americana. Ele acreditava profundamente numa ideia e esta era certamente a mais radical de todas as ideias revolucionárias que então circulavam pela nova nação: todos os seres humanos nasciam iguais. O que eles faziam dessa igualdade, contudo, era responsabilidade deles. Instruído por clérigos como Turner e Sanger, Delano acreditava que a ideia de "autogoverno" era uma virtude pessoal tanto quanto era um programa político, talvez até mais, e ele lutava para conquistar o autodomínio. Admitia ser ambicioso, tendo querido muito ser bem-sucedido, respeitado entre seus pares por seu talento e natureza honesta, e ter segurança financeira suficiente para sustentar uma família.[17]

Como muitos outros republicanos de sua época, Delano fazia uma distinção entre ambição e inveja. A inveja era um vício, a ambição, uma virtude, uma força em prol do autocrescimento, uma maneira de aprimorar a si mesmo e sua comunidade. Se Delano tivesse sido invejoso, poderia ter respondido a uma Duxbury cada vez mais dividida, que se voltava para dentro e exigia um nivelamento da riqueza. Em vez disso, ele se voltou para fora, acreditando que poderia realizar sua ambição ao ampliar seu mundo. Delano esperava escapar do provincianismo de Duxbury e ver o mundo como realmente era, livre dos "relatos exagerados" encontrados em livros e nas histórias contadas por marinheiros que voltavam de longas viagens divulgando "relatos falsos de coisas muito distantes de casa".

Ele queria fazer o que seu pastor o havia estimulado a fazer: aprender a história do mundo.*

A guerra lhe deu a oportunidade. Pouco depois de ouvir o reverendo Sanger proclamar a liberdade, Amasa, contrariando a vontade de seu pai porque era menor de idade, se alistou na milícia rebelde de Duxbury e marchou para Boston para lutar contra os britânicos. A partir daquele momento, até o dia em que pegou uma caneta para escrever suas memórias (três décadas depois), Amasa aparentemente não teve um único momento de descanso.

---

* Partir para o mar significava para plebeus como Delano o mesmo que propriedade de terras significava para a aristocracia republicana, cujas propriedades não eram mercadorias para serem comercializadas, como tabaco. Em vez disso, a riqueza decorrente da propriedade de terras servia para eles como amortecedor dos empurrões do mercado e os protegia de todos os seus interesses mesquinhos e provincianos. Permitia que homens como Thomas Jefferson e George Washington cultivassem seu cosmopolitismo, que se mantivessem acima da batalha política e apresentassem uma visão superior do bem republicano. Como disse Washington, ser republicano era ser "um cidadão da grande república da humanidade em geral". Embora não oferecesse o mesmo tipo de segurança financeira, ir para o mar, viver uma vida na proximidade de pessoas de muitas raças, permitia a uma pessoa como Amasa Delano ou Herman Melville imaginar a si mesmo, como escreveu Melville, como "um cidadão e marinheiro livre do universo".

Como um Zelig republicano, Delano presenciou ou esteve perto de presenciar muitos dos mais lendários episódios que marcaram o início dos tempos modernos. Ele foi guarda de prisioneiros britânicos capturados na Batalha de Saratoga e observou a destruição de Yorktown, refletindo mais tarde sobre os "sentimentos melancólicos" que o dominaram ao "ver cenas de devastação e sangue". Delano viajou muitas vezes para o Haiti nos anos anteriores à revolução daquele país, em navios mercantes construídos pelo Rei César, que levavam bacalhau salgado da Nova Inglaterra com a intenção de vender para os donos de plantações para que alimentassem seus escravos. Amasa esteve nas cidades portuárias de Cantão e Macau justo quando a China estava se abrindo para o comércio ocidental. Ele ancorou no Havaí pouco depois da morte do capitão Cook. Quando partiu, levou consigo dois rapazes. Um, o filho do lendário rei Kamehameha, mais tarde desapareceu na China. O outro chegou a Boston, onde receberia boas críticas por seu desempenho na *Tragédia do capitão Cook*. Amasa presenciou batalhas travadas entre as marinhas britânica e francesa e entre os habitantes das ilhas Palau, levando-o a refletir sobre a superioridade moral destes últimos. Quando perguntou ao rei de Palau por que seus seguidores destruíam os bens de seus rivais derrotados como vingança, ouviu em resposta: "Os ingleses fazem assim."

Imagens de sonho representando abundância passaram diante de seus olhos na África, na América do Sul e nas Ilhas dos Mares do Sul: grupos de antílopes e rebanhos de veados que pareciam nunca acabar; enormes bandos de flamingos e de papagaios; grupos de cisnes cobriam a costa inteira do Chile; colônias de pinguins em marcha recobriam as Ilhas Malvinas, ou Falklands. Décadas antes de Darwin observar as tartarugas gigantes de Galápagos, Delano as comparou a elefantes indianos; "suas bocas, cabeças e pescoços", disse ele, "pareciam tremer de paixão".

Quando esteve em Lima, Delano visitou os escritórios da Inquisição espanhola e a Casa da Moeda e fez um relato notável de escravos que usavam ouro fundido para fazer barras e cunhar moedas. Delano foi o primeiro a contar em detalhe a história do motim no *Bounty* contra o capitão Bligh. Ele teve sua carga apreendida por franceses revolucionários na Île de France e esteve presente no início do governo britânico da Índia e do colonialismo europeu nos arquipélagos do Pacífico. Delano descreveu as raízes holandesas do *apartheid* na África do Sul, refletindo atentamente sobre as implicações do que nós hoje chamaríamos de divisão racial do mundo. Fumou ópio com os mouros na Malásia, conversou sobre questões de ética e guerra com chefes de tribos polinésias e considerou a semelhança entre a Santíssima Trindade cristã e uma estatueta de três cabeças com que se deparou em Bombaim, representando Vishnu, Shiva e Brahma.

Resumindo, Amasa Delano passou a maior parte de três décadas no mar.

DELANO ACREDITAVA QUE VIAJAR pelo mundo ampliaria sua mente e aumentaria seu saber, ajudando-o a "vencer seus preconceitos", a ficar acima de provocações mesquinhas e dominar a "arte divina de extrair o bem do mal". Mas uma vez que, como ele mesmo dizia, devia sua tolerância e abertura à sua capacidade de "generalizar suas observações, princípios e sentimentos", de certa maneira tentava confirmar aquilo em que já acreditava, ideias relativas à razão, ao livre-arbítrio e à capacidade do homem de dominar a si mesmo, que lhe tinham sido ensinadas por clérigos como Turner e Brown. Porém, o que encontrou no mundo foi muito diferente, algo que não confirmou sua certeza, mas, pelo contrário, a destruiu.[18]

CAPÍTULO 7

O SISTEMA DE NIVELAMENTO

UMA DAS PRIMEIRAS MISSÕES DE DELANO COMO OFICIAL FOI EM UM NAVIO da Companhia Britânica das Índias Orientais, que se dedicava ao contrabando de ópio e ao mapeamento das ilhas do Pacífico. Depois de dois anos a bordo, Delano pediu as contas, levando parte de seu salário em droga, que contrabandeou para a China, dobrando seus ganhos. Isso foi no início de 1793 e, querendo muito deixar Cantão e voltar para casa, ele assumiu o comando de um navio com destino à Europa, o *Eliza*, fretado por um holandês chamado Van Braam para transportar açúcar.[1]

O *Eliza* não era um bom navio. Era "ronceiro" e "deixava entrar muita água". A água vazou para o porão e se misturou com o açúcar, que se dissolveu num xarope, que as bombas do navio então ejetaram de volta para o oceano. Essa mistura doce começou a atrair peixes, primeiro uma pequena escolta, depois um destacamento, e cada vez mais, até que o *Eliza* ficou cercado por uma tropa prateada e reluzente de vida marítima.

Na travessia do Oceano Índico, do Estreito de Sunda até a Île de France, o *Eliza* foi seguido por "uma imensa multidão de peixes, de todas as variedades, das maiores baleias às menores espadilhas". Era um banquete em movimento, um banquete interminável: alguns anzóis e um bocadinho de grãos eram suficientes para capturar uma grande refeição. Mas uma das espécies, Delano não sabia qual, embora desconfiasse do bonito, demonstrou ser nociva. "A maior parte da tripulação ficou intoxicada."[2]

Delano chegou à Île de France, a leste de Madagascar, no Oceano Índico, em julho de 1793. Um piloto do porto veio receber o *Eliza* e contou a Amasa a grande novidade: o rei Luís XVI e sua esposa, Maria Antonieta, haviam sido guilhotinados; a França agora era uma república e a Europa aristocrática tinha se unido para esmagá-la; a ilha estava sitiada por fora e governada por radicais no interior; bandos vagavam pelas ruas, saqueando lojas dos ricos comerciantes e obrigando-os a vender suas mercadorias pelo dinheiro praticamente sem valor da Revolução; corsários tomavam o porto armados, alguns deles com quarenta ou mais canhões, para capturar navios e cargas. Nenhuma embarcação estava segura, nem mesmo as que tivessem bandeiras amigas da república.

"A informação nos deixou atordoados", disse Delano.

Com a esteira doce o seguindo, o *Eliza* tinha chegado em uma estufa de paixão revolucionária. Ideias que na época convulsionavam a Europa eram abraçadas com mais fervor ainda naquela pequena ilha de açúcar e escravos. Delano ficou horrorizado com o que viu. Ele sabia que os habitantes de Île de France eram honestos e honrados, disse, recordando-se de uma visita anterior. Nas décadas anteriores ao regicídio, a colônia havia prosperado graças ao comércio crescente entre a Europa e a Ásia, e muitos de seus comerciantes, plantadores de cana-de-açúcar e mercadores de escravos, tinham enriquecido. O preço do açúcar estava alto e o porto da ilha, Port Louis, prestava serviços a navios que viajavam entre esses continentes. Mas a colônia também era o lar de um número crescente de brancos pobres e de negros livres, *sansculottes* natos. E quando chegou a notícia da decapitação de Luís, tudo desmoronou.

Amasa Delano já tinha vivido em meio ao fervor revolucionário antes. O povo de Duxbury tinha se unido em apoio quase unânime aos Filhos da Liberdade e ao Congresso Continental. Ele era ainda um garoto pequeno quando a cidade levantara o mastro da liberdade. "Nós tínhamos um muito alto", recordava um morador de Duxbury. Contudo sua cidade natal tinha sido poupada de grande parte dos conflitos internos que convulsionaram outras comunidades. Por toda a Nova Inglaterra, patriotas davam a suspeitos de serem *tories* uma escolha: beijar o mastro da Liberdade e proclamar o apoio à independência ou sofrer o suplício e humilhação pública de serem cobertos de piche quente e penas. Entretanto, em

Duxbury houve poucas "afrontas ao mastro da Liberdade", recordou um veterano da Revolução, porque "não havia ninguém para afrontar". Houve um incidente em que patriotas apanharam um comerciante de Halifax chamado Jessie Dunbar vendendo carne aos britânicos. Eles bateram no seu rosto com tripa de vaca. Entretanto, na maior parte do tempo a guerra contra os britânicos não gerou "nem fanáticos nem entusiastas" entre os vizinhos de Delano, que, depois que o combate na guerra foi encerrado, retomaram seus negócios de construção de navios e navegação – apesar do fato de que alguns na cidade estavam ficando mais ricos, e muitos outros estavam ficando mais pobres.[3]

Em Île de France, contudo, Delano viu um mundo enlouquecido pela Revolução. Um clube jacobino foi formado e, efetivamente, tomou o poder da assembleia da colônia dominada por comerciantes e mercadores de escravos. Mulheres pintaram o cabelo de vermelho, branco e azul, fazendeiros rebatizaram seus escravos com nomes de deuses gregos e os jacobinos realizavam uma "festividade" após a outra: uma celebrava a "Virtude", outra, "a Colheita", outra ainda, a "Inocência". A garota que representava a Inocência vestia uma túnica branca e usava guirlandas de flores, mas ficou exposta ao frio por tempo demais e morreu no dia seguinte. A Festa da Colheita da Uva apresentava duas mulheres que "representavam cenas de depravação".[4]

"Eles logo aprenderam a gritar 'liberdade e igualdade'", escreveu Delano. Também havia outros slogans: "O tirano está morto." "A opressão terminou." "Os direitos do homem triunfaram." Uma guilhotina foi erigida na praça, com uma placa pendurada onde se lia: "Uma cura para a aristocracia."

Os escravos da ilha não se rebelaram, e os fazendeiros conseguiram ignorar o decreto de Paris de 1794 que aboliu a escravatura. Mas a paranoia aumentou e conspirações se multiplicaram. A classe dos fazendeiros vivia em temor constante. Corriam rumores de que artesãos e escravos estavam tramando uma rebelião e que marinheiros estavam armando ambos. Acreditava-se que havia espiões britânicos contrarrevolucionários por toda parte. Os suprimentos de comida começaram a ficar escassos.

* *

UMA DAS COISAS QUE a Revolução Francesa fez que Delano achou especialmente angustiante foi democratizar a pirataria. No passado, como no caso de Mordeille, de seus parceiros comerciais em Montevidéu e Buenos Aires e da frota mercenária de navios negreiros em Liverpool, eram os ricos e bem relacionados que financiavam os corsários, homens que tinham dinheiro suficiente para equipar um navio corsário e enviá-lo ao mar para ver o que conseguia capturar. Agora, contudo, em Île de France, os corsários estavam vendendo barato cotas de participação na operação, até quinhentas cotas por navio, para qualquer um que quisesse comprá-las. "Homens de todos os níveis", observou Delano, podiam lucrar com a pirataria (de modo semelhante à maneira como o "livre comércio" estava na mesma época democratizando o comércio de escravos na América espanhola). Mais tarde, depois que Napoleão subiu ao poder em Paris, esses corsários seriam nacionalizados, suas ações coordenadas com a marinha republicana francesa para interromper o comércio britânico. Contudo, nos anos imediatamente depois da execução de Luís XVI, a pirataria estava aberta a todos: todo homem podia ser um corsário.

Embora Delano, quando jovem, tivesse servido por um breve período na tripulação de um navio corsário no Atlântico, agora condenava a prática. Tinha conhecido muitos capitães que haviam sido capturados por corsários e ele próprio tinha escapado deles em determinada ocasião. O corso era pouco mais que um "sistema de roubo licenciado", um comércio "perverso" que ele comparava à escravatura. Do mesmo modo que seres humanos podiam ser arrancados de seus lares, perdendo tudo que valorizavam, um "marinheiro honesto" que tinha o trabalho de uma vida investido na carga de seu porão podia ter "todos os seus tostões" roubados – e o roubo era "feito de acordo com a lei".

Delano foi imediatamente afetado pela falta de legislação da ilha. Sua carga de açúcar, a parte que não havia derretido no oceano, foi arbitrariamente embargada pelas autoridades da colônia. Proibido de sair do porto, Delano ficou furioso. Os administradores da ilha não "nos trataram com respeito ou justiça", reclamou ele. Era "humilhante" ver "homens muito vis, sem talentos nem integridade, de posse do poder e usando-o para os piores propósitos, sob o nome de liberdade".

Filho da Revolução Americana, Delano se viu prisioneiro em um lugar que era uma perversão do mundo de moralidade e razão prometido pela revolução. "Logo descobri", escreveu ele mais tarde, que o que os revolucionários franceses designavam pela palavra *liberdade* "era fazer o que bem lhes aprouvesse, enquanto os outros deveriam ser obrigados a concordar ou morrer". "Aqueles que proclamam mais veementemente serem a favor de um sistema de nivelamento estão, de acordo com o que minha experiência me mostrou até agora", "dentre os maiores tiranos quando chegam ao poder. (...) A tentativa de estabelecer uma liberdade perfeita, ou o que os irrefletidos chamam de liberdade perfeita, obviamente irá fracassar."

O navio de Delano estava registrado nos Estados Unidos, mas sua carga era de propriedade de um cidadão da Holanda. E a França estava em guerra contra os holandeses. Portanto Delano teve que esconder os registros para fazer parecer que o açúcar era dele. Semanas se passaram e nada foi resolvido. Sua tripulação estava "devorando" seus suprimentos e os vermes, "devorando" o navio. Delano secretamente conseguiu vender o açúcar. Mas era tarde demais. O *Eliza* estava completamente podre e teve que ser afundado.

Com o dinheiro do açúcar, mais o dinheiro que tinha ganho vendendo ópio, Delano se associou a outro capitão norte-americano e comprou de um corsário um grande navio capturado de 1.400 toneladas, o *Hector*. O porto da ilha estava cheio de navios assim, capturados por corsários, à venda. A necessidade de Delano de sair da ilha superou quaisquer dúvidas que ele pudesse ter sobre comprar um navio grande. "Neste momento os navios", escreveu ele para seu irmão em Duxbury, estão "tão baratos quanto você poderia desejar".[5]

A ideia era zarpar para Bombaim e pegar um carregamento de algodão, que Delano venderia em Cantão. "Pensamos que poderíamos fazer algo de lucrativo para nós", bem como pagar Van Braam pelo açúcar perdido, disse ele. Delano logo se deu conta de que a "empreitada era grande demais para nós". Despesas diárias para cobrir provisões, salários e reparos acabaram com qualquer dinheiro que os dois norte-americanos pudessem ter. E as autoridades jacobinas do porto lhes "impunham um embargo após o outro", dizendo que como o *Hector* tinha seis canhões, não podia receber permissão para partir para "um porto inglês na Índia", onde poderia ser apreendido pelos britânicos e usado no bloqueio à ilha. Delano e seu parceiro foram obrigados a tomar dinheiro emprestado a "juros exorbitantes a serem pago em Bombaim", para cobrir os custos da operação.

EMBORA DELANO E SEU SÓCIO finalmente conseguissem escapar, a sorte deles não virou. Algumas semanas depois de deixar Île de France, o *Hector* enfrentou um furacão durante oito horas que quase o destruiu. "Perdemos três velas de joanete", relatou Delano, e a verga do traquete se partiu. Consertaram o navio e conseguiram chegar à Índia. Mas como os franceses estavam apreendendo embarcações norte-americanas, não conseguiram ninguém que quisesse embarcar a carga deles. Ficaram parados em Bombaim durante meses, perdendo a melhor época para velejar até a China. A dívida contraída na Île de France subiu. Agora estava em 20 mil dólares. Fazendo um segundo empréstimo para pagar o primeiro, os dois seguiram para Calcutá. Ainda assim não conseguiram encontrar um comerciante disposto a arriscar a viagem. Os capitães foram obrigados a vender o *Hector* quando o titular do novo empréstimo exigiu pagamento, com o dinheiro mal chegando para cobrir a dívida.

Delano ficou quebrado, e na pior em Calcutá. Suas "perdas acumuladas" o angustiavam "constantemente". Estava horrorizado por ter perdido o dinheiro da carga de Van Braam. Sabia que seus motivos tinham sido "puros e honestos" quando usara os lucros do açúcar de Van Braam para comprar um navio capturado. Ele havia se sentido preso como um refém em Île de France, aquela ilha jacobina, e escreveu a Van Braam contando cada detalhe de seu infortúnio, dizendo que planejava pagá-lo com os lucros feitos no *Hector*. Não tinha conseguido fazer aquilo funcionar. "Depois de refletir bem, a tentativa de administrar uma empreitada tão grande com um capital tão pequeno foi insensata, e me causou muito arrependimento e autocensura." "Fomos além de nossas possibilidades", disse ele. Havia errado nos cálculos.

Delano embarcou numa escuna de volta para a Filadélfia, chegando sem nada, senão "uma moeda de ouro", com suas "grandes esperanças" frustradas, sua "mente ferida e atormentada".[6]

CAPÍTULO 8

SONHOS DOS MARES DO SUL

DEPOIS DE CINCO ANOS NO MAR, AMASA DELANO VOLTOU PARA CASA EM Duxbury de mãos "vazias", as "roupas puídas" e "sem nada, senão suas copiosas ambições". "Eu nunca vi minha terra natal com tão pouco prazer como em meu retorno depois do término desastroso de minhas empreitadas e minhas esperanças." Capitães bem-sucedidos voltam de viagens prósperas com os porões cheios de presentes exóticos e são calorosamente acolhidos por amigos e familiares. Ele, em comparação, não tinha nada para dar. Enquanto Delano andava pelas ruas, estava "atento a qualquer sintoma" de "falsa piedade" e "pouca simpatia". Quando encontrava conhecidos, fingia estar bem-disposto. Mas seus "olhos baixos e mente ferida" estavam longe desse mundo indiferente. "O coração tem que sentir suas perdas."[1]

Amasa voltou a trabalhar no estaleiro do pai, determinado a se recuperar da derrota. Começou a construir sua própria embarcação, encontrando alguns investidores em Boston, o que lhe permitiu poder comprar o melhor material. Trabalhou metodicamente, tendo o cuidado de escolher a madeira certa para cada parte do navio. Delano usou carvalho-branco e larício, ou lariço, que era trazido para os estaleiros de Duxbury em carros de boi e cortado em tábuas grossas e longas. Depois de curtidas, estimava que se manteriam fortes e firmes por trinta anos. Pinho foi usado para os mastros e abeto alcatroado três vezes para as vergas. Delano decidiu usar pinho amarelo para os caibros e vigas e revestiu o casco do navio com o melhor cobre que conseguiu encontrar.

"Não deveria existir qualquer dúvida quanto ao bom estado de um navio", para uma longa viagem. Em vez de confiar na "sorte", uma vez que a sorte "faz parte do miraculoso", deve-se ter o cuidado de se preparar para qualquer "risco, sem permitir que reste um *se* ou um *mas*". O navio tinha duas boas bombas de água no convés inferior, na popa e na proa do mastro grande, feitas de pinho e ferro.[2]

Quando o lustroso navio ficou pronto, tinha 26 metros de comprimento, sete de largura e quatro metros e sessenta de profundidade. Tinha dois conveses, dois mastros ligeiramente inclinados à popa e um orgulhoso gurupés. Amasa o chamou de *Perseverance*.[3]

Enquanto Delano estava construindo seu navio e pensando sobre formas de se redimir, tanto econômica como emocionalmente, de sua desastrosa última viagem, suas opções eram limitadas. Havia uma indústria em que ele provavelmente poderia ter se saído bem, um comércio tão vital e dinâmico que de certo modo tornava todos os outros possíveis: o comércio de escravos.

O comércio de escravos, como escreveu o historiador Lorenzo Greene meio século atrás, e como atualmente confirmam muitos estudiosos, como Sven Beckert, de Harvard, e Seth Rockman, de Brown, "formava a base da vida econômica da Nova Inglaterra: ao redor dele revolvia, e dele dependia a maioria das outras indústrias". A expansão do trabalho escravo no sul e rumo ao oeste ainda estava a anos de distância, mas a escravatura como já existia nos estados do sul era uma importante fonte de lucros para o norte, do mesmo modo que o era o comércio de escravos já em explosão no Caribe e na América do Sul. Bancos capitalizavam o comércio de escravos e companhias de seguros o cobriam. Garantir viagens de escravos ajudou a iniciar a indústria de seguros de Rhode Island, enquanto em Connecticut algumas das primeiras apólices feitas pela Aetna eram de vida de escravos. Por sua vez, os lucros ganhos com empréstimos e apólices de seguros eram investidos em outros negócios do norte. Pais que "faziam suas fortunas equipando navios para viagens distantes" deixavam seu dinheiro para filhos, que "construíam fábricas, investiam em bancos, constituíam empresas que construíam canais e estradas de ferro, investiam em títulos do governo, especulavam em novos mecanismos financeiros" e doavam dinheiro para construir bibliotecas, salões de conferências, universidades e jardins botânicos.[4]

O uso do trabalho escravo no norte estava acabando na ocasião em que Amasa construía o *Perseverance*, mas por toda a Nova Inglaterra havia famílias de comerciantes e cidades portuárias – entre elas, Salém, Newport, Providence, Portsmouth e New London – que prosperavam com esse comércio. Muitos dos milhões de galões de rum destilado anualmente em Massachusetts e em Rhode Island eram usados para obter escravos, trazidos para as Índias Ocidentais e comerciados por açúcar e melaço, que eram fervidos para fazer mais rum a ser usado na compra de mais escravos. Outros nativos da Nova Inglaterra se beneficiavam indiretamente, construindo os navios negreiros, tecendo o "traje dos negros" e fazendo os sapatos para calçá-los, ou pescando e salgando o peixe usado para alimentá-los nos estados do sul e nas ilhas do Caribe. As plantações do Haiti compravam 63% de seu peixe seco e 80% de seu peixe em conserva da Nova Inglaterra. Só em Massachusetts, escreve David Brion Davis, o "comércio das Índias Ocidentais empregava cerca de dez mil homens do mar, sem contar os trabalhadores que construíam, equipavam e abasteciam os navios".[5]

Se a escravatura era economicamente indispensável para muitos, também era moralmente repreensível e indefensável. Havia cada vez menos escravos na Nova Inglaterra no final dos anos 1700, mas muitos de seus filhos, à medida que partiam para conhecer a "história do mundo", encontravam os horrores do comércio de escravos no exterior. Por exemplo, em 1787, o amigo de infância de Amasa Delano, Gamaliel Bradford, quando oficial de um navio que comprava sal nas ilhas de Cabo Verde, teve uma oportunidade de entrar em um navio negreiro francês ao norte do Rio Gâmbia. Registrou em seu diário a impressão que a visita deixou nele e em seus companheiros:

> Nós agora iríamos assistir a uma cena nova para ambos. O navio tinha a bordo trezentos daqueles miseráveis infelizes que formam a atividade principal do comércio realizado nesta costa. Sempre foi doloroso para mim ver pessoas acorrentadas, mesmo quando postas naquela situação pelas mãos da justiça, por crimes cometidos, ou lançadas ali

pela eventualidade da guerra. Mas aqui o quadro era duplamente chocante. Aqueles que agora víamos diante de nós eram pobres criaturas inocentes, arrancadas de seus lares pacíficos pelas mãos cobiçosas de outros homens, trazidas para o mercado e vendidas como animais para quem pagasse mais, e então amarradas com correntes e atiradas em prisões flutuantes nas quais, aterrorizadas por pensamentos sobre o futuro desconhecido, eram transportadas para longe de seu país, seus pais e amigos para uma região distante, onde a fome, o pesar e o trabalho desumano e incessante dominarão seus dias por vir e até o fim de sua vida de desgraça. As mulheres e crianças são postas no convés do tombadilho, onde se pode ver crianças de colo sorrindo junto ao seio de mães ansiosas, que manifestam o mais expressivo pesar, derramando uma lágrima de ternura em seu bebê. Pobre infeliz, em breve talvez tu também venhas a ser privada desse cuidado carinhoso. Meu coração agora sangra por ti, como então poderia eu ver-te chegar a tua destinação, teu filho arrancado de teu colo e vendido para um senhor severo, que talvez more longe dali e que quis apenas ti comprar. Tuas lágrimas então são todas em vão – em vão desejarás ser escrava do mesmo tirano – teu senhor te quer, mas não quer teu filho – e assim privada desse único consolo em todas as tuas aflições, serás entregue a teu impiedoso dono. Gelada de horror e estupefata de dor, ficarás imóvel, até que o chicote de teu bárbaro feitor te desperte de novo para a realidade de teu infortúnio – mas para compensar essa variedade de desgraças, desejo que doravante sejas feliz e que possas ver teu bebê também feliz.[6]

Como o historiador Bernard Bailyn escreve, a "escravidão" era um conceito central para homens da geração de Bradford e Delano. "Como um mal político absoluto, aparece em todas as declarações de princípio político, em toda discussão sobre constitucionalismo e direitos legais, em toda exortação à resistência." Os colonizadores britânicos e depois os norte-americanos republicanos não achavam realmente que pudessem ser arrancados de seus lares, levados acorrentados para um país estrangeiro e vendidos como bens móveis para trabalhar em plantações e minas. Eles compreendiam o conceito como significando muitas condições diferentes, inclusive uma falta de autocontrole pessoal ou político, dependência econômica ou ausência de representação justa em coletivos políticos maiores. O próprio Delano comparou o saque de corsários com as depredações de mercadores de escravos. E quando garoto, ele tinha ouvido o pastor de Duxbury, Charles Turner, fazer do púlpito referências constantes à escravatura. "Que desesperador o pensamento de sermos escravos", disse Turner no sermão de 1773, feito na presença do governador britânico em Boston; "como é encantador o pensamento de sermos livres."[7]

Depois da independência, contudo, o uso da palavra *escravidão* como conceito político, e o problema que assinalava, mudou. Ainda era uma alegoria para todo tipo de subjugação; entretanto, quando marinheiros da Nova Inglaterra como Bradford voltavam para cidades como Duxbury descrevendo "cenas novas" daquele tipo, tinham uma compreensão cada vez mais clara de quem era escravo e quem não era.

Não demorou muito depois do retorno de Bradford para que a escravatura se tornasse uma questão controversa em Duxbury. "Não deveríamos diminuir nosso deleite", perguntou o clérigo da cidade, John Allyn, em um sermão de 1805, se referindo a itens "produzidos por trabalho escravo"? O rei Davi, disse ele, não bebia água que lhe fosse trazida por escravos.* Duxbury era uma daquelas cidades pequenas que obtinham lucros indiretos com a escravatura, de modo que os comentários de Allyn eram certeiros. Mungo Mackay, que era de Boston e ficou rico com a "Passagem do Meio", comprou pelo menos um navio do Rei César Weston. Em River Walk, Savannah, Geórgia, hoje existe uma placa onde se lê: "A escuna *Gustavus* de Duxbury, Mass., desembarcou 26 africanos no porto de Savannah no dia 6 de outubro de 1821. Os homens, mulheres e crianças

---

* Décadas depois do sermão de 1805 de Allyn, Ralph Waldo Emerson, em 1841, fez o mesmo tipo de comentário criticando o conceito de que o indivíduo pudesse se manter limpo do fedor do comércio apenas por escolher uma carreira nobre. O "rastro da serpente", disse Emerson, "chega a todas as profissões e práticas lucrativas do homem." "Todos nós estamos implicados"; tudo o que temos que fazer é "algumas perguntas" sobre as mercadorias que entram em nossa casa para nos darmos conta de que "comemos, bebemos e vestimos perjúrio e fraude em uma centena de mercadorias". "Quantos artigos de consumo diário nos são fornecidos pelas Índias Ocidentais" ou pelas "ilhas espanholas", perguntou ele, onde um homem em cada dez "morre todos os anos (...) para nos dar o nosso açúcar"?

tinham de dois meses a 36 anos de idade." O *Gustavus* era propriedade de Nathaniel Winsor Jr., outro próspero armador de navios e comerciante de Duxbury. E a grande frota de Weston que fornecia empregos para os marinheiros de Duxbury também transportava peixes para plantações no Haiti, Cuba e Virgínia e levava açúcar e algodão, colhido e cortado por escravos, para portos do norte e da Europa.[8]

O reverendo Allyn, contudo, não seguia a sua premissa radicalmente até o fim. "Nós, cristãos, defensores da liberdade e dos direitos do homem", disse ele, "estimulamos nossos apetites e banqueteamos nossos palatos, diariamente, e sem remorso, com luxos produzidos." E ali, subitamente, no meio da frase, ele se interrompeu. Antes de mudar de tópico, admitiu que continuar seria demasiado provocador: "Eu me detenho, por temor que algo indesejável se intrometa com relação à condição social de alguns de nossos estados irmãos." "O mar da liberdade popular" é "tempestuoso", advertiu ele, "os ricos e os pobres, o norte e o sul, se alinham em facções para ferir e destruir uns aos outros; e sob o manto ilusório de preservar a liberdade, a liberdade de todo é aniquilada".

Allyn estava começando a perceber o dilema que a geração seguinte de norte-americanos, inclusive na própria Duxbury, teria que enfrentar: ir à guerra para acabar com a escravatura, que poderia acabar com a experiência de liberdade da América, ou deixar os estados do sul sozinhos e admitir que a liberdade para alguns significava a escravidão para outros. A maior parte dos homens corretos em Duxbury, uma comunidade com bons conhecimentos de direito natural, uma cidade que tinha sido unânime em seu apoio à revolução, se opunha à escravatura. Mas nos anos seguintes o debate seria como acabar com ela, ou mesmo se acabar com ela valia o custo de pôr em perigo o país. As congregações cristãs de Duxbury se dividiriam, e depois de novo, por causa da escravatura.*

---

* O caminho de Allyn para sair do impasse era apoiar a deportação de africanos e americanos de origem africana para a África. Outros, contudo, exigiam uma liderança mais enérgica de seus líderes religiosos. Divisões de opinião em Duxbury acerca da escravatura acabariam por levar à fundação da Igreja Wesleyana porque a Igreja Metodista Episcopal não votaria numa moção declarando que a escravatura "é pecado" e que "liberdade e escravidão não podiam existir juntas". O residente de Duxbury Seth Sprague, apenas três anos mais velho que Amasa Delano, liderou essas cisões. Sobre os metodistas, Sprague declarou: "Aos poucos o pecado

Tais cismas ainda estavam longe no futuro enquanto Delano pensava sobre o que fazer com o seu *Perseverance*. Não tinha sido construído para ser um navio negreiro, mas ele poderia usá-lo usado para comerciar com as ilhas escravagistas do Caribe. Foi assim que ele aprendeu quando jovem, em navios que transportavam bacalhau salgado para o Haiti. Depois como jovem oficial e mais tarde capitão, ele havia viajado muitas vezes para outras ilhas escravagistas do Caribe, inclusive Trinidad, Tobago, Porto Rico, bem como a Guiana, no continente, de tal modo que boa parte da experiência que fazia dele um mestre navegador se devia à fome dos escravos. (Os escravos haitianos, escreve Amy Wilentz, "muitas vezes não podiam consumir calorias suficientes para ter índices normais de reprodução; os poucos filhos que tinham podiam facilmente morrer de fome".) Mas como seu amigo Gamaliel Bradford, ele considerava a escravatura abominável.[9]

DELANO PODERIA TER TENTADO ser baleeiro. A pesca da baleia ainda estava em ascensão, e embora as baleias do Atlântico àquela altura tivessem desaparecido, Delano poderia ter equipado seu navio como baleeiro e tentado pescar no "mar de óleo vivo" do Pacífico. Duxbury ficava a apenas um dia de velejada ao redor de Cabo Cod para Nantucket e um pouco mais para New Bedford, as capitais da caça às baleias dos Estados Unidos. Mas poucos homens de Duxbury entravam naquele ramo, fosse como marinheiros ou capitães.[10]

Certa ocasião, quando ele estava no porto em Valparaíso, no Chile, Amasa tentou arpoar uma baleia. Uma das grandes havia adormecido não longe do grupo de navios ancorados no porto. Delano tinha mandado seus homens levá-lo silenciosamente em um barco a remo até chegar a seis metros do animal. Ele atirou sua lança e acertou o alvo, mas, "ao sentir a ferida", a baleia levantou seu enorme rabo e o baixou com uma força assustadora, levantando água suficiente para encher o barco de Delano. "Tivesse ela acertado o barco, este teria sido destruído em pedaços

---

da escravatura penetrou na Igreja; e quando uma tentativa foi feita por alguns de seus membros para expulsar aquele enorme pecado, toda a influência da Igreja foi usada contra eles." A Igreja, disse Sprague, não era mais que "um grande acessório apoiando a escravatura". "Enquanto eu permanecer um membro daquela Igreja, ofereço toda a minha influência para apoiar a escravatura."

e provavelmente alguns de nós teríamos morrido." A baleia se afastou, esguichando sangue, até sumir de vista. "Assim acabou nossa primeira e última tentativa de matar baleias", escreveu Delano. A empreitada o havia convencido de que era "um negócio difícil e perigoso, e nunca deveria ser tentado por ninguém, exceto aqueles que foram criados para isso e tinham perfeito conhecimento da arte".

Mesmo se ele tivesse sido capaz de aprender a arte daquela pesca, o negócio de caçar baleias era uma atividade complexa e hierárquica, com muitos interesses em jogo. No final dos anos 1700, a maioria das expedições baleeiras era organizada por firmas altamente capitalizadas ou grupos de investidores garantidos por companhias de seguros estabelecidas e equipadas por produtores de equipamentos especializados, inclusive arpões farpados, facas e ganchos. Molinetes tinham que ser fortalecidos e blocos e talhas calibrados para contrabalançar a flutuabilidade do navio com o peso da baleia morta enquanto era arrastada para fora da água e sua gordura, removida. Os navios também precisavam ser equipados com um grande número de tonéis e caldeiras e seus conveses reforçados para sustentar os pesados fornos de tijolos que transformavam a gordura em óleo, e que por sua vez transformava os baleeiros em fornalhas de fábricas flutuantes.

Herman Melville ofereceu uma famosa descrição desses "caldeirões", instalações criadas pelo "talento inconsciente" de homens de muitas nações que graciosamente se equilibravam de modo que as fornalhas ardentes não incendiassem seus navios varridos pelo vento, sacudidos pelas ondas, envoltos pela noite: com enormes "hastes de ferro guarnecidas de dentes", os homens "enfiavam massas sibilantes de gordura nas caldeiras escaldantes, ou atiçavam o fogo abaixo delas, até que as traiçoeiras chamas dardejassem, se enroscando, para fora das portas, para apanhá-los pelos pés. A fumaça subia em rolos. Para cada balanço do navio havia um balanço do óleo fervente, que parecia ávido para saltar em seus rostos". Os homens riam e conversavam e cuspiam, "enquanto o vento uivava, e o mar sacudia e o navio gemia e balançava".[11]

Não se tratava apenas do fato de que Amasa Delano não dispunha do capital e dos contatos para organizar uma empreitada tão coletiva e sincronizada. Ele também não tinha o temperamento necessário.

Em uma cena de *Moby-Dick* que descreve o trabalho envolvido em espremer o óleo espermacete, semelhante a uma geleia, retirado da cabeça de uma baleia para transformá-lo em líquido, Melville transmite a noção de intensa interconectividade humana, a forma como a entrega pode produzir uma solidariedade extática:

> Espreme! Espreme! Espreme! A manhã inteira espremi aquele espermacete, até que quase me fundi com ele; espremi aquele espermacete até que um tipo estranho de insanidade se apoderou de mim; e me peguei espremendo as mãos de meus companheiros de trabalho dentro dele, confundindo as mãos com os glóbulos macios. Esse trabalho gera um sentimento tão forte, afetuoso, amistoso e amoroso que, por fim, eu continuava apertando as mãos deles e olhando-os nos olhos sentimentalmente, como se para dizer: "Ah, meus caros companheiros, por que deveríamos continuar a alimentar as asperezas entre nós, ou conviver com o mau humor e a inveja? Venham; vamos espremer nossas mãos; não, vamos espremer uns aos outros; vamos nos espremer universalmente no próprio leite e espermacete da gentileza. Quem dera eu pudesse continuar a espremer aquilo para sempre!"[12]

Depois de ler as longas memórias de Delano, tem-se a impressão de que o capitão teria se encolhido de horror diante de tal cena. Não por causa da repressão sexual puritana. Ele não se apresenta como especialmente casto.* Mas sim como alguém obcecado com a autocriação e o autodomínio, Delano teria se sentido repugnado com o sentido de entrega que a passagem transmite. Já é difícil imaginá-lo mergulhando numa massa de sangue, tendões e fumaça, quanto mais organizando isso de modo a ser uma empreitada lucrativa.

Amasa era muito crítico consigo mesmo, preocupado demais com seus esforços para ser bem-sucedido e com o fato desses esforços nunca

---

* Ele não recusou o presente do chefe tribal de Palau, uma concubina, a qual caracteristicamente descreve como satisfatória para a virtude da curiosidade, em vez de capaz de saciar o vício da luxúria. "Eu estava curioso para saber se alguma das mulheres não quereria ir com aqueles que as tinham escolhido, mas descobri em seus semblantes apenas alegria e prazer."

resultarem em grande coisa. Ele havia sido tomado pelo jusnaturalismo, no entanto havia algo de artificial ou distante em seu relacionamento com o mundo. Ele pensava demais e ao mesmo tempo não pensava o suficiente.

UM EPISÓDIO QUE OCORREU com Delano durante sua missão pela Companhia Britânica das Índias Orientais revela a profundidade de seu isolamento. Delano gostava de seus colegas oficiais no *Panther*, navio mercante de ópio. Eram "todos bretões do norte e do sul por nascimento", tinham sido educados em "boas escolas da Inglaterra e da Escócia" e eram dotados, acreditava ele, "de uma liberalidade de pensamento." E Amasa gostava de pensar que eles gostavam dele. Eles o chamavam de "Irmão Jonathan", um apelido que os britânicos tinham para americanos que sugeria intrepidez e curiosidade, mas também credulidade e inocência mundana.[13]

Assim, ele não tinha motivo para duvidar de seus colegas de bordo quando, numa escala na pequena ilha do Pacífico de Pio Quinto, para se abastecer de madeira e água, eles relataram ter encontrado ouro a alguns quilômetros para o interior, ao longo do rio estreito que desembocava no porto. Enquanto Delano ouvia a conversa de seus companheiros, "a cada vez que a palavra *ouro* era pronunciada", relata, "minha imaginação se tornava mais inflamada". Os oficiais britânicos disseram que não iriam voltar lá, uma vez que não sabiam muito a respeito de minérios e não conseguiriam extrair o ouro valioso daquela rocha inútil.

"*Arrisque, homem*", disse um dos escoceses, dando uma palmada no ombro de Delano e dizendo-lhe para fazer uma tentativa, oferecendo ao norte-americano sua bolsa de lona e o "garoto malabar" – um escravo da região indiana de Kerala – como guia. "Ele conhece o lugar onde nós encontramos o curioso minério, e você pode voltar com uma bolsa cheia de ouro."[14]

Delano passou aquela noite sonhando "sonhos dos Mares do Sul." Na manhã seguinte, partiu cedo com o escravo. A caminhada pela margem de rio que eles seguiram foi inicialmente prazerosa, o local era plano e de fácil acesso. À medida que o terreno gradualmente se tornava mais elevado, barrancos íngremes e pedregulhos espalhados começaram a bloquear o caminho. Eles caminharam por várias horas e não encontraram nenhum ouro. Cansado, Delano perguntava ao garoto quanto mais ainda teriam que andar. O garoto não falava inglês, mas sempre gesticulava para frente. "O ouro me inspirou", relatou Delano, "e baniu qualquer sentimento de dificuldade." Eles continuaram avançando.

Depois de cerca de cinco horas, o garoto, reagindo às perguntas agora frenéticas de Delano, gritou e desmaiou. Delano se deu conta de que tinha sido feito de bobo numa peça pregada por seus companheiros oficiais. O escravo só sabia de metade da peça; ele tinha sido instruído por seu senhor escocês a apenas apontar para frente sempre que Delano lhe fizesse uma pergunta. "A partir do momento que a ideia de um embuste entrou em minha mente, todas as indicações com relação ao tema pareceram me surgir sob uma luz diferente. Percebi como reunir as circunstâncias e como explicar tudo", escreveu Delano mais de duas décadas depois. A peça havia lhe causado uma marca profunda. "A intriga se desdobra com perfeita clareza e eu vi a mim mesmo no meio do mato, um bobalhão enganado, decepcionado e ridículo."

Foi um "enorme esforço" voltar. Delano tentou tirar o melhor da situação enchendo sua bolsa de insetos, plantas, pedras, terra e pássaros que ele abateu com seu mosquete. Estava representando o papel do naturalista, esperando voltar com "alguma coisa para responder à força das risadas às minhas custas". Mas ele logo abandonou a encenação. O temor de escorpiões, centopeias e tarântulas, bem como uma vegetação rasteira espessa cheia de espinheiros e urtigas, o manteve nas margens do rio. E à medida que o dia passava, os insetos que ele havia pensado em observar picaram-lhe os calcanhares e o levaram a buscar refúgio nas pedras no meio do rio. Cada passo refeito no caminho de volta para o *Panther* "renovava (...) a consciência" de sua "tola credulidade".

Eles conseguiram voltar à praia pouco antes da noite cair, "completamente esgotados de fadiga". Delano se sentou num pedregulho no meio da foz do rio enquanto sentimentos de humilhação o dominavam:

> Quando eu estava sentado em perfeito silêncio, numa pedra no meio do rio, e podia ouvir o eco das águas na quietude terrível do deserto, misturada com as expressões ocasionais, mas ininteligíveis, de ansiedade do pobre garoto malabar; e quando me lembrava de que eu estava

a uma distância quase incomensurável de minha terra natal, a serviço de uma potência estrangeira, vítima de uma opressão que se revelava para mim sob vários aspectos, e agora em um local ermo onde os nativos poderiam me atacar a qualquer momento, confesso que não estive muito longe daquele estado fixo de melancolia, aflição e terror, que por muito pouco não me dominou.

Deve ter sido uma imagem e tanto: um norte-americano louro sentado em silêncio, com sua pele branca queimada e vermelha do sol do dia, com a cabeça entre as mãos e um garoto kerala escravo de pele escura prostrado aos seus pés, sacudindo-se em convulsões de choro e medo. Duas figuras isoladas numa ilha de rochas estéreis na foz de um rio no meio do Pacífico, a desolação de uma praia branca vazia ao redor deles e o verde de uma floresta tropical atrás. Delano estava tão perdido no "perfeito silêncio" e na "quietude terrível" de seu próprio sofrimento que mal tomou conhecimento dos gemidos indecifráveis do jovem indiano.

Mais tarde, depois que o episódio havia sido superado, Amasa disse que a angústia profunda que havia sentido naquela praia o ajudou a ser mais solidário para com o sofrimento dos outros. Como "filho do infortúnio", ele era extremamente sensível aos "sofrimentos e necessidades dos homens cujo espírito falha, quando estão longe de casa, e parece para si mesmos excluído da simpatia da família humana". Embora estivesse falando sobre a vida dura de marinheiro, a descrição de Delano da vulnerabilidade e perda poderia estar revelando a condição do escravo: "Muitos são os casos em que mentes generosas e sensíveis foram arruinadas, e só aliviadas pela morte, quando submetidas ao comando de outros e durante um período de depressão foram tratadas desumanamente, sem possibilidade de socorro." Ele disse em retrospecto que o episódio o ajudou a compreender que a solidão faz parte da "natureza humana" e o tornou um líder de homens melhor.

Contudo, numa praia dos Mares do Sul, Delano ignorou seu garoto escravo malabar, que sem dúvida estava sentindo a mesma "melancolia, aflição e terror" que ele sentia. Mesmo se ele tivesse querido dar atenção, "o garoto não falava inglês". "E eu", disse Amasa, "não sabia falar nada além de inglês."

Não muito depois desse acontecimento, o filósofo alemão G. W. F. Hegel publicou *A fenomenologia do espírito,* que fala sobre o que o historiador David Brion Davis descreve como a "mais profunda análise da escravidão jamais escrita". Davis está se referindo a um breve capítulo que começa com o senhor acreditando que ele é uma consciência soberana, independente e superior a seu servo escravizado, ao mesmo tempo que se torna material e fisicamente dependente de seu escravo. Logo, o solipsismo do senhor cede lugar a uma intensa consciência da existência do escravo, a tal ponto que não consegue imaginar o mundo sem ele. O senhor acaba por se dar conta de sua dependência absoluta do escravo, não só de seu trabalho, mas do reconhecimento por parte do escravo de sua própria existência. Por sua vez, o escravo toma consciência dessa dependência e se dá conta de sua igualdade. Um filósofo chamou a descrição de Hegel de "impasse existencial". Mas não é realmente um impasse, uma vez que há uma saída: todo o objetivo da parábola de Hegel é identificar como a consciência humana evolui, como ela se move em direção a um nível mais alto de liberdade. É da luta entre o senhor e o escravo que uma nova consciência de mundo emerge. Como Hegel escreveu em outro texto, não era "tanto *da* escravidão, mas *por meio* da escravidão que a humanidade era emancipada".[15]

É Amasa em seu rochedo quem está em um impasse, tão preso dentro de si mesmo que não consegue nem entrar na dialética de dependência e interdependência, ele não consegue nem começar o processo de se enxergar no outro. Nesse caso particular, ele é insensível aos gritos de seu próprio escravo, pelo menos por um dia, caído aos seus pés. Mas ao longo de suas memórias Delano parece cego ao mundo social maior ao seu redor. Sendo da Nova Inglaterra, pensa que é "livre", não só no sentido político, se comparado com a escravização legal de africanos e outros, mas em todos os sentidos. Livre do passado, das paixões que encharcaram a história humana em tanto sangue. Livre de vícios; a razão é sua senhora. E, é claro, livre da escravidão em si, de relações de servidão e exploração. Depois de cada um de seus muitos momentos de crise ou decepção, ele afirma sua fé no domínio de si mesmo e na autocriação. E repetidamente fica provado que sua fé é equivocada.

Os sentimentos de Amasa começaram a recuperar a elasticidade depois que seus colegas de navio britânicos chegaram no barco de serviço. Os "irmãos Jonathan" eram conhecidos pela alegria e bom humor, e assim os pregadores de peça o pressionaram para que se juntassem a eles "rindo junto com todos". Delano cedeu. Mas quando saltou dentro do barco para voltar ao navio, sentiu uma picada penetrante. Uma "grande lacraia de vinte ou 22 centímetros de comprimento" havia saído de uma pilha de lenha e dado uma "picada bastante venenosa" em sua garganta. A área infectada "inchou muito, e gerou uma noite extremamente dolorosa".

"Assim acabaram meus sonhos e minha excursão em busca do minério de ouro."

Princípios morais não permitiriam que Amasa comandasse um navio negreiro ou comerciasse com ilhas escravocratas. Capital insuficiente e outras deficiências excluíam a caça às baleias. Havia, contudo, outra profissão marítima que se adequava bem aos recursos, talento e temperamento de Delano: caça às focas.

INTERLÚDIO

O negro sempre terá algo de melancólico

BASTANTE IGNORADO AO LONGO DO SÉCULO XIX, BENITO CERENO FOI SAUdado como uma obra-prima no início do século XX. Era, escreveu um crítico, um "exemplo brilhante da pura genialidade do autor". Mas o que significava? O simbolismo de *Moby-Dick* era tão fluido e tão aberto que podia ser debatido infinitamente. Em contraste, *Benito Cereno* parecia ser implacavelmente a respeito de uma única coisa, o tema mais polêmico na história norte-americana: a escravatura.[1]

No entanto, durante muito tempo os estudiosos afirmaram que o texto não era a respeito da escravatura. *Benito Cereno* se "iguala aos melhores escritos de Conrad", escreveu Carl Van Doren em 1928. E como aqueles que leram *Coração das trevas*, de Joseph Conrad, por seus "tons freudianos, ecos míticos e visão interior", mas ignoraram a história verdadeira do imperialismo homicida belga no Congo, os estudiosos não achavam que *Benito Cereno* fosse sobre o comércio de escravos e o racismo que gerou. Alguns diziam que era uma alegoria do choque entre a decadência europeia (Cereno) e a inocência norte-americana (Delano). Porém, com mais frequência, críticos o liam como uma parábola da luta cósmica entre a virtude e o mal absolutos.[2]

Uma sucessão de artigos acadêmicos se fixou na negritude de Babo (lembrem-se de que na narrativa de Melville é Babo, e não Mori, quem desempenha o papel de criado enganador). "A negritude e a escuridão são os símbolos do mal predominantes de Melville, e Babo é escuridão, não apenas um negro." Ele é "pura diabrura (...) uma criatura de mal não diluído". O africano que na história preside o assassinato de seu escravizador e da maioria da tripulação do navio é uma "manifestação do mal puro". Ele é a "origem do mal", um "monstro" e "a extensão metafórica" do "mal básico na natureza humana". Babo não é um símbolo do mal nem um ser humano que faz o mal: "Babo é o mal."

A maioria dos estudiosos do início do século XX não conseguia ver nenhuma justificativa racional para sua violência. Babo é "malignidade sem motivo". Ele odeia pela "felicidade do mal" e é mau "pelo bem do mal". Ele é "tudo de indomado e demoníaco – o princípio do terror desconhecido". Ele é "o tubarão sob as águas". Alguns, como F. O. Matthiessen, de Harvard, curiosamente sugeriram que as ações dos escravos eram justificadas por seu cativeiro, uma vez que "o mal" tinha "originalmente sido feito a eles". Mas a maioria dos estudiosos brancos continuou a insistir que "a moralidade da escravidão não era uma questão naquela história". "Babo, afinal, talvez como sugere seu nome", escreveu Stanley Williams, da Universidade de Yale, em 1947, "é apenas um animal, um babuíno amotinado."[3]

Críticos norte-americanos de origem africana viam as coisas de maneira diferente. Já em 1937, Sterling Brown, um professor de literatura em Howard, ele próprio filho de um escravo, que preparou uma geração de escritores, poetas, ativistas e atores, inclusive Toni Morrison, Stokely Carmichael, Kwame Nkrumah, Ossie Davis e Amiri Baraka, escreveu que ele não ficava incomodado com o retrato dos africanos como "sedentos de sangue e cruéis". Eles não eram vilões, escreveu Brown, muito menos expressões feiticeiras de mal cósmico. Eles eram humanos e "se revoltavam como a humanidade sempre se revoltou". Na esteira do movimento de direitos civis dos anos 1950 e dos protestos do *black power* dos anos 1960, escritores afro-americanos e ativistas começaram a celebrar Babo como um "herói *underground*" e a ler *Benito Cereno* como um texto subversivo, que parecia estar do lado dos brancos, enquanto apontava a idiotice deles.[4]

Então temos a brancura de Amasa Delano. A imagem do capitão de Duxbury que acompanha seu livro de memórias é impressionante. Seu cabelo cortado curto não tem cor e seu rosto é branco, tão intensamente branco quanto o plastrão branco engomado e franzido que usa um tanto justo demais ao redor do pescoço. As entradas no couro cabeludo de Delano são curvas e suas sobrancelhas arqueadas parecem continuar sua circunavegação ao redor de bochechas carnudas. Há um quê de olhar semicerrado típico de marinheiro, contudo seus olhos são destituídos de profundidade. Parecem olhos de peixe. De fato, o efeito combinado da brancura e linhas redondas traz à mente a imagem de uma criatura do mar, uma baleia ou talvez uma lontra. D. H. Lawrence descreveu Herman Melville como "metade animal aquático": "Há algo de escorregadio nele. Algo sempre metade do mar." Delano também, de acordo com um conhecido, era "quase anfíbio".[5]

Delano posou para um retratista quando tinha cerca de 50 anos. É uma imagem de busto frontal feita em gravura com técnica pontilhista, em que os contornos de seu rosto são criados por milhares de pontos negros impressos numa página branca. Todo o sombreamento e textura vêm do contraste de preto e branco. Quanto mais densos os pontos, mais clara fica a brancura cetácea de Delano. Melville era fascinado por esse tipo de interação de preto e branco, a maneira como o preto define a brancura. Ele usou a imagem de um retrato de fundo escuro ou de uma esfera iluminada "envolta em negrume" como símbolo sublime de terror – o sentimento que uma pessoa tem quando contempla sua pequenez com relação ao "mistério fantasmagórico da infinidade".[6]

Contudo ele não estabeleceu um código simples de cor para a moralidade, em que preto significava mau e branco significava bom. Isso fica claro em um dos capítulos mais famosos de *Moby-Dick*, "A Brancura da Baleia", no qual o narrador do livro, Ishmael, faz uma longa reflexão sobre o que, na cor branca, a despeito de sua associação com tudo que é "encantador, honrável e sublime", desperta "pânico na alma".[7]

Para escrever o capítulo, Melville leu, entre outras coisas, *A Philosophical Inquiry into the Origin of Our Ideas of the Sublime and the Beautiful* (1757), de Edmund Burke, que defende a existência de alguma coisa inerente ao preto que causa uma repulsa coletiva em "toda a humanidade". A escuridão não apenas esconde perigos em potencial, escreve Burke, mas causa "uma dor muito perceptível": à medida que a luz diminui, as pupilas se dilatam, as íris retrocedem e nervos se contraem, se convulsionam, têm espasmos. Para provar seu argumento de que a escuridão é "terrível por sua própria natureza", Burke dá o exemplo de um menino presumivelmente branco, nascido cego, que, depois de ter a visão recuperada aos 13 ou 14 anos de idade, "acidentalmente" vê "uma mulher negra" e "é dominado por um enorme horror". As pessoas podem se acostumar a "objetos negros", e depois que o fazem, o "terror passa". Mas "o negro sempre terá algo de melancólico".[8]

Melville diz o mesmo a respeito da cor branca. A imagem das montanhas Blue Ridge, da Virgínia, evocam "devaneios suaves, frescos e distantes". Contudo a "simples menção" das Montanhas Brancas, de New Hampshire, faz com que um "enorme estranhamento e temor" se apoderem "da alma". O Mar Amarelo apenas nos "embala", enquanto o Mar Branco faz com que "um temor espectral se apodere de nossa fantasia". Melville não diz acreditar que a origem desse temor possa ser encontrada na escravatura, porém ele faz Ishmael mencionar de passagem que a associação da brancura com a bondade permite que o "homem branco" adquira "domínio sobre toda tribo de pele escura".

Na realidade, ele nunca explica de onde vem o poder do branco. Talvez seja uma questão de contraste. A brancura do urso-polar, por exemplo, envolve sua "ferocidade irresponsável" em um "velo de inocência e amor celestial", unindo "emoções opostas em nossas mentes". "Se não fosse pela brancura", escreve Melville, "não se sentiria um terror tão intenso." Ou talvez o fato de que o branco não é "tanto uma cor, e sim a ausência visível de cor", mostra ao homem que outros tons mais agradáveis são "artifícios sutis" escondendo o "abatedouro em seu interior".

PARTE III
O NOVO EXTREMO

O roubo existe sem limites ...
O sol é um ladrão, e com sua força de atração
Rouba o vasto oceano; a lua é uma ladra completa,
E seu fogo pálido ela toma do sol;
O mar é um ladrão, cujas ondas líquidas dissolvem
A lua em lágrimas de sal; a terra é uma ladra
Que nutre e cria por meio de um composto roubado
Do excremento geral; cada coisa é um ladrão;
As leis, o freio e o chicote, com seu poder bruto
Libertaram o roubo.

— PASSAGEM MARCADA POR HERMAN MELVILLE EM
TIMÃO DE ATENAS, WILLIAM SHAKESPEARE.

CAPÍTULO 9

O COMÉRCIO DE PELES

Em 19 de abril de 1804, em Buenos Aires, Juan Nonell, um catalão de 20 anos recentemente chegado às Américas, vendeu 64 africanos para Alejandro de Aranda, um mercador da província de Mendoza, no interior da Argentina. Entre os escravos estavam um homem chamado Babo e seu filho, Mori.

A venda poderia ter tido lugar em qualquer dos muitos currais fétidos de escravos que se espalhavam pela cidade. Anteriormente, a maioria das transações de escravos ocorria em alguns locais centralizados, inclusive em El Retiro, um grande complexo ao ar livre construído pelos britânicos quando tinham o monopólio do comércio de escravos com a Espanha, ou numa casa de leilões próxima à zona portuária. Mas com o advento do livre-comércio, a casa de leilões foi transformada no prédio da alfândega da cidade, enquanto El Retiro cedeu lugar para pequenos currais que se espalharam por todo o centro da cidade e vizinhanças das docas. As autoridades constantemente reclamavam de comerciantes que não faziam nenhum esforço para manter estes recintos ou oferecer cuidados às pessoas "cheias de piolhos, doenças de pele e escorbuto, e exalando um odor fétido e pestilento". Os africanos que não atraíssem um comprador eram simplesmente "libertados", mandados para as ruas sem roupas, sem falar espanhol e sem nenhum meio de sobrevivência. Quase todos morriam logo após essas emancipações sumárias. Os comerciantes de escravos se recusavam até a enterrar os corpos, eles mandavam "arrastar os cadáveres pela rua" e "atirá-los nos barrancos da cidade".[1]

Aranda pagou a Nonell 13 mil pesos pelos 64 africanos, um terço em prata e o restante em nota promissória, a qual ele se comprometia a pagar em até um ano depois que voltasse de Lima. Nonell havia adquirido os escravos de várias fontes. Alguns eram os cativos retirados do *Neptune* e do *Santa Eulalia* por funcionários do rei, comprados por Nonell em leilão público. O catalão fazia a maior parte de seus negócios com navios negreiros norte-americanos que trabalhavam na costa ocidental da África, entre os rios Senegal e Gâmbia. Nos meses antes da venda, Nonell tinha importado 188 africanos para Buenos Aires, inclusive 71 que vieram no *Louisiana* e outros noventa no *Susan*, ambos brigues norte-americanos que haviam embarcado a carga no rio Gâmbia. Dos quinze nomes de rebeldes do *Tryal* que conhecemos, Samba é comum entre os fulani, do mesmo modo que Leobe, embora este também seja encontrado entre os wolof. Atufal deve ter sido a junção do nome e sobrenome de um escravo – Fall é um sobrenome corriqueiro no Senegal. Alasan é um nome muçulmano da África Ocidental muito comum. Todos os nomes eram típicos de povos da África Ocidental que podiam ter sido capturados em qualquer lugar na Senegâmbia.[2]

Os escravos comprados por Aranda provavelmente não tinham sido marcados a ferro. Em 1784, a Espanha tinha abolido a exigência de que o selo real fosse feito a ferro quente na pele dos escravos na ocasião do recebimento como prova de que tinham sido importados legalmente e que a taxa de marcação, *el derecho de marco*, tinha sido paga (embora alguns navios norte-americanos, franceses e britânicos continuassem a usar a marca a ferro quente como maneira de distinguir seus lotes). Eles não eram citados pelo nome na nota promissória que Nonell recebeu de Aranda. Quando os espanhóis se referiam aos escravos como mercadoria ou carga, eles geralmente usavam a palavra *piezas* (peças ou unidades). Quando os africanos eram enfiados em cercados, se fazia referência a eles apenas como *la negrada* (bando de negros) ou *la esclavitud* – que, grosso modo, se traduz como uma combinação de servidão e escravatura, mas o termo era com frequência aplicado coletivamente às pessoas submetidas àquela condição, reduzindo-as àquela condição, como, por exemplo, "a *esclavitud* foi alimentada", "a *esclavitud* foi desembarcada". No caso de

Nonell, a documentação de importação, bem como a nota promissória que ele recebeu de Aranda, apenas se referia aos seres humanos que ele estava comprando e vendendo como *negros* e *negros bozales* – ou seja, negros "boçais", vindos direto da África.[3]

Não é que a Espanha não encorajasse a manutenção de registros e documentos. Pelo contrário, o Império Espanhol nadava em tinta. Em um nível muito mais alto do que qualquer de seus rivais imperiais, os espanhóis eram obcecados por legalismos. A Espanha enviou não apenas guerreiros, padres e aspirantes a aristocratas para o outro lado do Atlântico, mas também uma legião de escreventes e notários para criar os edifícios burocráticos mais abrangentes da história do mundo. Conteúdo importava. Os teólogos espanhóis debateram ao longo de séculos as justificativas morais e religiosas da conquista e da escravidão. Eles fizeram reviver as leis romanas. Releram Aristóteles e São Tomás de Aquino. E reinterpretaram as escrituras.

Formulários, formulários meticulosos também importavam. Decretos reais, transações comerciais, registros de taxas e tarifas, inquéritos legais e testemunhos em juízo eram copiados repetidas vezes e depositados em arquivos por todo o domínio espanhol. As cópias podiam ser feitas apressadamente, em letra ilegível. Ou podiam ser caprichadas, adornadas com floreios complicados remanescentes de quando os árabes haviam governado a Província Ibérica, e cheias de frases tão repetidas que se tornavam sem sentido. Recibos de venda com frequência diziam que um dado escravo era "sujeito à servidão" ou "capturado numa guerra justa, e não em paz". Aquilo era "legalês" de uma época anterior, quando os teólogos católicos conscientemente defendiam que a escravização de africanos era legítima, uma vez que eram prisioneiros de uma guerra que se considerava justa. No final do século XVIII, a expressão era usada rotineiramente, aplicada não só a escravos capturados em campo, mas também àqueles que tinham estado na América havia gerações.[4]

Outro termo, empregado ao longo dos quatro séculos da escravatura hispano-americana, dizia que um dado escravo deveria ser vendido *como huesos en costal y alma en boca*, "como ossos num saco e com sua alma na boca". Esta era uma forma esperta de dizer "no estado em que se encontram" – o que você vê é o que existe –, oferecendo uma isenção de responsabilidade ao vendedor caso a mercadoria morresse depois da transação.

No início do século XIX, o poder descritivo dessa documentação foi superado pela cegueira criada pelo dinheiro rápido ganho com o comércio de escravos. A Coroa tentou controlar tal cegueira. Com a desregulamentação vieram novas regras de como documentar o comércio. Agora era exigido que cada navio negreiro tivesse um registro individual listando o número de africanos importados e a quantidade por sexo. Importadores, contudo, não eram obrigados a dar os nomes dos africanos nem dizer de onde eles vinham. Capitães de navios deveriam descrever seu itinerário, mas escrever "navegando para a costa da África para comprar escravos" era suficiente.

APESAR DA POUCA IDADE, Juan Nonell já tinha se estabelecido como um rancheiro e comerciante de peles que estava se aproveitando bem da liberalização de comércio pela Espanha para diversificar suas operações. Em outros lugares das Américas, especialmente no Caribe e no Sul dos Estados Unidos, o crescimento da escravatura criou sociedades de monoculturas agrícolas para exportação ou *plantations*, fundadas quase que exclusivamente no trabalho forçado, não remunerado de grandes números de escravos concentrados em empresas individuais. Contudo, no Rio da Prata, o "livre comércio de negros" ajudou a criar uma sociedade comercial mais variada. Nonell, por exemplo, agora podia usar o número crescente de escravos disponíveis para catar os insetos de pequenas escamas que vivem em cactos espinhosos e então fazê-los ferver, secar e moer os insetos para produzir um corante vermelho, chamado cochinilha, popular na indústria têxtil de Buenos Aires naqueles anos revolucionários. Mas Nonell começou principalmente a comprar e vender africanos para sustentar o rancho e a empresa de exportação. Ele cresceu lentamente, investindo os lucros nos negócios. Logo Nonell estava despachando vinte mil peles para Liverpool de cada vez, vendendo-as por oito a dez cêntimos a peça.[5]

Ele havia se tornado um integrante bem-sucedido do comércio de pele de Buenos Aires. Os espanhóis em Buenos Aires já trocavam peles de vacas, bois e touros por escravos há quase dois séculos. Os porões que até pouco tempo estavam cheios de seres humanos eram carregados com peles secas abertas e planas, umas em cima das outras, até perto da viga do convés superior. A pilha seria coberta com uma salmoura e depois recoberta com tecido oleado para impedir danos por vazamentos de água. Como as peles eram relativamente leves, não ofereciam lastro suficiente, de modo que barris de gordura fervida – sebo – também eram embarcados para dar estabilidade ao navio. Durante o século XVIII, um escravo homem, saudável, correspondia a cem peles, que valiam 200 pesos, e se um dado navio não fosse grande o suficiente para transportar esse montante, a diferença seria paga em contrabando de ouro e prata.[6]

O couro dos Pampas era valioso na Europa; macio e perfumado, vendia bem em Paris e Londres. Usando um método aprendido com os árabes, os artesões encharcavam as peles com cal hidratada, raspavam e retiravam a epiderme e os pelos, então as tratavam e tingiam com casca de carvalho e sumagre, transformando-as em capas de livros, coberturas de altares, murais, vestimentas da igreja, forros de caixões, capas, botas e luvas perfumadas com laranja e jasmim.

Era um comércio lento e regular. Mas a partir do final dos anos 1700, com a desregulamentação do comércio pela Espanha, a indústria explodiu – não só para couro, mas para tudo relacionado a carne e pele. Por mais de um século, gaúchos, caubóis e rancheiros deixavam apodrecer a maior parte das carcaças dos animais cujas peles eles retiravam. Não havia um mercado local que fosse grande o suficiente para a carne, da qual apenas uma parte era preservada pelo salgamento, defumada ou secada ao sol. Mas depois que a Espanha permitiu que comerciantes e rancheiros viajassem direto para o Brasil e o Caribe para vender carne salgada de boi e de cavalo para alimentar os escravos das plantações, comboios partiram para as salinas nos sopés dos Andes e brigues navegaram descendo a costa até a Patagônia, trazendo incontáveis carregamentos de sal. A carne era curada às toneladas e depois exportada para o norte. Ao mesmo tempo, o aumento do número de escravos que chegavam ao Rio da Prata fornecia aos rancheiros e abatedouros a mão de obra para manter o crescimento do negócio.

A secagem de peles já tinha sido tosca e barata, feita nos Pampas abertos ou em ranchos onde o gado era abatido. A expansão da escravatura concentrou e intensificou o processo de manufatura. A maior parte disso começou do lado de Montevidéu do Rio da Prata. Mas a partir do início dos anos 1800, viajantes que chegavam e partiam de Buenos Aires percebiam mudanças graduais ao longo dos acostamentos das estradas. Haveria mais um abatedouro nos arredores da cidade, mais um *saladeiro*, ou local de salga de carne, nas margens do rio. Eles presenciavam o nascimento da indústria de processamento de carne da Argentina moderna, que levaria o país ao centro da economia mundial no início do século XX. E tudo possibilitado pelo trabalho e pelo comércio feito pelos escravos.[7]

A revista semanal londrina *Household Words*, editada por Charles Dickens, descrevia a cena perguntando logo a seus leitores britânicos:

> De onde vêm as 35 mil toneladas de peles de boi anualmente importadas para este país? De onde vem a maior parte das 70 mil toneladas de sebo? De onde vêm as 20 mil toneladas de ossos secos (para refinamento de açúcar, objetos de osso torneados e artigos elegantes)? De onde vêm os milhões de chifres? De onde as grandes populações de escravos da Bahia, de Pernambuco, no Brasil, e Cuba obtêm a carne-seca e salgada que é a base de sua alimentação?

A resposta era um *saladero* do Rio da Prata, explicava a revista, em um texto anonimamente escrito, porém com um estilo típico de Dickens. O dia de trabalho começa, dizia, com os caubóis

> empurrando, aguilhoando e tocando com força e determinação até que os animais estejam tão colados uns nos outros como pessoas na porta de um teatro na noite de uma peça de sucesso; mas, diferentemente da porta do teatro, a porta do pequeno cercado é do tipo ponte levadiça; e quando a apresentação no interior está para começar, ela é levantada. As vítimas bovinas entram depressa, mas no momento em que entram, encontram visões e odores pressagiosos do destino que se aproxima, o que as impele a recuar de repente. Pobres coitadas! No instante em que o último rabo passa pela abertura, a porta desce para impedir a saída, e os infelizes bovinos se vêm totalmente aprisionados como ratos numa ratoeira.[8]

A escravidão só foi totalmente abolida na Argentina em 1853, poucos anos depois que esta descrição foi feita. Até então, o tipo de operação que o artigo estava descrevendo se apoiava fortemente em trabalho escravo. A equipe de trabalho da primeira fábrica moderna de salga de carne, por exemplo, situada do lado de Montevidéu do Rio da Prata, no final dos anos 1780, consistia inteiramente de escravos que trabalhavam em todas as fases da linha de produção.[9]

Os *saladeros* foram as primeiras fábricas, combinando, como os navios, o novo e o antigo. Eles operavam com uma coordenação quase de linha de montagem, sincronizando os movimentos dos trabalhadores em direção a uma meta comum (em oposição ao velho método tradicional de um artesão trabalhando numa coisa do começo ao fim): os homens levavam o gado para um curral, onde seria apanhado a laço por um cavaleiro, abatido por um abatedor, carregado para fora por um carregador com carrinho, e cortado por açougueiros, cozido por cozinheiros e assim por diante.

Mas os *saladeros* não eliminaram a *expertise* artesanal, como fariam as fábricas modernas; em vez disso, eles a aprimoravam – especialmente no uso de laços e do *facón*, ou facão de açougueiro – para a produção em massa. Depois que os animais eram reunidos em um curral menor, um "processo muito engenhoso" começava. Um homem ficava numa plataforma elevada segurando uma corda, com uma ponta amarrada em laço. A outra ponta da corda ficava ao redor de uma roda e presa a um cavalo. Com uma "pontaria certeira" ele atirava o laço e, depois de acertar o alvo, gritava ¡Déle! – Vai! – para o cavalo, que se movia para frente, até que a cabeça da vaca estivesse apoiada contra a roda. Em um movimento, o homem puxava seu facão e o enterrava no pescoço exposto, entre o crânio e a espinha. "A morte é instantânea." Daí vem a industrialização do talento gaúcho argentino: "Tão destra e rapidamente esse tipo de abate é feito que, durante doze horas, de quatrocentos a quinhentos animais são diariamente processados (...) abatidos, o couro, retirado, a carne, cortada, salgada e distribuída para todos os cantos comerciais do globo."[10]

No passado, os corpos de bois, vacas e cavalos eram deixados para apodrecer ao sol. Sob o novo sistema – criado pela demanda de carne salgada para alimentar escravos, e couro e sebo para comprar escravos –, mesmo "o menor pedacinho" da carcaça era usado. Açougueiros cortavam a carne em tiras de cinco centímetros, punham-na em conserva de salmoura, cobriam-na com uma camada de sal, e então colocavam-na no chão, sobre um couro seco usado como lona. À medida que a pilha ficava mais alta, a pressão do peso retirava o líquido da carne. Quando as tiras estavam suficientemente secas, eram postas em traves no sol, até que se tornassem carne seca dura, imperecível.[11]

Aparadores cortavam toda a pele e gordura restantes dos couros, que então eram estendidos no chão com estacas para secar ao sol ou salgados em camadas de salmoura. Restos de carne, bem como ossos, gordura e vísceras, eram levados para a sala de fervura e atirados em grandes cubas onde a mistura era fervida até virar sebo. A madeira era cara, o carvão ainda mais raro, de modo que cardo colhido dos Pampas era usado para ferver a água para fazer o sebo. Os restos dessa redução eram atirados no fogo, junto com as carcaças de velhos cavalos e ovelhas, para ajudar a fazê-lo arder mais tempo e economizar cardo. Como os "caldeirões", que ficaram famosos com Melville, em que pedaços da baleia eram usados para alimentar as fornalhas, os animais abatidos forneciam o combustível para seu próprio cozimento, "como um mártir pletórico em chamas, ou um misantropo se autoconsumindo".

Couros defeituosos eram usados como matéria-prima para fazer cola, e ao final do dia as cinzas de ossos eram recolhidas para ser usadas na pavimentação de estradas, as tripas, para alimentar porcos, os maxilares eram enviados para a Europa para fazer pentes, e os cascos eram usados para fazer gelatina, óleo e cola.

Praticamente, a única coisa não aproveitada era o sangue que escorria. Cada salgadeira jorrava jatos vermelhos no Rio da Prata. O barulho era medonho. Charles Darwin, que visitou um *saladero* antes de sua jornada de travessia dos Andes, descreveu os "urros" mortais que saíam das salgadeiras, "um ruído mais expressivo de feroz agonia do que qualquer outro que eu tenha ouvido". E o cheiro era insuportável.

Darwin achou que "o cenário inteiro" era "horrível e revoltante". O "solo é quase feito de ossos e os cavalos e cavaleiros são encharcados de sangue e vísceras", disse ele. "Mil açougues horrendos impregnam tudo", escreveu outro visitante, cada um lançando colunas de fuligem e fumaça subindo pelo horizonte da cidade.[12]

Os produtos primários – peles secas, carne salgada, chifres e sebo – eram embarcados em navios. Alguns desses navios partiam para Cuba ou para a Europa para trocar as peles, carne e sebo por mercadorias, como rum, armas e têxteis, que eles então levavam para a costa da África para trocar por cativos destinados ao Rio da Prata. Outros comerciantes faziam viagens diretas para o Brasil, Caribe ou África para comprar escravos.[13]

JUAN NONELL TEVE SUCESSO com a liberalização da escravatura. Outros acharam difícil entrar no comércio. Um homem de Montevidéu chamado Ramón Milá de la Roca entrou logo depois que a Espanha anunciou que colonizadores podiam evitar os intermediários e zarpar direto para a África para comprar escravos. Mas ele perdeu um carregamento após o outro para a pirataria, a guerra e pelo menos uma revolta de escravos. Chegou "perto da ruína total", declarou ao examinar seu empreendimento. Com certeza, se comparado com os regulamentos rigorosos e restrições sobre o comércio no passado, agora havia mais espaço para comerciantes de nível médio e rancheiros como Nonell ganharem dinheiro. Mas eram os grandes comerciantes já estabelecidos do Rio da Prata que estavam em melhor posição para tirar proveito da desregulamentação, pagar o frete por grandes carregamentos, se proteger contra as perdas frequentes, naufrágios ou revoltas, pagar as taxas e impostos, que, apesar de terem sido muito reduzidos, ainda se somavam. No princípio dos anos 1800, cerca de dois terços do comércio em explosão eram controlados por um punhado de homens extremamente poderosos baseados em Buenos Aires e Montevidéu.*

---

* O primeiro entre eles era Tomás Antonio Romero, que exercia uma "dominação quase vertical" sobre grande parte da economia do Rio da Prata. Ele controlava terra, navios, escravos e *saladeros*. Trabalhava em estreita ligação com comerciantes em Cádiz, banqueiros em Londres e expedidores em Boston e Providence. Descrito como um "arquicorruptor" de administradores espanhóis, Romero jogava uns contra os outros com um talento inigualável. Em momentos diferentes, ele deteve contratos de monopólio exclusivo para fornecer à Marinha Real Espanhola carne salgada de seu *saladero*, importar tabaco de mascar brasileiro, que era adoçado com melaço e muito apreciado pelos marinheiros, mulheres do mercado e condutores de Buenos Aires, e para transportar mercúrio, usado para amalgamar a prata de Potosí, e então transportá-la para a Espanha. Contudo ele era eloquente na defesa do "comércio livre", lutando de "capa e espada" pelo direito de diversificar suas opções de comércio, ainda que usasse suas relações comerciais para excluir os rivais. Tudo levado em conta, entre 1799 e 1806 Romero organizou pelo menos 32 expedições de compra de escravos, exportando cerca de 1 milhão de pesos em peles e importando quase o dobro deste valor em africanos. Era Romero o alvo da campanha anticorrupção do vice-rei Del Pino.

Ser bem-sucedidos no comércio era especialmente difícil para provincianos como Alejandro de Aranda, de Mendoza. Os residentes de Mendoza praticamente viviam sob a longa sombra lançada por Potosí, a famosa montanha de prata onde hoje fica a Bolívia, a fonte principal do famoso dólar espanhol, ou *peso de ocho* – o real de oito pesos, na época uma das moedas mais em circulação do mundo. Contudo, era difícil encontrar dinheiro vivo. A maior parte das moedas cunhadas era engolida pela Espanha para cobrir os enormes gastos militares de suas intermináveis guerras. O comércio era conduzido quase que exclusivamente através de empréstimos ou notas promissórias. Homens de negócios bem estabelecidos em Buenos Aires podiam conseguir crédito com financiadores em Cádiz e Londres, mas mesmo eles reclamavam dos termos. Comerciantes em cidades do interior, como Mendoza, estavam bastante abaixo na cadeia, com cada negócio fazendo-os incorrer em dívidas cada vez maiores.[14]

Mesmo antes de comprar os africanos de Nonell, Aranda já estava bastante endividado devido a transações anteriores. Havia comprado africanos em Buenos Aires antes, mas apenas um ou dois de cada vez, trazendo-os através dos Pampas e revendendo-os em Mendoza. Ele já havia transportado alguns africanos na travessia dos Andes até Santiago, mas agora estava começando um novo estágio da vida. Tinha acabado de se casar, queria constituir família e esperava que seu grande negócio com Nonell pudesse livrá-lo das dívidas e melhorar sua posição – ou pelo menos firmá-la.[15]

CAPÍTULO 10

DECADÊNCIA

Entre as histórias que a avó de Jorge Luis Borges costumava contar, uma que o próprio Borges gostava de relatar nas muitas entrevistas que deu no fim da vida tratava de onde ela comprava seus escravos. "O mercado de escravos, minha avó costumava contar, ficava na Plaza El Retiro", dizia Borges. "Era lá que eles vendiam escravos." Na época de Borges, a metade do século XX, El Retiro, projetado em estilo parisiense, era um dos parques mais elegantes de Buenos Aires. Os ricos montavam suas residências da cidade ali, em imponentes prédios de apartamentos de quatro e cinco andares com vista para lagos ornamentais e a sombra de centenas de árvores frondosas.

Borges não ficava sempre abordando o fato de que a Plaza El Retiro outrora tinha sido o principal mercado de escravos da cidade por simpatia ou solidariedade; ele era conhecido por ter opiniões excepcionalmente negativas sobre os argentinos de origem africana. Certamente, estava dando continuidade a um ressentimento de família.

O escritor argentino podia rastrear a linhagem de sua família ao longo dos séculos, até os primeiros dias da Conquista. Seus ancestrais incluíam monarquistas – os homens que fundaram e construíram o Império Espanhol nas Américas – e republicanos que lutaram para se separar da Espanha e criar a nova nação argentina. Mas a família Borges, especialmente do lado de sua mãe, tinha em grande medida deixado que a revolução de mercado passasse ao largo dela. Eles não conseguiram converter sua reputação em sucesso financeiro e repetidamente se viram do lado derrotado de conflitos políticos. Arruinada por comerciantes e rancheiros de gado e perseguida por políticos, a família havia se tornado aristocracia pobre. Tendo perdido a fortuna, a avó de Borges transmitiu ao jovem Jorge as histórias da era áurea de sua família como se fossem joias. Uma de suas histórias favoritas dizia respeito aos escravos de seus pais: onde seus pais os haviam comprado, quantos eles tinham e com que frequência os escravos vinham visitar depois de se tornarem livres. Borges, por sua vez, gostava de repetir as histórias, uma maneira irônica de lembrar os novos-ricos da cidade de que sua riqueza era recente – ou no mínimo nova, durante o tempo de vida de sua avó –, que grande parte do dinheiro deles podia ter sua origem rastreada até a escravatura e que os parques em que eles gostavam de passear aos domingos eram construídos em cima dos ossos de africanos escravizados. "Membros da nossa aristocracia", disse ele numa entrevista, "administravam o mercado de escravos de El Retiro." Quanto aos prédios de apartamentos de luxo do parque, "o primeiro edifício alto já construído lá", disse ele, foi "um alojamento de escravos".

Alguns dos primos distantes de Borges prosperaram com a escravatura. "Entre aqueles que enriqueceram vendendo escravos, havia parentes meus", disse ele.* "Residências de famílias ricas", observou, podiam ter "trinta ou quarenta" escravos. Outras, como a família Borges, só conseguiam manter alguns à medida que seu brilho se apagava. "Na casa de meus bisavós, havia apenas cinco criados escravos", relatou Borges, o que não representava nenhuma "grande fortuna". E depois que a escravatura foi finalmente abolida, famílias que sofreram uma queda no padrão de vida se apegavam às suas lembranças da escravidão: Borges com frequência falava sobre como os descendentes dos escravos de sua avó mantinham

---

* Borges aqui está falando de Jaime Llavallol Del Riu, um emigrante de Barcelona que fundou umas das casas comerciais mais bem-sucedidas de Buenos Aires. Ele foi responsável pela modernização das instalações do porto da cidade, que, de acordo com Borges, também incluíam o mercado de escravos em El Retiro. Mais tarde, nos anos 1840, à medida que a Argentina avançava em direção à abolição da escravatura, a Llavallol e Filhos começou a importar de Gallegos e das Ilhas Canárias milhares de trabalhadores em sistema de servidão por dívida, "tratando-os como escravos" (Isidoro Ruiz Moreno, *Relaciones hispano-argentinas: De la guerra a los tratados*, Buenos Aires, 1981, p. 16).

o sobrenome dela e como, quando ele era criança, eles costumavam visitar a casa de sua família em sinal de respeito e estima.

Muitos na elite de Buenos Aires gostavam de apresentar brasões de família forjados e usar sobrenomes que parecessem ser de origem espanhola aristocrática. De modo que Borges repetia a história de como ele certa vez havia pego um jornal que era publicado por afro-argentinos e ficado surpreso ao ver "todos os grandes sobrenomes de Buenos Aires" no cabeçalho. "Exceto os que pertenciam a negros." Ele escolheu um em particular, Alzaga, o sobrenome de escravos que tinham sido propriedade de Martín Alzaga (o importador de talvez o navio negreiro mais letal a ter ancorado no Rio da Prata, o *Joaquín*). "Por aqui há não muito tempo", recordou Borges, falando de seu próprio bairro, "viviam vários negros muito esnobes" – *muy snobs*, disse, usando o substantivo inglês como adjetivo. "O sobrenome deles era Alzaga, e por muitas gerações tinham sido escravos da família Alzaga." Como seus homônimos espanhóis, aqueles Alzaga negros também eram muito arrogantes, recordou ele, "olhando com desdém para aqueles com sobrenomes mais plebeus, como Goméz ou López".[1]

ALEJANDRO DE ARANDA NASCEU em Mendoza, nos rincões dos Pampas argentinos, embora se dissesse espanhol. Seu verdadeiro sobrenome era Fernández, mas ele vinha de uma linhagem de homens que preferiam usar, geração após geração, o sobrenome Aranda, que diziam ter sido herdado de um ancestral distante da Andaluzia. Aranda tinha 1 ano de idade em 1769, quando seu pai, que chegou na Argentina vindo da Espanha, na esperança de reverter o brusco declínio da fortuna de sua família, morreu. Tinha 8 anos quando sua mãe viúva, Rosa Ventura, casou-se de novo com um herdeiro de uma das famílias mais ricas e politicamente mais bem relacionadas de Mendoza.[2]

Nascido em uma família decadente, mas com um padrasto rico, Alejandro vivia à beira do privilégio. Tendo adquirido um vinhedo nos arredores de Mendoza, seu pai tinha deixado a família rica em terras, mas muito pobre em dinheiro, passando suas dívidas para sua viúva, que não pôde pagá-las, até que se casou com o padrasto de Alejandro, José Clemente Benegas. Depois que Alejandro e seu irmão mais velho, Nicólas, se mudaram para a casa suntuosa de Benegas, na verdade uma imensa propriedade, eles passaram a viver com todo o conforto aristocrático que os tempos permitiam.

Então Rosa Ventura e José Clemente começaram a ter seus próprios filhos. Alejandro e Nicólas não foram de forma alguma excluídos. Quando cresceram e começaram a trabalhar juntos e iniciaram seu negócio como comerciantes, os irmãos Aranda puderam contar com a ajuda do padrasto, bem como de sua ampla rede de parentes, recebendo apoio financeiro e político. Mas a posição deles na família era mais de tutelados, ou primos visitantes, do que de verdadeiros filhos.

Mendoza fica bem a leste dos Andes, cercada por fazendas e vinhedos, com seu solo árido tornado fértil pelo derretimento da neve das montanhas. Além desse cinturão agrícola, havia uma grande planície deserta, a orla ocidental dos Pampas argentinos. Os comerciantes de Mendoza tinham se saído bem como intermediários de mercadorias despachadas de Buenos Aires, a mais de um mês de viagem de carroça, fazendo a travessia das montanhas para Santiago, no Chile. Também exportavam seus próprios produtos para leste e oeste, inclusive trigo, cevada, alfafa, e vinho.

Uma cidade bem cuidada de sestas ao meio-dia e casas simples de adobe, Mendoza conseguiu um equilíbrio precário entre isolamento e prosperidade e lutou para manter um equilíbrio igualmente difícil entre comércio e tradição. As mulheres eram delicadas e elegantemente vestidas, escreveu um francês viajando pela região no princípio do século XIX. Seus homens usavam ponchos por uma questão de orgulho, mesmo em ocasiões formais, cobrindo calças curtas cingidas por cintos com fivelas de ouro ou de prata. Era um estilo "estranho" e "extravagante", no qual a elite da cidade misturava e combinava a ostentação da Espanha medieval com roupas associadas aos Pampas gaúchos. Os residentes de Mendoza, dizia o francês, eram "reféns de suas tradições".[3]

Como rapazes de vinte e poucos anos, os irmãos Aranda levavam vidas privadas separadas. Nicólas ficava na cidade, enquanto Alejandro circulava entre Mendoza, Buenos Aires e Santiago, vendendo vinho fermentado no vinhedo que eles tinham herdado do pai e comprando mercadorias por atacado para trazer para Mendoza. Listas militares da época registram que Nicólas era um tenente de cavalaria de 1,64m, sempre presente, e Alejandro, dois centímetros mais baixo e sargento, estava sempre "viajando".⁴

Em 1804, Alejandro, o filho órfão de pai de um migrante que tinha vindo para a América na esperança de ficar rico, mas morreu sem ter conseguido, tinha se inserido profundamente no coração incestuoso do poder aristocrático em Mendoza. Em janeiro, ele casou-se com sua prima María del Carmen Sainz de la Maza.⁵ Ela era sua prima por parte de mãe, que, como sua mãe, tinha se casado com um homem de família rica. Alejandro, portanto, não estava exatamente ascendendo, e sim se movendo em círculos na sociedade de Mendoza. Um mês depois, sua amante, Francisca de Paula Puebla, deu à luz sua filha, que eles batizaram de María Carmen, como a noiva de Alejandro. Francisca era a filha de um dos maiores vinicultores de Mendoza, Juan Martín Puebla, mas sua riqueza tinha sido conquistada por ele mesmo e com o passar do tempo seus vinhedos tinham decaído. Na virada do século, seus duzentos barris de vinho foram considerados "velhos, mas utilizáveis".⁶ E mais tarde naquele ano, aos 36 anos de idade, já maduro, mas ainda não realizado, Alejandro soube que iria começar a constituir uma família de verdade. Sua mulher estava grávida.⁷

ALEJANDRO SE SENTIA à vontade com escravos negros; eles faziam parte de seu mundo. A casa de seu padrasto tinha mais escravos do que membros da família; ele e o irmão tinham sido criados por escravas e brincado com os filhos destas.⁸ Uma vez que mulheres de famílias abastadas costumavam ter criadas para amamentar seus filhos, Alejandro pode ter sido até um *hijo de leche* – "filho de leite" cuja amamentação por uma escrava negra geralmente criava um relacionamento afetivo duradouro. As casas de seus primos vizinhos tinham ainda mais escravos, a maioria deles crianças da mesma idade. Quando Alejandro tinha 9 anos, a casa de sua prima María Carmen, sua futura esposa, tinha mais de dezesseis negros e mulatos, dez dos quais com menos de 12 anos de idade.⁹

Em todos os anos de sua infância, algumas centenas de cativos africanos passavam regularmente por Mendoza a caminho da travessia dos Andes para o Chile. Quando a Coroa começou a liberalizar o comércio de escravos no final dos anos 1770, o número cresceu. No meio dos anos 1780, quase uma tropa de mulas em cada três que partiam de Mendoza para Santiago levava escravos. A maioria destes carregamentos era pequena; ao longo dos anos 1790, apenas alguns importadores ricos podiam pagar o custo do frete para levar grandes números de escravos por via terrestre.

As coisas mudaram com o novo século, à medida que mais navios chegavam ao Rio da Prata com mais escravos. Parecia que todo carregamento de sapatos da Espanha ou doces da França seguindo para Santiago era acompanhado por um número considerável de africanos. A oferta ainda não conseguia satisfazer a demanda e o valor dos escravos continuava subindo. Em 1804, os africanos eram considerados um investimento muito melhor do que as terras.[10]

Quando historiadores falam da "febre de comércio de escravos" que se apoderou da América Espanhola no início dos anos 1800, geralmente estão se referindo às expectativas de lucro a serem ganhos com o comércio. O delírio, contudo, ultrapassava a economia. A escravatura figurava nos âmbitos mais íntimos da vida: homens como Aranda bebiam a servidão humana no peito (mulheres negras eram melhor conceituadas que mulatas como amas de leite); redes familiares de pais, filhos, primos e amigos faziam o comércio marítimo e continental, e a escravidão fazia laços de sangue através do concubinato e do estupro, tecendo relações de parentesco numa tapeçaria sombreada de heráldicas não reconhecidas, cujos exemplos mais famosos são os dos pais republicanos fundadores dos Estados Unidos: os filhos escravos de Thomas Jefferson e o suposto ancestral escravo de Simón Bolívar. Em um mundo onde a moda competia com a religião e a lei para manter a hierarquia, escravos serviam como adornos importantes. Escravos bem-vestidos cuidavam das mulheres de famílias abastadas por onde elas iam, no mercado, na igreja ou depois da missa no passeio de domingo, e essas mulheres tratavam seus criados escravos como se fossem joias. As melhores famílias mantinham trupes de músicos africanos, inclusive violinistas e harpistas, que tocavam nos jantares dançantes requintados que enchiam os calendários da sociedade, e os coros das melhores igrejas e conventos eram compostos de escravos. Um padre de Buenos Aires, em Montserrat, um bairro onde moravam muitos dos criados negros da cidade, disse que escravos cantavam *Laudate Dominium*, de Mozart, "com perfeição".[11]

Para os irmãos Aranda, cujo empreendimento em negócios até aquele momento tinha rendido mais dívidas que lucros, solapando ainda mais sua suposta alta posição na sociedade, o comércio livre, de escravos e outras mercadorias, era uma ameaça e uma oportunidade. Era uma ameaça porque enriquecia até os condutores de mulas da cidade, diminuindo a distância entre plebeus e senhores e deixando o mundo cortês de sua infância num passado cada vez mais longe. No entanto, os lucros que poderiam ser ganhos com a escravatura também ofereciam uma chance de deter a erosão da posição deles, de conquistar o sobrenome nobre de que seus ancestrais há tanto tempo haviam se apropriado. À medida que a solidez do mercantilismo espanhol cedeu lugar a uma economia de produção rápida, escravos, gado e terras perderam a solidez. Homens como os irmãos Aranda aferravam-se a corpos negros e os seguravam bem.

CAPÍTULO 11

A TRAVESSIA

Havia duas maneiras de levar escravos de Buenos Aires para Lima. Uma era como fez o *Santa Eulalia*, descendo a costa de Argentina, passando pelo Estreito de Magalhães e depois subindo pelo Pacífico para Lima. Esta rota era perigosa e cara, custando entre sessenta e cem pesos por escravo em alimentos e frete, quase um quarto do valor a varejo dos escravos. Alejandro de Aranda podia economizar dinheiro e levar os escravos que havia comprado de Nonell para o interior por um terço desta quantia.

Eles partiram no início de julho, duas horas antes do nascer do sol, como parte de uma tropa que levava não só a carga de Aranda, mas também as mercadorias de muitos comerciantes na esperança de fazer a travessia dos Pampas antes do início da estação das chuvas, que começaria em setembro. A caravana parecia uma aldeia viajante, transportando não só mercadorias, mas também a agitação e a hierarquia da sociedade argentina. Havia centenas de mulas e dúzias de parelhas de bois e carroças que levavam a carga. Eram seguidas por algumas carruagens para passageiros abastados, inclusive comerciantes como Aranda, que estavam acompanhando sua mercadoria. Embora não fossem exatamente mansões sobre rodas, mesmo assim as carruagens eram bastante confortáveis. Atrás delas vinham as raquíticas e lotadas carroças-domicílio dos tropeiros, muitos dos quais viajavam com mulher, filhos e outros parentes a reboque. Então vinham os cozinheiros, carpinteiros, ferreiros e outros especialistas necessários para reparar os danos causados às carroças pela estrada ruim.

Transportando privilégio, riqueza e trabalho braçal, a procissão também tinha lei e ordem: homens armados que cavalgavam na frente e atrás. A caravana estava viajando para oeste, paralela a uma linha não muito distante no extremo sul que era a fronteira da autoridade espanhola, do outro lado da qual viviam os chamados "piratas dos Pampas", os índios nativos americanos ainda não dominados e os gaúchos sem lei.[1]

A viagem era mais fácil durante os meses secos do inverno, entre maio e agosto, quando os rios, sem pontes, estavam mais baixos. Mas essa era a estação em que o vento soprava do oeste, apagando as trilhas como se fossem correntes de superfície no oceano. Chamados *buques*, ou barcos, os vagões que constituíam o comboio tinham o fundo bem alto em relação ao chão, sobre grandes rodas bem separadas, projetadas para deslizar sobre a areia e pradarias lamacentas. Eram praticamente carcaças circulantes, cobertas com peles, "o pelo virado para fora", esticadas sobre armações feitas de cana-de-açúcar, para protegê-las da poeira levantada. Peles de vaca também eram usadas para fortalecer a estrutura das carroças. Cortadas em tiras finas, as peles eram encharcadas de água e depois esticadas ao redor das armações, molas e rodas das carroças. À medida que secavam, encolhiam, acrescentando uma camada de força resistente à tração para proteger o veículo enquanto avançava por estradas muito irregulares.

O trecho na saída de Buenos Aires era coberto por trevos e cardos de cor púrpura escura. Era pantanoso, mesmo durante a estação seca, mas possível passar devido aos ossos de vacas e outros animais atirados no solo pantanoso para aterrá-lo. Depois de uma semana, a caravana entraria nos Pampas propriamente ditos, uma "vastidão enevoada" plana e aberta que com frequência recordava os viajantes do desolado oceano. Charles Samuel Stewart, um capelão de navio que fez sua travessia no meio do século XIX, descreveu "um vasto mar de relva e cardos, sem estradas ou áreas fechadas, e sem uma habitação, exceto em grandes intervalos (...) Nada interrompe o relevo constante, a não ser um umbuzeiro [uma imensa e solitária árvore] se erguendo no horizonte distante, como um navio no mar". Uma grande caravana levava um pouco mais de um mês para viajar de Buenos Aires para Mendoza, mais ou menos o mesmo tempo da travessia do Atlântico.[2]

A escritora argentina Victoria Ocampo disse que os Pampas destroem a perspectiva. Eles não oferecem "nenhum meio-termo": tudo é urgentemente próximo ou impossivelmente distante. Só alguém apaixonado pelo vazio podia se sentir à vontade neles, observou Ocampo, invocando a fascinação de T. E. Lawrence pelo deserto árabe. O próprio Lawrence citou Shelley, que, referindo-se ao oceano, escreveu: "Eu adoro tudo que é vazio. E lugares solitários: onde saboreio o prazer de acreditar que tudo que vemos é ilimitado, como nós desejamos que sejam nossas almas."[3]

Para Babo, Mori e outros escravos, a falta de limites deve ter sido angustiante. Não porque a paisagem fosse desconhecida, mas porque era quase similar à que eles tinham deixado para trás. Ao longo do caminho, as carroças atravessavam zonas pantanosas cobertas de juncos como as depressões e pântanos da Senegâmbia, Guiné e do delta do Níger. Embora atualmente quase desaparecido, o famoso tapete de relva interminável da Argentina, que tanto encantava os viajantes naquela época, ainda estava intocado, parecendo, de certa maneira, a extensão de estepe do interior da África Ocidental. Sua planície absoluta fazia com que parecesse ainda maior que a estepe africana. Observadores que olhavam para os Pampas costumavam comentar que podiam ver a curva da Terra, o horizonte se dobrando enquanto cedia lugar ao céu.

Os Pampas eram cheios de estranhos animais, escreveu um viajante; rebanhos de veados, avestruzes solitárias, pequenas corujas e gafanhotos de doze centímetros que voavam para o alto saindo dos pés de cavalos e bois como pequenos pássaros. Os africanos também passavam por vacas, algumas delas da mesma raça encontrada em sua terra natal, e cabras pastando nos prados, lambendo o solo salino e bebendo água de lagoas lamacentas. O gado era cuidado por mestiços de pele escura e ameríndios, fazendo recordar os pastores fulas que vagavam pela savana africana. Os gaúchos eram exímios cavaleiros, como os mandingas (embora se algum dos cativos de Aranda fosse das áreas de floresta da África Ocidental, onde prevaleciam as moscas tsé-tsé, poderiam jamais ter visto um cavalo, uma vez que a doença espalhada pela mosca era fatal para a maioria dos animais domesticados). Babo, Mori e os outros viajaram durante a estação de céu azul, quando o pampeiro soprava constantemente, levantando terra e poeira e de vez em quando causava um redemoinho de vento ("como grossas colunas de fumaça saindo de uma grande chaminé") semelhante ao seco Harmatão que vem do Saara.[4]

As carroças cobertas de peles sobre armações de cana, que balançavam sem parar, eram menos fétidas e lotadas que o porão de um navio negreiro. Os africanos tinham mais oportunidades de fazer suas necessidades à beira da estrada. Eles podiam se banhar nos rios, em água fria e limpa. Mesmo durante a estação seca, esses rios eram difíceis de atravessar, e o esforço para fazê-lo quebrava o tédio da viagem. Os cavaleiros mediam a profundidade da água para se certificar de que era possível atravessar. Os garanhões relinchavam quando não era e avançavam com relutância se pudessem, seguidos pelas mulas e bois, com a água na altura do peito.

Quase sempre o tempo passava sem nada para se fazer, senão ficar sentado e suportar os solavancos da estrada precária, cheia de sulcos das tocas de *vizcachas*, roedores semelhantes a coelhos, e ouvir o rangido ensurdecedor das rodas não oleadas das carroças. A vasta planície se estendia infinitamente, coberta de relva, trevos verdes, alfafa e, de vez em quando, um trecho de girassóis gigantes, com "quase nenhuma ondulação para quebrar a monotonia mortal e sem limites". Era um "oceano de relva", um "mar infinito de verde viçoso".[5]

Em sua pesquisa sobre o belo e o sublime, Edmund Burke escreveu que uma grande extensão de terra, como uma planície aberta e nivelada, não provoca nada que se assemelhe ao temor "que o oceano provoca". A viagem de travessia do Atlântico era sem dúvida mais aterrorizante para os africanos que a viagem cruzando a América do Sul. Burke, contudo, também admitia que o tédio era dotado de seu próprio terror. "Melancolia, desalento, desespero e com frequência o suicídio", escreveu ele, "são a consequência da visão sombria que temos das coisas nesse estado de relaxamento do corpo." O tipo de tédio imposto de que Babo, Mori e os outros sofriam deve ter sido especialmente terrível. Roubava, além da liberdade, outra coisa que os tornava humanos: a experiência do tempo como a ordenação de atividade intencional. Hora após hora eles olhavam para fora de suas carroças e viam algo que se parecia com o mundo deles ir passando, com cheiros e cores sutilmente diferentes.[6]

Uma vez completados dois terços do percurso, depois que a caravana havia atravessado um rio importante, o Quinto, eles chegavam a uma extensão de terra ainda mais desolada, chamada *la travesía,* a travessia, uma expressão também usada por mercadores espanhóis de escravos para se referir à "Passagem do Meio". A estrada pedregosa cedia lugar à areia e eles passavam longos períodos sem ver uma árvore, uma gota de água ou uma variação na topografia, apenas de vez em quando surgia o esqueleto de um boi ou de uma mula no acostamento da estrada. Um viajante de língua inglesa disse que aquela parte da viagem se parecia muitíssimo com "extensões de terra na África". O dia era de calor escaldante, mais quente que na terra natal deles durante a temporada da seca. As noites austrais eram frias.

Então, antes mesmo que terminassem *la travesía*, perto do momento em que alcançavam mais um rio – "tão largo quanto o Tâmisa em Windsor", observou um viajante inglês – eles já teriam visto pela primeira vez os Andes.

Os Andes são a maior cadeia de montanhas do mundo. O que as torna espantosas, contudo, é que são as mais finas. O Himalaia é uma cordilheira de montanhas largas e extensas, com longas e lentas subidas de centenas de quilômetros que gradualmente elevam o viajante e diluem a visão, de tal modo que alguns de seus picos mais altos dão a impressão de ser morrinhos. Em contraste, nos Andes, apenas uma curta distância separa o cume do sopé, como uma grande muralha se estendendo por todo o comprimento da América do Sul. O efeito é especialmente impressionante quando nos aproximamos dos Andes vindos dos Pampas. A névoa, que de vez em quando paira sobre o horizonte distante, bloqueia a vista, mas também aumenta o impacto, atraindo o olhar para os cumes cobertos de neve que parecem flutuar no céu como "pilares brancos estacionários de nuvens". À medida que Babo, Mori e seus companheiros se aproximavam, a plena "visão daquela estupenda barreira" se tornava mais clara. Eles ainda estavam a dias de distância, porém teriam que curvar "o pescoço para trás e olhar para cima" para ver as montanhas.

Pouco depois de acabada *la travesía*, ficava Mendoza. A cidade natal de Aranda, com suas ruas ladeadas de choupos, fazendas cercadas, vinhedos e pomares. Depois de terem cruzado os Pampas, antes que viessem as chuvas de verão, os africanos ocidentais agora teriam que esperar a neve do inverno derreter nas montanhas antes de prosseguirem. No início de dezembro, eles estavam de novo em movimento, numa estrada reta para oeste, seguindo em direção aos Andes.

CAPÍTULO 12

DIAMANTES NAS SOLAS DOS PÉS

HÁ SÉCULOS, POVOS ESCRAVIZADOS VIAJAVAM E MORRIAM POR AQUELA ESTRADA, desde que os espanhóis chegaram na área nos anos 1540. Quando Pedro de Valdivia liderou uma expedição vinda do Peru para tomar posse do território hoje conhecido como Chile, ele batizou a cidade que fundou de Santiago de la Nova Extremadura. Santiago era o santo padroeiro da Espanha, também conhecido como Santiago Matamoros, ou Matador de Mouros, por ter intervindo numa das primeiras batalhas para expulsar os árabes da Península Ibérica. E Extremadura era o nome da província espanhola onde Valdivia tinha nascido. Por vezes, contudo, os espanhóis apenas chamavam aquela ponta extrema do império, encravada entre os Andes e o Pacífico, de La Nueva Extrema, o Novo Extremo.

Africanos morreram em uma das primeiras tentativas dos espanhóis de encontrar um caminho para atravessar os Andes, em 1551, durante a desastrosa jornada de Francisco de Villagrán. Villagrán só conseguiu fazer a travessia com a ajuda de nativos americanos, escreveu um cronista espanhol, e ao longo do caminho perdeu "dois escravos e dois cavalos" para o gelo e o frio. Em 1561, Mendoza foi fundada como um posto avançado de Santiago, e logo os espanhóis estavam passando regularmente de um lado para o outro por cima das montanhas. A viagem ainda era traiçoeira. Mesmo durante os meses de verão, quando os caminhos estavam abertos, os viajantes se moviam lentamente por trilhas estreitas, amarrados uns nos outros por cordas de apoio. Os nativos americanos passavam voando por eles. Eles "viajavam livremente, sem aquelas cordas", escreveu um espanhol, "como se tivessem diamantes nas solas dos pés".[1]

Os vales que se abriam de ambos os lados das montanhas tinham um clima ameno, levando os colonizadores a pensar que poderiam recriar nas Américas as grandes propriedades feudais da Europa. Entretanto, eram necessários trabalhadores para plantar trigo, cultivar uvas e criar gado. Antes que os africanos começassem a chegar em grande número, os colonizadores tentaram escravizar os índios. Os mapuches ou araucanos, no lado andino do Pacífico, se mostraram difíceis de dominar, de modo que os espanhóis se voltaram para os huarpes, que viviam em pequenas aldeias na região ao norte de Mendoza. A maior parte da demanda de mão de obra vinha de Santiago, que enviava grupos de assalto para as montanhas. Foram os huarpes que salvaram os espanhóis da morte certa quando tentaram cruzar as montanhas pela primeira vez, ensinando-lhes as melhores trilhas.

Agora se viam acorrentados, sendo arrastados por aquelas mesmas trilhas. Muitos morreram de frio. "Quando eu cruzei a cordilheira", escreveu o arcebispo ao rei Felipe II em 1601, "vi com meus próprios olhos os corpos congelados de índios." Vinte anos depois, seu sucessor escreveu que havia presenciado "coisas que fizeram seu coração derramar lágrimas". Os índios eram trazidos para a passagem dos Andes presos por correntes e coleiras, e quando um desmaiava ou morria, era mais fácil cortar fora suas mãos ou sua cabeça do que cortar o ferro. Os mais fracos eram deixados vivos para morrer congelados, alguns deles se arrastavam para dentro de cavernas em busca de abrigo. Muitos tentavam cometer suicídio usando as coleiras de ferro para se enforcar. Índios escravizados chegavam ao Chile "com sede e fome, submetidos a tratamento pior que o que bárbaros e gentios infligiam aos cristãos da Igreja primitiva". Os huarpes logo desapareceram como povo.[2]

Em 1601, mesmo ano em que o Arcebispo de Santiago escreveu para a Espanha sobre o tratamento dos nativos americanos, a primeira remessa de africanos fez a travessia. Noventa e um "angolanos da Guiné" foram embarcados do Brasil, via Buenos Aires, para Santiago, com Mendoza como local de trânsito. Eles estavam viajando para ser vendidos em Lima. Desse ponto em diante o comércio de escravos por via terrestre cresceu regularmente, embora a Coroa tentasse inicialmente encaminhar todos os escravos para o Peru através do Panamá. Como parte do sistema geral de restrições mercantis, apenas um pequeno número de comerciantes tinha permissão para despachar escravos por via terrestre desde o Rio da Prata.[3]

Mas o contrabando de escravos, especialmente de pequenos grupos de dois ou três africanos, corria solto. No início dos anos 1600, funcionários do rei reclamavam que não havia nada que eles pudessem fazer para detê-lo. "Todo ano", escreveu um deles ao rei em 1639, "muitos negros não registrados cruzam os Andes e entram no Chile vindos do porto de Buenos Aires." Se eles fossem apanhados, os comerciantes diziam apenas que os escravos que estavam trazendo pelas montanhas para vender em Santiago eram seus criados pessoais. Em 1762, um comerciante de escravos chamado José Matus, de modo a ganhar a cooperação de seus dois escravos durante a jornada, disse a eles que existia uma terra de liberdade do outro lado dos Andes e que depois que tivessem feito a passagem seriam emancipados. Quando chegaram a Santiago, Matus os vendeu.[4]

NÃO EXISTE REGISTRO DA viagem dos africanos ocidentais cruzando os Andes, o que os escravos de Aranda pensaram ou sentiram à medida que começaram a subida. Se não fosse pelo que aconteceu a seguir, depois que eles chegaram a Valparaíso e entraram a bordo do *Tryal*, a viagem deles teria passado despercebida pela história.

Na primeira parte da viagem, a estrada saindo de Mendoza é completamente plana e aberta, como a maior parte do resto dos Pampas. Ela entra nos sopés através de um vale profundo, transformando-se num caminho que serpenteia entre duas escarpas altas e íngremes. Naquele ponto, as mulas, condutores, viajantes e cerca de 170 africanos (Aranda havia combinado seu lote com o de outros comerciantes de escravos) estariam andando em fila indiana. Depois de apenas algumas curvas na trilha íngreme e tortuosa, os Pampas abertos teriam desaparecido atrás deles. As autoridades haviam construído algumas pontes rudimentares e, depois que carteiros apanhados numa tempestade foram obrigados a queimar correspondência para se manter vivos, alguns abrigos de pedra calcária e tijolos para proteger viajantes. Exceto por isso, a trilha havia mudado pouco desde que os dois primeiros africanos morreram nela em 1551.[5]

Os viajantes seguiam a pé, amarrados uns aos outros e com coleiras grossas feitas de ferro ou de cânhamo. Era uma subida íngreme, sem nenhuma vegetação para segurar o solo solto e escorregadio. A trilha ziguezagueava de norte para noroeste à beira de ribanceiras profundas e através de fendas estreitas de no máximo cinquenta centímetros. Por grande parte da subida, um rio de neve derretida seguia a trilha de um lado e rochas suspensas se projetavam do outro. Pequenas cruzes de madeira marcavam os lugares onde alguém tinha perdido o apoio e caído na ribanceira. Naquele ponto os comerciantes de escravos dedicavam algum tempo a retirar as coleiras, temerosos de que se um escravo decidisse se suicidar eles poderiam perder a procissão inteira para o abismo.

Nascidos e criados em algum lugar ao longo das planícies da África Ocidental, os escravos de Aranda tinham passado a maior parte da vida em terrenos em que manguezais pantanosos e savanas chegam suavemente até os sopés de montanhas. Alguns deles poderiam ter sido de uma das regiões de terras altas da África Ocidental, como Fouta Djallon, constituída de platôs de arenito dos quais fluem as nascentes dos rios Gâmbia e Senegal, e alguns afluentes que desembocam no Níger. Em média, Fouta Djallon fica a cerca de novecentos metros acima do nível do mar, e seu cume não fica muito mais alto que isso. Naquele momento, contudo, os viajantes estavam subindo por uma trilha íngreme que passava abaixo de duas das montanhas mais altas da América. O Monte Aconcágua, com 6.960 metros, é "espantoso em sua magnitude", escreveu um viajante do século XIX, "impressionante em sua solidão e isolamento". Atrás dele, o ligeiramente mais baixo, porém mais imponente, Monte Tupungato, com sua face vertical "nua e crua" varrida por uma incessante "fúria de vento", parecia uma avalanche de rochas em movimento suspensa que a qualquer momento poderia reiniciar sua queda. O cenário inteiro, observou outro viajante com relação à aproximação dos dois picos, oferecia uma "vista imensa, inanimada, mas uma magnífica vista de desolação".[6]

Para qualquer lugar que os viajantes olhassem, veriam precipícios gigantes e sinais de violentos terremotos, deslizamentos de terra e avalanches. Se virassem para um lado, não havia "nada, exceto montanhas estéreis de faces irregulares cobertas de gelo". Se virassem para outro lado, havia uma "vista ainda mais terrível" de "montanhas ainda mais negras, cobertas por ainda mais gelo". Depois de três dias de subida, a procissão chegava a Puente del Inca, uma ponte de rocha natural estreita, gelada, que se estendia sobre um profundo precipício. Tinha sido ali que quase três séculos antes um observador comentara que os nativos americanos deviam ter "diamantes nas solas dos pés", enquanto os via atravessar como se estivessem deslizando. Parece uma atribuição de graça, mas talvez significasse apenas que os pés deles eram ásperos e duros e tinham tração. Em todo caso, a ponte aterrorizava os espanhóis. "Só o homem que já fez sua confissão" devia se aventurar a atravessá-la, dizia outro viajante.[7]

Quanto mais alto o grupo subia, mais frio ficava, e mais intensa era a desorientação. Depois de cerca de três dias, eles chegariam ao ponto mais alto da trilha, perto do local onde Charles Darwin, viajando por aquele caminho décadas depois, observaria o que chamou de a "perfeita transparência do ar" e o "brilho mais intenso da lua e das estrelas". Como Ocampo ao comentar que os Pampas não ofereciam "nenhum meio-termo", Darwin disse que era difícil avaliar a perspectiva e julgar "alturas e distâncias". Não, como no caso da planície, por causa da vista ilimitada, mas porque o ar não continha nenhuma umidade que pudesse refletir a luz. Darwin descreveu o efeito como trazendo "todos os objetos (...) a quase um único plano, como em um desenho ou um panorama". O ar era tão seco que os instrumentos de madeira do naturalista encolheram visivelmente e seu pão se petrificou. Eletricidade estática faiscava de quase tudo. Quando Darwin esfregou seu colete de flanela no escuro, ele "pareceu ter sido banhado em fósforo". O pelo das costas de um cachorro "crepitava" e os lençóis de linho de Darwin "emitiam faíscas".[8]

Toda essa estranheza deve ter aumentado a desorientação que Babo, Mori e os outros sentiam, movendo-se através de um mundo físico que não parecia ser deste mundo. A doença das alturas, ou hipobaropatia, deve ter tornado ainda maior a exaustão deles. Os africanos obrigados a fazer aquele percurso sofriam terrivelmente com o frio penetrante, como os escravos huape antes deles, e com frequência eram encontrados "congelados no lugar". Aqueles que não sucumbiam completamente eram chicoteados para seguir adiante. O suor que acumulavam (a despeito do frio) em suas marchas ao longo do dia inteiro congelava sobre a pele e tornava a noite ainda mais horrível. A fadiga extrema reduzia a resistência. No ano anterior, 1803, a varíola havia se espalhado em um grupo de cerca de cem africanos enquanto faziam a travessia, e dois morreram. O resto chegou a Valparaíso "cheio de feridas com crostas". Pelo menos quatro africanos que deixaram Mendoza mais ou menos na mesma época que Babo e os outros não completaram a travessia. Existem histórias que hoje circulam entre os nativos americanos sobreviventes, contadas por seus ancestrais, sobre terem encontrado corpos congelados de africanos, com a cabeça ou os braços cortados de modo que seus captores não tivessem que perder tempo retirando as correntes ou cortando e depois reamarrando a juta. Um francês que viu africanos sendo levados por aquele caminho alguns anos depois que os escravos de Aranda passaram por ali disse que desejava que seus "orgulhosos" compatriotas fossem obrigados a "viajar por um lugar tão desolado, íngreme e coberto de gelo, para que pudessem compreender o que era sofrimento".[9]

A experiência, disse ele, os despojaria de seu "orgulho e amoleceria seus corações".

UM DOS ASPECTOS QUE devem ter sido familiares e ao mesmo tempo diferentes para Babo e seus companheiros cativos era a progressão da lua no hemisfério sul. As fases da lua são as mesmas em ambos os lados do equador, contudo elas se movem em direções opostas. No hemisfério norte, de onde vinham todos os africanos comprados por Aranda, a parte brilhante da lua se torna maior da direita para a esquerda. Então, a meio caminho do ciclo seguinte à lua cheia, a parte escura se torna maior da mesma direção. Mas Buenos Aires, Mendoza e Valparaíso ficam situadas abaixo do equador, onde a lua aumenta e diminui a partir da esquerda.

Aquela lua invertida, tornada mais brilhante pelo ar alto e seco dos Andes, deve ter parecido estranha. Era mais um sinal de que não apenas o mundo deles, mas também o céu, havia sido virado de cabeça para baixo. Mas, uma vez que a lua nova e a lua cheia são iguais nos dois lados do equador, os africanos tinham podido marcar a passagem dos meses lunares na viagem de mais de um ano desde a costa da África, cruzando o Atlântico, e depois atravessando o continente americano até os sopés dos Andes.

E pelo que aconteceu a seguir, parece que eles sabiam que 3 de dezembro de 1804, cerca de uma semana depois de começarem a subida das montanhas, era o primeiro dia do ramadã. E que 27 de dezembro, uma semana depois de embarcarem no *Tryal* com destino a Lima, era a véspera do dia mais importante daquele mês sagrado: Laylat al-Qadr, ou a Noite do Poder.

INTERLÚDIO

A percepção do céu

EM *MOBY-DICK*, DE TODOS OS MUITOS TRIPULANTES DO *PEQUOD*, HERMAN Melville escolheu dar a Pip, um jovem grumete afro-americano, a capacidade de realmente ver, um dom que lhe é concedido depois dele quase se afogar no Pacífico.

Pip já tinha saltado para fora do baleeiro uma vez naquele "dia azul lindo e exuberante", assustado por uma batida que uma baleia arpoada dava no fundo do navio com seu rabo. A baleia tem que ser solta para que Pip possa ser salvo, uma troca que lhe vale uma repreensão de Stubb, o segundo imediato do *Pequod*. "Fique dentro do bote", diz Stubb. "Não podemos nos dar ao luxo de perder baleias por causa de tipos como você; no Alabama, uma baleia seria vendida por trinta vezes o seu preço, Pip."

Mas Pip logo está dentro da água de novo. Cumprindo sua palavra, Stubb o deixa à deriva no mar, enquanto sai atrás de outra baleia. O rapaz fica absolutamente sozinho. "Subindo e descendo naquele mar, a cabeça de ébano de Pip parecia um cravo-da-índia", o "horizonte arredondado" se expandia "ao seu redor tristemente". "A intensa concentração do eu no meio de uma imensidão tão cruel, meu Deus! Quem poderia descrever?"

Pip finalmente é resgatado, mas antes que seja retirado do mar tem uma visão. Ele vê a totalidade do mundo, suas origens e seu funcionamento interno, em um único momento:

> O mar zombador tinha mantido à tona seu corpo finito, mas afogara o infinito de sua alma. Porém, não a afogara por completo. Em vez

disso, a levara viva para baixo, para as profundezas maravilhosas, onde estranhas formas intocadas do mundo primitivo deslizavam diante de seus olhos passivos; a sereira avarenta, a Sabedoria, revelou-lhe os tesouros que havia acumulado; e em meio às alegres, cruéis e sempre juvenis eternidades, Pip viu os milhares de insetos de coral, deuses onipresentes, que do firmamento das águas erguiam as orbes colossais. Viu o pé de Deus no pedal do tear e falou com Ele; e por isso seus companheiros de navio o chamaram de louco. Portanto a insanidade do homem é a percepção do céu; e se distanciando de toda razão mortal o homem finalmente chega ao pensamento celestial, que para a razão é um absurdo e um devaneio; e por bem ou por mal, ele se sente descompromissado, indiferente como seu Deus.[1]

Pip não é o único a bordo do *Pequod* que tem uma visão do absoluto. Ishmael, postado em meio a uma pilha de ossos de baleias, "também é trazido de volta para aquele período maravilhoso, em que se diz que o próprio tempo nasceu, pois o tempo começou com o homem". Mas essa visão não perturba Ishmael do mesmo modo que faz com Pip. Os dois personagens são tão distantes um do outro em termos de status social quanto é possível. Ishmael deixa claro que sua decisão de fazer parte do *Pequod* é apenas e tão somente dele. Ele diz, contudo, que sua bolsa está leve. Mas a razão principal por que embarca no *Pequod* para fazer aquela viagem é porque está entediado e alienado pela artificialidade da vida moderna da cidade. Ishmael tem a esperança de que partir para o mar será uma experiência estimulante, ou pelo menos fornecerá divertimento para distraí-lo de seu enfado. E ele deixa claro que poderia ter-se alistado como oficial, em vez de simples marinheiro, mas preferiu não fazê-lo. "Quem não é escravo? Digam-me", pergunta ele para explicar sua decisão.

É uma pergunta curiosa vinda de Ishmael, que é um homem tão livre quanto se pode imaginar. Branco, instruído, versátil, e homem, ele não tem família nem dívidas. Contudo ele pensa que sua própria condição pode ser generalizada – também nos Estados Unidos de antes da Guerra Civil –, abrangendo toda a humanidade. E assim, postado ali em meio aos ossos, Ishmael vê o infinito, mas não se perturba com isso. Ele ainda acha que é sujeito da história, que "o tempo começou com o homem".

Pip, contudo, sai do mar aparentemente enlouquecido pela indiferença de Deus, e sua loucura é a de Melville. Melville tinha lido os geólogos, naturalistas e outros cientistas de sua época, inclusive Charles Lyell e Charles Darwin, e imediatamente compreendeu o potencial assustador de seus argumentos: que a existência não tinha significado, que a Terra era tão velha, que o tempo em si era tão incompreensível, que tornava a crença e a fé na centralidade do homem no universo impossível.

Ao longo das últimas décadas, pesquisadores literários vasculharam os escritos de Melville em busca de significado político. Alguns encontraram a influência de uma cultura expansionista racista. Outros enxergam um humanismo generoso, lendo obras como *Moby-Dick* e *Benito Cereno* como condenações sofisticadas dos "valores e instituições norte-americanos", da escravatura, imperialismo, individualismo alienante e supremacia branca. Existem, contudo, muitos especialistas em Melville que resistem a transformar o autor em um crítico social repreensivo. Melville podia, admitem eles, escrever de forma dissimulada e cortante sobre as limitações de seu país, mas era muito metafísico e muito agnóstico no que dizia respeito à sua metafísica, para transformar sua crítica em um programa político. Melville mais tarde prestaria grande atenção à Guerra Civil. Não existe nenhum indício, contudo, de que nos anos 1850 dedicasse especial atenção ao sofrimento dos escravos existentes no Sul. Depois do fracasso de *Moby-Dick*, ele se tornou mais interessado em filosofia, em questões maiores de ética, recolheu-se em si mesmo a ponto de ter um colapso. Suas inquietações eram ao mesmo tempo físicas e cósmicas, mas, ao que parece, não especialmente políticas.[2]

Contudo são exatamente as digressões existenciais de Melville que se relacionam diretamente com o problema da escravatura na sociedade ocidental, que vão direto ao cerne do que a subordinação maciça e sistêmica de milhões e milhões de seres humanos ao longo de centenas e centenas de anos significou para as sociedades que prosperaram graças à escravatura e para os escravos que sofreram criando tal prosperidade. Melville lutou com a questão de se a vida tinha ou não significado, e se tivesse, se seu significado estava enraizado no individualismo radical, na interconectividade humana ou em estruturas morais maiores; ele se deparou com o desespero de se perder em um cosmo sem Deus, com o conflito entre crença e descrença, com a ideia de que o mundo físico era uma miragem, que era preciso destruir a socos a máscara de papelão da superfície e entender a realidade que estava por detrás. A escravatura era, de certo modo, a manifestação concreta de tais terrores metafísicos, pois representava a mesma ameaça para indivíduos reais que a possibilidade de um universo sem sentido representava para a ideia do individual: a obliteração.

E assim é Pip, "o membro mais insignificante da tripulação do *Pequod*", a quem foi dito, pouco antes de sua quase morte, que seu trabalho valia menos que a energia produzida pelo óleo de um animal, cujo livre-arbítrio consiste inteiramente em escolher entre a vida a bordo de um baleeiro e a vida numa plantação com escravos no Alabama (se é que ele tivesse tido a escolha; os termos do serviço de Pip não são revelados), a quem Melville faz compreender plenamente a implicação da infinidade: que a própria existência do homem é insignificante. E é a Pip que Melville dá o dom de ver. O que o resto da tripulação pensa ser balbucio sem sentido é na realidade a capacidade dele de absorver e compreender tudo ao mesmo tempo de todas as perspectivas; Melville o faz andar pelo convés entoando uma conjugação visionária: "Eu olho, tu olhas, ele olha, nós olhamos, vós olhais, eles olham."

Melville leu o relato de Darwin da viagem do HMS *Beagle*, muito provavelmente durante suas próprias viagens marítimas no início dos anos 1840, quando visitou muitas das mesmas costas e ilhas que Darwin tinha visitado menos de uma década antes. A visão de Pip poderia ter sido inspirada por uma das passagens mais dramáticas do naturalista.

Há uma seção em que Darwin, durante sua jornada pelos Andes a uma altitude de cerca de dois mil metros, se vê diante de um bosque de árvores calcificadas, brancas e eretas "como a mulher de Lot". Ele olha para trás, em direção aos Pampas, e se dá conta de que está de pé no que outrora tinha sido um mar, um vasto elevador tectônico tinha sido trazido para cima, descido e depois trazido novamente para cima. Darwin desdobra a história de um quarto de bilhão de anos em uma única explosão:

> Eu vi o ponto onde um grupo de belas árvores costumava balançar seus galhos na costa do Atlântico quando aquele oceano (agora recuado em 1.126 quilômetros) chegava aos pés dos Andes. Vi que elas brotaram

de um solo vulcânico que havia sido elevado acima do nível do mar, e que depois essa terra seca, com suas árvores eretas, tinha caído nas profundezas do oceano. Naquelas profundezas a terra anteriormente seca tinha sido coberta por leitos sedimentares, e estes por enormes correntes de lavas submarinas – atingindo a espessura de 1.609 quilômetros; e tais dilúvios de pedra fundida e depósitos aquosos, por sua vez, tinham se espalhado. O oceano que recebeu essas massas espessas deve ter sido muitíssimo profundo, mas de novo as forças subterrâneas se manifestaram e eu agora contemplava o leito do oceano formando uma cadeia de montanhas com mais de dois mil metros de altura.

Depois de ter mergulhado, como Pip, até o fundo do oceano, Darwin voa alto sobre os Andes. Olhando para leste, para o que milênios antes era um vale "verde e florescente", mas agora são os Pampas desertos, ele declara que "tudo é irrecuperável".[3]

Darwin não sabia, mas as montanhas onde ele teve essa visão eram a velha rota de escravos ligando a Argentina ao Chile. O naturalista estava seguindo exatamente pelo mesmo caminho que, três décadas antes, Babo, seu filho Mori e seus outros companheiros africanos capturados tinham percorrido, passando exatamente pelo mesmo bosque de árvores de pedra branca.

PARTE IV
ADIANTE

Caçador de focas, comerciante de escravos & pirata são todos farinha do mesmo saco.

CHARLES DARWIN, DIÁRIO DO *BEAGLE*, 24 DE MARÇO DE 1833

CAPÍTULO 13

MATANDO FOCAS

O *Perseverance* partiu de Boston no dia 10 de novembro de 1799, capitaneado por Amasa Delano, com seu irmão Samuel como primeiro oficial. As correntes estavam contrárias e o tempo, difícil. Depois que o navio cruzou o paralelo 12 norte, chuvas constantes e um ar quente sufocante foram seguidos por uma calmaria enlouquecedora que embolorou as velas do navio e deixou tudo a bordo coberto de "mofo azul". Depois, ao contornar o Cabo Horn, os irmãos encontraram um "violento mar de proa" que avançou sobre eles como uma "montanha", lançando o navio nos "terríveis" baixios, onde vagueou em meio à neblina da noite.

Mas no início dos anos 1800 eles tinham chegado ao calmo e azul Pacífico, às muitas ilhas que salpicavam a costa sul do Chile, prontos para entrar no auge de um dos mais dramáticos ciclos de crescimento e retração da história econômica.

Com frequência crescente, que começou no início dos anos 1700, e depois numa corrida louca iniciada em 1798, navios deixaram New Haven, Norwich, Stonington, New London ou Boston. Primeiro, faziam uma escala nas Ilhas de Cabo Verde, ao largo da costa do Senegal, para buscar sal, e então rumavam para sudeste, para o grande arquipélago em meia-lua de ilhas remotas que se estendiam da Argentina, no Atlântico, ao Chile, no Pacífico. Estavam em busca de certas espécies de peles de focas do Pacífico, o tipo que tem uma camada de penugem aveludada, como uma roupa de baixo, logo depois da pelagem externa, dura e negro-acinzentada.

Algumas das peles seriam levadas para a Europa, onde os peleteiros tinham aperfeiçoado uma técnica de retirar a pele intacta, transformando-a em capas, casacos, protetores de orelhas, além de luvas para senhoras e cintos, faixas, carteiras e coletes para cavalheiros. A maioria iria para Cantão, para ser comerciada em troca de seda, chá e cerâmicas.[1]

Juntamente com baleeiros, caçadores de focas como Amasa e Samuel eram parte da primeira geração de republicanos que, com os Montes Allegheny, ainda não totalmente desbravados, viam a fronteira da América não a oeste, mas ao sul, além do Brasil e da Argentina, ao redor do Cabo Horn, fazendo os nativos da Nova Inglaterra penetrarem fundo no Pacífico, até as ilhas havaianas e além, para o Japão e a China. Assim, a caça à baleia ocorria naquele mar sem fim e sem dono. Baleeiros podiam brigar sobre se certo peixe era preso ou solto, mas eles caçavam em áreas abertas a todos. A caça às focas, ao contrário, acontecia em terra, e foi através do crescimento espetacularmente rápido da indústria que os nativos da Nova Inglaterra tomaram posse informal de suas ilhas coloniais – um marinheiro de fato descreveu seu navio como uma "metrópole flutuante", movendo-se de uma ilha para outra, deixando para trás "pequenas colônias" de peleteiros para demarcar seu território.[2]

Os *bostoneses* – como os chilenos chamavam os marinheiros da Nova Inglaterra – traziam consigo as ideias e instituições da Revolução Americana, de domínio e revolta. Ali, em meio a enseadas, penhascos e praias das ilhas, a centenas de quilômetros ao largo da costa do Chile e a muitos milhares de quilômetros dos Estados Unidos, uma estranha ordem adquiriu forma. Capitães cravavam a bandeira norte-americana e no dia 4 de julho comemoravam a independência das treze colônias ao atearem fogo a treze rolos de cordas ensopados em óleo. Eles presidiam tribunais de justiça improvisados, que resolviam disputas relativas a propriedade de bens e dívidas. Até tinham seus próprios textos sagrados seculares: se não houvesse uma Bíblia disponível, testemunhas prestavam juramento com a mão sobre as obras completas de William Shakespeare, encontradas na biblioteca da maioria dos navios.[3]

Durante sua primeira expedição de caça às focas, de novembro de 1799 a novembro de 1802, Amasa Delano conseguiu reverter a humilhação de sua última longa viagem. Ele estava ganhando dinheiro e levando centenas de milhares de peles de focas para Cantão. Delano estava sendo tratado como igual por homens a quem respeitava, e apreciava a autoridade que acreditava que seu caráter e talentos mereciam, ajudando a trazer a lei e a ordem àquelas ilhas distantes – algo muito diferente da difusão da pirataria que havia presenciado em Île de France. A essa altura, os britânicos tinham entregue a caça às focas na parte leste do Pacífico Sul aos norte-americanos, de modo que não havia escoceses para lhe pregar peças. Mas o prestígio não iria durar, uma vez que a promessa de lucro rápido e sem precedentes desencadeou uma fúria ao morticínio que rapidamente encheria o arquipélago de matadores de focas.

ENQUANTO OS IRMÃOS DELANO se preparavam para partir, a todo momento ouviam relatos de um lugar tão cheio de focas que "se muitas delas fossem mortas numa noite, ninguém perceberia na manhã seguinte". De modo que foi para lá que eles rumaram.[4]

Situada a oitocentos quilômetros a oeste de Santiago do Chile, a Ilha Más Afuera, redonda, montanhosa e envolta em neblina, parece o cenário de cinema ideal de uma ilha deserta enevoada. Paredes de rocha se elevam rapidamente a uma altura de 1.800 metros, formando um platô cortado por cascatas e abismos profundos que os caçadores de focas chamavam de "ravinas" e cercado por uma costa acidentada de cavernas e salpicada por enseadas. "Uma mina de ouro", diziam os caçadores de focas. E, como se para tornar a promessa de riqueza da ilha ainda mais perfeita, seu nome Más Afuera pode significar também mais além.

A falta de um porto seguro ou de uma praia para desembarque fácil em Más Afuera completava sua atração como objeto de desejo. Enormes colônias de focas se mantinham ali fora de alcance, mas não a grande distância. Navios de caçadores de focas ancoravam longe da costa e tinham que despachar lanchas contra ondas perigosas e pedregulhos para desembarcar homens e suprimentos. Um "barco baleeiro emborcou no banco de areia e três homens se afogaram & quatro foram salvos com grande dificuldade", relatava o diário de bordo de um navio da época.[5]

"Em toda baía há muitas Variedades de grandes Leões, Marinhos, e Focas de diversas Espécies", comentou o capitão Edward Cooke, em 1712, sobre o arquipélago do qual Más Afuera faz parte; "todas com excelentes

Peles, que mal conseguíamos andar pela praia enquanto elas ficavam reunidas por ali em Rebanhos, como Ovelhas, as jovens balindo como cordeiros." Eram tão "numerosas na costa" que os homens de Cooke foram "obrigados a afugentá-las" para poder desembarcar. Especialmente em novembro, quando elas "vêm para a costa para parir e cruzar... a costa é tão cheia delas que é impossível passar entre elas... Quando nós chegamos, elas faziam um barulho contínuo dia e noite, algumas balindo como Ovelhas, outras uivando como Cães ou Lobos, outras fazendo ruídos horrendos de vários tipos; de modo que as ouvimos por toda parte, embora estivéssemos a uma milha da Costa".[6]

Quando os irmãos Delano chegaram a Más Afuera, em março de 1800, havia quatorze navios ancorados em diferentes pontos ao redor da circunferência da ilha.

Grupos de caçadores deixados na costa de Más Afuera e em outros lugares para retirar peles de focas também caçavam elefantes-marinhos, encontrados nas mesmas ilhas onde as focas pariam e amamentavam suas crias. Esses mamíferos são enormes, por vezes com seis metros de altura e três de circunferência, os maiores do mundo que vivem tanto no mar como em terra. Eram grandes como baleias, e como baleias eram caçados pelo óleo. Um único macho rendia até 750 litros. Ao contrário das baleias, eram fáceis de matar.

A dificuldade e o perigo envolvidos na caça de uma baleia em alto-mar criava respeito entre os homens pelo leviatã. O massacre de elefantes-marinhos, em comparação, era um esporte fácil. Uma brincadeira que gerava crueldade e desprezo. Quando os elefantes marinhos abriam a boca para urrar, seus caçadores se alternavam atirando pedras para dentro. "Não havia dificuldade em matá-los, uma vez que eram incapazes de resistir ou fugir."

Às vezes, despertá-los de seu sono exigia mais esforço que matá-los. Quando os machos se levantavam para proteger suas fêmeas, a pele rica de gordura se franzia em grandes ondas para cima e para baixo, um indicador de seu valor de mercado, e um sinal para começar a matança. Com os animais "sendo macios e gordos" e as lanças "afiadas e longas", os homens perfuravam a presa em "diversos lugares". O coração do elefante-marinho impele uma enorme quantidade de sangue quente através de seu sistema circulatório, até 70 litros. Quando o animal está dentro da água, sua circulação se torna mais lenta. Em terra, o sangue corre por seu corpo em um fluxo de alta pressão. Perfurada pela lança em múltiplos lugares, como São Sebastião, a criatura começa a jorrar "jatos de sangue, esguichando a uma distância considerável". Em outras ocasiões, os caçadores davam apenas um golpe rápido no coração, "o sangue fluindo em torrentes e cobrindo os homens".[7]

Os elefantes-marinhos raramente lutavam para se defender. Existe um relato, contudo, de um marinheiro "tolo e cruel o suficiente" para matar um ainda jovem na "presença da mãe". Ela veio para cima do matador de seu filho por trás, e pegou sua "cabeça com a boca", cortando "seu crânio em vários pontos com os dentes". O marinheiro logo morreu.[8]

Quando a matança acabava, os homens retiravam a pele e as cortavam em quadrados de 60cm por 1,20 metro, cada um com 20cm de espessura de gordura. Cerca de quinze ou vinte dessas "peças de cavalo" eram enfiadas em estacas e carregadas para as "caldeiras", que geralmente eram montados ao lado de um córrego ou rio onde a areia e o sangue pudessem ser lavados da gordura. As peças eram então cortadas em tiras de 5cm, marcadas e atiradas nos caldeirões, onde o óleo do lote inicial era extraído com fogo alimentado por madeira. Mas como na produção de sebo bovino e gordura de baleia, os animais ajudavam na sua própria consumação: depois que o lote inicial era fervido, transformado em óleo e transferido com conchas para barris, os pedaços crocantes quase fritos de elefantes-marinho, ainda gordurosos o suficiente para entrar em combustão, mantinham o fogo aceso. Nas ilhas do sul da Geórgia e em outros lugares, carcaças de pinguins também eram atiradas nas chamas, e suas penas eram usadas como "pavio para a gordura".[9]

NÃO ERA PRECISO QUASE nenhuma outra habilidade para matar focas. Aqui vai a descrição de Delano:

> O método praticado para matá-las era se posicionar entre elas e a água, e fazer uma alameda de homens, dois lado a lado, formando três ou quatro pares, e então conduzir a foca através dessa alameda; cada

> homem segurando um porrete de 1,50m ou 1,80 de comprimento; e à medida que elas passavam, o homem golpeava aquelas que escolhesse, que geralmente eram as focas de tamanho médio ou as que são chamadas focas jovens. Isso é feito com facilidade, uma vez que um golpe pequeno no focinho resolve a questão. Enquanto elas estão atordoadas, facas são empunhadas para cortá-las e abri-las de cima a baixo no peito, de debaixo do queixo até o rabo, dando um golpe fundo no peito, que as mata.[10]

A maioria dos fazendeiros que compunham esses grupos estava habituada ao abate e à carneação de gado. Mas não naquela escala.

O ataque a uma colônia de focas era uma operação militar. Os homens partiam de manhã cedo, antes do raiar do dia, e, divididos em dois grupos, cercavam o alvo em ambos os lados da praia, se escondendo atrás de pedregulhos, "de modo a ficarem escondidos das focas". Quando um sinal era dado, ambos os grupos iniciavam uma corrida louca na direção das focas, dando início ao "trabalho terrível de matar o mais rápido possível".

Os homens podiam se esconder no local por horas, esperando por focas. Normalmente eram os "velhos whigs"* – isto é, os machos maduros –, que eram os primeiros a aparecer, assim chamados por causa de um tufo de pelos encaracolado que tinham na cabeça. Então vinham as fêmeas maduras, chamadas de *clap matches* – "risca de fósforo" (porque havia uma faísca em seus movimentos rápidos, como a de um fósforo, ou porque suas cabeças que pareciam encapuzadas se assemelhavam a uma touca com protetores de orelhas, que em holandês é chamada de *klapmut*). Elas eram seguidas por seus filhotes. Principiantes inexperientes se mostravam loucos para começar, enquanto os veteranos pediam a paciência até que a colônia estivesse cheia. Nos primeiros anos da caça às focas, podia chegar a vinte mil animais.

Geralmente o sinal era dado por volta das onze da manhã. O caçador George Little descreveu um ataque no qual participou: "Descemos correndo com impetuosidade pelas pedras até a praia, entre as focas e a água, e com nossas mãos impiedosas começamos o trabalho de matar. Um leve

---

* Uma alusão aos membros do Partido Whig, que existiu no Reino Unido entre 1678 e 1868, e que deu origem ao Partido Liberal.

golpe na cabeça com o porrete era suficiente para os 'filhotes' jovens, mas não era tão fácil com os "perucas Whig" e com as "riscas de fósforo". Os Whigs podiam tentar proteger seus haréns, assim logo haveria uma corrida louca para o mar. A maioria das focas em qualquer ataque escaparia, mas os caçadores obrigavam um grande número a subir para terra, onde ficavam presas e eram mortas. Se acontecesse de um homem cair na correria, escreveu Little, "ele seria dilacerado em pedaços por aqueles animais imensos, pois suas bocas eram grandes como as de um leão".

Focas rosnam e bufam, e de vez em quando emitem latidos rítmicos. Uma sozinha pode soar como um cruzamento entre uma vaca, um cão e um corvo. Quando estão agrupadas em centenas ou milhares na praia, o som, pontuado pelo cerrar de dentes, é tremendo, competindo com o uivar do vento do Pacífico. "Essa batalha me causou considerável terror", confessou Little, "pois com o rugido das velhas focas, enlouquecidas de desespero, e o latido dos filhotes, misturados com os gritos da tripulação, aquilo tudo formava, para minha mente, uma espécie de cena de pandemônio, da qual eu teria ficado muitíssimo satisfeito de escapar." Para casacos e capas, os peleteiros preferiam as peles maiores, de focas maduras, de modo a poderem evitar costuras atravessadas. Mas a pele densa que mantinha os "filhotes bem pequenos" aquecidos era a mais aveludada e macia. "Pequena demais" para a maioria das vestimentas, rendia belas carteiras e luvas.[11]

O massacre continuava até o anoitecer. Como só as peles eram valiosas, as carcaças ficavam no local, "acumulando-se em número tão grande", de acordo com um relato, "que era difícil não pisá-las quando se andava". O "cheiro contaminava a atmosfera." Ao final do dia, os homens estavam ensopados de água salgada, sangue, "miséria e imundície".[12]

Elefantes-marinhos eram monstruosos, e a gordura e o volume de seus corpos, quase perversos. Focas, contudo, são do tamanho de seres humanos, e seus caçadores falavam a respeito delas como se fossem humanas: "Elas são gregárias, muito inteligentes, sociáveis e afetuosas"; elas "se beijam, e morrem de pesar pela morte de seus filhotes". "Eu mesmo", disse um viajante, "vi uma jovem fêmea derramar lágrimas abundantes, enquanto um de nossos marinheiros malvado e cruel se divertia com a cena, arrebentando os dentes dela com um remo, a cada vez que ela abria a boca.

O pobre animal poderia ter amolecido o coração de uma pedra; a boca escorrendo de sangue e os olhos de lágrimas." De vez em quando, se uma rabeca, um pífano ou uma flauta estava disponível, os caçadores tocavam música para atrair os animais para a costa.[13]

Alguns encontravam beleza em meio ao frenesi. "Elas têm os olhos mais lindos que se pode imaginar, e não há nenhuma ferocidade na postura delas", disse um visitante das Malvinas, ou Falklands, em 1797, que viu uma ser morta. Pouco antes de morrer, os "olhos da foca mudaram de cor, e suas lentes cristalinas adquiriram um tom maravilhoso de verde".[14]

O QUE VINHA DEPOIS que o "trabalho de matar", como Little descreveu, acabava, exigia talento. A esfola para a retirada da pele tinha que ser feita rapidamente, antes que o *rigor mortis* se instalasse. Se uma equipe de terra tinha homens suficientes, o trabalho era dividido em tarefas. Um grupo para bater com o porrete, outro para enterrar a faca e mais outro para "abrir e virar", isto é, fazer uma incisão ao longo do pescoço, barriga e nadadeiras. Então um grupo final de homens separaria a pele da gordura. Dividir o trabalho assim assegurava que as facas de esfola, feitas de aço da mais alta qualidade, permanecessem afiadas como navalhas. Se as facas tivessem sido usadas para outras tarefas, como cortar o pelo e a pele cheios de areia, rapidamente perdiam o gume. Um homem experiente trabalhava com graça e velocidade, levando cerca de um minuto para remover a pele intacta de uma foca.

As peles então eram postas de molho na água, de modo que a carne e a gordura (que podiam ser usadas para manter fogos de cozinha e de traiois acesos) pudessem ser raspadas com mais facilidade. Então elas eram salgadas ou esticadas e pregadas no chão para secar. Peles esticadas cobriam vastas extensões de praia, com o pelo reluzindo um negro azulado sob o vento do mar. Havia uma extensão de terra de quase três quilômetros de comprimento na costa da Patagônia usada por capitães de Connecticut para secar peles. Eles a chamavam de "New Haven Green".[15]

Amasa Delano comparava a secagem e o empilhamento de peles de focas à de bacalhau salgado, contudo mais cuidado tinha que ser tomado para assegurar que a parte interna delicada das peles não fosse danificada. Em terra, esperando meses que um navio retornasse, peles empilhadas tinham que ser protegidas de ratos e da chuva. Depois de embarcadas em um navio, as peles de focas, como as que iam para Buenos Aires, podiam ser empilhadas em um porão do chão às vigas do teto. Elas precisavam estar absolutamente secas antes de ser empilhadas e o porão tinha que ser à prova d'água. Se molhassem durante a viagem, o pelo saía em chumaços e as peles apodreciam, sendo vendidas, com sorte, apenas como fertilizante.

O conhecimento da caça às baleias cresceu lentamente no decorrer dos séculos, se expandindo junto com o alcance da caça, das águas ao redor de Nantucket a todo o Atlântico e depois o Pacífico. Em comparação, a indústria da caça às focas teve seu auge por um período notavelmente curto, começando no início dos anos 1790. E o ímpeto enlouquecido de matar, secar e despachar peles para Cantão rapidamente ultrapassou a técnica. Havia confusão entre os oficiais, e ainda mais entre os homens, sobre quais eram as melhores práticas.

Em 1792, a expedição de Edmund Fanning avistou sua primeira colônia de focas nas Ilhas Malvinas. Tinham dito a Fanning que a melhor maneira de matar focas era se meter entre elas e a água, gritar e tocá-las para o interior. Mas esse método funcionava melhor para lobos-marinhos. O que Fanning havia encontrado ali eram elefantes-marinhos, uma espécie diferente, maior e com instinto diferente.

Um dos homens de Fanning tinha uma dúvida:

– O senhor acha que esses monstros enormes são focas?

– É claro que são – respondeu Fanning.

Quando os homens avançaram para a praia vindos da água, num urro coletivo e levantando porretes, os elefantes-marinhos "deram um rugido que fez tremer até as pedras sobre as quais estávamos, e avançaram para cima de nós a toda velocidade, sem nenhum respeito à nossa pessoa, derrubaram todos os homens do grupo com tanta facilidade como se fôssemos hastes de cachimbo, e passando por cima de nossos corpos caídos, marcharam com o maior desprezo para dentro da água."[16]

Anos depois, algumas equipes de caçadores de focas ainda não sabiam que as pilhas de cadáveres deixados nas praias por matanças anteriores repeliam as focas, desencorajando-as a ir para a costa. Em uma ilha, homens se esconderam atrás de pedregulhos ao longo de dias, esperando que a colônia aparecesse. As focas "chegavam à terra com as ondas, espichavam a cabeça e olhavam ao redor por um momento, antes de voltar para o mar". Foi preciso que o mais brilhante entre os homens à espera se desse conta de que as focas "estavam com medo de ir à costa, por causa das carcaças (...) espalhadas por toda a praia".[17]

Outro capitão, George Howe, comandante do *Onico* e supostamente um caçador de focas experiente, não sabia quanto tempo as peles deviam ficar de molho. Quando advertido por sua equipe de que as peles que eles tinham reunido estavam "danificadas por terem ficado tempo demais na água", Howe perguntou por que elas não tinham sido "retiradas antes". Quando seus homens recordaram de que tinha sido ele quem havia ordenado que ficassem na água por "cinco dias", o capitão disse que não tinham "ficado de molho o suficiente". Howe perguntou se as peles "fediam". Sim, responderam-lhe seus homens. Bom, disse ele, "elas devem feder". As peles em pouco tempo não valiam mais nada.[18]

No início, erros como esses não importavam muito. Havia muitas focas.

AMASA DELANO CALCULAVA QUE assim que os homens da Nova Inglaterra chegaram a Más Afuera e "começaram a transformar em negócio a atividade de matar focas, certamente havia dois ou três milhões delas na ilha". O *Eliza*, de Nova York, havia ancorado em 1792 e levado 38 mil peles. Daquele momento em diante, inúmeros navios levaram embora cargas cada vez maiores. Entre 1797 e 1799, a equipe de terra de um navio de New Haven chamado *Neptune* matou e esquartejou 18 mil focas. Os números na margem do diário mantido por um dos membros da tripulação, David Forbes, registram o ritmo regular da matança, que ocorria todos os dias, exceto aos domingos: "Matei 370 Whigs", "500 Whigs", "700 Whigs", 400, 370, 230, 400, 160, 260, 440, 270, 280, 350, 300. Em 1800, o *Betsey* levou 110 mil peles de foca da ilha.[19]

De fato, parecia ser possível matar todas elas em um dia e começar de novo no dia seguinte. Entretanto, logo a matança intensa que ocorria em Más Afuera e em outros lugares inundou o mercado chinês. Durante apenas uma semana, em dezembro de 1801, 32 navios estavam em Cantão vendendo centenas de milhares de peles. Com tantas peles chegando, o preço começou a cair rapidamente. "Veja como esses mercados são flutuantes", disse o agente de Delano em Cantão.[20]

O mercado não estava flutuando. Estava despencando. Para compensar os preços em queda, os capitães de navios pressionaram suas equipes a aumentar as matanças, o que por sua vez resultou no rápido desaparecimento das colônias. Desse modo, excesso de oferta e extinção caminharam lado a lado.

Os preços em queda e os animais em desaparecimento rapidamente mudaram a natureza da indústria. No início dos anos 1790, numa ilha como Más Afuera, levava apenas algumas semanas, ou no máximo três meses, para um grupo de seis a dez homens encher o porão de um navio de peles. Menos de uma década depois, o tamanho das equipes havia triplicado, e elas ficavam nas ilhas por períodos de dois ou três anos de cada vez.

À medida que a população de focas diminuía, o desespero crescia. Cooperação entre diferentes navios e equipes de caça às focas, que era comum no início do *boom*, cedeu lugar a disputas por território. Em 1803, uma equipe de Nantucket que havia tomado posse da valiosa "planície noroeste" de Más Afuera enviou "toda a tripulação à enseada para impedir a caça às focas do capitão Britnall". Alguns dias depois, eles "impediram o Sr. Butler de destruir as 'riscas de fósforo' da enseada". Para evitar que tais conflitos se intensificassem, capitães de navio de caça às focas assinavam "tratados" dividindo as áreas de caça da ilha. Mas as brigas continuaram.[21]

Esforços para a autorregulação da caça foram muito pequenos e chegaram tarde demais. Havia "grandes e repentinas fortunas a serem ganhas", escreveu um caçador sobre suas experiências, contudo pouca riqueza foi acumulada "em consequência de o animal estar quase aniquilado". Poucos anos depois, colônias de focas desapareceriam por completo de muitas das ilhas da Argentina e do Chile, sendo que algumas subespécies foram extintas.[22]

"Em ilha após ilha, costa após costa", escreveu o escritor Briton Cooper em *The War against the Seals*, "as focas tinham sido destruídas até o último filhote, com base na suposição de que se o caçador Tom não matasse todas as focas à vista, o caçador de Dick ou Harry não seria tão escrupuloso."

CAPÍTULO 14

ISOLADOS

O TRABALHO EM UM NAVIO BALEEIRO EXIGIA INTENSA COORDENAÇÃO E CAmaradagem. Em meio ao horror da caçada, à retirada da pele da baleia e à fervura infernal da gordura, algo de sublime emergia, escreveu Herman Melville em *Moby-Dick*. O enorme lucro obtido com a caça à baleia combinava não apenas capital e tecnologia, mas também sentimento humano. E como o óleo de baleia que acendia as lamparinas do mundo, a própria divindade incandescia do trabalho: "Tu a encontrarás brilhando no braço que levanta uma picareta ou crava uma estaca; aquela dignidade democrática que sobre todos se irradia infindável de Deus; Ele próprio! O grande Deus absoluto! O centro e a circunferência de toda democracia! Sua onipresença, nossa divina igualdade."[1]

Caçar focas era algo completamente diferente, deixando capitães e oficiais desesperados, lutando para fazer com que uma viagem rendesse algum lucro, lidando com marinheiros igualmente desesperados que, sozinhos em ilhas remotas, tinham tempo de sobra para reclamar e tramar. Evocava não a democracia industrial, mas o isolamento e a violência da conquista, o colonialismo e a guerra, homens brutalmente explorando uns aos outros e à natureza, não por algo básico e necessário para todos, como luz e fogo, mas pela matéria-prima do consumo conspícuo. Caçadores de focas conquistavam territórios, lutavam uns contra os outros para manter sua posse e retiravam toda riqueza que conseguissem tão rápido quanto pudessem antes de abandonar os territórios conquistados vazios e esgotados.

* *

ALGUMAS DAS ILHAS de caça às focas tinham gado negro, javalis selvagens e cabras deixados por visitantes anteriores. Outras não eram nada, exceto argila estéril misturada com pedras e areia. Os caçadores de focas, em geral escunas e brigues como o *Perseverance*, desembarcavam equipes de caça por períodos cada vez mais longos. Os homens deixados por capitães como Delano recebiam poucas instruções e ainda menos provisões, a não ser pão duro, gordura, bebida, machados para construir um abrigo, sal para secar as peles (a menos que devessem ser secas pelo sol) e alguns mosquetes, balas e pólvora. Esperava-se que eles vivessem da terra. A ilha chamada Desolação, na ponta sul das Américas, merecia o nome especial, mesmo durante os meses de verão, quando as focas iam à costa, parir.

As equipes de caçadores sobreviviam vagando em água gelada para colher mariscos, matando pássaros e fervendo camomila para fazer chá. Aves comedoras de carniça podiam ser confundidas com perus até serem abatidas; então o fedor delas anunciava que eram abutres. Outras ilhas tinham apenas focas para se comer. Os homens cortavam bifes da carne, ferviam os órgãos, salgavam a língua, comiam os miolos como se fossem pães doces e faziam morcela com o sangue. Quando tinham sorte, podiam comerciar com navios de passagem, trocando peles de foca por laranjas e nozes. Eles viviam como Jonas, por assim dizer, dentro dos animais, como se eles próprios fossem as vísceras; usavam os esqueletos de baleias como vigas para suas cabanas, cobrindo-os com as peles de focas e elefantes-marinhos. Por vezes, equipes visitantes encontravam vestígios daquelas que as haviam precedido. Depois da primeira caçada numa pequena ilha rochosa, sem água doce, no Pacífico, um grupo de caçadores de focas se deparou com uma "visão que os deixou petrificados de horror": os esqueletos de sete homens e as ruínas de uma cabana, tudo o que havia restado de uma equipe que tinha sido deixada em terra "com o propósito de obter óleo de elefantes-marinhos e focas".

Era uma vida dura, brutal e que tanto para oficiais quanto para marinheiros comuns era consideravelmente inferior à de baleeiros. Muitos dos envolvidos eram inexperientes e sem qualificações, parte de uma geração de produtores rurais que aprendiam o trabalho no local, na esperança de fazer dinheiro suficiente para voltar para casa e comprar uma fazenda. A única experiência que eles tinham que os preparava para o trabalho era o abate e a carneação de animais de fazenda. Como disse William Moulton, do interior de Nova York, o "objetivo de minha viagem era comprar uma fazenda".

Deixados sozinhos por meses ou anos a cada viagem, os homens "sofriam a severidade do inverno naquele clima rigoroso", escreveu Moulton. A neve era uma constante nas ilhas das latitudes sul. Onde não havia neve, havia carrapatos, moscas e outros insetos. "Atormentados por insetos", dizia uma entrada no diário de um caçador de focas. A dieta era monótona e dura. O sangue de foca, usado para fazer morcela, era fibroso, causando crises de vômito intensas. O escorbuto era comum. Houve relatos de que alguns homens haviam morrido pouco depois de comerem o fígado de uma foca. Eles não sabiam na época, mas o fígado de foca contém uma quantidade espantosa de vitamina A, que podia produzir "purgações, disenterias e outros problemas de saúde".[2]

Quando os homens não estavam matando e retirando peles, cozinhavam, bebiam e jogavam xadrez ou cartas. De vez em quando, um outro navio ancorava e amenizava o tédio. "Tivemos um baile no navio do capitão Bunker", lia-se no diário de um caçador de focas que tinha passado vinte meses em Más Afuera. "A música foi uma flauta, um tambor e um violino." Mas meses de isolamento geravam vagos ressentimentos, que reduziam a capacidade dos caçadores de focas de apreciar a companhia de outros: "Entre nós havia um sentimento de grande antipatia por este navio e sua tripulação."[3]

Dias e noites eram solitários e monótonos, como testemunham os diários: "Chuva o dia inteiro." "Dia de chuva e trovões." "Dia nublado e enevoado." "Forte neblina." "Frio, neve." "Fiz um par de calças." Então: "Dia chuvoso de novo. Acabei de fazer as calças." "Pouco para comer e nada além de foca." Os homens tentavam celebrar as datas festivas: "Dois marinheiros voltaram com quatro cabras (...) para comemorar o nascimento de nosso Salvador. Não há muito o que fazer, exceto esperar o navio, no qual emprego grande parte de meu tempo." Nas ilhas onde a água era quente, alguns marinheiros solitários tiravam folgas da matança para brincar com os animais, mergulhando ao lado deles como se fossem focas.

1. "Mordeille! Mordeille!" O Cidadão Mordeille é a pequena figura usando uma cartola no meio do navio em primeiro plano, que está prestes a capturar um navio negreiro sueco. Ange-Joseph-Antoine Roux, 1806.

2. Eles vinham para a costa em "pequenos grupos" ou em "caravanas"? Eram "maometanos ou pagãos"? Eles tinham informações sobre a "grande cadeia de montanhas que dizem se estender da região dos mandingas até a Abissínia"? Comerciantes de escravos europeus geralmente não sabiam de onde vinham suas vítimas.

3. Cativos africanos sendo levados em barco a remo para um navio negreiro ancorado na Bonny Island.

4. Escravos esperando para serem vendidos na costa ocidental da África. Auguste-François Biard, c. 1833.

5. Retrato do porão de um navio negreiro brasileiro feito pelo pintor bávaro Johann Moritz Rugendas, c. 1827. Um africano escravizado estende o braço para pegar uma tigela de água através da escotilha enquanto um grupo de marinheiros retira um cadáver. Rugendas observou no texto acompanhando esta pintura que a falta de água era a principal causa de morte e revoltas entre os africanos cativos.

6. A pacífica Baía de Montevidéu cheia de navios. A "aldeia dos negros" devia ficar mais à direita. Fernando Brambila, c. 1794.

7 e 8. Buenos Aires no século XIX, com colunas de fumaça subindo dos saladeros. Antes da construção dos píeres e da dragagem do rio, pessoas e carga tinham que ser desembarcadas em carroças para todo tipo de terreno, levantadas bem alto acima da água por grandes rodas.

9, 10 e 11. Escravos na América do Sul participavam de todos os aspectos da vida econômica, como produtores e consumidores. A última imagem é de um grupo de escravos acorrentados, alguns deles usando turbantes, fazendo fila para comprar tabaco no Rio de Janeiro.

12 e 13. Ambulantes africanos e afro-americanos prestavam serviços nas cidades em crescimento de Buenos Aires e Montevidéu. Estas imagens de um vendedor de bolos e de uma lavadeira são de uma série de litografias "pitorescas" dos anos 1830.

14. Amasa Delano em 1816.

15. O *Perseverance* exibindo sua insígnia, galhardete e bandeira.

16. O monumento a Lorde Nelson em Liverpool por volta de época da visita de Herman Melville.

17. "Nunca consegui olhar para seus membros escuros e grilhões sem involuntariamente me recordar de quatro africanos no mercado de escravos."

Os sonhos dominavam os homens. "Cartwright sonhou com sua casa na noite passada." Um outro tinha "sonhado com jovens virgens". Depois de meses de solidão e matança, mesmo os sonhos mais agradáveis eram interpretados como de mau agouro. "Na noite passada sonhei com um casamento lá na minha terra, e ouvi dizer que isso é sinal de um funeral." "Na noite passada sonhei de novo com a minha casa, o que me deixa temeroso quanto ao que possa ter acontecido lá."[4]

Não se devia esperar por alívio rápido: "Ontem fez um ano que desembarquei neste Escarpado Sombrio desabitado e em menos de mais um espero partir daqui, se os deuses quiserem." Também não se podia presumir que o navio fosse mesmo chegar: "Lanço muitos olhares para o oceano distante tentando avistar nosso navio e muitos suspiros de temor de que ele não venha."[5]

A PESCA À BALEIA UNIA fortemente os homens em um espaço pequeno por um longo período, a solidariedade deles tornava-se possível pelo preço regularmente alto do óleo de baleia. A caça às focas era uma atividade mais desunida. Um navio de caça às focas podia pegar marinheiros em diferentes portos à medida que precisasse de mais gente para completar sua equipe, o que significava que os laços entre tripulação, oficiais e capitão eram fracos e se desfaziam rapidamente sob pressão. Quando a margem de lucro das peles entrou em colapso devido ao excesso de oferta, a única maneira de compensar a diferença era reduzir o custo diário de operação do navio. Oficiais reduziram as refeições a duas por dia e em porções menores. Eles diluíam o rum e racionavam remédios. E estimulavam os homens a matar mais focas e a encontrar mais espaço no navio para acomodar as peles adicionais. Imediatos largavam os baús dos marinheiros na costa para criar mais espaço de armazenamento e capitães convertiam castelos de proa em porões de carga, obrigando seus homens a dormir em qualquer canto que encontrassem, em geral no convés e expostos aos elementos da natureza. As peles, não os homens, precisavam ficar secas. E uma vez que a esfola tivesse terminado e o porão do navio já estivesse completamente lotado de peles, oficiais podiam considerar os caçadores inúteis, abandonando-os "para morrer em alguma ilha deserta" e se apropriando dos proventos de participação na renda da viagem, que eram deles por direito.⁶

Caçadores de baleias também eram passados para trás. Em sua história da Nova Inglaterra marítima, Samuel Eliot Morison descreve tramoias e trapaças para tomar a parte dos marinheiros, geralmente calculada em um centésimo dos lucros de uma viagem. Havia uma série de despesas pelas quais os marinheiros tinham que pagar, de gastos como "equipagem" e seguro do navio a itens retirados do "baú das pequenas mercadorias", como tabaco e roupas. As despesas seriam somadas numa conta de créditos e débitos, e o valor final era deduzido da participação deles. Alguns chegavam ao último porto no final de uma viagem e descobriam que estavam em dívida e que tinham que pagar ou pegar outro empréstimo apenas para desembarcar. No entanto, como se tratava de uma indústria estabelecida com o apoio de instituições complexas, como corporações e companhias de seguro, havia alguma responsabilidade e supervisão.⁷

Capitães de navios de caça às focas, contudo, mais do que de baleeiros, tinham péssima reputação – não porque essa atividade em particular atraísse homens de caráter pior, mas porque sua economia e ecologia eram insustentáveis, obrigando capitães e oficiais a encontrar novas maneiras de limitar o custo da mão de obra. "A opressão desses tiranos", escreveu William Moulton, falando sobre sua experiência como segundo imediato no *Onico*, "era insuportável."

Moulton era mais velho que a maioria de seus companheiros de bordo. De uma família de fazendeiros do norte de Nova York, ele era um veterano da Guerra Revolucionária Americana. Assim, ele tinha uma ideia de como era a tirania, descrevendo capitães de navios de caça às focas como se fossem aristocratas britânicos ou senhores de terras do Vale do Hudson. "Essa aristocracia", escreveu Molton, "nunca consegue extorquir, explorar nem fazer seus homens passar fome o suficiente, nem inventar argumentos para escolher e consumir tudo sozinha, para satisfazer seus desejos de avareza e apetite."

CAÇADORES DE FOCAS EM Más Afuera, bem como em outras ilhas, que começaram a se dar conta de que o abuso não valia o dinheiro que ganhariam ou que eram parcas as chances de receberem sua parte nos lucros, cada vez mais entravam em greve: eles abandonavam o trabalho, coletiva ou individualmente.*

Em 1803, a tripulação inteira do *Mentor* abandonou o navio em Más Afuera com apenas 350 peles e trinta barris de óleo de elefante marinho no porão. O capitão teve que vender o navio no Chile por uma ninharia para pagar a passagem dele e de seus oficiais de volta para casa. Mais ou menos na mesma ocasião, a equipe de caçadores do *Jenny* sob o comando de um capitão de Boston chamado Crocker se recusou a voltar para o navio. Amasa Delano soube da notícia por seu agente em Cantão, que o advertiu a ficar de olho em seus homens: "A maioria do pessoal deixado em Massafuero por Crocker desertou."[8]

A maior parte daquelas ilhas era inabitada, de modo que não havia fonte de mão de obra local. Se os homens desertassem, os capitães teriam que viajar uma boa distância para recrutar outros homens, por bem ou por mal. Em algum momento depois que seus homens o abandonaram, Crocker, agora no comando do *Nancy,* visitou a Ilha de Páscoa, situada a pouco menos de dois 2.900 quilômetros a oeste de Más Afuera. Depois de uma batalha "sangrenta" com os habitantes da ilha, os Rapa Nui, Crocker capturou doze homens e dez mulheres e os trancou em seu porão. De acordo com um navio russo de caça às focas, ele pretendia abandoná-los

---

* A expressão em inglês *"to strike"* (fazer greve), quando se refere à paralisação do trabalho, vem da história marítima e é um exemplo de como períodos revolucionários podem redefinir uma palavra para significar exatamente seu oposto. Ao longo do século XVII e grande parte do século XVIII, *to strike* era usada como uma metáfora para submissão, referindo-se à prática de navios capturados baixarem as velas ou bandeiras para seus conquistadores, e de navios subordinados fazerem o mesmo para saudar seus superiores. *"Now Margaret/ Must strike her sail"*, escreveu William Shakespeare em *Henrique IV*, descrevendo um convite oferecido pelo "Poderoso Rei" da França a Margaret, a rainha mais fraca da Inglaterra, de se juntar a ele à mesa de jantar *"e aprender a servir/ Quando reis ordenam"*. Ou como neste relato de 1712 de um rei corsário britânico, ao tomar um navio de guerra espanhol ao largo da costa do Peru em 1709: *"primeiro acertamos duas vezes, então ele baixou as velas*, e se submeteu a nós". (Rogers, *A Cruising Voyage,* p. 160). Em 1768, os marinheiros de Londres viraram o termo pelo avesso. Unindo-se aos artesãos e comerciantes da cidade – tecelões, chapeleiros, serradores, moedores de vidro e carregadores de carvão – na luta por melhores salários, eles baixaram as velas e paralisaram o comércio da cidade. O barco foi "abandonado, ou seja, impediu todos os navios de navegarem pelo Tâmisa". Desse momento em diante, *strike* passou a significar a recusa à submissão.

em Más Afuera para criar uma "colônia" de caçadores de focas. Três dias depois de partirem da Ilha de Páscoa, contudo, os homens pularam da embarcação e se afogaram. "Eles preferiram morrer nas ondas a levar uma vida miserável de cativeiro." As mulheres tentaram fazer o mesmo e foram "impedidas somente pelo uso de força".[9]

Oficiais que precisavam encher os porões de seus navios usaram todo seu poder para impedir deserções e, pela força, "trazer" os homens de volta. E os homens fizeram tudo o que podiam para evitar ser resgatados. Aqui estão os registros de março de 1799 do livro de bordo do capitão do *Concord*, um navio de caça às focas ao largo de Santa María, uma ilha ao sul de Más Afuera:

> Dia 17. Durante a noite, Glover e Drown, dois de nossos marinheiros, roubaram o iole e fugiram para terra com todas as suas roupas. Nós encontramos o barco, mas não conseguimos encontrar os homens.
>
> Dia 18. Vi aqueles dois sujeitos que fugiram para terra, mas há tanta floresta e pântano que é impossível capturá-los.
>
> Dia 22. Enviei o bote para a costa para encher três barris de água que estavam vazios. Moser, um de nossos homens, fugiu. Supusemos inicialmente que ele tivesse ido dar uma volta, e não voltou a tempo para vir no barco. (...) Nós o vimos na praia, enviamos o barco para buscá-lo, mas ele correu para o mato. O pessoal a bordo está insatisfeito [e] tem se amotinado.
>
> Dia 23. Enviei duas equipes para a costa para tentar capturar aqueles Bandidos Infernais. Apanhamos Drown, mas Moser se manteve longe. Noite calma, alguns homens foram a terra para capturar o Bandido. Moser não foi encontrado. O sujeito deve ser um imbecil, pois não tem roupas senão as do corpo.

Então mais tarde, em Más Afuera:

> 12 de abril. Drown, um dos sujeitos que fugiram, jura por tudo o que é mais sagrado que não vai trabalhar. Creio que teremos que amarrá-lo no mastro e dar-lhe umas boas chicotadas, o que é desagradável, mas não há alternativa.[10]

Caçar focas era um sistema de relações de trabalho de tudo ou nada: até que um navio conseguisse sua carga de peles, os trabalhadores tinham algum poder de negociação com os oficiais. Eles podiam desertar de um navio e negociar com outro por condições melhores de trabalho. Contudo, uma vez que o porão estivesse cheio, a posição de barganha deles desaparecia por completo, deixando-os à mercê dos oficiais. Antes desse momento, contudo, os superiores viviam desesperados para manter sua autoridade. O uso do chicote como punição era comum, como o teimoso Drown do *Concord,* ameaçado com um bom açoitamento, aprendeu. E capitães de navio de caça às focas podiam usar seus contatos de longo alcance para punir fugitivos. Mais tarde, quando um grupo de homens abandonou o *Perseverance* em sua segunda viagem, Delano enviou os nomes deles para a China, instruindo um de seus homens de lá a embargar os "proventos da parte deles" se eles aparecessem a bordo de outro navio.[11]

Em 1810, em Más Afuera, havia mais de cem "homens sozinhos", uma expressão usada para descrever caçadores de focas que viviam e trabalhavam independentemente, sem nenhuma ligação com qualquer navio. Eles eram "de todos os tipos e caráteres". Alguns "maltratados" por oficiais, refugiaram-se devido a coerção e abuso para escapar das "garras de seus tiranos". Outros estavam presos ali, foram deixados na praia depois que autoridades espanholas apreenderam seus navios por contrabando. Outros ainda tinham sido abandonados depois de terem trabalhado por meses para encher o porão de um navio. Os capitães de navios descreviam esses náufragos como "criminosos, piratas & assassinos". O agente de Amasa Delano na China o advertiu para vigiar bem suas peles. "Há tantos marinheiros ou malandros na ilha que aquilo que caçamos não pode ser considerado nosso, pois eles roubam muito." A ilha se tornou um oximoro, uma sociedade de eremitas. "Não reconhecendo o continente comum dos homens", para usar a descrição de Melville dos "isolados" no *Pequod*, cada um vivia em um "continente próprio". Em Más Afuera, eles eram ilhas vivendo juntas numa ilha, confederados ao longo de ravinas e montanhas.[12]

Um dos *isolados* era "um rapaz inglês, chamado Bill", que levou a ideia de liberdade mais a sério do que a maioria de sua época. Tendo fugido de seu navio, ele morava em uma das muitas cavernas de Más Afuera, depois de ter decidido que não queria mais ter nada a ver nem com a disciplina de bordo, nem com o novo senhor do mundo, o dinheiro. "Bill se mantém ocupado caçando focas", relatou um marinheiro que falou com ele, "e diz que, se puder receber pão e rum, ficará contente." Bill vendeu ao marinheiro sessenta peles, pedindo apenas que "em troca, ele enchesse seu barril".

As sessenta peles valiam vinte dólares, disse o marinheiro, que comprariam muito mais que dois galões de rum. Bill não se importava. "Ele diz que nunca esteve tão feliz; que não há bombordos de onde pudessem vigiá-lo, não há vela da gávea para rizar, ninguém com quem brigar, e ele dorme quando quer e trabalha quando quer."[13]

– Não quer mais nada? – perguntou o marinheiro.

– Não – respondeu Bill.

CAPÍTULO 15

UMA TERRÍVEL AUTORIDADE

O SEGUNDO IMEDIATO WILLIAM MOULTON TAMBÉM TENTOU FUGIR DE SEU capitão, George Howe, comandante da escuna de caça às focas *Onico*. Howe havia começado a cometer abusos pouco depois de o *Onico* zarpar de New London no final de 1799. De início, Moulton e o restante da tripulação pensaram que ele estivesse alterado pelo álcool. Howe "dizia as palavras pela metade" e sofria grandes "ataques de soluços". Ele dormia a maior parte do dia no tombadilho superior, "tão profundamente" que não acordava quando as ondas quebravam "em cima dele com uma impetuosidade que quase ameaçava lançá-lo ao mar".[1]

Moulton começou a perceber uma malícia mais profunda por trás da crueldade do capitão, que não podia ser explicada por bebida nem pela pressão causada pelo preço em queda de peles de focas. Howe, concluiu Moulton, estava inebriado pelo poder absoluto. Mutilado e cego do olho direito, ele era um homem impressionante. Não se pode ler o relato de 1804 de Moulton de sua agitada viagem sem pensar no capitão Ahab de Melville. Moulton descreve Howe como alto e magro, com um nariz pontudo, lábios finos e um "sorriso desdenhoso". Ele era um "gênio", um "mestre de monóculo", que compensava o que lhe faltava em talento matemático e astronômico amaldiçoando Deus e a natureza: "Nenhum Filho de Netuno é capaz de superá-lo em execrar os elementos e seu autor, os ventos e aquele que os enviou."

Onde Ahab usava a emoção para prender seus homens a ele, fazendo-os pensar que estavam incorporando a mania dele por livre e espontânea vontade, Howe comandava apenas pelo medo e pela desunião. Ele inventava tarefas inúteis, como levantar água do mar em um balde e passá-lo de mão em mão por uma fileira de homens ao longo do estaiamento até que o balde estivesse vazio e os homens, encharcados. "A discórdia entre a tripulação era a base de sua força." Ele com frequência ordenava que um grupo de marinheiros desse seus biscoitos a outro. Sem motivo, ordenava que os homens fossem amarrados aos canhões do convés e recebessem "palmadas", obrigando todos os marinheiros a participar da aplicação do castigo para que eles próprios não "recebessem uma punição igual". Howe ordenava outras "vítimas" de sua "vingança" a "mostrar o rosto erguido" para receber seus "golpes". Se eles virassem o rosto, ele dirigiria as pancadas para "as partes mais sensíveis e vitais do corpo".

Desfigurado, amaldiçoando Deus e a natureza, ele exercia uma "terrível autoridade" sobre a tripulação. Howe tinha prazer em "proporcionar sofrimento aos outros". Quando o *Onico* ancorou para caçar focas em Staten Island, uma ilha escarpada e montanhosa ao largo da ponta da Terra do Fogo, onde o mar se elevava em ondas "contra todos os lados com grande violência", os abusos continuaram. Howe proibiu seus homens de construir os próprios abrigos enquanto não tivessem construído sua confortável cabana e coberto com as mais grossas peles de focas. Ele lhes negava remédios e comida e os mantinha à base "de focas" até ficarem doentes, e se recusava a permitir que usassem roupas mais agasalhadas. Howe misturava o rum do navio com água e cobrava taxas de suprimento pela bebidas da própria tripulação, chicoteando até tirar sangue quem ousasse protestar. Howe ficou obcecado com Moulton, que tendo lutado na Revolução Americana, representava um símbolo vivo de direitos e uma ameaça à autoridade arbitrária.

Moulton tentou fugir. Partindo numa jornada de doze dias até o outro lado da ilha, dormiu em cavernas, escalou precipícios e escorregou na descida de vales profundos, evitando, com dificuldade, deslizamentos de terra. Com Howe seguindo em seus calcanhares, trazendo "armas de fogo carregadas com pólvora e balas" e jurando "vingança", Moulton se arrastou na "subida de uma ravina para chegar ao topo de uma montanha" e implorou a Deus para resgatá-lo daquele "zarolho egoísta e cobiçoso". "Ah! Orgulho e ambição, que caos vocês criaram", clamou, "permitam-se me libertar da malícia, do engodo e da inveja. (...) Senhor, salvai-me ou morrerei." Howe o capturou do outro lado da ilha e o arrastou de volta para o *Onico*.

O ódio de George Howe por Moulton era extremo, mas seu poder sobre sua tripulação, típico. Tanto a lei marítima quanto o costume concediam a capitães de navios baleeiros, negreiros, mercantes, caçadores de focas e navios de guerra autoridade absoluta sobre seus homens. "Um capitão é como um Rei no Mar, e sua Autoridade se exerce sobre tudo que está em seu Território", refletiu um marinheiro do século XVIII. Capitães podiam punir com a chibata à vontade; o tombadilho superior, onde as punições aconteciam, era chamado de "abatedouro". Marinheiros eram punidos pelos menores motivos: perder um remo de bote, quebrar um prato ou deixar que um africano bebesse do barril de água errado. O capitão Francis Rogers, do *Crown*, disse à sua tripulação que "os esfolaria vivos", enquanto outro capitão disse a um marinheiro que iria "rachar-lhe a Alma ou esfaqueá-lo e comer um pedaço de seu Fígado". Os capitães distribuíam suas punições com uma "severidade brutal", dizia um relato, descrevendo o que havia acontecido quando um marinheiro experiente em um navio negreiro ancorado ao largo de Bonny Island reclamara de sua ração de água: um oficial de quarto o havia surrado até seus dentes caírem, e então tinha enfiado "parafusos de ferro" em sua boca, obrigando-o a engolir seu sangue.[2]

Legalmente, os navios permaneceram como redutos do velho regime durante e até bem depois da Era da Revolução. Foi apenas em 1835 que o Congresso dos Estados Unidos aprovou uma lei que tentava impor aos navios mercantes o respeito às leis e à justiça, tornando um crime punível com multa de $1.000 ou cinco anos de prisão para qualquer "capitão ou outro oficial, de qualquer navio ou embarcação norte-americana em alto-mar", que submetesse por "malícia, ódio ou vingança, e sem causa justificável, a surras, ferimentos ou prisão, qualquer indivíduo ou indivíduos da tripulação (...) ou os privasse de alimento adequado, ou lhes infligisse qualquer punição cruel ou incomum". E foi somente em 1850 que a Marinha tornou ilegal o uso do chicote em seus navios. Mas essas práticas continuaram por muito tempo depois de terem sido legalmente abolidas. "Nenhum monarca sulista de escravos", disse um marinheiro em um relato de suas viagens em 1854, seria capaz de superar a "brutalidade" e a "falta de princípios morais" de capitães no mar.[3]

Ainda assim, a nova língua dos direitos se espalhando ao redor do Atlântico e do Pacífico, seguindo as revoluções americana, francesa e haitiana, forneceu aos marinheiros novas formas de pensar sobre a autoridade a bordo, bem como com maneiras de contestá-la quando sentiam que era exercida de maneira injusta.

QUANDO MOULTON VOLTOU PARA o acampamento de caça às focas do *Onico*, encontrou a maioria de seus companheiros de bordo pronta para se juntar a ele contra Howe. Eles eram mais jovens do que Moulton, mas os pais da maioria haviam lutado na revolução, de modo que fizeram o que a geração de seus pais havia feito: elegeram uma assembleia, redigiram uma declaração e votaram por se rebelar contra um homem chamado George.

Como a Declaração da Independência, na qual era claramente baseado, o documento que os homens do *Onico* redigiram em setembro de 1800 era, ao mesmo tempo, uma litania de reclamações específicas e um tratado de lei natural e de regras justas. Ali, numa ilha remota no fim do mundo, seus redatores se identificavam como "cidadãos dos Estados Unidos da América" e anunciavam que estavam se opondo à "autoridade sem razão" de Howe.

Eles listavam muitos dos abusos específicos do capitão e rapidamente passavam ao ponto principal: "Seria um falatório infindável se tentássemos enumerar todos os casos de sua tirania, embora seja de magnitude suficiente para merecer tal ato. Que poder existe que o senhor poderia assumir que já não assumiu?" "Se o senhor exerce este poder por direito", perguntavam eles, de onde "o senhor extrai este direito?".

A maioria dos homens do *Onico* discutiu sobre todas as etapas do planejamento do motim, realizando votações diretas antes de passar para qualquer ação. Como na Revolução Americana, havia limites. O único "negro" sem nome na tripulação foi, escreveu Moulton em seu diário, sem maiores comentários, "excluído do conhecimento daqueles procedimentos".

A REBELIÃO FOI CANCELADA antes de começar. Diante da ameaça de ter seu navio tomado e ser preso e acorrentado, Howe não apenas se rendeu, como "abraçou substancialmente" o espírito da petição da tripulação. Com a boa vontade restaurada, os homens quase amotinados embarcaram no *Onico*, levantaram âncora e partiram para Más Afuera.

Eles chegaram à ilha – que naquele ponto estava servindo como capital do que poderia ser chamado de a República Oceânica dos Caçadores de Focas – em 30 de outubro, encontrando-a cheia, com as equipes de pelo menos dez navios, bem como os cerca de cem "homens sozinhos". Amasa Delano estava lá com o *Perseverance*, do mesmo modo que os irmãos Swain, capitães do *Mars* e do *Miantonomah*. De New Haven havia o *Oneida*, que tinha a bordo um "pastor metodista apóstata". Embora se declarasse ateu e passasse as noites "bebendo e farreando", o pastor pregava durante o dia.

O esclarecido Amasa Delano acreditava que o pastor dominado pela dúvida fosse um "homem de apurado sentido e princípios liberais" e o convidou a fazer um sermão a bordo do *Perseverance*. Moulton, que fizera amizade com o pastor, sugeriu que ele usasse versículos do capítulo 4 da segunda Carta de Paulo aos Coríntios como seu texto:

> Não desfalecemos. Antes, rejeitávamos as coisas que por vergonha se ocultam, não andando com astúcia, nem falsificando a palavra de Deus; e assim nos recomendávamos à consciência de todo homem na presença de Deus pela manifestação da verdade. Porque Deus, que disse que das trevas resplandecesse a luz, é quem resplandeceu em nossos corações, para iluminação do conhecimento da glória de Deus na face de Jesus Cristo... Em tudo somos atribulados, mas não angustiados; perplexos, mas não desanimados, perseguidos, mas não desamparados, abatidos, mas não destruídos.

Bons republicanos como Moulton interpretavam os versículos como apoiadores de direitos naturais inerentes: o fato de que todo homem tinha sua própria consciência, dada por Deus, brilhando em seu coração – a "luz da natureza", como Delano descreveu em outra parte, significava que soberania, razão, moralidade e justiça eram direitos adquiridos por indivíduos e não se originavam de déspotas como George Howe.

UMA VEZ EM MÁS AFUERA, Howe não retomou sua antiga arbitrariedade generalizada, mas, em vez disso, concentrou sua cólera em Moulton, ameaçando deixá-lo abandonado na ilha, onde os espanhóis o fariam prisioneiro e o poriam para trabalhar "nas minas". Moulton respondeu escrevendo outra declaração, dessa vez endereçada não a Howe, mas a todos os "capitães norte-americanos" em Más Afuera, inclusive Amasa Delano, que estavam atuando como um conselho de governo informal da colônia da ilha. Mais uma vez Moulton relatou os muitos insultos de Howe, concluindo sua defesa ao pedir para ser liberado de todas as suas obrigações para com Howe e os donos do *Onico*.

O conselho de capitães se reuniu em uma audiência no dia 15 de março de 1801, a convite de Valentine Swain, comandante da escuna *Miantonomah*. Ao redor de uma mesa nos aposentos do capitão, sentaram-se Delano, os irmãos Swain e quatro outros comandantes de navios, que conduziram o inquérito com decoro e solenidade. Eles chamaram testemunhas, examinaram as provas, mas o caso, no final, se resumiu ao balanço da conta de Moulton – o registro mantido no navio dos créditos e débitos de cada marinheiro. Moulton não contestava que sua participação na viagem valia menos que o que ele devia em adiantamentos pagos em dinheiro e em tabaco e outras provisões que havia recebido do "baú das pequenas mercadorias" do *Onico*. Mas ele dizia que sua dívida deveria ser deduzida dos proventos de Howe, uma vez que o comando incompetente de Howe fizera com que a viagem não tivesse lucro.

Os capitães-juízes decidiram em favor de Moulton, declarando que ele estava liberado de sua obrigação para com Howe. Moulton ficou eufórico, até que se deu conta de que os irmãos Swain, que eram empregados pela mesma companhia mercante norueguesa dona do *Onico*, estavam usando a disputa para levar a melhor sobre Howe. Eles queriam o navio e a tripulação dele, e as poucas peles que tivesse. Não estavam cancelando a dívida de Moulton, e sim transferindo-a para Valentine Swain e para o *Miantonomah*. Tinha sido por isso que Valentine Swain havia mandado trazer o baú de Moulton para bordo de seu navio antes da audiência, para dificultar a fuga de Moulton.

O capitão Swain exigiu que Moulton explicasse suas intenções, mas Moulton respondeu em termos vagos. Ele estava ali lutando por um princípio, a doutrina do "trabalho livre", a ideia de que como todo homem possuía sua própria consciência aos olhos de Deus, também possuía seu trabalho. Para Moulton, isso significava "caçar focas para mim mesmo ou para quem me aprouver". Contudo, agora estava sendo passado de um senhor para outro como se fosse, disse ele, uma "ferramenta".

Postado diante daqueles lordes da ilha na cabine revestidos de painéis de carvalho de um dos "mais importantes deles", Moulton estava consciente de que existiam formas de poder que poderiam não ser exatamente chamadas de escravidão, mas que ainda assim eram coercivas. A recomendação dos capitães de que ele se juntasse à tripulação do *Miantonomah* lhe foi apresentada apenas como uma "opinião". Moulton, contudo, não tinha nenhuma dúvida de que aquela era a "opinião daqueles que comandavam quase todos os navios e posses de comerciantes pertencentes aos Estados Unidos naquele oceano, e que ditavam, dividiam e parcelavam a área de caça às focas naquela ilha".

"Você logo verá como aquela opinião se aproxima muito de uma ordem", foi como Moulton descreveu a situação em suas memórias.

Moulton agradeceu aos capitães por terem-no liberado da autoridade de Howe. Ele balbuciou "algumas expressões ambíguas" para se esquivar da pergunta de Swain e esconder suas intenções. O *Miantonomah*, previsto para zarpar no dia seguinte para Valparaíso, iria deixar uma equipe de caçadores de focas na ilha. Moulton disse que iria se juntar à equipe. Naquela noite, ele retirou seu baú e roupas de cama do navio e fugiu para o interior da ilha.

Jurando nunca mais assinar seu nome "numa conta de créditos e débitos, sob qualquer comandante", Moulton partiu para viver "independentemente em todos os aspectos (...) para caçar focas por e para mim mesmo".

A TRIPULAÇÃO DE SWAIN não tornou a tarefa fácil. Moulton construiu uma cabana e começou a caçar focas, juntando-se aos cem ou mais homens sem patrão de Más Afuera. Ele foi tratado como desertor, foi constantemente assediado pelos homens do *Mars* e do *Miantonomah,* que roubavam suas peles e o punham para correr das áreas de caça da ilha.

Moulton fez sua escolha pela liberdade em meados de 1801, exatamente quando a temporada da esfola estava prestes a começar. Depois de seis ou sete anos de massacre intensivo, havia menos focas na ilha. No final do ano, "muito poucas cabeças de fósforo" ou "filhotes ainda jovens" podiam ser encontrados. As únicas focas vindo para a costa eram "velhas Whig". Apesar da escassez, o mercado em Cantão ainda estava saturado e os preços ainda estavam caindo. O resultado foi mais choques e desentendimentos entre as equipes de caça ligadas a navios específicos em Más Afuera, mais roubos e mais brigas por território.

Em resposta ao que hoje seria chamado de uma crise ecológica, alguns dos homens sozinhos formaram uma associação. Como recentemente ajudara a redigir uma "declaração de independência", Moulton se juntou aos outros para preparar uma Constituição. As "regras para o governo" dos homens sozinhos estipulavam que qualquer proposta que fosse apresentada, apoiada, posta em votação e aprovada por maioria seria "obrigatória para todos". A associação era quase que um exemplo perfeito do princípio de governo por consentimento, de homens se unindo em estado de natureza (despojados) e concordando com um conjunto de leis para proteger seus interesses e liberdades.

O documento ordenava que todos esses homens decidissem coletivamente quando a temporada da esfola deveria começar. Ela permitia que "whigs" que seguissem para o interior sozinhas fossem caçadas livremente, mas não permitia que "nem uma foca fosse abatida" na praia enquanto "todos nós não sairmos para caçar". A ideia era dar às colônias uma chance de se formar e crescer antes de serem atacadas. Os membros da associação podiam atacar, cortar e virar as focas coletivamente, mas eles fariam a esfola das carcaças individualmente, com "cada homem" levando "as peles que ele esfolasse" como produto de seu trabalho. Não haveria caça aos domingos e qualquer homem apanhado violando as regras ou roubando peles de outro membro seria devidamente punido. Se fosse possível, os membros venderiam suas peles aos navios como grupo, para obter um preço melhor.

Já teria sido notável se tudo que a associação tivesse feito fosse tentar regular a caça em resposta ao desaparecimento das focas. Contudo, uma de suas regras ia além disso, expandindo a ideia de liberdade de forma a significar não apenas liberdade individual, mas interdependência mútua e segurança social: "Se algum de nós ficar incapacitado por doença, ou por ter sido mordido ou ferido", os membros concordavam, "haverá uma proporção equitativa de área de caça destinada à pessoa ou pessoas incapacitadas; desse modo, a falta de peles ocasionada será compensada pelo restante de nós, em partes proporcionais ao número de peles que cada indivíduo obtiver." Cada um faria o que pudesse, mas todos teriam o que precisassem.

Durante os breves anos no final de 1700 e início de 1800, quando o conselho de capitães americanos, entre eles Amasa Delano, governou Más Afuera, eles atuaram menos como emissários republicanos do que como imperadores rivais dividindo um continente: assinavam tratados definindo fronteiras, comandavam expedições que lutavam umas com as outras por recursos e riquezas, se uniam para fazer cumprir regras comuns governando propriedades e dívidas, e até emitiam sua própria moeda.* Ao mesmo tempo, um estranho bando de "criminosos, piratas & assassinos" sobrevivia nos cantos e frestas dessa "terrível autoridade", homens que poderiam renunciar a Jesus e ao dinheiro, e viver em cavernas ou decidir que ser livres em "todos os sentidos e aspectos" significava organizar uma guilda de caça às focas metade anárquica, metade social-democrática.

Quanto ao capitão George Howe, o homem desmoronou depois que o conselho de capitães decidiu contra ele. O *Onico* foi infestado por ratos, dos quais ele não conseguiu se livrar. Deprimido e ansioso, ele foi, como Moulton havia imaginado, dispensado de seu cargo pelos irmãos Swain, que ficaram com suas peles e tripulação.

Howe acabou em Valparaíso, confinado ao quarto dos fundos da casa de uma família espanhola respeitável, gravemente febril. Amasa Delano considerava Howe um amigo honesto e generoso, apesar de ter se unido

---

* Navios compravam peles dos homens sozinhos com notas promissórias a serem pagas nos Estados Unidos, com frequência pós-datadas trinta meses. Ver "Extract from the Journal of Joe Root", *Papers of the New Haven Colony Historical Society* 5 (1894): 149-72.

aos irmãos Swain para decidir contra ele, e ficou surpreso ao descobrir seu paradeiro. O próprio Delano havia jantado algumas vezes naquela casa, contudo seus anfitriões nunca lhe disseram que Howe estava a poucos metros de distância, moribundo. Quando foi lhe fazer uma visita, encontrou o capitão sozinho num quarto, "miserável, numa situação realmente muito deplorável". Howe parecia "encovado", como um esqueleto.

Pouco antes de Howe morrer, o dono da casa trouxe seus livros de contabilidade e fez o capitão "reconhecer as diversas dívidas" que havia contraído durante sua estadia. O espanhol já tinha se apoderado do dinheiro do capitão para custódia. Naquele momento, apresentou-lhe uma conta por seu quarto e pensão. "Tão mal estava Howe", escreveu Amasa, que só pôde dizer "sim – provavelmente sem saber o que dizia". Assim, o capitão Howe deixou este mundo endividado, depois de ter assinado uma última "conta de créditos e débitos". A dele.[4]

EM MEADOS DE OUTUBRO de 1801, depois de cuidar dos negócios de George Howe, Delano voltou ao *Perseverance*, recolheu os homens que ele havia espalhado em Más Afuera e outras ilhas, e zarpou para a China, para entregar sua carga. Para variar, chegou em boa hora. Ele tinha ouvido de seu agente que o mercado estava volátil, mas conseguiu vender suas peles em Cantão antes que os preços realmente começassem a despencar.

Na costa chilena, as colônias de focas continuavam desaparecendo. "Focas andam escassas", dizia o diário de bordo do *Minerva* em 1802. Em 1803, depois de três semanas em Más Afuera no que deveria ter sido o auge da temporada de esfola, uma equipe de caça só conseguiu matar focas suficientes para "cobrir uma cabana, tempo durante o qual não tivemos outro abrigo senão um barco velho, virado para baixo". As perspectivas eram "sombrias" e "tristes", tornadas piores pelo fato de que "choveu a maior parte do tempo". Em 1804, havia mais homens do que focas em Más Afuera. Dois anos depois, não havia mais nenhuma foca.[5]

"Não há focas", relatou o *Topaz*, vindo do Chile, "não há focas."

CAPÍTULO 16

A ESCRAVIDÃO TEM GRAUS

Impossibilitados de caçar focas, uma vez que não havia, os caçadores se voltaram para o contrabando para ganhar algum dinheiro. Foi assim que Benito Cerreño, um jovem comandante andaluz com pouco tempo nas Américas, acabou sendo dono do *Tryal* – um navio que antes mesmo de servir como palco para uma rebelião de escravos já havia estado envolvido em outro confronto relativo ao trabalho, na Nova Inglaterra.

Com um convés plano, três mastros, velas redondas e construído em New Bedford em 1794, o *Tryal* foi comprado pelos quacres de Nantucket Paul Gardner Jr., Thomas Starbuck, Moses Mitchell e Thomas Coffin no início de 1801. Os quatro homens poderiam ter usado o veleiro para caçar focas, como disseram à sua tripulação, contudo, quando, afinal, o navio foi ao mar no primeiro dia de março de 1801, com Coffin no leme, estava reaparelhado com porões secretos e caixotes com fundos falsos.

Coffin chegou a Más Afuera em dezembro, planejando usar a ilha como disfarce para fazer viagens rápidas com carga de contrabando, inclusive charutos, armas e têxteis, para Valparaíso. Era uma empreitada perigosa. As autoridades espanholas, de forma geral, eram tolerantes, mas a tolerância podia desaparecer rapidamente se houvesse mudanças em alianças de guerra, como ocorreu quando Madri rompeu com Londres para se alinhar com Paris ou brigou com Washington por causa de tarifas. Numa virada súbita, um navio de guerra espanhol podia aparecer numa ilha, confiscar peles, embargar e leiloar navios, bem como os pertences da tripulação, e prender marinheiros e oficiais.

Foi isso o que aconteceu com o irmão de Valentine Swain, Uriah, que também era quacre.* Apanhado com $2.000 em mercadorias de luxo proibidas em sua escuna, *Mars*, seus homens foram mandados para Lima, onde foram "roubados, saqueados e postos na prisão". E isto foi o que aconteceu com Thomas Coffin quando, em junho de 1802, o *Tryal* foi apreendido pelos espanhóis em Valparaíso e sua viagem acabou.[1]

Fazendo a travessia dos Andes, viajando pelo Brasil e depois pegando um navio para o norte, Thomas Coffin levou três anos para voltar a Nantucket. Chegou em casa justo a tempo de ser informado de que ele, assim como os outros três donos do *Tryal*, estavam sendo processados por "fraude".

OS QUEIXOSOS AFIRMAVAM SER os donos de James Mye, um jovem grumete que havia partido no *Tryal* em 1801. Metade afro-americano, metade wampanoag, Mye havia nascido em Mashpee, uma "aldeia de reza" – como os puritanos chamavam suas reservas indígenas – que havia sido fundada na base de Cabo Cod.[2]

Antes da chegada dos europeus no início dos anos 1600, os wampanoag, um povo de língua algonquin, tinha muitos milhares de indivíduos e vivia por todo o sul da Nova Inglaterra, inclusive Martha's Vineyard, Nantucket e ao leste, em Long Island. Mesmo antes da fundação da colônia de Plymouth, epidemias trazidas pelos europeus haviam devastado a população. Os colonos fizeram os wampanoag de escravos, usando-os como criados e trabalhadores braçais ou vendendo-os aos espanhóis e franceses nas Índias Ocidentais em troca de mercadorias ou escravos africanos. No início dos anos 1800, os wampanoag já haviam praticamente desaparecido. Apenas cerca de sessenta famílias restavam em Mashpee, que sobreviveram em

---

* Os quacres proibiam o comércio "fraudulento", mas a sanção era difícil de manter uma vez que eles tendiam a abominar "quaisquer restrições à sua capacidade de comerciar" e eram "ambivalentes com relação a qualquer autoridade, exceto a deles próprios". O comércio era um imperativo moral que transcendia a política, e as guerras revolucionárias da Europa só faziam com que a "luz interior" deles, como o *fuero interno* do Rio da Prata, brilhar mais intensamente, de acordo com a historiadora Carol Faulkner.

grande medida graças à chegada de um grande número de "negros e mulatos estrangeiros" livres ou fugidos de lugares ao sul. "Muitos negros", relatava um censo de 1800 da cidade, "se misturaram com essa gente."[3]

Os wampanoag em Mashpee tinham tentado sobreviver coletando frutas silvestres, colhendo mariscos e fazendo vassouras para vender em Martha's Vineyard e Nantucket. Esse comércio não era suficiente para se sobreviver em um mundo onde o dinheiro e o crédito imperavam. Muitos wampanoag receberam adiantamentos de comerciantes locais. Cada vez mais endividados, os homens se alistavam em navios baleeiros para pagar empréstimos cada vez maiores. "Um índio, depois de ter-se endividado", escreveu um clérigo na metade dos anos 1700, "fica obrigado a pescar baleias até pagar."*

Muitos, contudo, descobriam que suas dívidas na verdade se tornavam maiores em longas viagens, aumentadas por suas "compras" de tabaco e outras mercadorias do baú do navio. As obrigações eram transmitidas para seus filhos, que então também ficariam "obrigados a servir". "Crianças eram vendidas ou ficavam obrigadas a servir como garantia do pagamento das dívidas de seus pais assim que completavam 7 ou 8 anos... Esses índios e seus filhos eram transferidos de um senhor para outro como escravos", disse um observador em 1758. "Todo índio tinha o seu senhor."[4]

Durante o período colonial, justo antes da Revolução Americana, Londres concedeu a aldeias wampanoag como Mashpee alguma autonomia. Contudo, conceder liberdade nominal a um povo subjugado, prisioneiro de servidão por dívida, apenas resultou em mais subjugação: a única coisa que os wampanoag eram realmente livres para fazer era adquirir mais dívidas, obrigar a si próprios ou seus filhos a ser servos de comerciantes, artesãos ou baleeiros. Então, depois da revolução, o estado de Massachusetts impôs um "sistema de curatela" a Mashpee, supostamente para proteger seus residentes de serem "presas muito fáceis" de credores que lhes ofereciam "bebidas alcoólicas" com grande fartura. Mas essa reforma

---

* Em *Moby-Dick*, Tashtego, um wampanoag de Nantucket, é um hábil arpoador. Alguns wampanoag, como Amos Haskins, que se tornou comandante do baleeiro *Massasoit*, podiam viajar como tripulantes especializados ou oficiais, mas a maioria dos índios americanos era de marinheiros comuns. Os cargos de chefia, como capitão e imediato, eram "área exclusiva" de brancos de Nantucket.

também funcionou para institucionalizar a servidão, dando a um conselho de "curadores" brancos poder quase ilimitado para administrar os negócios da aldeia, inclusive autorizar todas as dívidas, contratos de aprendizagem e outros contratos de trabalho.

Sob esse novo sistema, quando um dono de navio de Nantucket queria um wampanoag de Mashpee para tripulante de um baleeiro ou navio de caça às focas, ele fazia seu pedido aos curadores de Mashpee. Quando famílias endividadas transferiam seus filhos pequenos para senhores brancos, elas precisavam da aprovação dos curadores. Quando senhores deixavam por testamento seus aprendizes para seus filhos ou quando eles vendiam seus contratos para outro senhor, os curadores tinham que dar permissão. E quando senhores transferiam seus aprendizes para navios baleeiros ou de caça às focas, com a expectativa de que trouxessem de volta metade de sua participação quando a viagem acabasse, eles precisavam da autorização dos curadores.

Foi assim que James Mye acabou no *Tryal*. Dois curadores de Mashpee, Joseph Nye e David Parker, ambos descendentes diretos dos peregrinos do *Mayflower*, "passaram" o garoto para Joshua Hall. Com a morte de Hall, o contrato de trabalho de Mye passou para os dois filhos de Hall, Stephen e Joshua, que por sua vez transferiram o contrato de Mye para Thomas Coffin por um período de cinco anos.

STEPHEN E JOSHUA HALL QUERIAM a sua parte, o que eles achavam que era devido a Mye pelo tempo de serviço no *Tryal*, se o navio tivesse feito o que dissera que iria fazer: caçar focas. Em troca de seu trabalho, Mye deveria receber "uma participação no valor de um centésimo do total da venda de todas as peles" – da qual uma "proporção" deveria ser paga aos irmãos Hall. Em vez disso, Coffin e seus companheiros usaram seu navio para "enganar, decepcionar, prejudicar e defraudar", alegavam os requerentes da ação, e como resultado a empresa deles fora "derrotada, quebrada, totalmente perdida".[5]

O tribunal de recursos do condado de Barnstable decidiu em favor dos irmãos Hall, ordenando que os donos do *Tryal* pagassem aos autores da ação $100. Mas a Suprema Corte de Massachusetts derrubou a decisão no recurso.

O tribunal superior de três juízes decidiu que os filhos não podiam herdar contratos de aprendizagem como se fossem bens. Quando o advogado dos autores argumentou que os curadores de Mashpee tinham verbalmente sancionado a transferência, os juízes unanimemente afirmaram que uma concordância verbal não era suficiente "para mandar um homem dar a volta ao mundo e mover uma ação por seus serviços". A decisão, em certo sentido, era baseada numa leitura estrita da lei: ela não negava a legitimidade da curatela dos wampanoag ou a prática de contratos de aprendizagem, deixando implícito que, se os curadores tivessem aprovado a transferência por escrito, os Hall teriam tido o direito de mandar Mye para onde quisessem.

Um dos juízes foi mais longe em sua opinião. O juiz Simeon Strong argumentou que mesmo se Mye fosse ligado aos Hall por um contrato formal, os irmãos ainda não teriam tido o "direito de enviá-lo para o Polo Sul, para o fim do mundo, a serviço deles". Strong também disse que o próprio Mye não podia, mesmo se quisesse, concordar com tal acerto, uma vez que era um garoto, ainda "sem vontade própria". Strong aqui estava claramente definindo trabalho como algo que exigia consentimento voluntário e racional.

Hall et al. vs. Gardner et al. foram os primeiros de um número crescente de casos judiciais que ajudaram a afastar a América dos contratos de aprendizado e de trabalho por dívida, que de várias maneiras prendiam os trabalhadores ao seu lugar e seu empregador, e avançar em direção a noções modernas de trabalho livre. Nas décadas antes da Guerra Civil, advogados citaram o caso para reformar contratos de aprendizagem de crianças, para restringir a "licença ilimitada" de senhores de enviar seus aprendizes e trabalhadores para onde quer que quisessem e a controlar "negociadores" de terceiros, que em alguns estados atuavam de maneira muito semelhante a mercadores de escravos, levando a cabo um "movimentado comércio de aprendizes até bem depois do início do século XIX".[6]

O caso, inclusive, foi citado pelo menos duas vezes por advogados havaianos depois da Guerra Civil para restringir o poder quase absoluto das *plantations* sobre trabalhadores migrantes presos por contrato. Em 1870, por exemplo, o advogado W. C. Jones o usou em sua lide bem-sucedida para libertar Gip Ah Chan da prisão. Chan tinha deixado a China cinco anos antes no navio peruano *Matador*, parte de uma frota que desde 1849 vinha transportando dezenas de milhares de trabalhadores *"coolies"* para o Peru. Dessa vez o *Matador* tinha zarpado para Hilo, no Havaí. Durante a viagem, representantes de uma *plantation* de propriedade de Theodore Metcalf "impuseram" um contrato, metade em inglês, metade em espanhol a Chan, que embora não pudesse compreender seu conteúdo, não teve escolha senão assiná-lo.

Em Hilo, Chan foi posto para trabalhar na plantação de cana-de-açúcar de Metcalf. Quando Metcalf morreu, pouco depois, Chan abandonou a propriedade. Em resposta, os sócios de Metcalf fizeram com que as autoridades locais o prendessem por violar "a lei do Havaí relativa às relações patrão/empregado". Afirmavam que o contrato de Chan ainda estava em vigor e que tinha sido transferido para eles com a morte de Metcalf. O advogado de Chan, Sr. Jones, citou, além de outros precedentes, o caso *Hall et al. vs. Gardner et al.* para argumentar o contrário, que contratos não podiam ser legados de um sócio para outro. O juiz concordou com o réu e libertou Chan. Em algum momento durante o processo, os sócios de Metcalf tinham objetado às acusações de Jones de que eles haviam tratado seu cliente como escravo. Não havia, disseram eles em sua defesa, "nada semelhante à escravidão na situação de prisioneiro". Chan era um homem livre que poderia parar de trabalhar no momento em que cumprisse sua obrigação e pagasse sua dívida. "Um escravo", ao contrário, "não tinha direito a esposa, filho ou nada na terra."

"A escravidão tem graus", respondeu o Sr. Jones.[7]

ENQUANTO ESTAVA SE DEFENDENDO no tribunal dos irmãos Hall, Thomas Coffin deu continuidade aos esforços que havia iniciado no Chile para recuperar seu navio, e escreveu ao governo dos Estados Unidos pedindo que interviesse em seu favor contra a Espanha. Já era tarde demais. As autoridades espanholas havia muito tempo tinham leiloado o *Tryal*.[8]

O navio foi comprado por José Ignacio Palacio, um rico comerciante de Lima que depois o vendeu, a crédito, para Benito Cerreño. Cerreño manteve o nome inglês do navio e, antes mesmo que Coffin chegasse de volta a Nantucket, havia começado a usá-lo para transportar carga pela costa espanhola do Pacífico, de Concepción, no sul, até Lima, no norte, e Valparaíso, no meio.[9]

INTERLÚDIO

Um alegre repasto

DURANTE SUAS VIAGENS PELO PACÍFICO NOS ANOS 1840, HERMAN MELVILLE visitou muitos dos lugares por onde Amasa Delano havia passado quatro décadas antes, como Lima e Más Afuera. Nas Galápagos, ambos os homens ficaram impressionados com o tamanho e a lentidão das famosas tartarugas gigantes das ilhas. A insistência desses animais em se mover em linha reta, não importando que obstáculo irremovível estivesse em seu caminho, pareceu despertar em ambos os homens pensamentos sobre o destino e o livre-arbítrio.

Depois de trazer algumas daquelas enormes criaturas para bordo de seu navio e observar seus movimentos, Delano acabou por acreditar que elas poderiam "ser facilmente ensinadas a ir para qualquer lugar no convés". O truque, escreveu ele, era "açoitá-las com uma pequena corda quando estiverem fora do lugar, e levantá-las e carregá-las para o lugar designado; algo que repetido algumas vezes as leva a irem por si mesmas, ao ser açoitadas quando estão fora do lugar".

Anos mais tarde, em uma série de histórias curtas sobre as ilhas chamadas *The Encantadas*, o narrador de Melville também passa algum tempo considerando seus movimentos. "Há algo de estranhamente autocondenatório na aparência dessas criaturas", diz ele. "Em nenhum outro animal sofrimento duradouro e desesperança penal são expressados de maneira tão suplicante quanto nelas." É como se algum "feiticeiro maligno ou francamente diabólico" tivesse lhes imposto uma "praga suprema": um "impulso escravizador de retidão em um mundo cheio de obstáculos".

Melville então relata uma superstição comum entre marinheiros relativa aos animais. "Todos os oficiais malvados", especialmente capitães e comodoros, "quando morrem são transformados em tartarugas" e sentenciados a longas e solitárias caminhadas pelas ilhas desertas e estéreis – de maneira muito semelhante aos rejeitados abandonados e aos fugitivos atormentados por comandantes como George Howe.

Então, como se para sublinhar a fé de tartaruga do próprio Melville na razão cósmica – sua esperança de que, apesar de viver em um mundo cheio de indicações provando o contrário, tudo se paga nessa vida –, ele faz seu narrador se sentar com seus companheiros de bordo e fazer "um alegre repasto de bifes e guisado de tartarugas". O reencarnado se torna o digerido.[1]

PARTE V
SE DEUS QUISER

Descem os Anjos.

— O CORÃO, 97:4

CAPÍTULO 17

NOITE DO PODER

Foi uma coincidência, e uma péssima coincidência para Alejandro de Aranda. Em 1804, o ramadã, o mês mais sagrado do calendário islâmico lunar, caiu pouco antes de ele começar a fazer a passagem de seus escravos pelos Andes. O islamismo é uma religião profética, como o cristianismo e o judaísmo. Promete a libertação do sofrimento terreno. Ainda mais promete o sufismo – o tipo de islamismo encontrado na parte da África Ocidental onde Babo, Mori e os outros tinham sido capturados –, que infunde o universalismo já poderoso da fé com um potente misticismo.

Místicos costumam descrever seus esforços para se tornar unos com o Absoluto como uma jornada "para o alto e para fora". "O caminho em que entramos é uma estrada real que leva ao Céu", escreveu Santa Teresa. "Nós ascendemos", disse Santo Agostinho. O islamismo também usa a metáfora de viagem para imaginar a aproximação de um indivíduo de Deus, representada pela obrigação dos muçulmanos de visitar Meca uma vez na vida. O sufismo associa especialmente a fé religiosa com uma busca. O "sufi que se dedica a procurar Deus chama a si mesmo de 'viajante' (*salik*); ele avança por 'estágios' lentos (*maqamat*) por um caminho (*tariqat*) para a meta da união com a realidade". O misticismo islâmico é popularmente associado com dervixes girando em um esforço para alcançar a autoaniquilação. Mas na África Ocidental o sufismo tem uma forte tradição quietista, que encoraja a submissão contemplativa do eu interior à vontade divina. O antropólogo britânico Edward Evans-Pritchard, com base em um trabalho de campo que conduziu nos anos 1920 entre os azande, no Sul do Sudão, escreve que a meta do sufismo é transcender os sentidos até o ponto em que não "há mais uma dualidade entre 'Deus' e 'eu', mas existe apenas 'Deus'". Os muçulmanos da África Ocidental faziam isso por meio do ascetismo, contemplação e orações, até que um "estado de êxtase" se apoderasse da alma, libertando o fiel de sua "prisão corpórea".[1]

Qualquer que fosse a tradição que Babo e os outros muçulmanos entre os cativos de Aranda seguissem, a passagem pela rota de escravos andina – onde anos mais tarde Darwin observaria que a extrema limpidez do ar distorcia a perspectiva – fez com que seus mundos físico e espiritual desmoronassem um dentro do outro. Cristãos que faziam a jornada voluntariamente descreviam a escalada em termos místicos. "Um efeito muito extraordinário é frequentemente produzido na mente", escreveu um viajante do início do século XIX sobre sua experiência de aproximação do cume, fazendo-o sentir uma "forte vibração", como se todo o seu ser estivesse "se harmonizando com o universo". "É como se multidões de ideias estivessem dançando na mente, com associações tão rápidas e figuras tão intricadas que eu não conseguia distinguir nenhuma das representações: apenas algo como batidas cadenciadas eram perceptíveis." Tal sentimento de desorientação deve ter sido ainda mais forte para aqueles que seguiam em marcha forçada na subida montanhosa.

À noite, depois da subida diária, ou de manhã, antes de iniciar a marcha, ou talvez durante as breves pausas ao longo do caminho, os africanos devem ter-se sentido ignorados por seus captores por tempo suficiente para se voltarem para o leste e rezar. Mas as condições extremas da escalada teriam tornado difícil que eles se lavassem e provavelmente impossível que jejuassem, dada a intensidade da jornada. Além disso, eles avançavam rumo a oeste, e não a leste, para longe de Meca. O frio era extremo, faíscas devem ter voado de suas roupas, e a radiância da lua, cujo movimento lhes dizia que era o ramadã, era diferente de qualquer coisa que já tivessem visto antes. O que era temor rotineiro para aqueles habituados às alturas teria sido uma angústia consumidora para pessoas vindas de planícies relvadas, que tinham acabado de sobreviver a uma viagem oceânica de dois meses e obrigadas a fazer uma jornada quase igualmente longa pelos Pampas. Provavelmente nem todos os cativos de Aranda eram muçulmanos. Mas a intensidade da experiência pode ter permitido que aqueles, como Babo e Mori, que podiam dar sentido profético à jornada, que podiam usar a lua e as estrelas não apenas para explicar seus movimentos, mas para prometer libertação de seu sofrimento, ascendessem como líderes do grupo. Entre os muçulmanos da África Ocidental existe uma crença de que a dificuldade de viajar a pé em peregrinações para Meca ajudava a fortalecer os poderes espirituais que podiam ser usados para derrotar espíritos malignos, ou djins, que fossem encontrados ao longo do caminho.[2]

Foi uma má sorte ainda maior para Aranda que, na cidade portuária de Valparaíso, ele não tivesse que esperar para embarcar sua carga. A escuna *Tryal* já estava ali no porto, com a carga do Sul do Chile embarcada, incluindo trigo, caibros de cipreste e pinho, manteiga, queijo, barris de banha e vinho e biscoitos, pronta para zarpar para Lima, onde Aranda pretendia vender seus escravos. Eles puderam embarcar rapidamente, pouco antes que o navio levantasse a âncora, o que significou que estariam em alto-mar na noite de Laylat al-Qadr, que é traduzida como a Noite do Poder ou a Noite do Destino. Todo ano os muçulmanos celebram esse dia, que cai no fim do ramadã, quando o anjo Gabriel deu os primeiros versos do Corão a Maomé, uma recordação da promessa de Alá de libertar os fiéis do sofrimento da história. A promessa é contada no Corão: "A Noite do Poder é melhor que mil meses. Nela descem os Anjos (…) A Paz reina até o romper da aurora!"[3]

CEDO NA VÉSPERA de Laylat al-Qadr, três horas antes do nascer do sol e cinco dias depois de zarpar de Valparaíso no dia 22 de dezembro, os africanos ocidentais se revoltaram e assumiram o controle do *Tryal*. O porão de carga do navio estava cheio, assim os escravos estavam dormindo no convés desde a partida do porto, guardados por vigias durante a noite, mas não acorrentados. Aranda, confundindo exaustão e emaciação com docilidade, disse a Cerreño que eles eram "afáveis". Havia 72 escravos no navio, oito a mais do que Aranda comprara de Nonell oito meses antes. As adições podem ter sido os bebês que foram ocasionalmente mencionados nos documentos espanhóis, nascidos durante a viagem. Ou talvez Aranda os tenha comprado de outras fontes. Os registros não dizem.*

A maioria dos cerca de trinta marinheiros do navio também dormia no convés, em uma tenda improvisada próxima ao mastro do traquete. O que era o alojamento coletivo dos marinheiros na proa do navio, o castelo de proa, tinha sido convertido em alojamentos para Aranda e seus acompanhantes de viagem, seis pessoas, inclusive três escreventes, um primo da Espanha e seu cunhado. Pelo menos três outros escravos estavam a bordo do navio e eles tinham, alguns dias antes da revolta, começado a conspirar com os africanos ocidentais.

Dois deles, José e Francisco, eram criados de Aranda. O islã era um laço forte, contudo a escravidão forjava outros tipos de alianças. José, de 19 anos, era da África. Tinha sido comprado por Aranda seis anos antes e era possível que falasse a língua dos africanos ocidentais. Antes da revolta, o piloto do navio o apanhou várias vezes "tendo conversas secretas" com Mori e o pôs para correr. O mulato Francisco, nascido em Buenos Aires e com Aranda a maior parte de sua vida, provavelmente só falava espanhol.

O terceiro escravo que se juntou aos africanos ocidentais foi Joaquín, o calafate do navio, de 35 anos, uma das muitas "pessoas de cor" (o termo é associado à política racial do início dos anos 1800) que trabalhavam como alcatroeiros, carpinteiros, ferreiros e mestres carpinteiros, uma massa de trabalhadores livres e escravos que mantinha a frota marítima espanhola do Pacífico em funcionamento. Joaquín era descrito como um cristão que "há muitos anos vivia entre os espanhóis". Mais tarde, em seu depoimento, Benito Cerreño declarou que ele era *de los más malos* – "dos piores" dos rebeldes quando se tratava de matar espanhóis.[4]

Por volta das três horas da manhã da revolta, cerca de trinta africanos ocidentais seguiram silenciosamente em direção à proa, liderados por

---

* Os registros espanhóis relacionados ao acontecimento relatam que 72 escravos estavam a bordo do *Tryal*, mas dão informações inconsistentes com relação aos detalhes de idade, sexo e origem. O que apresentamos a seguir é um cálculo aproximado: 32 da África (dos quais doze eram especificamente identificados como vindos do Senegal), três outros homens (talvez não do carregamento de Aranda, que se juntaram aos rebeldes), 28 mulheres africanas e onze "bebês amamentando" de ambos os sexos. Vinte dos homens tinham de 12 a 16 anos de idade; doze tinham entre 25 e 50 anos.

Babo e Mori e armados com facas e machados obtidos às escondidas por José e Joaquín. Para alguns dos homens – os que tinham vindo para a América no *Neptune* e sido transferidos para o *Santa Eulalia* –, aquela seria a terceira tentativa de se libertar. Eles primeiro atacaram o carpinteiro do navio e o contramestre que estavam de vigia, mas tinham adormecido, ferindo ambos gravemente. Os insurgentes então caíram em cima dos marinheiros. Deixadas para trás ao redor do mastro principal, as mulheres africanas, antes mesmo que os homens dominassem os guardas, começaram a cantar baixinho, o som de suas vozes abafado pelas ondas. Quando o primeiro grito rasgou a noite, suas vozes se tornaram mais altas, entoando um cântico fúnebre "melancólico", uma tristeza assassina que tinha o intuito de dar aos homens coragem para matar.

O que elas estavam cantando? Poderiam ser versos do Corão. Era mais comum que homens memorizassem versos do livro sagrado ao entoá-los ritmicamente, mas em toda a África Ocidental mulheres selecionadas também participavam de estudos corânicos. Ou pode ter sido um canto de louvor ou um chamado para a guerra, uma das muitas canções e poemas desse tipo que compunham o vasto repertório musical da África Ocidental. O que quer que fosse, uma coisa é certa: aumentou ainda mais o terror que os marinheiros do *Tryal* sentiram enquanto sucumbiram ao ataque dos escravos. Espanhóis, de modo geral, achavam que a música africana era, conforme escreveu um observador nos anos 1770, "a coisa mais bárbara e grotesca imaginável". Os escravos improvisavam instrumentos de percussão com qualquer coisa que pudessem, inclusive maxilares de burros, que quando eram batidos faziam um som rascante que os espanhóis achavam especialmente irritante: a "canção deles é um uivo" e as "danças trazem à mente rituais que bruxas realizam para o diabo em seus Sabás".[5]

Os rebeldes executaram dezoito marinheiros, esfaqueando e retalhando alguns até a morte e atirando outros no mar. Três ou quatro membros da tripulação conseguiram escapar e se esconder. Sete imploraram pela vida e foram poupados.

Os africanos ocidentais então tomaram controle da cabine de comando do navio e três escotilhas, amarrando as mãos de seus cativos nas costas e obrigando-os a descer a escada para o porão de carga. Alguns dos marinheiros estavam na coberta quando a luta havia se iniciado. Quando tentaram subir pela escotilha de vante, os rebeldes os empurraram de volta para o castelo de proa com os passageiros do navio, inclusive Aranda.

A ESCOTILHA DE POPA levava ao camarote do capitão. Benito Cerreño tinha 29 anos, era magro e alto para a época. Nascido em Calañas, uma cidadezinha de fruticultura e criação de cabras nos arredores de Sevilha, em uma família aristocrática que havia começado a se arruinar quando os preços de produtos agrícolas na Espanha começaram a cair regularmente no final dos anos 1700. Cerreño havia chegado a Lima nos primeiros anos de 1800, provavelmente em um navio de propriedade de seu futuro sogro, Raymundo Murre, cuja frota incluía várias embarcações de carga que subiam e desciam pela costa do Pacífico. Tinha sido através dos contatos de Murre que Cerreño havia financiado a compra do *Tryal*.[6]

Como Aranda, Cerreño estava usando a expansão do comércio hispano-americano para tentar fugir do declínio de sua família – não com escravatura, mas com navegação, uma indústria que cresceu lado a lado com ela. Quando a Espanha começou a liberalizar o comércio, permitiu que suas colônias americanas comerciassem entre si. Comerciantes chilenos, por exemplo, queriam vender trigo e vinho para o Peru e outros portos do Norte, e quando lhes foi permitido fazê-lo, uma vibrante marinha mercante, administrada a partir de Lima, começou a tomar forma. E embora Cerreño não fosse um mercador de escravos e o *Tryal* não fosse um "navio negreiro", o sucesso de sua atividade dependia do transporte bens produzidos por escravos e, de vez em quando, escravos.

Cerreño estava dormindo quando a revolta começou, mas acordou com o barulho e rapidamente se deu conta da seriedade da situação. Armado com duas pistolas e um mosquete que mantinha em seus aposentos, ele seguiu para o corredor entre o seu camarote e o porão de carga principal, onde a escada da escotilha descia. Ele permaneceu ali a noite inteira, impedindo os africanos de descer a escada ou de entrar pela porta de antepara do porão. O impasse acabou ao raiar do dia, quando Babo ordenou que três prisioneiros lhe fossem trazidos. Sem dar nenhum ultimato ao capitão espanhol, ele ordenou que fossem atirados no mar, amarrados, mas não amordaçados, de modo que seus gritos pudessem ser ouvidos, Cerreño se rendeu.

Quando Cerreño tinha descido para ir dormir na noite anterior, os escravos, caso os tivesse observado, estavam agrupados ao redor do mastro principal. Naquele momento, ele saiu para a luz da manhã e encontrou um mundo diferente.

O *Tryal* tinha 23 metros de comprimento e pouco menos que um terço que isso de largura. Sua popa era quadrada e, sem figura de proa nem carranca, tinha uma proa simples e sem adorno. Exceto pelos mastros, estaiamento, casa do leme e braçolas das escotilhas, o convés principal do *Tryal* era nivelado e desimpedido de popa a proa, quase como um batelão, ou um palco, permitindo uma visão livre para a nova cena: para onde quer que Cerreño olhasse, havia africanos ocidentais, armados e no comando.

Mori falava espanhol e serviu de intérprete para seu pai, Babo. Uma das primeiras coisas que os africanos ocidentais perguntaram a Cerreño foi se havia "terras de pessoas negras naqueles mares para onde eles pudessem ser levados".

Não, respondeu Cerreño.

ELE ESTAVA MENTINDO. ERA inconcebível que um homem da classe, cor de pele, origem e ocupação de Cerreño não soubesse que no ano anterior, em 1804, o Haiti tinha declarado sua independência, estabelecendo a segunda república das Américas e a primeira (e única, não só nas Américas, mas em qualquer lugar) nascida de uma revolução de escravos. A revolução tinha começado em 1791 e as guerras que se seguiram duraram mais de uma década. A luta para acabar com a escravatura em uma das ilhas escravagistas mais lucrativas tivera repercussões que foram sentidas por todo o mundo do Atlântico, de Montevidéu, onde um grupo de escravos fugidos fundou uma república, que não durou muito, de Liberdade, Fraternidade e Igualdade, até o vale do Hudson, onde em 1793 escravos que se acreditava terem sido inspirados pelo Haiti iniciaram uma série de incêndios (o primeiro no celeiro do tio-avô de Herman Melville, Leonard Gansevoort, depois outro nos estábulos de seu avô, Peter Gansevoort) que quase destruíram Albany. Relatos da luta, rumores, relatos de testemunhas oculares, canções, poesias e slogans circularam pelas Américas, levados por marinheiros de porto em porto.⁷

Considerem essa imagem ao estilo Victor Hugo: em 1797, seis anos depois do início da revolução, no meio da noite numa ponte em La Guaira, uma cidade portuária na costa caribenha da Venezuela a uma curta velejada do Haiti, um jovem escravo mulato chamado Josef sai andando na escuridão enevoada cantando em francês. Alarmadas, as autoridades o põem sob custódia e, em um esforço para descobrir a letra, exigem que ele continue cantando. Josef continua, e, de acordo com a historiadora Maria Cristina Soriano, que encontrou a transcrição do interrogatório nos arquivos venezuelanos, toda canção tem o mesmo refrão: "Longa vida à república, longa vida à liberdade, longa vida à igualdade."⁸

Também é improvável que alguns dos africanos ocidentais no *Tryal* não soubessem do Haiti, fosse pelo tempo que tinham passado em portos e áreas de detenção em Buenos Aires e Montevidéu ou no navio corsário do Cidadão Mordeille, em que marinheiros franceses teriam falado sobre o fracasso de Napoleão Bonaparte em reinstituir a escravidão na ilha. Em 1801, Bonaparte enviou quatorze generais e vinte mil homens para a ilha. Menos de três anos depois, eles partiram vencidos pelos rebeldes e por doenças, e a república livre do Haiti foi proclamada. O Haiti tinha se tornado um refúgio para "estrangeiros de cor" que buscavam a liberdade; corsários negros haitianos detiveram pelo menos um navio negreiro seguindo para Cuba, "declarando que a intenção deles era levar os cativos para São Domingo, de modo que pudessem 'apreciar a liberdade na terra da liberdade'". Ada Ferrer, que estudou a influência da Revolução Haitiana no mundo do Atlântico, escreve que depois de declarar independência, "os líderes da nova nação tornaram cada vez mais claro que a 'terra da liberdade' se referia ao Haiti, e não à França."⁹

Cerreño disse aos africanos ocidentais que tal lugar não existia. Depois de uma longa discussão entre si, os escravos exigiram ser levados para o Senegal ou São Nicolau, uma ilha do arquipélago de Cabo Verde, ao largo da costa do Senegal.

Cerreño disse que era uma viagem longa demais e que seu navio não conseguiria fazê-la nas condições em que estava. Os rebeldes disseram que fariam tudo que ele exigisse em termos de racionamento de comida e de água, mas que o matariam se ele não os levasse de volta para a África.

Cerreño cedeu, mas como os africanos não sabiam se a passagem de volta para o Atlântico ficava ao norte ou ao sul, ele continuou navegando rumo ao norte, para Lima. Mori disse a Cerreño que ele morreria se eles avistassem qualquer cidade ou povoado, de modo que o espanhol ficou longe da costa, longe das cidades costeiras, ao mesmo tempo que vasculhava o horizonte na esperança de avistar um navio espanhol ou estrangeiro.

Os africanos realizavam o que Cerreño mais tarde descreveu como "conferências diárias" de manhã bem cedo para decidir o curso da ação, um ritual que possivelmente incluía orações. Depois da revolta, muitos dos rebeldes descartaram suas roupas imundas e esfarrapadas, substituindo-as por túnicas cortadas da lona que o navio tinha em estoque e amarradas com cintos de corda ao redor da cintura. A cada dia que se passava, relatou Cerreño, eles se tornavam mais "inquietos" e "rebeldes", ansiosos para sentir que estavam fazendo progresso em retornar para casa.

Quando eles se aproximaram de Callao, a cidade portuária de Lima, Cerreño ficou nervoso, com medo de que os africanos pudessem ver as luzes da cidade, de modo que virou o navio na direção oposta e rumou para sul. Ele não tinha um plano, mas havia se decidido pela ideia de passar por Valparaíso até a ilha desabitada de Santa María, que frequentemente era usada como porto seguro por baleeiros e caçadores de focas. Com sorte ele poderia se aproximar de mansinho de outro navio, pelo menos seu navio poderia reabastecer os barris de água fora da vista de uma cidade.

Em 16 de janeiro, alguns dias depois de mudar de direção e cerca de três semanas depois de os africanos ocidentais terem se apoderado do navio, eles decidiram na reunião da manhã que teriam que matar Alejandro de Aranda. Existem outros casos de escravos rebeldes de navios negreiros que escolheram seus donos para execução. Em 1786, no navio negreiro dinamarquês *Christiansborg*, navegando da Costa do Ouro, na África, os insurgentes arrastaram Paul Erdmann Isert, que estava viajando como passageiro para o Caribe, para a proa, e retalharam-lhe o rosto com uma navalha, por pouco não acertando sua artéria da têmpora. Isert mais tarde descobriu que os rebeldes tinham tentado matá-lo porque pensavam que, como uma das últimas pessoas brancas a bordo do navio, ele fosse "dono" deles e "que seria melhor primeiro me mandar para fora deste mundo, pois assim os europeus, como os mercenários, se renderiam mais rapidamente". Naquele caso, os escravos africanos ocidentais pareciam ter imaginado a escravidão como uma instituição hierárquica unificada, comandada por um homem. Mate o líder e os escravos seriam libertados.[10]

No *Tryal*, a decisão de executar Aranda também foi calculada. Mori disse a Cerreño que ele e os outros precisavam matar Aranda – não por vingança ou para fazer justiça, mas para garantir a liberdade deles. Mas é difícil dizer qual foi exatamente o raciocínio. De modo geral, de acordo com a lei islâmica na África Ocidental, matar seu dono não era um meio legítimo de se libertar da escravidão (não sabemos se os africanos ocidentais a bordo do *Christiansborg* eram muçulmanos ou não). Além disso, Babo, Mori e seus companheiros não poderiam ter pensado que apenas matando Aranda iria garantir a liberdade deles. Ao longo de mais de um ano, eles tinham sido passados de um dono para outro, de um traficante de escravos para outro, e teriam percebido que a escravidão americana era extremamente descentralizada, incluindo muitos locais diferentes – navios, carroças, celas de alojamento temporário – administrados por um elenco variado de capitães, marinheiros, carroceiros e carcereiros. O fato de terem repetidamente advertido Cerreño para evitar outros navios indica que sabiam que se fossem descobertos e subjugados seriam mandados de volta para o cativeiro, quer Aranda estivesse vivo ou não. Talvez eles pensassem que tinham que matar Aranda para se certificar de que ele não fosse reclamá-los como sua propriedade caso não chegassem ao Senegal ou a Cabo Verde. Mas isso não explicaria a súbita urgência.[11]

Cerreño disse mais tarde que tentou impedir a execução. Mori lhe disse que eles matariam todos os espanhóis e todos os marinheiros do *Tryal* se ele interferisse. "*La cosa no tenía remedio*", disse Mori, literalmente, *a coisa não tinha remédio*, ou em sentido mais amplo, *não há opção*, ou *não existe outra maneira*.

As palavras chegam a nós através do testemunho de Cerreño e poderiam apenas estar transmitindo o fatalismo associado com o catolicismo, reforçado, neste caso, por uma terrível provação. Mas o islamismo, também tem sua dimensão fatalista. Como o cristianismo, luta com a ideia de livre-arbítrio, tentando compreender o papel que a ação humana desempenha em um universo onde Deus, soberano, determina todas as coisas.

Três semanas haviam se passado desde a revolta, devolvendo aos africanos ocidentais o que a travessia forçada do Atlântico e da América quase lhes havia tirado: a noção do tempo, como organizador das datas importantes. Por mais de um ano, de um Ramadã a outro, eles tinham lutado contra a impotência ao contar os meses do calendário islâmico, realizando, por pura força do intelecto e determinação, a promessa do Corão de libertação, quando Deus interviria na história: "Desçam os Anjos." Eles haviam se levantado e se apoderado do navio. Mas agora a nova lua do Eid tinha passado, e embora a vida nem de longe fosse normal, um outro ano havia começado.

Tendo tomado controle de seu destino, os rebeldes agora se encontravam perdidos em um mar desconhecido, em um navio que serpenteava, com os suprimentos se esgotando, talvez tentando reconciliar a crença de que a história era guiada por alguma combinação desconhecida de livre-arbítrio e Divina Providência com o temor de que estivessem vagando sem destino, de que o poder de controlar as circunstâncias de suas vidas estava de novo escapando de suas mãos.

As noites de janeiro no Sul do Pacífico, perto da costa do Peru e do Chile, são extremamente claras. Os novos senhores do *Tryal* tinham navegado sob um firmamento de estrelas e uma lua baixa de verão, optando pela ideia de que Aranda tinha que morrer imediatamente para que eles mantivessem o poder que haviam tomado com tanta audácia. Como Mori disse a Cerreño, não havia "nenhuma outra maneira".

POUCO DEPOIS DO RAIAR do dia, Mori ordenou que Matunqui e Liché trouxessem Aranda para o convés. Eles entraram no castelo de proa, onde Aranda estivera confinado desde o levante, de facas em punho. Aranda estava dormindo em seu catre. Seus executores levantaram as armas e as baixaram sobre o peito do comerciante de escravos. O escriturário de Aranda, Lorenzo Bargas, dormia no catre vizinho. Ao abrir os olhos, ele se deparou com braços negros e punhais em movimento e sentiu o sangue quente de Aranda espirrar em seu rosto, e se atirou por uma vigia no mar, para se afogar. Aranda foi arrastado para o convés semimorto e as mulheres começaram de novo a cantar um cântico fúnebre estimulando os homens a concluírem a tarefa. Matunqui e Liché amarraram as mãos de Aranda nas costas e, levantando o corpo pela cabeça e pernas, o atiraram no mar. Os rebeldes então fizeram o mesmo com o cunhado de Aranda, Francisco Maza, e seus dois outros assistentes, e, talvez com o objetivo de economizar água e comida, também atiraram no mar alguns dos marinheiros que tinham sido feridos durante a rebelião. O contramestre, Juan Robles, era um bom nadador e se manteve por mais tempo acima das ondas, dizendo rezas que podiam ser ouvidos no convés do navio enquanto se afastava. Suas últimas palavras, fracas, suplicaram a Benito Cerreño que mandasse rezar uma missa em nome de Nossa Senhora do Socorro para salvar sua alma.

QUANDO O ASSASSINATO TERMINOU, Mori se virou para Cerreño e disse: "Tudo terminado." Ele então ameaçou matar o resto dos prisioneiros se o capitão continuasse se esquivando de levar os africanos ocidentais para o Senegal.

Mori repetiu a ameaça durante os dois dias seguintes. No terceiro dia, ele, Babo e Atufal se aproximaram de Cerreño e propuseram a assinatura de um "papel". Os africanos tinham redigido o que em essência era um contrato, talvez em árabe, pelo qual Cerreño os levaria para casa e eles, em troca, devolveriam o navio e sua carga quando chegassem ao destino. "Embora fossem homens rudes e da África", diria Cerreño mais tarde, "eles sabiam escrever em sua língua." Os três homens assinaram o documento, e com aquilo, depôs Cerreño, os africanos ocidentais ficaram "satisfeitos e tranquilos".

CAPÍTULO 18

A HISTÓRIA DO *SAN JUAN*

Era muito improvável que Babo, Mori e os outros conseguissem levar o *Tryal* através do estreito e ao redor do traiçoeiro Cabo Horn para o sul do Oceano Atlântico e na travessia do Atlântico até o Senegal. Mas não era impossível. Apenas quatro anos antes, um grupo de escravos muçulmanos a bordo de um navio espanhol chamado *San Juan Nepomuceno* tinha conseguido completar uma viagem quase tão audaciosa quanto essa, realizando talvez a maior fuga da história de escravos do Novo Mundo.

Construído em Guayaquil, Equador, por homens de cor livres e escravos, o *San Juan,* que também navegava sob o nome de *God's Blessing,* era um belo exemplo de construção naval hispano-americana, deslocando mais de mil toneladas de água e armado com trinta canhões. Quando partiu para Lima de Montevidéu no final de 1800, levava noventa marinheiros, inclusive seu capitão basco, Anselmo Ollague, e entre 65 e setenta escravos, principalmente "Negros e Mouros do Senegal" que tinham sido levados para Montevidéu em outro navio. A embarcação estava carregada com mais de um quarto de milhão de pesos em mercadorias, inclusive cera, óleo, velas espanholas, pentes de marfim, fitas, vidro para janelas, relógios de prata, lenços de seda, lã de caxemira, lençóis ingleses, tecidos de algodão com estampas florais, rolos de musselina, "sinos delicados", frascos de mercúrio, sapatos de couro, seda, chapéus, correntes de ouro e cruzes de prata. Quase tudo, inclusive os africanos, pertencia a um homem, o dono do navio, Ignacio Santiago de Rotalde, proprietário da maior casa comercial de Lima e membro de uma das vinte famílias mais ricas da Espanha.[1]

A rebelião se deu uma semana depois da partida do porto, quando o navio se aproximava do cabo. O capitão e os oficiais dormiam em seus catres durante a sesta do meio-dia e o resto da tripulação estava no castelo de proa, de guarda baixa. A revolta foi liderada não por um dos africanos ocidentais, mas por um escravo de 30 anos chamado Antonio, descrito como um sujeito determinado e desesperado que já trabalhara como carpinteiro de navio, mas que havia fugido de seu dono. Aparentemente, ele havia sido capturado e colocado entre os outros escravos para ser vendido.

Ao se apoderar das armas do navio, os escravos se dividiram em dois grupos, um que avançou para os alojamentos dos oficiais, o outro que avançou para a proa. Quatro oficiais foram mortos e o capitão foi ferido gravemente, cortado com um sabre no pescoço e apunhalado com uma faca no flanco. No dia seguinte, Antonio, agora no comando do navio, transferiu o capitão moribundo e 24 marinheiros para um pequeno navio espanhol que cruzou com o *San Juan*. Antonio então ordenou que o imediato, José de Riti, e os tripulantes restantes navegassem para o Senegal.

Riti fez o que outros europeus costumavam fazer em situações semelhantes, inclusive Benito Cerreño quatro anos depois: seguiu numa direção, mas disse aos africanos que estava seguindo para outra. No caso, em vez de navegar para leste, para a África, Riti tentou seguir para nordeste, para o Brasil. Contudo, como as correntes na parte do Atlântico Sul por onde o *San Juan* navegava são difíceis, em sua maioria fluindo para sul e para leste – isto é, se afastando do Brasil – Riti teve que navegar contra a corrente e ao mesmo tempo esconder sua verdadeira direção de Antonio e dos outros, provavelmente navegando numa direção durante o dia e noutra durante a noite. Sem conseguir manter o rumo, ele se distanciou cada vez mais para o meio do Atlântico.

Semanas se tornaram meses. O navio tinha bastante comida – nos porões, havia 1.500 ovos, cinco barris de banha, 25 barris de bacon, presunto, pão, trigo, feijão, lentilhas, manteiga, queijo, verduras, 22 quadrúpedes (cabras? porcos? vacas?) e trezentas galinhas, bem como iguarias finas, como figos, chocolate, pêssegos secos, alcaparras, cravo, cacau, uvas, peras e vinho. Mas o suprimento de água mingou. E o pouco que restava foi contaminado. Vinte e quatro dos rebeldes morreram de escorbuto e disenteria. O fato de que nenhum dos marinheiros tenha sucumbido sugere que o sistema imunológico dos africanos ocidentais tinha enfraquecido durante a "Passagem do Meio" que os levou a Montevidéu. Ao longo do caminho, o *San Juan* cruzou com dois outros navios, que os rebeldes afugentaram disparando dos canhões da embarcação.

A situação se deteriorou e o calafate do navio, um africano mais velho que dizia ser do Senegal, chamado Daure, começou a desafiar o comando de Antonio. À medida que o desespero tomava conta, Daure se tornou mais desconfiado e instável. Temendo por sua vida, Riti parou de ziguezaguear e navegou para leste. O *San Juan* acabou finalmente chegando a São Nicolau, uma das ilhas do arquipélago de Cabo Verde, então colônia portuguesa. Riti enganou Antonio fazendo-o acompanhá-lo, junto com um grupo de marinheiros espanhóis, à terra para procurar água. A manobra resultou na captura do líder rebelde e na fuga do *San Juan* da ilha sob fogo cerrado de canhões. Com Daure agora no comando, o navio chegou dez dias mais tarde à cidade portuária de Saint-Louis, sob o domínio dos franceses, próxima da foz do rio Senegal. O *San Juan* entrou no porto com bandeira espanhola e fazendo a saudação habitual de uma salva de onze tiros, que foi retribuída em sinal de boas-vindas por um canhão do porto. Liderados por Daure, os rebeldes foram para terra, entregaram o navio ao governador francês da ilha e reivindicaram sua liberdade.[2]

O simples fato de os rebeldes terem conseguido reverter a "Passagem do Meio" é extraordinário. De acordo com um estudo, 493 revoltas em navios negreiros ocorreram entre 1509 e 1869. O número verdadeiro é de pelo menos o dobro disso, uma vez que muitas revoltas obscuras, como as tentadas no *Neptune* e no *Santa Eulalia*, não estão incluídas no total. A vasta maioria não teve sucesso. Até 6 mil africanos podem ter morrido nesses 493 casos, mortos durante as revoltas ou executados quando foram sufocadas. Outros cometeram suicídio depois que a tentativa falhou, como alguns dos escravos do *Neptune* tentaram fazer. Revoltas que de fato levaram à libertação costumavam ocorrer perto das costas ou da África ou da América, onde os rebeldes podiam encalhar o navio e fugir.[3]

Em grande medida, o que definia o sucesso era tomar e manter o controle de um navio por algum tempo, estabelecendo comunidades flutuantes passageiras de homens e mulheres livres até que ocorresse uma catástrofe, até que eles fossem recapturados ou, à deriva no oceano, ficassem sem comida e água e morressem lentamente. Alguns decidiam não esperar: em 1785, africanos que tinham tomado um navio negreiro holandês preferiram a morte. De acordo com um relato, quando ficou claro que estavam prestes a ser recapturados, incendiaram o depósito de pólvora do navio, explodindo-o em pedaços e matando entre duzentos e quinhentos escravos rebelados. Os rebeldes do *San Juan*, contudo, tinha atravessado o Atlântico inteiro, sobrevivendo a uma viagem de cinco meses que incluiu pelo menos três conflitos armados.[4]

Eles chegaram no momento perfeito. Por um período muito breve, de janeiro de 1801 a julho de 1802, Saint-Louis foi governada por um ex-padre que se tornara revolucionário, Aymar-Joseph-François Charbonnier, que parecia mais dedicado à abolição do que seus predecessores ou sucessor. O cidadão Charbonnier, aparentemente agindo sem consultar seus superiores, e talvez até contra os desejos deles uma vez que o *San Juan* era um navio espanhol e a França era aliada da Espanha, leiloou o navio e suas mercadorias, usou o dinheiro para mandar sua tripulação e passageiros de volta para a América e permitiu que os escravos fossem libertados. Quanto ao navio, pouco depois do leilão, um corsário britânico que navegava ao largo da costa da Ilha de Gorrée o incendiou no mar.[5]

NA AMÉRICA ESPANHOLA, o vice-rei do Peru, ao tomar conhecimento da perda do *San Juan Nepomuceno*, usou o caso para fazer uma sugestão que autoridades coloniais vinham fazendo há quase três séculos: ele instou a Coroa a proibir a importação de africanos ocidentais muçulmanos para as Américas. Escravos que seguiam os ensinamentos de Maomé "espalhavam ideias muito perversas entre seu povo", disse ele, referindo-se a africanos em geral.

"E já existem tantos deles neste campo."[6]

CAPÍTULO 19

A SEITA MALDITA DE MAOMÉ

O VICE-REI NÃO DISSE O QUE PENSAVA QUE FOSSEM AQUELAS "IDEIAS PERversas". Raramente burocratas espanhóis e teólogos católicos entravam em detalhes quando debatiam o problema de muçulmanos na América. Eles não precisavam fazê-lo. O islamismo era conhecido demais, incutido demais na própria identidade do povo espanhol, para precisar de explicação. Todo mundo sabia do que eles estavam falando quando falavam sobre o islã. A longa, muito longa luta contra a religião na Europa deu origem a várias crenças que os espanhóis levaram consigo quando cruzaram o oceano para fundar seu império na América, e desempenhou um papel fundamental em dar forma à instituição da escravatura, que tornou aquele império possível.

OS ESPANHÓIS CHAMARAM sua guerra contra os muçulmanos na Península Ibérica, iniciada em 722 e terminada em 1492, de *reconquista*. A palavra é enganadora, pois deixa implícito um retorno ao anterior e uma restauração do que era antes. O fato é que antes da chegada do islamismo, a Ibéria era um lugar turbulento e miserável de visigodos nas margens da cristandade. Al-Andalus, como os árabes e berberes muçulmanos chamaram a terra, foi a verdadeira restauração, trazendo de volta uma magnificência que tinha estado ausente desde o tempo dos romanos. A península, especialmente sob o califado de Córdoba, se tornou um centro de direito, ciência, arquitetura, engenharia e literatura – mesmo os cristãos chamavam sua capital ajardinada, cheia de fontes, iluminada e culta, de cidade de Córdoba, o "brilhante ornamento" do mundo. A *reconquista* criou algo inteiramente novo: os reinos católicos da Espanha e Portugal.

É fácil pensar na *reconquista* como um choque sangrento de civilizações, o *front* ocidental de uma luta mais ampla entre a Europa cristã sitiada e um islã expansionista. Uma grande parte do absolutismo sancionado por Deus que nós associamos com o catolicismo medieval e o islamismo foi forjada durante este conflito. Contudo, 770 anos é um longo tempo, durante o qual houve períodos prolongados de paz. Mesmo durante as fases mais violentas da guerra, católicos e muçulmanos viveram uns entre os outros, comerciando mercadorias e estabelecendo refúgios de hospitalidade. Durante estes oito séculos, a Ibéria foi um caldeirão onde cada uma das três grandes religiões monoteístas – catolicismo, islamismo e judaísmo – formaram as outras de maneiras sutis e óbvias.

Qualquer um que viajar hoje pela Espanha moderna poderá ver evidências do óbvio. Está lá nos interiores frescos e limpos de igrejas católicas e de sinagogas na forma da arquitetura típica das mesquitas. Está presente na comida, é claro, e na língua espanhola. Quanto mais para trás no tempo se vai lendo espanhol, mais cursiva é a caligrafia, até que no século XVI é absolutamente arabesca, seus floreios e espirais unindo as duas culturas livrescas. A sintaxe e a estrutura do espanhol derivam do latim. Mas centenas de palavras comuns vêm de al-Andalus,* muitas usadas para descrever as experiências mais primordiais do que significa ser humano e viver em sociedade: o prazer e a comida, as leis e a autoridade, o comércio e os impostos, e vontade, destino e aceitação. Sendo assim, elas têm algo a ver com esta história. Isto é, elas têm algo a ver com a escravidão.

Azúcar significa açúcar em espanhol e vem do árabe *sukkar*. Os muçulmanos o introduziram na Europa e tinham começado a plantar a cana-de-açúcar na Espanha no final do século XIII. Os portugueses e espanhóis levaram a cultura primeiro para as ilhas atlânticas, inclusive Açores e Madeira, e depois para as plantações do Novo Mundo, que precisavam de grandes números de escravos para cortá-la e moer os caules para extrair

---

* Nome dado à Península Ibérica pelos conquistadores muçulmanos.

o suco. Se os africanos ocidentais do *Neptune* tivessem chegado ao Caribe, é muito provavel que seriam postos para trabalhar numa dessas plantações. A palavra *aduana*, derivada do árabe, significa alfândega, enquanto *alcabala* e *almojarifazgo* se referem a impostos, palavras que os espanhóis usaram na América para regular a importação e venda de africanos, entre outros itens. *Azotar*, chicotear, também vem do árabe e descreve uma punição comum que senhores católicos e islâmicos infligiam a escravos. *Ahorrar* – acumular riqueza – e *ahorrarse* – poupar a si mesmo, inclusive ao poupar dinheiro suficiente para comprar a própria liberdade – vêm das palavras árabes *hurr*, que significa livre, e *harra*, que significa se libertar ou se emancipar da servidão, ser livre.[1]

Conquistas militares e ataques piratas foram a fonte principal de escravos para cristãos e muçulmanos. Contudo, antes de serem considerados verdadeiros escravos, os prisioneiros eram considerados reféns, ou *rehenes*, do árabe *raha'in*, que significa cativos usados como caução ou garantia. Era comum que católicos pedissem resgate por árabes ou berberes, para obter ouro ou escravos negros ou para libertar reféns cristãos. Os muçulmanos faziam o mesmo para libertar árabes e berberes capturados por católicos. *Mulato*, uma palavra espanhola que se refere a uma pessoa de raça mestiça europeia e africana, está relacionada ao termo árabe *mulo*, ou mula, do mesmo modo que *muxālatah*, que significa uma "mistura de coisas ou pessoas de diversos tipos", em geral de natureza ilícita ou proibida. O termo obsoleto *mujalata* significava negócios entre muçulmanos e não muçulmanos, inclusive comércio de escravos.[2]

Além de riqueza, poder e posição social, as palavras oriundas do árabe evocam um fatalismo associado a sociedades de escravos, sentimentos de destino, catástrofe e sorte – resignação ou não, ao lugar do indivíduo na sociedade. *Mezquino* vem do árabe e significa miserável, uma palavra usada com frequência para se referir a povos escravizados. A origem de *afán*, que em espanhol significa zelo, ou desejo, é mais difícil de rastrear. De acordo com um lexicógrafo, poderia derivar de palavras árabes significando pesar ou preocupação. Também podia significar extinção mística, uma experiência espiritual como a que Mori, Babo e seus outros companheiros muçulmanos devem ter sentido quando começaram a subida dos Andes no início do ramadã. *Ojalá* e *oxalá* são expressões populares espanholas e portuguesas. Elas se originam do árabe *inshallah* e significam "se Deus quiser".³

SE SÉCULOS DE LUTA e convivência criaram uma cultura compartilhada – inclusive uma cultura compartilhada de escravidão – também endureceram as divisões, aprofundaram as linhas de falha e geraram fundamentalismo. Não existe um caso singular que possa ser assinalado como um ponto de virada, um momento em que a tolerância, pelo menos na prática, tenha dado lugar ao absolutismo. A *reconquista* católica da Ibéria há muito tempo tinha sido considerada uma guerra religiosa, uma vez que era lutada por povos de duas fés diferentes. E depois de anos de derramamento de sangue, teóricos religiosos tanto das Cruzadas quanto do *jihad* elaboraram teorias cada vez mais complexas de "guerra justa" e escravidão, sancionando o cativeiro de infiéis enquanto proibiam a escravização de fiéis.

Mas, de maneira importante, religiosos católicos não argumentavam que a meta de sua *guerra buena* – guerra boa – fosse a conversão de muçulmanos. Em vez disso, eles legitimaram a *reconquista* como a justa retomada de território cristão por direito (uma vez que os visigodos tinham aceitado Cristo antes que os árabes chegassem).

A virada para o império foi diferente. Em 1492, a reconquista acabou e a conquista começou. Em janeiro, soldados católicos expulsaram os muçulmanos de Granada, o último bastião islâmico da Europa. Em abril, Cristóvão Colombo partiu para a América, seguido pouco depois por navios cheios de guerreiros que se imaginavam estendendo uma luta que tinha começado na Europa. "Com o fim da conquista dos mouros, que havia durado mais de oitocentos anos", escreveu um cronista em 1552, "a conquista das Índias começou."*

---

* Hernán Cortés, o conquistador do México, chamava os astecas sedentários de mouros, enquanto pelo menos um padre achava que os povos nômades que vagavam pelos desertos do Norte do México faziam-no recordar os alárabes, ou árabes. Os espanhóis usavam a palavra mesquita para descrever templos incas e astecas e acreditavam que as práticas de banhos rituais e sacrifícios de animais andinos eram suspeitosamente semelhantes a ritos islâmicos. Quando funcionários reais chegaram para fazer o levantamento das novas possessões de Castela, os burocratas locais os receberam apresentando encenações nas praças das cidades, não da conquista da América, mas da reconquista da Espanha. E o santo que os espanhóis escolheram para

Os teólogos católicos, contudo, não podiam justificar uma guerra contra os nativos americanos da mesma maneira como justificavam fazê-lo contra os muçulmanos na Ibéria, porque a Espanha – ou Portugal, no caso do Brasil – não podia invocar um direito histórico sobre a terra. E o fato de que nativos americanos, ao contrário de muçulmanos, nunca tivessem "conhecido" Cristo e, portanto, nunca tivessem tido a oportunidade de rejeitá-lo, era outro pretexto para subjugá-los. Para a Espanha, estes fatos criavam, como escreve um historiador, um "problema legal e moral de enormes proporções", pois outros impérios europeus estavam disputando o domínio exclusivo da Ibéria sobre as Américas ("Eu desejaria que alguém me mostrasse a cláusula no testamento de Adão que me deserda", teria dito o rei católico da França quando soube que o papa tinha dado o Novo Mundo para os espanhóis e portugueses.[4]

A Espanha começou a apresentar uma série de argumentos religiosos para fundamentar sua posição, cujos detalhes eram densos, mas o objetivo central era claro: seu direito de monopólio sobre a América era defendido como uma missão espiritual de salvar as almas dos nativos americanos. Para que a justificativa funcionasse, a América tinha que ser mantida pura. A Inquisição trabalhou para expurgar as heresias nativas (inclusive as práticas que recordavam os espanhóis de ritos muçulmanos), enquanto os funcionários reais proibiram judeus, judeus convertidos ao cristianismo, muçulmanos e muçulmanos convertidos (que somavam 400 mil pessoas em 1609, quase 5 por cento da população total da Espanha) de se estabelecerem nas Américas.[5]

Uma das primeiras proibições reais desse tipo foi promulgada em 1501, menos de uma década depois de Colombo ter posto os pés na Ilha de São Domingos. A Coroa instruiu seu novo governador das Américas a promover a "conversão dos índios à nossa sagrada fé católica" com "grande cuidado":

---

ser o patrono da América foi Santiago Matamoros. O próprio Colombo descreveu sua viagem como o passo seguinte na luta contra a "seita de Maomé e todas as idolatrias e heresias", apesar de um dos motivos pelos quais ele navegou para o oeste tenha sido evitar o islamismo, encontrar um caminho alternativo para não passar pelas rotas sob controle muçulmano para a Ásia.

Se encontrarem pessoas suspeitas em questões de fé presentes durante a conversão citada, isto poderia criar um impedimento. Não dê consentimento nem permita que passem muçulmanos ou judeus, hereges, ninguém reconciliado pela Inquisição, nem pessoas recém-convertidas à nossa fé, a menos que sejam escravos negros.⁶

A menos que sejam escravos negros. Ali estava o problema, pois a escravatura foi a porta dos fundos através da qual o islamismo veio para a América. Dos mais de 123 mil escravos trazidos para as Américas entre 1501 e 1575, mais de 100 mil eram da área ao redor dos rios Senegal e Gâmbia. A maioria era wolof, fulâni, walo, mandinga ou de outros grupos encontrados na África Ocidental. O que significava que havia muçulmanos entre eles.

Trazido por mercadores e líderes religiosos árabes e berberes, o islamismo havia se espalhado entre os povos abaixo do Saara centenas de anos antes que o primeiro navio negreiro viajasse para a América. O islamismo criava uma estranha espécie de continuidade, pois ao mesmo tempo que os católicos ibéricos estavam purificando a Europa do islamismo, eles começaram a navegar para a África Ocidental e a encontrar a "seita maldita de Maomé" espalhada por todos os lados entre os povos de pele negra. "Jalofos, fulas, e mandingas", em particular, escreveu um padre espanhol no final dos anos 1500, estavam "infectados pelo fungo perverso de Maomé" e "professavam a falsa doutrina do Anticristo".

A crença na "realidade de Alá" e seu "mistério inacessível", como registrada no Corão, assumia diversas formas na África Ocidental. Numa extremidade do espectro estava uma vertente quietista tolerante que coexistia pacificamente com animistas, até mesmo combinando práticas pré-islâmicas com ritos islâmicos, como a divinação e a feitiçaria, que em teoria deveriam ter sido proibidas pela lei corânica. Nesse sentido, o islamismo na África Ocidental, especialmente em áreas rurais, parecia muito com uma fusão de santos católicos e deuses nativos americanos que se enraizou em grande parte da América Espanhola. O historiador Lansiné Kapa escreve que o culto ancestral da África Ocidental podia existir lado a lado com o monoteísmo islâmico, com "espíritos menores" que, como se acreditava, tiravam seu poder de Alá. Na outra extremidade, havia uma ortodoxia jihadista que fazia guerra tanto a infiéis quanto a apóstatas.[7]

Em ambos os casos, o islamismo da África Ocidental era um credo com um forte princípio igualitarista e sentido de justiça. A ameaça era que desafiava o catolicismo em seus próprios termos, com um monoteísmo universal e a crença em um Deus eterno, invisível e misterioso.* Os católicos haviam reconhecido a ameaça na Ibéria, onde teólogos costumavam retratar o islamismo como um plagiador profano, pervertendo os verdadeiros rituais da Igreja, vestimentas e crenças (como celebrar o dia sagrado na sexta-feira – *viernes*, em espanhol –, em vez de no domingo, apesar de, como escreveu um padre católico, "nós sabermos que Vênus era uma prostituta sem-vergonha").[8]

E eles reconheciam a ameaça na África Ocidental. Falando sobre muçulmanos negros ao longo do rio Gâmbia, um comerciante português relatou que seus líderes "contam os meses como nós fazemos". Como o catolicismo, o islamismo da África Ocidental era uma religião literata. Eles "escrevem em livros encadernados", continuava ele, nos quais "contam muitas mentiras". Como os católicos, eles tinham um clero, mas "seus padres pagãos andam por aí magros e abatidos por suas abstinências, seus jejuns e suas dietas, uma vez que não comem carne de uma criatura que tenha sido abatida por uma pessoa que não seja um deles". Seus líderes religiosos usavam hábito, como os padres católicos, "com grandes chapéus pretos e brancos". E eles praticavam ritos similares à Santa Missa: "Eles fazem suas preces rituais com o rosto voltado em direção ao leste, e antes de fazê-lo, primeiro lavam os membros inferiores e depois o rosto. Eles recitam suas preces todos juntos, em uma voz alta, ruidosamente, como um grupo de clérigos em um coro, e no final encerram com 'Ala, Arabi'." E "orelhas negras (...) acreditam em mentiras."[9]

Contudo, ao contrário da missa latina católica, a religião na África Ocidental não era apenas aceita. Era debatida em uma linguagem que os fiéis

---

* De acordo com um viajante cristão entre os fulbes (ou fulas ou fulânis, é a mesma coisa) no início dos anos 1800, os muçulmanos da África Ocidental também reconheciam a semelhança: havia uma "crença de que o islamismo *é*, na verdade, o cristianismo verdadeiro e primitivo, como foi realmente ensinado por Cristo e seus apóstolos – reformado por Maomé, com igual autoridade, a partir das corrupções que àquela altura tinham sido introduzidas".

podiam compreender. A alfabetização e a fé andavam juntas. Um relato de uma testemunha ocular escrito por um jesuíta descreve muçulmanos mandingas criando mesquitas e escolas por toda a África Ocidental onde "ensinavam a ler e escrever na escrita árabe". Livros eram escritos e encadernados em cidades como Gao e Timbuktu ou chegavam do Norte da África e da Península Arábica, trazidos por "mouros mercadores", e incluíam não apenas o Corão e comentários corânicos, mas tratados científicos e versões em língua árabe dos Salmos de Davi, do Livro de Isaías e o Pentateuco, de Moisés. No final do século XVII, Timbo, nas montanhas ao norte da Guiné, com uma população de 10 mil pessoas, era um centro respeitado de aprendizado. "Atenção considerável", escreveu um observador americano, "é devotada à aquisição de conhecimentos", que incluía direito, aritmética, astronomia e línguas. Eram principalmente os homens que tinham o privilégio da alfabetização, mas nem sempre. Um mercador de escravos que viajava pela região disse que costumava ver mulheres idosas "ao pôr do sol lendo o Corão". Outros viajantes relatavam ter visto garotas aprendendo a ler.[10]

O ensino era rotina. A maioria dos rapazes "tinha lido o Corão várias vezes e o copiado pelo menos uma vez". O filho erudito do governante de Fouta Djallon, Abd al-Rahman Ibrahima, capturado e escravizado em 1788, sabia ler e escrever em árabe e pular e tinha sido educado em escolas em Timbo, Djenné e Timbuktu. Ele declarou que escrevia suas lições "48 horas por dia".[11]

Contudo, com toda a rigidez que a memorização através de repetição infindável acarreta, a combinação de pedagogia e instrução religiosa podia ser atribuidora de poder, criando uma comunidade de fiéis entre povos diversos. Ao contrário da missa latina, que intimidava os fiéis a distância, o islamismo na África Ocidental fundia verdade recebida, educação e experiência histórica, dando-lhe uma força que o jesuíta Alonso de Sandoval, no início dos anos 1600, descreveu assim:

> Essa língua soa como a fala de demônios no inferno (...) Na Guiné, os principais padres dessa seita maldita são mandingas, que vivem nas margens do rio Gâmbia e no interior a mais de quinhentas léguas. Eles não só bebem o veneno da seita de Maomé, como também o levam

para outras nações. Eles o levam junto com aquelas mercadorias para muitos reinos (...) Estes padres têm mesquitas e hierarquia de clero semelhante aos nossos cargos de arcebispos e bispos. Eles têm escolas onde ensinam a escrita árabe, que usam para escrever seus pergaminhos. Quando os clérigos de alta hierarquia viajam, são recebidos em diferentes lugares como se viessem do céu. Quando chegam a uma nova cidade, anunciam o dia em que começarão seus sermões de modo que muitas pessoas de toda a região saibam onde se reunir e a que horas. Eles enfeitam uma praça e penduram alguns pergaminhos que parecem conferir a suas mentiras alguma autoridade. Então os padres se levantam e erguem as mãos e os olhos para o céu. Depois de algum tempo, prostram-se diante dos escritos infernais e fazem reverências para eles. Depois de se levantar, eles agradecem a Alá e ao grande profeta Maomé, enviado para perdoar seus pecados. Então eles louvam a doutrina escrita nos pergaminhos e pedem que todos prestem atenção. Ninguém fala, dorme ou deixa os olhos se afastarem por duas horas enquanto eles leem e discutem os escritos. Oradores elogiam seus reis e senhores, insuflando sua vaidade, enquanto os padres falam de suas vitórias e das de seus ancestrais. Eles misturam muitas mentiras em suas histórias, degradando nossa sagrada fé e louvando a seita maldita de Maomé, eloquentemente, persuadindo reis e todo mundo a rejeitar a cristandade.*

---

* Esse parágrafo é do tratado de Sandoval sobre a escravatura, originalmente intitulado *De instauranda Aethiopum salute*. Sandoval baseou seu livro em anos de trabalho de campo na zona portuária de Cartagena, um dos primeiros portos de escravos criados pelos espanhóis no continente americano, para o qual vieram dezenas de milhares de africanos ocidentais. Já no início dos anos 1600, quando Sandoval estava ativo, a cidade tinha mais de 7 mil habitantes africanos ou descendentes de africanos, mais do que o dobro da quantidade de europeus. Para se comunicar nas mais de setenta línguas africanas ou dialetos que existiam na cidade, Sandoval trabalhava com intérpretes ou usava o crioulo afro-espanhol que havia se criado com o comércio de escravos. Entre as informações que ele coletou, havia impressões de escravos dos batismos coletivos forçados realizados antes que deixassem a África, em que marinheiros empurravam as cabeças dos africanos capturados para dentro de caldeiras de água enquanto padres entoavam orações em latim. Comparados com como os clérigos muçulmanos disseminavam sua fé nas regiões ao sul do Saara, estes batismos em massa não eram eficazes, na opinião de Sandoval, para incutir nos escravos africanos apreço pela cristandade. Alguns pensavam que estavam sendo marcados, que o óleo seria espremido para fora de seus corpos e que eles

Séculos depois, no início dos anos 1800, um viajante protestante entre os fulbes observou de maneira semelhante a importância da educação na conversão ao islamismo. Gente pobre e famílias de agricultores, dizia ele, abraçavam Alá de modo a garantir uma educação para seus filhos. "A disseminação do islamismo tem sido tão rápida por estes meios", escreveu ele, que brevemente "superaria o paganismo na África Ocidental". Ele, ainda que a contragosto, admitia a atração: sua "influência é em certa medida humanizadora", oferecendo algo "em que o espírito cansado pode repousar".[12]

NINGUÉM SABE QUANTOS MUÇULMANOS havia entre os 12,5 milhões de africanos trazidos presos com grilhões para a América. Alguns estimam que correspondiam a 10 por cento. Eles estavam presentes nos primeiros

---

seriam comidos. Outros acreditavam que era uma feitiçaria, destinada a impedi-los de se rebelar no navio. Por vezes escravos eram batizados e marcados a fogo na mesma cerimônia, a carne deles queimada com um R encimado por uma coroa, um selo real. Eles podiam não ter compreendido o significado da água, mas a dor se fazia compreender. Sandoval era especialmente pessimista com relação à conversão de muçulmanos wolofs, fulânis e mandingas. A história de Sandoval não questionava a legitimidade da escravatura. "Só Deus sabe se estes negros são escravizados justamente", escreveu ele. Mas ele descrevia os africanos como seres humanos sofredores, com almas iguais às dos brancos. Ele foi um dos primeiros europeus a descrever em detalhes claros e horrendos o tormento que hoje associamos com o tráfico de escravos, uma descrição ainda mais incomum uma vez que era baseada no testemunho dos próprios escravos. Sandoval era especialmente crítico dos "cristãos" que "punem mais os seus escravos numa semana do que" senhores de escravos muçulmanos "punem em um ano". O padre também esteve entre os primeiros europeus a compreenderem a escravatura como uma instituição quintessencialmente moderna no sentido de que se forçava uma alienação psíquica, ou cisão, entre aparência e realidade, entre os pensamentos interiores do indivíduo e seu desempenho exterior. Os colegas jesuítas de Sandoval argumentavam que desde que os escravos não se rebelassem abertamente contra a Igreja católica, a passividade deles podia ser tomada como consentimento implícito de que eles aceitavam Cristo. Mas Sandoval reconhecia que os escravos tinham vida interior e pensamentos privados escondidos de seus senhores, que a brutalidade inerente à escravidão obrigava os escravos a usarem a astúcia para sobreviver. "Pensem sobre como eles não lutam contra o ferro quente que é usado para marcá-los e permanentemente aprisioná-los ao poder de seus donos para serem vítimas de abusos e ameaças", escreveu ele; "o ferro quente os fere, e eles não o querem, mas o recebem passivamente e o aceitam, enquanto o detestam interiormente." Quanto ao batismo, aqueles africanos que o compreendiam como um rito de conversão religiosa com frequência comentavam depois que "'seu coração não lhes tinha dito nada' (usando as palavras deles)".

navios negreiros que começaram a chegar em 1501. Mais de três séculos depois, estavam entre alguns dos últimos. Muçulmanos desembarcaram nos portos de escravos mais ao norte dos Estados Unidos, na Nova Inglaterra e nos mais ao sul, Buenos Aires e Montevidéu.

Para alguns muçulmanos escravizados trazidos para a América, o islamismo era a religião de regra, a fé em estados expansionistas, como os impérios do Mali e Songhai. Tais sociedades eram altamente letradas tanto em árabe quanto nas línguas locais e se organizavam ao redor de mesquitas urbanas, bibliotecas e escolas. Em outras áreas, o islamismo era a religião de resistência, de comunidades corânicas pastoris ou agrícolas que lutavam para conquistar ou manter sua autonomia de suseranos injustos ou infiéis. Em 1804, por exemplo, os nômades fulâni e hauçá iniciaram uma *jihad* contra governantes da cidade-Estado de Gobir, que estavam escravizando muçulmanos nascidos livres. A insurgência era liderada por um pregador sufi chamado Uthman dan Fodio, que libertava escravos, que se juntavam a sua causa, e defendia a manumissão daqueles que se convertessem ao islamismo. A guerra durou mais de uma década e transformou grande parte da África Ocidental, um acontecimento que o historiador Manuel Barcia afirmou que foi tão importante para a história do mundo atlântico quanto foram as revoluções francesa e haitiana. À medida que a luta convulsionava o vale superior do Níger, muçulmanos e não muçulmanos eram capturados em ataques, vendidos para os europeus e embarcados para a América, com suas diferenças religiosas cedendo lugar aos horrores compartilhados da "Passagem do Meio". Foi por volta dessa época que Babo, Mori e os outros rebeldes do *Tryal* foram escravizados.[13]

O islamismo, portanto, forneceu aos escravos americanos as leis (um conjunto de regras e expectativas governando o que constituía escravidão justa) e o espírito (a experiência da *jihad* ou insurgência contra escravizadores ilegítimos) necessárias para contestar sua servidão e a cultura alfabetizada e a teologia para processar sua experiência. Um viajante inglês observou que no Brasil alguns escravos muçulmanos "escrevem em árabe com fluência e são vastamente superiores à maioria de seus senhores".[14]

Os muçulmanos fizeram parte da primeira grande revolta de escravos na América, que ocorreu no Dia de Natal de 1521, numa plantação administrada pelo filho de Cristóvão Colombo. Dúzias de homens wolof tirados do Senegal se revoltaram, matando espanhóis, queimando plantações e conquistando uma semana de liberdade até serem capturados e enforcados. Depois desta rebelião, as autoridades espanholas emitiram seu primeiro édito, dos muitos que se seguiriam, proibindo a escravização de africanos que se acreditasse que fossem muçulmanos. Entre os banidos estavam os negros do Levante ou criados entre mouros, povos da Guiné, e "uólofes", ou "wolof", habitantes da região ao redor dos rios Senegal e Gâmbia. Os espanhóis consideravam os wolof especialmente "arrogantes, desobedientes, rebeldes e incorrigíveis". Eles tinham, escreveu um poeta espanhol, "vãs presunções de serem cavaleiros".[15]

Os muçulmanos continuaram a ser capturados e embarcados para a América. E continuaram a se revoltar. Estavam entre os africanos e seus descendentes que lutaram por sua liberdade na Revolução do Haiti. Encontravam-se na fazenda de George Washington de Mount Vernon e provavelmente em Minticello, de Thomas Jefferson. Fizeram parte do exército de Simón Bolivar de escravos e mulatos libertos que acabou com o colonialismo espanhol. A maior concentração de africanos que professava o islamismo ficava na Bahia, no Brasil, onde no século XIX liam o Corão, rezavam em mesquitas, se vestiam de linho branco, respeitavam os dias sagrados islâmicos, jejuando durante o ramadã e celebrando sob a lua cheia do Eid. Em 1835, protagonizaram a maior rebelião escrava das Américas. O dia escolhido para iniciar a insurreição foi o mesmo em que Babo e Mori iniciaram a deles décadas antes – Laylat al-Qadr, a Noite do Poder.[16]

INTERLÚDIO

O abominável, desprezível Haiti

QUANDO HERMAN MELVILLE ESTAVA TENTANDO DECIDIR QUE NOME DAR ao navio negreiro em *Benito Cereno*, uma possibilidade seria manter o nome real do navio, *Tryal*. Era bastante ressonante. Abraham Lincoln ainda não tinha, quando Melville começou a escrever a história, no início de 1855, usado a expressão bíblica *ardente prova* (*fiery trial*) para se referir à crise da escravatura. Mas essa era uma metáfora comum no boca a boca que Melville ouvia quando jovem, usada com frequência para se referir à Revolução Americana. No entanto, Melville se decidiu por chamar o navio de *San Dominick*, identificando-o com o antigo nome colonial francês do Haiti, Santo Domingo.[1]

Embora a antiga colônia de escravos tenha declarado independência em 1804, levaria mais de meio século até que os Estados Unidos reconhecessem o país. Washington não receberia "embaixadores negros", declarou um senador do Missouri, uma vez que fazê-lo seria honrar "assassinos de senhores e senhoras". Mesmo muitos dos mais apaixonados abolicionistas não queriam dar muita importância ao Haiti, temendo que defensores da escravatura usassem a selvageria que havia sido desencadeada durante a revolução para desacreditar a causa deles. "Aquele abominável, desprezível Haiti" foi como Harriet Beecher Stowe fez com que uma simpática personagem descrevesse o país em *A cabana do pai Tomás*. Mas outros, desesperando-se com o fato de que a escravatura estava se tornando cada vez mais forte, começaram a celebrar a revolução e a elogiar seu pai fundador, Touissant Louverture, declamando poemas, fazendo discursos e montando peças em sua memória.[2]

Ao longo dos anos 1850, por exemplo, o jornal de Frederick Douglass publicou notícias sobre este *revival* de Touissant, inclusive uma crítica da estreia de uma peça intitulada *Touissant L'Ouverture*, em Paris, no Teatro Porte St.-Martin:

"Uma multidão se reuniu ao redor das portas desde cedo, ao meio-dia; na estreia, a fila era imensa. Na primeira cena, a população de Santo Domingo era mostrada reunida à beira-mar, sobre cuja superfície azul estava refletida a luz brilhante do sol; a Marselhesa negra foi cantada com entusiasmo." "Os donos de escravos estão dormindo em vulcões adormecidos", disse Douglass em 1849. Seis anos depois, Melville perguntou se o *San Dominick* de *Benito Cereno* era "como um vulcão adormecido" esperando para "liberar as energias que naquele momento escondia".[3]

Talvez Melville, ao chamar seu navio de *San Dominick*, estivesse concedendo um pequeno reconhecimento literário à ilha-república por tanto tempo negada. Ou talvez ele tivesse apenas ficado impressionado com a maneira como o Benito Cerreño histórico negava a existência do Haiti para Babo, Mori e os outros, e assim tivesse decidido tornar-se senhor e depois prisioneiro de um navio chamado com o mesmo nome do país.

Melville fez outras mudanças no relato verídico de Delano, detalhes que tornavam mais intensa a "estranha embarcação", com sua "estranha história" e "gente estranha a bordo". No início da história, ele faz Delano reparar que a proa do navio está envolta em lona, debaixo da qual está escrita a frase "Siga seu líder". Mais tarde, quando os homens de Delano estão retomando o navio, a lona é retirada, revelando uma visão macabra: o esqueleto de Alejandro de Aranda. Os rebeldes haviam substituído o busto de Cristóvão Colombo, que havia sido a carranca do *San Dominick*, pelos ossos de Aranda, insinuando que eles o tinham canibalizado. Também é revelado que Babo obrigou os passageiros e membros da tripulação que sobreviveram a se apresentar, perguntando a eles, enquanto apontava para o esqueleto na proa, "se por sua brancura ele não deveria pensar no esqueleto como sendo de um branco". "Mantenham a fé nos negros daqui até o Senegal", adverte o africano ocidental, "ou vocês em espírito, como agora em corpo, 'seguirão o seu líder'."

Estava Melville, ao escrever a cena, tentando simbolicamente reverter a "história inteira do Novo Mundo contada do ponto de vista americano europeu", revelando os "rudimentos de sua própria carnificina", como sugeriu um acadêmico? Será que ele pretendia transformar o senhor de escravos no "emblema sacrifical de seu próprio sistema perverso de poder"? Será que ele acreditava que só ao reduzir a carne a ossos esbranquiçados podia o pecado da escravidão ser expurgado da América?[4]

É impossível saber. Mas em fevereiro de 1855, apenas dois meses antes de Melville apresentar *Benito Cereno* para publicação na *Putnam's Monthly*, Charles Wyllys Elliott fez uma palestra sobre a Revolução Haitiana na Biblioteca Mercantile, em Astor Place, Manhattan. Ele começou seus comentários com a maior revolta de escravos do Novo Mundo – a que foi liderada por wolofs africanos ocidentais em 1521, na *plantation* em Santo Domingo do filho de Cristóvão Colombo. "Os escravos haviam se rebelado e matado seus feitores", disse Elliott, "e sido enforcados às vintenas." Elliott, um escritor e urbanista que frequentava os mesmos círculos que Melville e cuja palestra seria publicada pela mesma prensa que publicaria *Benito Cereno*, recordou à plateia de que o Haiti costumava se chamar Santo Domingo, onde Cristóvão Colombo fez o primeiro desembarque, logo depois do qual um "milhão dos nativos ingênuos" seriam "sacrificados" por ouro. Depois que este primeiro genocídio do Novo Mundo foi concluído, os espanhóis se voltaram para a África, "para roubar, seduzir e comprar negros (...) abençoados pelo papa, encorajados pelo Estado".[5]

"Isso foi apenas o começo", disse Elliott. Realmente, siga seu líder.

PARTE VI
QUEM NÃO É UM ESCRAVO?

Liberdade é o nome de uma coisa que não é liberdade.

— HERMAN MELVILLE, *MARDI*

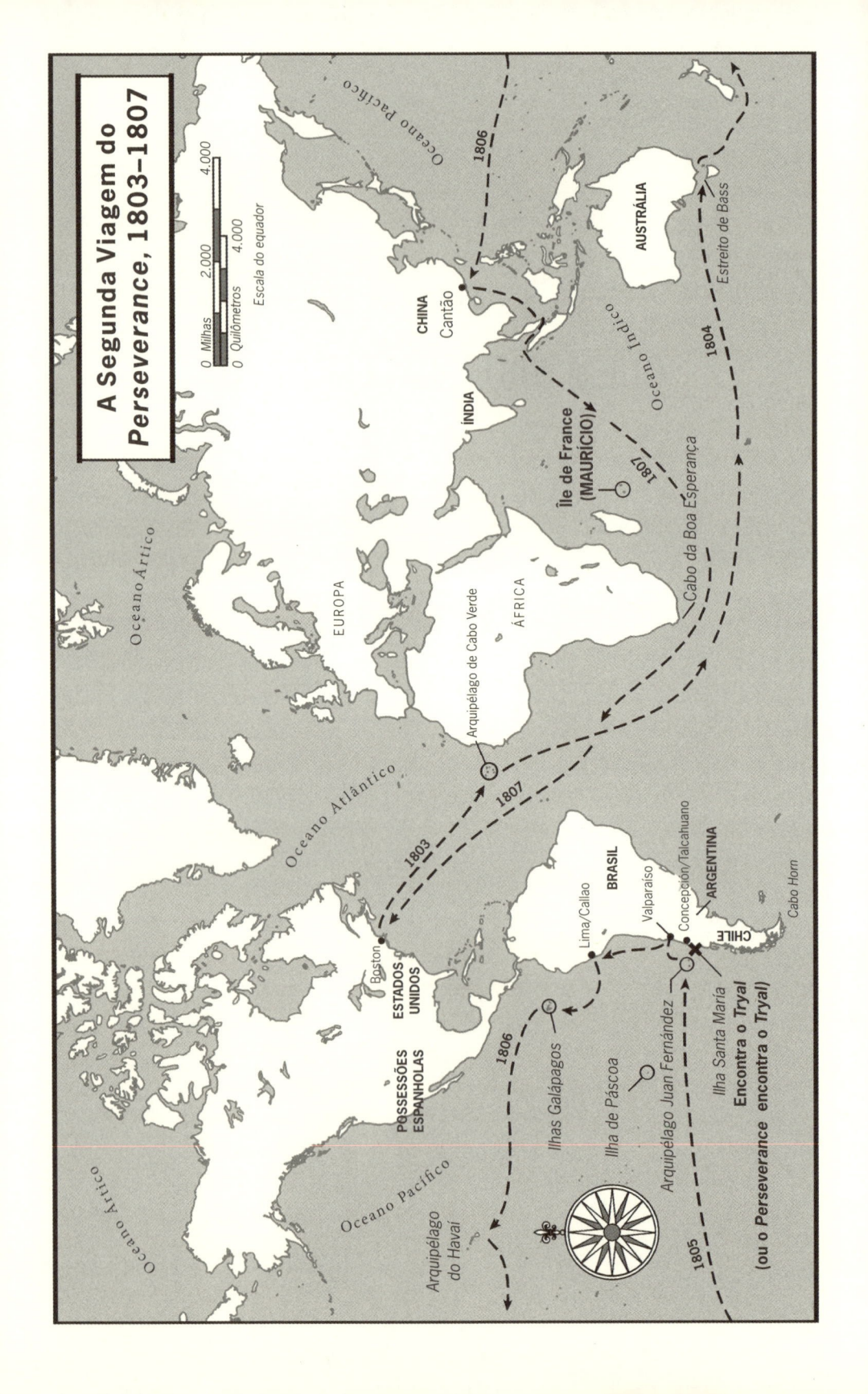

A Segunda Viagem do Perseverance, 1803–1807

CAPÍTULO 20

DESESPERO

Em fevereiro de 1805, enquanto Amasa Delano navegava para o sul ao longo da costa do Chile, rumo à Ilha Santa María na segunda viagem de caça às focas do *Perseverance,* os cumes cobertos de branco dos Andes desviaram sua mente dos problemas. De norte a sul, até onde a vista de Delano podia alcançar, montanhas se elevavam por trás de montanhas, "com terrível sublimidade". O marinheiro autodidata usava aquela palavra no sentido em que era usada por homens que tinham lido Edmund Burke ou algum outro poeta do século XVIII. Descrever algo como sublime era dizer que evocava ao mesmo tempo terror e prazer – terror por encarar o infinito da natureza e prazer por fazê-lo de longe. Há um privilégio implícito, pois só as almas afortunadas conseguiam viver a experiência do terror de um lugar seguro, como Amasa Delano no "convés de seu navio, a doze ou quatorze quilômetros ao largo da costa".

O céu estava claro, e a boreste o sol quase se pondo lançava sua luz nos sopés ocidentais da cadeia, criando uma gelosia de luz e sombra. O *Perseverance* avançava a um ritmo regular em um mar calmo. O olhar de Amasa seguia a água ondulada que fluía para dentro das planícies da costa, traçando o contorno da terra, até que esta disparava para o alto com uma verticalidade espantosa. As montanhas eram "magníficas de forma indescritível", refletia ele. "Lindamente sombreadas em alguns lugares, onde uma montanha se eleva um pouco à frente da outra, criando o cenário mais interessante e esplêndido que poderia ser concebido."[1]

* *

O PERSEVERANCE, JUNTO COM o *Pilgrim*, com a expectativa de que esta segunda expedição fosse ser bem-sucedida como a primeira, fora lançado ao mar de Boston dezessete meses antes. Ambos eram praticamente albergues da família Delano. O *Pilgrim* era capitaneado pelo irmão de Amasa, Samuel, e levava seu outro irmão, William, "que tinha um pé deformado". Amasa estava no *Perseverance* com seu sobrinho e pupilo Charles, que tinha 7 anos, mas "precisava de tanta atenção" quanto uma criança de 3. O garoto tinha perdido o movimento dos braços e Amasa era obrigado a cuidar da criança, uma responsabilidade que, como o próprio disse, teve "um efeito mais poderoso" sobre ele "que todas as outras coisas juntas".[2]

Embora sua última viagem tivesse dado lucro, obrigações familiares e dívidas tinham se acumulado enquanto Amasa estivera fora. Em junho, ele tinha se casado com a viúva Hannah Appleton, que era dona de uma respeitável pensão em Boston. Mas o dinheiro continuava sendo um problema. Em terra, Delano sentia o peso da responsabilidade. Samuel era um armador e tinha imóveis em Duxbury, de modo que podia cuidar de si mesmo. William, de 20 anos, que mais tarde morreria no mar, era uma figura mais desafortunada. E suas três irmãs, especialmente Irene, apenas um ano mais moça que ele, não estavam em boa situação financeira.

O peso se tornava maior à medida que Amasa se preparava para partir. "Quase todas as pessoas de nossas relações, que deixaríamos para trás, precisavam de nossa assistência", escreveu ele, e "nossa ausência não seria menor que três anos".

Ele confessou que estava sentindo "mais ansiedade que jamais havia sentido no início de qualquer empreitada". Estava tirando de seus "pais todos os filhos que tinham, e um neto, e de minhas irmãs, todos os irmãos". E estava sentindo seus 40 anos: "Eu me achava menos ativo física e mentalmente do que quando tinha 25 anos de idade." Contudo, ele não tinha escolha senão enfrentar "tempestades, perigos e ondas" para arrancar o que pudesse "das rochas estéreis em regiões distantes".[3]

O PERSEVERANCE E O PILGRIM PRIMEIRO fizeram uma escala para pegar um carregamento de sal em Cabo Verde, onde também contrataram alguns marinheiros portugueses e alguns voluntariosos "ilhéus de Sandwich". Depois eles navegaram descendo a costa ocidental da África, contornando o Cabo da Boa Esperança, e atravessaram o Oceano Índico em direção ao Pacífico, ganhando homens adicionais ao longo do caminho.

Os irmãos tinham ouvido dizer que as focas andavam escassas nas águas ao largo do Chile, mas o capitão de um navio francês havia lhes dito que as colônias estavam cheias em King Island, na boca leste do Estreito de Bass, a passagem larga e ventosa que separa a Tasmânia da Austrália continental. A ilha tinha sido lar dos abundantes emus de plumas escuras. Quando Delano finalmente chegou lá, no início de 1804, as focas não existiam mais e nem os emus. Ao longo dos milênios, tais aves da família do avestruz tinham evoluído para serem capazes de chutar até a morte a maioria dos predadores, mas em apenas cinco anos os caçadores de focas as haviam caçado até a extinção, usando cães especialmente treinados para agarrar as aves pelo pescoço.[4]

"Imensamente decepcionados por não encontrarem nenhuma foca na ilha", os irmãos rumaram para o lado oeste do estreito, para Cape Barren Island. Ao longo do caminho, encontraram um navio encalhado, o *Integrity*, um cúter britânico que ajudava a fundar uma nova colônia penal no rio Derwent (que no correr dos anos se tornaria a cidade de Hobart, o primeiro e o maior povoado britânico da Tasmânia). O *Perseverance* parou e ajudou a reparar o leme quebrado, enquanto o *Pilgrim* levou sua carga e passageiros até o Derwent. Depois Amasa enviou Samuel para Sydney, para apresentar ao governador britânico uma fatura no valor de 400 libras por "serviços prestados". O governador reclamou que a conta era excessivamente alta, mas teve que pagá-la, uma vez que o capitão do *Integrity* havia assinado a fatura. Delano, na opinião dele, era "um sujeito de natureza pirata" por se aproveitar da situação para "ganhar lucros extorsivos".[5]

O *Perseverance* chegou à Baía Kent, em Cape Barren Island, no dia 3 de março e montou acampamento. As águas circundantes eram cheias de "rochas, baixios e perigos", e a terra era feita de granito partido e profundos barrancos ondulados de argila cobertos de relva, árvores, urzes e mato. A caça às focas tinha começado ali, e em outros lugares no estreito, havia apenas alguns anos. Contudo, as autoridades britânicas já se preocupavam com o extermínio promíscuo de focas adultas, que estava matando de fome milhares de filhotes na praia. Se o preço de mercado estivesse alto o suficiente, teria valido a pena matar as focas jovens, uma vez que suas peles podiam ser usadas para fazer carteiras e luvas. Mas com o mercado da China saturado e o preço da pele caindo, as margens de lucro não eram suficientes para pagar pelo tempo e esforço necessários para esfolar focas pequenas (era mais fácil apenas cortar as peles maiores em pedaços menores).[6]

O problema mais imediato de Delano em Cape Barren não era o número reduzido de focas, e sim um número grande demais de caçadores. Alguns deles eram fugitivos da Austrália continental que trabalhavam para comerciantes de Port Jackson e Sydney. Outros eram fugitivos da colônia penal no rio Darwent, para onde os britânicos tinham começado a trazer sua "pior classe" de criminosos. "Malcomportados, inúteis e preguiçosos", muitos desses "miseráveis embrutecidos abandonados" fugiam assim que chegavam, roubando barcos, mosquetes, pólvora e comida e fugindo na escuridão para o Estreito de Bass. Eles esperavam chegar à Nova Zelândia ou a Timor, embora a maioria chegasse apenas a Cape Barren, aumentando o "número de fugitivos ilegais que por tanto tempo haviam infestado" a ilha. Aqueles "ratos do mar" se juntavam a equipes de caça já estabelecidas com contratos com comerciantes ou trabalhavam como homens sozinhos, vivendo em casebres miseráveis e sequestrando mulheres indígenas da Tasmânia para manter como esposas escravas. Acendiam fogueiras de sinalização falsas para atrair navios para os baixios, e então os pilhavam e os destruíam.[7]

Amasa disse mais tarde que tinha tentado evitar um "rompimento aberto" com os outros caçadores. Contudo era difícil suportar tantos "insultos de vilões como aqueles". Seus barcos foram roubados e seus navios tiveram as amarras cortadas e ficaram à deriva. Muitos de seus homens não conseguiram suportar a perseguição. Desertaram, indo se juntar a equipes de caça rivais ou se alistando no serviço militar de "Sua Majestade Britânica". Com sua tripulação se reduzindo, Delano foi obrigado a refazer sua equipe com condenados fugitivos.[8]

Por volta da metade de outubro, desentendimentos ocasionais explodiram tornando-se uma verdadeira batalha campal entre a equipe de Amasa e uma equipe de caça liderada por James Murrell, que trabalhava para a casa comercial Kable and Underwood, de Sydney. Depois que Murrell e sua equipe destruíram um acampamento montado por Delano, os marinheiros deste retaliaram. Tiraram Murrell e alguns de seus homens de suas cabanas arrastando-os pelos cabelos, por cima de pedras e urtigas, até a praia, os despiram, os amarraram a árvores e os chicotearam até tirar sangue. Murrell se soltou e fugiu para o mar. Ele foi perseguido por um "selvagem da Ilha Sandwich" – um dos havaianos da tripulação de Delano – e recebeu "vários golpes violentos dados com grandes pedras". Murrell levantou o braço para se defender e foi golpeado entre o pulso e o cotovelo "com tanta violência, a ponto de rasgar a pele". Finalmente, ele foi arrastado para fora do mar semimorto, abandonado na praia, sofrendo com as "mais terríveis dores".

O *Perseverance* e o *Pilgrim* fugiram para Nova Gales do Sul no dia seguinte. Os navios quase não levavam peles, mas partiram com pelo menos dezessete desertores ou condenados fugitivos ingleses, galeses e irlandeses, além de lona, equipamentos e cordame roubados do acampamento de Murrell.[9]

OS IRMÃOS DELANO RUMARAM para leste para os territórios de caça mais conhecidos ao largo do Chile, parando em diversas ilhas e ainda assim sem encontrar focas. Percebendo que a viagem era um fracasso, seus homens começaram a abandonar o navio, vários em cada ancoradouro. Os dois irmãos, decidindo que se eles se separassem poderiam cobrir mais territórios e talvez encontrar um local onde houvesse caça, traçaram um plano de se encontrarem numa ilha chamada Santa Maria e seguiram cada um para um lado. Samuel rumou para as ilhas de San Ambrosio e San Félix, e Amasa foi para o norte, para Juan Fernández, situada entre Más Afuera e o continente.

O *Perseverance* largou âncora a cerca de nove quilômetros ao largo da costa noroeste da ilha. A maioria dos homens com quem Delano podia contar tinha ficado em outro local para caçar, deixando-o com uma sensação de isolamento. Capitão de seu navio, ele se sentia seu prisioneiro. Seus irmãos estavam muito longe e ele não tinha ninguém a bordo em quem confiasse plenamente para colocar no comando. Também não confiava em nenhum dos marinheiros do navio, especialmente nos tasmanianos condenados, para saírem sozinhos com o baleeiro. Ele temia que, se chegassem à ilha, não voltariam, ou, se encontrassem outros homens sozinhos, poderiam se unir contra ele. De modo que Delano, a despeito de suas dúvidas sobre deixar o navio, não tinha escolha senão liderar a equipe de caça.

Ondas altas bloquearam seu desembarque e o barco derivou para leste com o vento. O tempo estava encoberto, e não demorou muito para que Delano visse que seu navio estava se afastando da ilha, aparentemente tendo levantado âncora. O navio estava desaparecendo rumo ao oeste e logo pareceu que era apenas "do tamanho de um polegar". Os homens de Delano trabalharam duro nos remos, mas não conseguiram avançar. Chegaram a uma baía mais calma com um pequeno píer. O governador da ilha, que estava ali na doca como se esperando por eles, se recusou a permitir que viessem a terra. Delano implorou por permissão para passar a noite. O governador, cumprindo ordens de Lima de não permitir a entrada de estrangeiros na ilha, não cedeu. Delano não teve escolha senão seguir de volta para além da arrebentação, onde o vento e o mar tinham ficado ainda mais duros.[10]

As ondas começaram a quebrar em cima do barco. Os homens remaram e retiraram água do barco com baldes até às dez da noite, mas mesmo assim não conseguiram encontrar o *Perseverance*. Delano disparou de um mosquete, esperando que seu navio visse o clarão, mas o ar carregado diminuía a luz. "O mar cruzado era tamanho" que com cada puxada dos remos a água enchia "o barco quase até metade da altura dos bancos". Contudo eles não podiam esperar a tempestade passar, cavalgando as ondas sem nenhum tipo de lastro. Cada levantada pela crista de uma onda era seguida por um mergulho molhado no cavado. De modo que Delano mandou seus homens amarrarem os remos uns nos outros para fazer dois travessões, um de cada lado do barco, cada um lastreado com pedras, improvisando um catamarã para ajudar a dar estabilidade à embarcação fustigada pelas ondas.

A equipe de caça ficou assim a noite inteira, "enfrentando extremas dificuldades". Amasa já tinha quase se afogado uma vez em Cape Barren. Ele, seu irmão William e quatro outros marinheiros levavam barris de peixes para a costa em um barco pequeno para defumar. Mas quando estavam remando em direção ao continente, foram apanhados por um "mercado de cavalos". Duas correntes de marés em colisão levavam as ondas a subir umas contra as outras: o barco deles subiu e desceu, e então se encheu de água e afundou, deixando Amasa e os outros "boiando na superfície". Amasa se agarrou a um pedaço de madeira para se manter à tona. Quando olhou para cima, viu um de seus homens, um sueco chamado Fostram, nadando em sua direção. Em pânico, Fostram o puxou para o fundo, Delano começou a bater os pés furiosamente para se afastar. Olhou para trás e viu Fostram se afogar. "Eu me lembro apenas de alguns incidentes em minha vida", escreveu Delano mais tarde, "que foram mais gratificantes para mim que ver Fostram afundar." Então ele viu outro marinheiro que também estava tentando alcançá-lo. Este também se afogou. "Nunca até aquele momento eu tinha sentido qualquer satisfação ao ver um homem morrer, mas tão grande é a estima que temos por nós mesmos quando em perigo, que preferiríamos ver a raça humana inteira perecer do que morrermos nós mesmos." Finalmente o mar se acalmou e Amasa, William e dois outros homens foram resgatados.[11]

Dessa vez Amasa não podia contar com seus irmãos. Samuel estava longe, ao sul, procurando focas, e William estava numa ilha próxima. Ele começou a temer que o *Perseverance* o tivesse abandonado intencionalmente. Grupos tinham se formado no navio, e durante a velejada de Nova Gales do Sul para a América do Sul seus líderes estava constantemente testando a autoridade dele. Com a ausência da força de um inimigo externo para combater, como Murrell, e sem focas para matar, e, portanto, nenhum dinheiro para ganhar, alguns de seus homens tinham se voltado contra ele. Marinheiros que tinham estado com os irmãos desde a partida de Boston, um ano antes, tinham começado a reclamar que a "parte" deles na viagem até aquele momento era lastimavelmente pequena. Aqueles que tinham se juntado a eles no caminho, especialmente os condenados fugitivos, não tinham qualquer lealdade aos Delano. Brigas começaram a irromper entre os tripulantes. Atos de insubordinação mesquinha cresceram em frequência. Seus homens ignoravam suas ordens. Pior, eles começaram a zombar dele. "Minha tripulação estava refratária, os condenados eram absolutamente infiéis."

Delano começou a se apoiar em seu primeiro oficial, Rufus Low, para administrar punições mais frequentes e mais duras. As retaliações pioraram a situação, acelerando o ciclo entre transgressão e repreensão. Logo, um Delano desesperado estava distribuindo chicotadas e negando rações de comida por "pequenas transgressões".* Os marinheiros, por sua vez, começaram a ver o comando de Delano como cada vez mais caprichoso. "Nada agrada a ele", testemunhou um marinheiro mais tarde.[12]

Flutuando no mar agitado em seu catamarã improvisado, Delano pensou que havia perdido seu navio e que sua tripulação o havia abandonado para morrer. Vestia roupas leves, apenas uma calça de nanquim, que era "muito justa", um colete e paletó de algodão branco fino. Estes também eram justos. Amasa se deitou no fundo do barco e passou a noite ensopado, "com água passando por cima de mim o tempo todo". O mar continuou agitado durante a manhã. Às dez, a tempestade finalmente havia amainado, permitindo que os homens desmantelassem os travessões improvisados e começassem de novo a remar. Finalmente, depois de mais cinco horas, eles encontraram o *Perseverance*. Uma corda com roldana teve que ser usada para levar Delano de volta para seu navio, uma vez que ele estava temporariamente paralisado por ter passado a noite fria envolto na roupa de algodão encharcada. Perguntou ao marinheiro que ficara responsável por que eles não tinham ficado de olho no barco e recebeu apenas uma resposta vaga. A tempestade impediu que os homens fizessem isso, disse ele a Delano. E o vento forte fez com que eles baixassem as velas.

Delano deu uma ordem para recolherem as equipes de caça nas vizinhanças e partiu para Santa María. Ele precisava encontrar seu irmão.

---

* Rufus Law, da cidade de Gloucester, em Cape Ann, Massachusetts, era, ao lado de Delano, o marinheiro mais experiente do *Perseverance*. Low tinha sido capitão de um navio mercante que fez várias viagens para a Índia. Em 1794, ele era o comandante da escuna *Industry*, que foi capturada primeiro pela Marinha britânica e depois pela Marinha francesa, antes de ser saqueada por autoridades coloniais francesas no Haiti. Em 1800, ele também serviu no USS *Essex*, um dos primeiros navios modernos da Marinha dos Estados Unidos, como imediato, numa viagem em que um número excepcional de açoitamentos teve lugar.

CAPÍTULO 21

ILUSÃO

O *Tryal* se aproximou pelo lado difícil e ventoso da Ilha Santa María contornando sua ponta sul, balançando e se inclinando. Foi por sorte que Cerreño conseguiu ancorar próximo a uma borda baixa que se estendia por cerca de um quilômetro e meio para fora do continente, parando por completo numa baía tranquila a cerca de meia légua do *Perseverance*, de proa virada para popa.

Aproximar-se do brigue de Duxbury tirou os passageiros do navio do estado de quase transe. Por 53 dias, desde a rebelião, Cerreño tinha navegado sem ser visto, evitando as rotas marítimas movimentadas entre Valparaíso e Lima, cheias de embarcações mercantes e navios de guerra. Duas mulheres africanas, cada uma com seu bebê, tinham morrido de fome e sede, deixando um total de 87 pessoas a bordo: 68 africanos ocidentais, seus três aliados – Joaquín, Francisco e José –, dez marinheiros sobreviventes, quatro grumetes, um passageiro restante do séquito de Alejandro de Aranda e o capitão Cerreño. Fazia um mês que os rebeldes tinham atirado Aranda no mar, e o assassinato havia amenizado as tensões, do mesmo modo que a promessa que Cerreño havia assinado de levar os rebeldes para o Senegal.

Mas a situação era terrível. Havia escassez de alimentos e a água tinha acabado. O orvalho da noite era quase tão denso quanto chuva, embora não o suficiente para manter os viajantes hidratados. Depois da morte das duas mulheres e crianças, o desespero havia se transformado em letargia.[1]

O *Tryal* era bojudo, construído como a maioria dos navios baleeiros e mercantes de carvalho de New Bedford para ter boa navegabilidade. Os viajantes, contudo, tinham comido a maior parte dos alimentos da carga que serviam como lastro, os barris de banha, de trigo, as caixas de biscoitos, as galinhas, porcos e vacas que pesavam no navio e ajudavam a mantê-lo estável. E eles tinham enfrentado uma tempestade pouco depois da morte de Aranda. As ondas tinham sacudido o navio e água havia jorrado pelas braçolas para dentro das escotilhas, em maior quantidade do que os africanos ocidentais bombeando furiosamente conseguiam retirar. Cerreño não tivera escolha senão lançar ao mar grande parte do resto da carga pesada do navio, inclusive um carregamento de madeira do Sul do Chile.

Como o navio estava leve e flutuando mais alto nas ondas, menos água entrava pelas bordas do *Tryal*. Mas o navio começou a balançar mais. Quando Cerreño o comprou, no início de 1803, o navio já estava gasto e com água entrando, mas havia ficado pior depois de um ano de uso e poucos cuidados. Agora estava quase em ruínas, as velas estavam puídas e o cordame e o estaiamento, emaranhados. Longas tranças de algas cobriam a proa do navio e cracas envolviam seu casco. "Um navio se torna imundo rapidamente nestes mares", escreveu um marinheiro sobre as águas em que o *Tryal* viajava.[2]

NA MANHÃ EM QUE o *Tryal* contornou a ponta sul de Santa María, Amasa Delano estava deitado em seu catre pensando na linha que separava brincadeira de insubordinação. O *Perseverance* havia largado âncora quatro dias antes para esperar por Samuel, que ainda não tinha aparecido, e pouco depois Delano expulsara do navio oito homens que descobrira conspirando contra ele, deixando-os na ilha. Ele permitiu que outros oito fossem a terra para se divertir um pouco, "caçando, pescando, catando ovos e jogando bola". Embora depois dos problemas em Nova Gales do Sul, a viagem tensa ao Chile e as ações suspeitas de sua tripulação ao largo de Juan Fernández (Amasa nunca descobriu o que realmente tinha acontecido naquela noite), ele não tinha certeza de quantos daquele grupo voltariam. Santa María não era uma ilha grande. Tinha apenas cerca de oito quilômetros de comprimento e a metade disso de largura, mas havia muitos lugares para se esconder entre seus pinheiros ou pântanos e enseadas. Delano precisava esperar por seu irmão Samuel antes de sair à caça dos desertores, uma vez que muitos dos homens que ainda restavam no *Perseverance* estavam perto de desertar também.

Vestido e no convés depois de ser avisado do aparecimento do *Tryal*, Delano considerou o que fazer. Ele temia corsários e sabia do truque habitual deles de fingir que estavam em dificuldade, para depois atacar. Mas também sabia que o comércio marítimo e a prosperidade que vinha com ele não podiam existir sem cortesia e confiança. "Um navio pode estar com necessidade de alguma coisa que outro pode dar", escreveu Delano mais tarde. Além disso, o navio podia ser um aliado e talvez até pudesse ajudá-lo com suas dificuldades.

Delano ordenou que o barco de serviço do navio fosse carregado de peixes, água, pães e abóboras e baixado ao mar rapidamente, uma vez que parecia que o vento estava empurrando o *Tryal* em direção ao continente. Recentemente ele tinha sabido através do capitão Barney, comandante do baleeiro *Mars*, de Nantucket, de mais um plano de alguns de seus marinheiros "condenados" de roubar seu barco e fugir para a ilha. Desta vez, contudo, ele tinha consigo homens em quem podia confiar, inclusive seu primeiro aspirante, Nathaniel Luther, e seu irmão William. Deixou William no comando do navio e entrou no bote com Luther.

Santa María fica a oitenta quilômetros ao largo da costa de um grande golfo no qual desemboca o rio Bio Bio, que desce dos Andes, a fronteira natural separando o Norte domado do Chile de seu Sul selvagem. Ao longo dos séculos a Espanha havia tentado transformar Santa María numa base defensiva, um posto avançado contra piratas, contrabandistas, aventureiros, baleeiros e caçadores de focas não autorizados e impérios rivais.[3] Mas a ilha ainda era inabitada em 1805. Nas cenas de abertura de *Benito Cereno,* Melville pinta o lugar em tons de cinza sobre cinza: "Tudo era silencioso e calmo; tudo cinza. (...) O céu, sobretudo, parecia cinza. Voos sobressaltados de bandos de aves cinzentas, amigas e parentes em voos turbulentos de vapores cinzentos. (...) Sombras presentes, prenunciando sombras mais profundas por vir." Mas enquanto Delano seguia em direção ao *Tryal* o sol começava a surgir através da névoa do amanhecer, revelando um céu azul que duraria o dia inteiro.[4]

* *

Os AFRICANOS OCIDENTAIS PODERIAM ter tentado amenizar o problema da escassez de comida reduzindo o número de pessoas a bordo. Mas eles precisavam do que restava da tripulação viva se quisessem chegar ao Senegal. E como sugerem os documentos que foram salvos, não se voltaram uns contra os outros. Em vez disso, nas semanas que antecederam o encontro com o *Perseverance*, os rebeldes mergulharam na quietude. Durante os dias calmos, o sol de fim de verão brilhava quente à medida que o navio balançava indiferente na água e suas vergas rangiam nas boças. O poder se transformou em impotência. Depois da rebelião frenética e das execuções, seguidas pelo trabalho pesado de esvaziar o porão de carga durante a tempestade, não havia nada para fazer. Até que a visão do *Perseverance* despertou os rebeldes da resignação.

Dizem as testemunhas que foram Babo e Mori que apresentaram o plano. Se eles tivessem tentado fugir, o *Perseverance* provavelmente não os teria perseguido. Os africanos ocidentais, contudo, não sabiam disso. Eles poderiam ter lutado imediatamente. Benito Cerreño mais tarde disse em seu depoimento que, ao encontrar o navio de Delano, os rebeldes pegaram suas facas e machados e se prepararam para enfrentá-los. Em vez disso, Babo e Mori tiveram a ideia de enganar o grupo visitante, agir como se eles ainda fossem escravos. Mori advertiu Cerreño de que estaria ouvindo cada palavra sua e vigiando cada movimento. Se Cerreño desse "alguma indicação do que havia acontecido no navio", como disse mais tarde o relatório espanhol sobre o incidente, "eles o matariam na hora, junto com o resto da tripulação e passageiros".

Babo, Mori e possivelmente outros a bordo do *Tryal* eram homens letrados, provavelmente educados em escolas corânicas. Sabiam interpretar o céu, pelo menos o suficiente para acompanhar o calendário, e sabiam escrever em sua própria língua. Contratos legais como o que eles tinham feito Cerreño assinar em troca de sua vida eram bastante comuns no islamismo em 1805, do mesmo modo que o eram no cristianismo. Mori sabia espanhol suficiente para se comunicar com Cerreño. E Babo era muito respeitado pelos outros africanos ocidentais, sugerindo que ele pode ter sido um marabuto, um clérigo, ou um *faqīh*, um estudioso, em sua vida anterior.[5]

A escravidão existia por toda a África Ocidental. Os próprios Babo, Mori e outros podem ter sido donos de escravos. Ou podem ter sido escravos, uma vez que nem status nem educação os teria necessariamente protegido de serem capturados e vendidos para europeus em um dos muitos conflitos que tumultuavam partes da África Ocidental na época. Além de qualquer familiaridade que Babo pudesse ter tido anteriormente com a escravidão, se ele fosse um homem religioso ou um ancião estudioso, também seria versado na teologia da escravidão. Muitos dos grandes manuscritos sufi atualmente encontrados em Timbuktu e em outros lugares no Mali, por exemplo, lidam com a escravidão como um problema moral, legal e intelectual.* Como faziam os cristãos, filósofos e clérigos muçulmanos trabalhavam para reconciliar seu humanismo – a ideia de que todos podiam ser salvos, e que, como um jurista muçulmano do século XIV afirmou, "o princípio básico para todos os filhos de Adão é a liberdade" – com a prática da escravidão. Quem podia legitimamente ser escravizado? Quem tem o direito de escravizar? Que limitações devem ser impostas ao poder dos senhores? Que obrigações tinham os escravos para com seus donos? Teólogos muçulmanos, como os cristãos, elaboraram sólidos códigos de ética regulando a servidão, instando escravos a obedecerem seus donos e os donos a serem corretos e misericordiosos e tratar seus escravos como família.**

Também do mesmo modo que os cristãos, os filósofos islâmicos compreendiam a liberdade e a escravidão em sentido amplo, como condições psicológicas e espirituais. Desejo, ou inveja mundana e orgulho, eram escravidão; libertar-se do desejo e abandonar a ambição, era liberdade. Os sufis, em particular, usavam a escravidão como uma analogia para nutrir

---

* Estes são os manuscritos que recentemente foram ameaçados durante a insurreição no Norte do Mali, muitos dos quais foram salvos, como têm sido repetidamente no correr dos séculos, pelo trabalho heroico de bibliotecários e estudiosos. Ver Lydia Polgreen, "As Extremits Invaded, Timbuktu Hid Artifacts of a Golden Age", *New York Times*, 3 de fevereiro de 2013.

** Entre os mais famosos filósofos da África Ocidental estava Ahmad Baba, nascido em Timbuktu em 1564 e ele próprio escravizado por norte-africanos. Ele escreveu cerca de quarenta livros, inclusive um dos tratados mais influentes do islamismo sobre escravidão justa e injusta. O historiador Paul Lovejoy defende que os escravos muçulmanos da África Ocidental levados para a América tinham conhecimento dos escritos de Baba, inclusive seus argumentos contra a escravização ilegítima.

um relacionamento íntimo com Alá, de submissão da vontade e do ser do indivíduo a Deus. Quem não é escravo? A pessoa que serve a Deus como um escravo. "Fiquem sabendo", escreveu o teólogo sufi do século X Abd al-Karim ibn Hawazin al-Qushayri, "que o verdadeiro significado da liberdade está na perfeição da escravidão."[6]

De certa maneira, o que Babo, Mori e os outros fizeram foi se entregar. Enquanto viam Delano se aproximar pela baía em um barco feito de pranchas finas de cedro, eles começaram a abandonar a manifestação externa da liberdade que haviam conquistado com a rebelião, uma liberdade que em qualquer caso já estava lhes escapando a cada dia que passavam no Pacífico. Com base em sua própria experiência da relação senhor/escravo, com seus maneirismos que indicavam dever, submissão e afeição, eles se prepararam para desempenhar seu papel, para habitar seus personagens. Eles tentariam "a perfeição da escravidão".

DELANO E SEUS HOMENS LEVARAM cerca de vinte minutos para chegar ao *Tryal*, que estava lentamente flutuando para fora da baía, para longe do rochedo e do *Perseverance*. Depois que subiu a bordo, e depois de rapidamente examinar o estado do navio, Delano passou a maior parte do resto do dia na companhia de Cerreño e Mori. Ele tinha mandado seu aspirante, Luther, com os demais de seu grupo, ir buscar mais suprimentos, de modo que ficou sozinho. Delano sabia que levaria muito tempo para que eles voltassem. Primeiro teriam que ir a uma nascente de água doce no interior da ilha para encher os barris do *Tryal*, e então voltar ao *Perseverance* para buscar lona e mais alimentos. Delano também disse a eles para esperarem pelo retorno do iole do *Perseverance*, maior e mais bem construído, que estava fora numa pescaria, e usá-lo para trazer os barris cheios e a comida para o *Tryal*.

Cerreño o recebeu calorosamente quando ele subiu a bordo, e os dois capitães começaram a conversar numa mistura de espanhol capenga e inglês básico. Cerreño se esforçou para desempenhar seu papel, dizendo a Delano que seu navio havia partido de Buenos Aires com destino a Lima, no Peru, mas que tinha enfrentado uma terrível tempestade ao contornar o Cabo Horn, onde ele perdera alguns de seus homens, levados pelo mar. Ele havia rumado para o Pacífico apenas em busca de calmaria.

No mar sem vento e sem maré, as febres haviam atacado, disse ele, matando todos os seus oficiais e a maioria do restante de sua tripulação.

Cerreño parece ter tentado insinuar que as coisas a bordo não eram o que pareciam, por exemplo, apresentando Mori a Delano como "capitão dos escravos". Uma mente mais desconfiada talvez tivesse percebido a ironia, de que era Cerreño que estava escravizado e Mori, o seu senhor. Mas Delano não percebeu. Exausto e abatido, Cerreño teve dificuldade de manter seu personagem. Ele se tornou distante, Delano não parava de fazer perguntas, que Cerreño tentava responder. Mas suas respostas se tornaram cada vez mais curtas. A mudança de atitude teve um efeito notável sobre Delano, que começou a pensar que suas preocupações iniciais eram justificadas, que Cerreño planejava matá-lo e, em aliança com os escravos, tomar seu navio.

Tais temores, contudo, começaram a desaparecer, deixando Delano sentir uma espécie diferente de vulnerabilidade. Ele começou a pensar que estava sendo insultado, que o "descuido" de Cerreño era intencional. À medida que ficava mais agitado, Delano começou a prestar mais atenção no homem negro ao lado de Cerreño. Mas ele não conseguia se concentrar. Sua mente pulava de uma coisa para outra, de Cerreño para Mori, para as mulheres amamentando e cantando, para o resto dos escravos e de volta para Cerreño.

Os rebeldes do *Tryal* não conseguiram representar exatamente a "perfeita escravidão". Eles estavam impacientes. Pareciam querer ver do que conseguiriam se safar e continuar fazendo com que um homem branco acreditasse que eram escravos. A certo ponto um jovem africano, com Delano parado por perto, puxou uma faca e fez um corte na cabeça de um grumete espanhol, cortando até o osso. Sangue jorrou e assustou Delano, que olhou para Cerreño, que minimizou o ataque como "apenas brincadeira". "Brincadeira bastante séria", comentou Delano. Delano observou outros incidentes similares que o fizeram pensar que os escravos gozavam do que ele chamou de "liberdade extraordinária".

Pouco depois que Luther voltou com os suprimentos, por volta das três da tarde, Delano sentiu uma mudança no vento, levantou o olhar e percebeu que o *Tryal* havia derivado quase para fora da baía e estava a cerca de três léguas do *Perseverance*. Delano perguntou a Cerreño por que ele não havia ancorado. Sem receber nenhuma resposta satisfatória, ele assumiu o comando, ordenando que a embarcação fosse levada para o mais perto possível do seu navio. Com isso feito, mandou lançarem a âncora e se preparou para ir embora. Para ele bastava.

Durante o dia inteiro, Delano tinha tentado falar com Cerreño sobre receber compensação. Ele estava contente em oferecer assistência, mas como no caso do *Integrity* no Estreito de Bass, esperava ser pago pelos esforços. Mas a cada vez que perguntava se eles podiam ficar a sós, longe de Mori, era repelido, e ouvia de Cerreño que podia dizer tudo na frente do escravo. A ideia de falar sobre dinheiro na frente de Mori deve tê-lo incomodado, pois Delano continuou adiando a conversa. Pouco antes de estar pronto para partir, perguntou uma última vez se ele e Cerreño podiam descer para conversar. Mais uma vez, recebeu uma resposta negativa. Delano então convidou o espanhol para tomar chá ou café em seu navio. Cerreño recusou. "A resposta dele foi curta", recordou Delano. "Em vista disso, me mostrei menos simpático, e falei pouco com ele."

Mas justo quando Delano estava passando pela borda do *Tryal*, a ponto de descer para seu barco, Cerreño veio em direção a ele. A mão de Delano estava sob a amurada e Cerreño pôs sua mão sobre a dele, pressionando-a e apertando-a com força. Uma onda de alívio tomou conta de Delano, ele imediatamente retribuiu o cumprimento caloroso. Cerreño parecia relutante em soltar a mão de Delano, que precisou puxá-la para soltá-la. O alívio de que o espanhol não estava desdenhando dele foi tão intenso que, mais de uma década depois em suas memórias, Delano relatou sua experiência a bordo do *Tryal* como se a sua interação com Cerreño é que estivesse conduzindo a ação, como se não soubesse, embora, é claro, que àquela altura já sabia que os africanos ocidentais eram os que estavam coreografando aquela interação.

"Eu havia cometido um erro", escreveu Delano sobre o fato de ter atribuído a "frieza de Cerreño a negligência; e assim que a descoberta foi feita, fiquei feliz com a retificação, com a imediata demonstração de amizade. Ele continuou a segurar minha mão com força, até que saí da tricaniz e desci, quando ele soltou minha mão e ficou parado me saudando".[7]

* *

MORI, POR SUA VEZ, havia desempenhado seu papel de modo quase perfeito, como diriam funcionários espanhóis mais tarde. Mas Mori também sucumbiu ao orgulho. Enquanto Amasa Delano descia a escada, ele abandonou seu personagem, se aproximou de Cerreño e em voz baixa lhe perguntou quantos homens o norte-americano tinha no *Perseverance*. Trinta respondeu o espanhol, mas muitos deles estavam na ilha. "Bom", assentiu Mori, então cochichando: "Nós só precisaremos de três negros para tomá-lo, e antes que a noite caia, você terá dois navios para comandar."

O comentário arrogante chocou Cerreño, tirando-o de seu torpor. Ele olhou para seu capitão negro, subiu na tricaniz e pulou fora do navio.

CAPÍTULO 22

RETALIAÇÃO

Os homens de Delano, com este sentado na popa de seu barco, tinham apenas se afastado o suficiente do casco do *Tryal* para baixar seus remos, quando Benito Cerreño caiu dentro do bote. Assim que aterrissou, ele berrou para seus homens: "Para dentro da água todos os que souberem nadar, o restante sobe pelo estaiamento." Ele falava depressa e freneticamente, e Delano, com seu espanhol básico, não conseguiu compreendê-lo. Por um momento, Delano pensou que ele próprio estivesse sendo atacado, que seus temores anteriores estivessem corretos. Mas depois que um português ajudou a traduzir, Delano finalmente se deu conta do que estava acontecendo.

Os acontecimentos foram rápidos. Depois de tirar três dos quatro marinheiros do *Tryal* da água, a tripulação de Delano começou a remar em direção ao *Perseverance*. Quando já podiam ser ouvidos, Delano ainda na popa de seu barco com um braço no leme e o outro ao redor de um Cerreño quase desmaiado, ordenou que seus homens no convés corressem para os canhões nas vigias. Mas os africanos ocidentais tinham cortado o cabo da âncora, deixando a maré virar a proa e apontar o navio para fora da baía. O *Perseverance* foi deixado em má posição, com somente o canhão da popa de frente na direção do navio que fugia. O *Perseverance* disparou seis tiros, errando todos, exceto um, que cortou o estaiamento do mastro de proa.

* *

O *Tryal* ESTAVA EM movimento, mas o *Perseverance*, com duas âncoras cravadas, não podia segui-lo imediatamente. Cortar suas amarras teria permitido a Delano navegar rápido. Mas isto resultaria em prejuízo financeiro para os investidores do *Perseverance* ou seus seguradores. Em *Moby-Dick*, quando o primeiro imediato do *Pequod*, Starbuck, diz a Ahab que sua obsessão não é economicamente racional e que trará prejuízos para os donos do navio, Ahab responde praguejando racionalmente: "Que os donos fiquem na praia de Nantucket e berrem mais alto que os tufões. Que importa para Ahab? Donos? Donos? Estás sempre a me falar desses donos avarentos, Starbuck, como se os donos fossem a minha consciência."[1]

Delano, ao contrário, não só quase deixa o *Tryal* escapar para salvar as duas âncoras, mas anos depois, ao contar a história em suas memórias, interrompe a perseguição para dar aos leitores um longo sermão sobre as responsabilidades e deveres de capitães de navio conforme definidas pela legislação de seguros. Cortar os cabos de seu navio, diz ele, "seria violar nossa apólice de seguro por um desvio de conduta, contra o qual eu aqui advertiria todos os comandantes de navio". Sempre que possível, era melhor não fazer nada para prejudicar o interesse dos seguradores, donos de cotas do navio e financiadores da viagem. "Todas as más consequências", prossegue ele, "podem ser evitadas por um indivíduo que tenha conhecimento de seu dever, e esteja disposto a fielmente obedecer seus ditames." Delano correria riscos quando se tratasse de tempestades, focas e outros perigos inerentes à navegação. Mas com relação às instituições que evoluíram para governar o comércio – como seguros e leis – ele se mantinha fiel e preso ao dever. Preferia se arriscar a deixar o *Tryal* escapar e se desviar do curso correto.*

Delano decidiu mandar seus barcos atrás do *Tryal*. Neste momento ele tinha cerca de 23 homens em seu navio. Escolheu vinte deles para o ataque, inclusive seu irmão de pé defeituoso, William, o artilheiro Charles

---

* Outros capitães de navio tinham menos escrúpulos ao reivindicar seguros. O capitão do *Rôdeur*, como vimos anteriormente, lançou ao mar africanos cegos de mãos atadas uma vez que eles valiam mais mortos como pagamento do sinistro que escravos vivos cegos. Um caso mais conhecido é o do *Zong*, cujos donos pediram pagamento por 132 africanos, de um carregamento de 442, atirados ao mar pelo capitão Luke Collingwood.

Spence e o aspirante Nathanier Luther. Ele pôs Rufus Low, o oficial que presidia as punições de açoitamento, no comando.

Antes de dar a ordem final para a captura do *Tryal*, Delano pegou Cerreño pelo braço e o afastou do restante da tripulação. Finalmente iria ter aquela conversa a sós. Mais tarde, os dois discutiriam sobre o que tinha sido dito e como, mas Delano pouco depois voltou para seus homens e pediu que se aproximassem. Quando eles o fizeram, Delano começou a parecer menos um administrador fazendo a contabilidade em sua escrivaninha e mais um capitão furioso.

Do outro lado da ilha, o sol estava se pondo tão calmamente quanto tinha nascido, lançando uma luz crepuscular sobre a baía. Olhando para o *Tryal* pela luneta da popa do *Perseverance*, Amasa podia ver os marinheiros restantes subindo alto nos mastros de joanete. Delano apontou para eles e lembrou a seus homens das "condições terríveis dos pobres espanhóis" nas mãos dos escravos. Se os homens falhassem em retomar o navio, "a morte seria o seu destino". Benito Cerreño, que estava ouvindo no convés, "considerava o navio e o que havia nele como perdidos", disse Delano. Isso significava que seria um prêmio para quem o pegasse, que, segundo seus cálculos, devia valer dezenas de milhares de pesos. "Se conseguirmos tomá-lo, será todo nosso."

"Que Deus faça prosperar", orou Delano. Ele disse a seus homens que "nunca mais iria querer olhar para a cara deles" se falhassem. Todos esses incentivos, disse ele mais tarde, foram "estimulantes, bastante poderosos". Os homens entraram em seus barcos, gritaram três hurras e começaram a remar.

A ORDEM DE DELANO para capturar o *Tryal*, com a dupla promessa de fazer o bem e ganhar dinheiro, ajudou a unir uma tripulação dividida. Os dois barcos do *Perseverance* partiram, armados com mosquetes, pistolas, sabres, piques e as lanças de pontas afiadas que os homens usavam para esfolar focas. Remando depressa, os perseguidores logo se aproximaram do casco do navio controlado pelos rebeldes, abrindo fogo com os mosquetes. Direcionaram os tiros para o leme, onde os líderes da revolta tinham se reunido. Um marinheiro espanhol que os africanos tinham posto para pilotar o navio se aproveitou do tiroteio para abandonar o leme e subir pelo estaiamento. Mas os homens de Delano o confundiram com um rebelde e o acertaram duas vezes. Ele caiu no convés. Um sobrevivente do séquito de Aranda, seu primo basco Joaquín Arabaolaza, que tinha assumido o leme, também foi baleado.

O vento tinha aumentado e o *Tryal* começou a avançar, mas a proa envolta em musgo e o casco infestado de cracas o tornaram lento. Os homens puxaram os remos com vontade e mantiveram a marcha. Eles gritaram para os espanhóis que tinham fugido pelos mastros para cortarem as cordas que prendiam as velas às vergas, o que eles fizeram, deixando apenas o mastro de mezena para impelir o navio. Continuaram a atirar durante mais de uma hora, exaurindo os rebeldes. Não restava mais ninguém a bordo que soubesse pilotar o navio, que acabou se virando contra o vento, permitindo que os dois barcos se aproximassem de ambos os lados da proa.

Os marinheiros do *Perseverance* subiram pelo casco. A essa altura o sol já tinha se posto, mas a lua de quase três quartos num céu sem nuvens iluminava o convés. Dos dois lados do navio, em cada um dos barcos, um homem erguia uma lamparina a óleo. Os africanos recuaram para a popa, que Delano mais tarde descreveu como "o último recurso para os negros". Alguns dos rebeldes tinham pego barris de água vazios e fardos de erva-mate e construído uma trincheira improvisada a meia-nau, com um metro e oitenta de altura e se estendendo de bordo a bordo. Os homens de Delano, ainda protegidos pelo fogo de mosquete de seus barcos, abriram caminho à força. Um africano golpeou Rufus Low com um pique, ferindo-o gravemente no peito. Mas a barricada foi penetrada. Babo foi o primeiro a morrer. Cercado pelos homens de Delano, Joaquín, o calafate do navio que havia se rebelado, girou um machado em um círculo, golpeando-o até ser derrubado, ferido, mas vivo.

Os africanos ocidentais se defenderam com uma "coragem desesperada", relatou Delano, mas seus homens usaram armas superiores, especialmente as lanças, com uma "fúria extraordinária".

A BATALHA DUROU QUATRO horas. Às dez da noite, Delano recebeu a notícia de que o *Tryal* havia sido tomado. Ele e Cerreño esperaram até a manhã seguinte para entrar no navio, trazendo algemas, correntes e grilhões. Não foram necessários.

O que eles encontraram, relatou Delano, foi "realmente horrível". O corpo de Babo estava entre os fardos de erva-mate, bem como os cadáveres de outros seis africanos: Atufal, Dick, Leobe, Diamelo, Natu e Quiamobo. O restante estava acorrentado, as mãos aos pés, no convés. Eles tinham sido torturados. Alguns tinham sido eviscerados e estrebuchavam em meio a suas vísceras. Outros tiveram a pele das costas e das coxas arrancada.

Isto tinha sido feito com as facas de esfola do *Perseverance*, que como escreveu Delano, "eram sempre mantidas muito afiadas e reluzentes como a espada de um cavaleiro".

CAPÍTULO 23

CONDENAÇÃO

O *TRYAL* ESTAVA TOMADO E SEUS ESCRAVOS FORAM "DUPLAMENTE ACORRENtados". Mas Delano não se sentia seguro em deixar o navio nas mãos da tripulação sobrevivente. Pouco depois dele subir a bordo, um dos marinheiros de Cerreño havia cortado o rosto de um dos africanos ocidentais com uma navalha. Ele ia golpear a garganta do homem quando um tripulante do *Perseverance* o deteve. Então, um minuto depois, um marinheiro puxou a manga de Delano e balançou a cabeça na direção de Cerreño, que estava a ponto de apunhalar um rebelde, possivelmente Mori, com um punhal que tinha tirado do cinto. Delano agarrou-lhe o braço e Cerreño deixou a faca cair. O americano ameaçou mandar chicotear os espanhóis se eles não parassem os ataques. Foi tudo o que pôde fazer para impedir os homens de Cerreño de "cortar em pedaços e matar aqueles pobres seres desafortunados".[1]

Delano sentiu que sua autoridade foi recuperada com a vitória. Ele ordenou que os cadáveres dos seis rebeldes mortos, inclusive Babo, fossem atirados ao mar, e então disse a Cerreño que seria melhor se voltasse com ele para o *Perseverance*, colocando seu segundo oficial, o Sr. Brown, no comando do *Tryal* e pedindo a ele que fizesse um inventário da carga. Delano tinha dois objetivos. Ele não queria ser acusado de pirataria e queria ser recompensado por seus serviços. Brown contou um saco contendo quase mil dobrões, outra bolsa com um número igual de dólares, várias cestas de relógios e algumas peças de ouro e prata que tinham pertencido ao mercador de escravos assassinado, Alejandro de Aranda.

De volta ao *Perseverance*, Delano começou a fazer as contas. Mesmo com a maior parte de sua carga perdida, o navio, com seus escravos, com certeza valia trinta ou quarenta mil pesos. Divididos proporcionalmente entre os marinheiros e aspirantes, o artilheiro, o contramestre e o carpinteiro, aquele montante poderia salvar sua viagem até então fracassada e lhe render alguma boa vontade de sua tripulação insatisfeita. A questão era se o *Tryal* era um "prêmio", como deixava implícito seu abandono por Cerreño na véspera, e nesse caso eles ficariam com tudo. Ou se era um "resgate", e nesse caso receberiam apenas uma recompensa. Delano mandou Long ir até Santa María e informar os homens do que havia acontecido e do dinheiro que eles poderiam receber se voltassem para o *Perseverance*.

Delano então preparou tudo para levar o *Tryal* para a cidade próxima de Talcahuano, que servia como porto para a cidade maior no interior de Concepción, o último posto avançado ao sul de autoridade espanhola antes da Patagônia selvagem. Ele queria esperar por seu irmão Samuel e o *Pilgrim*, de modo que aproveitou o tempo para recuperar a âncora que os rebeldes haviam cortado do *Tryal* tentando fugir. Era valiosa e, caso o navio não tivesse seguro, sua perda poderia ser deduzida do valor do navio. Como Samuel não chegou no dia seguinte, os dois navios içaram velas.

TALCAHUANO FICA ANINHADA dentro do que parece ser uma baía protegida por uma boca estreita. Aquele conforto, contudo, é enganador, pois o mar é extremamente raso, incapaz de diluir a força dos tsunamis que atingem o Sul do Chile com frequência. O porto fica no "Círculo de Fogo" tectônico do Pacífico, e quando Delano apareceu já tinha sido devastado cinco vezes por um terremoto ou uma onda. No relato de suas viagens no *Beagle*, Charles Darwin descreve a chegada a Talcahuano em 1835, apenas alguns dias depois de a cidade ter sido atingida uma sexta vez. "A costa inteira", escreveu ele, estava "coberta de caibros e peças de mobília, como se um milhar de navios tivesse sido destruído". Os armazéns "tinham sido arrebentados e grandes sacos de algodão, erva-mate e outras mercadorias valiosas estavam espalhados pela costa". A linha da costa tinha sido levantada sessenta ou noventa centímetros pela violência do terremoto. Darwin ficou igualmente impressionado com a destruição que viu pela estrada de quatorze quilômetros até Concepción. Era, disse ele, um "espetáculo terrível e ao mesmo tempo interessante", dando-lhe algumas ideias sobre a elasticidade da crosta terrestre e a magnitude das forças que fluíam abaixo dela.[2]

Três décadas antes, quando o *Perseverance* chegou ao porto com o *Tryal* logo atrás, a autoridade espanhola estava abalada. A grandiosa edificação da monarquia católica, que ao longo de séculos havia governado um império que se estendia pelo mundo, estava desmoronando. Dentro de apenas alguns anos a guerra revolucionária do Chile pela independência teria início. Delano não sabia, mas o funcionário que o recebeu e decidiria o destino dos africanos – o procurador-real de Concepción, Juan Martinez de Rozas – já estava imaginando naquela época uma América sem a Espanha.

Rozas era um conspirador e um livre-pensador, mais tarde acusado por funcionários da Coroa de ser algo pior: um admirador de Napoleão. O jurista era considerado uma das mentes mais brilhantes das colônias espanholas. Hoje se sabe que na época em que os líderes rebeldes do *Tryal* foram entregues às autoridades portuárias de Talcahuano ele estava se encontrando secretamente com um pequeno círculo de jovens estudantes para discutir ideias republicanas relacionadas ao autogoverno. Ao mesmo tempo que Rozas e seus jovens discípulos, leitores de Voltaire e Rousseau, conspiravam contra a autoridade no Novo Mundo (um monarquista por volta dessa época denunciou o *Contrato social* de Rousseau como o "Corão Anarquista"), e apenas alguns anos antes que Rozas começasse a reunir armas e a construir um exército revolucionário para lutar pela liberdade ele julgava os africanos ocidentais por agirem pelo mesmo princípio no *Tryal*.[3]

Qualquer problema filosófico que o caso do *Tryal* pudesse ter apresentado para Rozas também era pessoal para ele. Seu pai era um dos maiores senhores de escravos de Mendoza, e Rozas, nascido e criado nessa cidade argentina, de comunidade fechada, dada a casamentos entre primos de espanhóis, tinha crescido numa casa perto de seu conhecido de infância, o mercador de escravos executado Alejandro de Aranda.[4]

Rozas primeiro ouviu os depoimentos dos dois capitães, incluindo a descrição arrepiante de Cerreño do assassinato de Aranda e o relato de Delano de como ele tinha salvado o *Tryal* e os poucos tripulantes que sobreviveram. Quando acabou, ele mandou um padre interrogar os escravos, que eram mantidos num pequeno alojamento de presos em Talcahuano.

A MAIORIA DOS AFRICANOS ocidentais – mulheres, crianças, bebês, homens mais velhos e garotos – continuava a bordo do *Tryal*. Só os líderes sobreviventes da rebelião tinham sido trazidos para terra: Mori, Matunqui, Alasan, Yan, Yola, Luis (identificado como um dos africanos ocidentais, apesar do nome espanhol; ele talvez seja o mesmo rebelde que aparece em outros relatos como Liché), Malpenda e Samba, ou Yambaio, além do calafate africano do navio, Joaquín, e os criados de Aranda, José e Francisco.

O padre não "falava a língua deles", de modo que "não obteve nenhuma informação" dos presos. Ou ele não pensou em usar Mori como intérprete ou Mori não estava cooperando. O clérigo falou com mais facilidade com os "três cristãos" – Joaquín, José e Francisco –, que se defenderam dizendo que tinham "lutado contra os espanhóis para conquistar a liberdade e voltar para seu país". Incapaz de fazer muito mais que isso, o padre encerrou sua visita realizando o ritual da confissão para todos os onze em latim.

Um defensor público foi destacado para os africanos ocidentais, chamado de *defensor de los negros*, que apresentou o caso deles para Rozas. Os detalhes dessa defesa não estão incluídos no resumo escrito do julgamento. O escrivão que registrou as audiências não se deu ao trabalho nem de mencionar o nome do defensor. A breve descrição de sua defesa sugere, contudo, que ele havia tomado os três princípios mais insurgentes do republicanismo do Novo Mundo e tentado aplicá-los aos africanos: os indivíduos são livres, eles têm o direito de se revoltar contra qualquer regime que lhes tire a liberdade e todos os homens merecem igualdade perante a lei.

O *defensor* usou um exemplo concreto para dar consistência a tais ideias abstratas, comparando a revolta a um recente episódio em que prisioneiros de guerra espanhóis tinham assassinado seus carcereiros britânicos e fugido:

> Os africanos ocidentais cometeram seu crime com a intenção de conquistar sua liberdade e voltar a seu país, tendo se aproveitado da negligência dos espanhóis para fugir da servidão. Há não muito tempo, prisioneiros espanhóis tinham feito o mesmo (...) e eram chamados de heróis. Não existe absolutamente nenhuma diferença entre aquela ação e esta.

CONDENAÇÃO | 261

18. O bem-sucedido rancheiro e mercador de escravos John Nonell posou para este retrato nos anos 1830, mais de 25 anos depois de ter vendido Babo, Mori e os outros africanos ocidentais para Alejandro de Aranda.

19 e 20. Em um mundo em que a moda competia com a religião para manter a hierarquia, escravos domésticos serviam como símbolos de status.

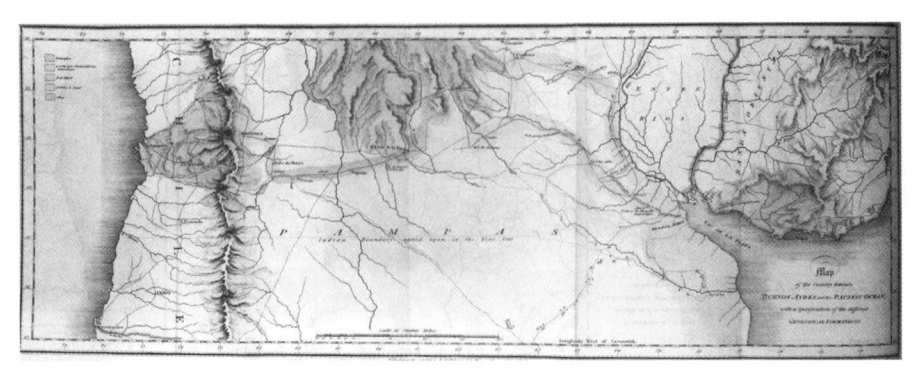

21. Mapa da região entre Buenos Aires e o Oceano Pacífico, c. 1885.

22. As carroças dos Pampas eram chamadas de *buques* ou barcos. Fotografia de Samuel Boote, c. 1885.

23. A aproximação dos Andes vindo de Mendoza. Este desenho (bem como os de números 24 e 25, na próxima página) ilustra o *Diário de Pesquisas* de Charles Darwin.

24 e 25. A travessia dos Andes. *Abaixo,* observe a mula que perdeu o apoio, caindo no precipício.

26. Babo, Mori e os outros africanos ocidentais viajaram por esta estrada para Valparaíso antes de serem embarcados no *Tryal*.

27 e 28. "Era como golpear um homem quando ele estava caído": a técnica de matar focas não mudou muito entre a época de Amasa Delano e o final do século XIX, quando esta ilustração à direita foi feita.

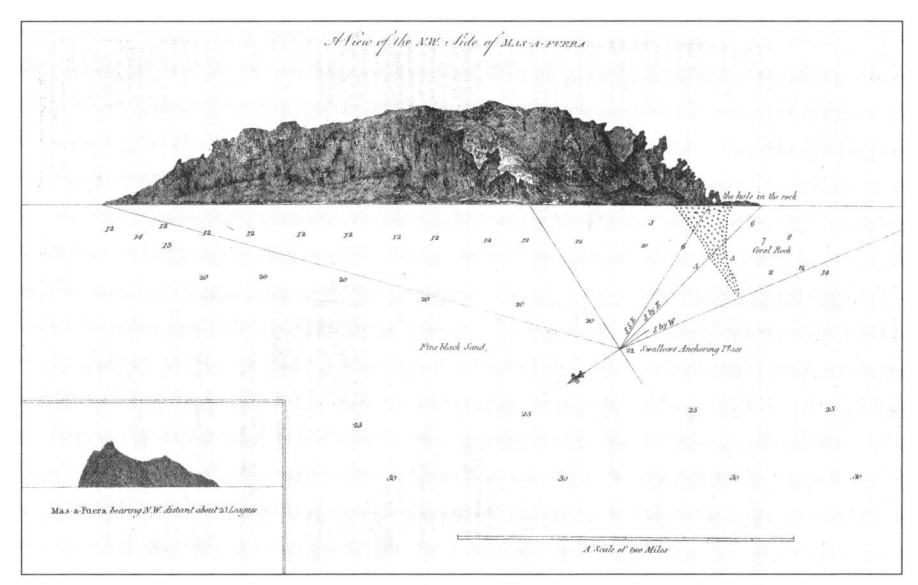

29. Herman Melville disse que Más Afuera parecia um "vasto iceberg flutuando com tremenda elegância. Seus lados são fendidos com recuos cavernosos escuros, como uma velha catedral com suas capelas laterais sombrias".

30. Esta pintura é do *Ann Alexander*, de popa quadrada e convés aberto, um navio que se parecia com o *Tryal*.

31. Um marabuto mandinga da África Ocidental.

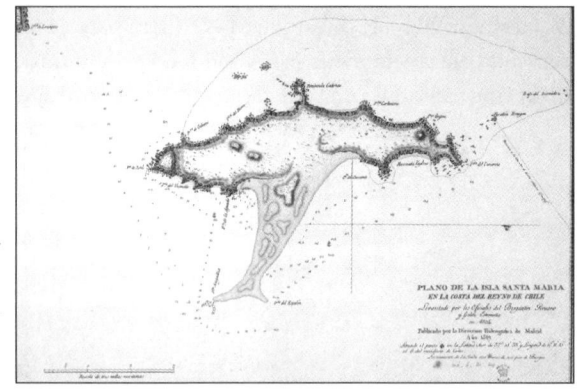

32. Mapa da Ilha Santa María, 1804. O *Perseverance* encontrou o *Tryal* na baía a sotavento, à esquerda do banco de areia.

33. Gravura em madeira de Garrick Palmer retirada de uma edição ilustrada de *Benito Cereno*: o barco de Amasa se aproximando do navio espanhol.

CONDENAÇÃO | 267

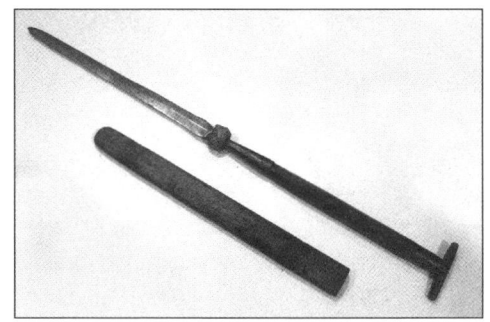

34. A gordura de foca é tendinosa, de modo que aço galvanizado era usado nas lâminas das facas de esfola, como as usadas para estripar e esfolar os rebeldes do *Tryal*. Delano disse que as dele eram "sempre mantidas muito afiadas e reluzentes, como a espada de um cavaleiro". Observe a forma do punho, necessária para impedir as mãos de escorregarem para a lâmina de dois gumes.

35. Talcahuano vista do mar em 1793.

36. As famílias mais abastadas de Concepción teriam comparecido para assistir ao enforcamento dos líderes da rebelião do *Tryal* vestindo suas melhores roupas.

37. Mais uma gravura de Palmer. No relato de Melville dos acontecimentos no *Tryal*, Babo sobrevive à retomada do navio, mas então é condenado e executado em Lima, com a cabeça exibida enfiada em uma estaca: "Arrastado até o cadafalso pelo rabo de uma mula, o negro encontrou seu fim silencioso. O corpo foi queimado até virar cinzas, mas por muitos dias a cabeça, aquele emaranhado de sutilezas, enfiada numa estaca na praça, enfrentou erguida os olhares dos brancos."

38. "A Morte sombria e cobiçosa."

Este resumo dos argumentos do advogado tem, em seu texto original em espanhol, oitenta palavras. Trinta e cinco anos depois, o ex-presidente dos Estados Unidos John Quincy Adams precisaria de 135 páginas para defender os rebeldes africanos do *Amistad*. Contudo, ambos os advogados basearam seus casos nos mesmos termos: o direito do indivíduo de se revoltar em defesa da liberdade era absoluto e universal.

Rozas não ficou convencido. Pondo de lado quaisquer sentimentos pessoais que o juiz pudesse ter pelos africanos ocidentais que tinham assassinado Aranda, ele tinha pouca simpatia pelo argumento apresentado pela defesa deles.

Rozas lia direito romano em busca de "lições de moral" e trazia de contrabando livros franceses para estudar filosofia política; a França era para hispano-americanos cultos como Rozas o que o Haiti era para escravos como Mori: uma chance para pensar sobre alternativas. Ele também estava em contato regular com marinheiros da Nova Inglaterra que tinham notícias sobre a Revolução Americana. William Moulton, o Thomas Paine do *Onico*, escreveu em seu diário sobre ter conversado enquanto estava em terra em Talcahuano com um "homem culto" muito bem versado na "história sagrada e profana". Ele provavelmente estava descrevendo Rozas, que disse ter-lhe garantido que "o fogo da liberdade se acendia por toda a América do Sul espanhola".[5]

Contudo o republicanismo de Rozas tinha menos a ver com a inviolabilidade dos direitos naturais do indivíduo do que com o estabelecimento de uma autoridade pública racional unificada que varreria para longe todas as esferas sombrias de poder que existiam sob o colonialismo espanhol, tais como os privilégios gozados pela aristocracia e a Igreja católica. Mais tarde, Rozas apoiaria a abolição da escravatura. Mas em 1805 a escravatura ainda era uma instituição pública e legal, e rebelião contra ela era um crime contra a ordem pública.

Rozas levou uma semana para dar sua decisão. Encontrando provas suficientes de que as ações dos africanos ocidentais e seus três aliados tinham sido premeditadas, o juiz enfatizou a brutalidade dos crimes. Ele declarou onze escravos culpados do assassinato de dezoito homens no dia da revolta e da execução de Alejandro de Aranda e outros nos dias que se seguiram. Ele também decidiu que a revolta deles era ilegítima, embora não se detivesse nos motivos, e que os escravos eram culpados de travar uma "guerra" injusta contra Delano e seus homens.⁶

Rozas condenou Mori, Matunqui, Alasan, Yola, Malpenda, Luis, Samba e Joaquín à morte.* Demonstrou misericórdia para com José e Francisco, condenado-os a dez anos de trabalhos forçados na colônia penal de Valdivia, na Patagônia, a cerca de 400 quilômetros ao sul de Concepción. No final de março o tribunal real em Santiago ordenou que as execuções fossem realizadas.⁷

Os NOVE CONDENADOS TINHAM sido transferidos de Talcahuano para uma cadeia em Concepción e um cadafalso foi construído na praça da cidade. Na manhã do dia da execução, soldados os retiraram da cela e os acorrentaram em fila indiana, encabeçada por Mori. Então ele foi amarrado ao rabo de uma mula. Os residentes tinham saído de suas casas, padres, freiras e monges tinham se reunido na frente de igrejas e conventos, e à medida que a procissão passava pelas ruas da cidade, os espectadores a seguiam. Quando o desfile com os clérigos na retaguarda, tocando sinos e queimando incenso chegou à praça do cadafalso, as mulheres e crianças africanas que tinham ficado no *Tryal* estavam esperando: Rozas havia ordenado que fossem trazidas para a cidade para assistir à execução.⁸

Anos mais tarde, um cônsul britânico em Concepción, Henry William Rouse, contou uma história que tinha ouvido ao chegar na cidade: pouco antes que o alçapão se abrisse e o corpo de Mori caísse, o africano ocidental finalmente falou. Ele amaldiçoou "a desumanidade cruel de seus captores, que, na ausência completa de lei, roubam homens de seus lares".

---

* Quando eu estava em Concepción, no Chile, pesquisando para este livro, fui visitar a biblioteca da cidade, cujo diretor, Alejandro Mihovilovich Gratz, é um historiador local. Dele eu ouvi mais sobre o papel proeminente de Rozas na história do Chile. Rozas foi um dos mais radicais fundadores do Chile, e disse Mihovilovich, um feroz opositor da escravidão. Eu perguntei se ele achava irônico que Rozas fizesse um julgamento tão duro dos rebeldes por basicamente fazerem o que ele estava conspirando na época. Mihovilovich se calou por um momento, e então perguntou: "Você é dos Estados Unidos, não?" Eu respondi que sim e percebi o que estava a caminho. "*Entonces* – pois bem –, como pode fazer uma pergunta destas?"

Os cadáveres dos nove rebeldes foram tirados do cadafalso e decapitados. As cabeças foram enfiadas em estacas ao redor da praça e seus corpos queimados numa grande pira no centro. Concepción era na época uma cidade pantanosa, salpicada de lagoas e brejos, inclusive perto da praça principal, onde as autoridades descartavam os corpos de homens e mulheres a quem tinha sido negado enterro cristão. Foi ali que os carrascos da cidade espalharam as cinzas e ossos de Mori e seus companheiros. O brejo desde então foi aterrado e coberto por construções, mas durante o restante dos anos 1800 e quase até o século XX os cronistas de Concepción se referiam ao lago como *Laguna de los Negros* – Lagoa dos Negros. Depois que as cinzas dos "negros miseráveis foram atiradas na lagoa", relatou um historiador local, "eles se transformaram em *animitas*", ou espíritos.[9]

As coisas começaram a se deteriorar entre Amasa Delano e Benito Cerreño antes mesmo que Mori fosse enforcado. Naquele primeiro dia em terra firme depois da chegada a Talcahuano, no depoimento inicial que Cerreño deu a Rozas, ele havia elogiado a generosidade e habilidade de seu amigo Masa – como os espanhóis costumavam pronunciar o nome de Delano. Tinha sido "a Divina Providência", disse ele, "que havia enviado Masa Delano para reprimir os negros". Logo, contudo, o espanhol se deu conta de que o norte-americano pretendia lhe cobrar a promessa feita quando, durante a breve conversa particular a bordo do *Perseverance*, ele havia oferecido recompensar Delano por dominar os rebeldes e lhe entregar seu navio.

Cerreño reclamou com as autoridades espanholas que o assédio de Delano estava "multiplicando seus sofrimentos anteriores". Ele estava fora de si quando tinha feito a promessa, declarou. O que mais poderia ter feito? Eles já tinham remado de volta para o *Perseverance* e Delano havia preparado seus homens para a batalha. O americano, contudo, se recusara a dar a ordem final de retomar o *Tryal* antes de saber "que parte do prêmio" poderia esperar em troca. Cerreño disse que havia suplicado a Delano por "misericórdia". Havia implorado ao norte-americano para ajudar a salvar os "desafortunados" marinheiros que permaneciam no navio das "mãos bárbaras, cruéis e ensanguentadas dos escravos negros". No entanto, Delano se recusara a agir até que Cerreño dissesse o que ele queria ouvir.

"Metade do navio", disse Cerreño enquanto chorava de desespero, mas teria dito qualquer coisa naquele momento. "Eu poderia muito bem ter dito a ele o *navio inteiro*, uma vez que naquele momento minha angústia me impedia de raciocinar."

Que tipo de ser humano, Cerreño queria saber, cobraria de alguém aquela promessa, dadas as circunstâncias? Ele estava angustiado, aterrorizado e sem condições de "tratar de negócios ou negociar percentagens". A carga remanescente não era dele para que pudesse dá-la a alguém. Nem deveriam seus infortúnios obrigá-lo a incorrer em uma dívida que o arruinaria. Cerreño citou o direito marítimo, exigindo que propriedades recuperadas de piratas – que era como Cerreño considerava os africanos ocidentais – fossem devolvidas a seu dono de direito. Delano, portanto, estava obrigado a ajudar um navio em dificuldade. Em vez disso, ele havia se aproveitado da vulnerabilidade de Cerreño para "barganhar". Cerreño admitia que devia sua vida a Delano. Mas insistia que não devia a ele metade do valor de seu navio e sua carga. O que o americano estava chamando de o que lhe era devido por serviços prestados não passava de butim de pirata.

Cinco membros da tripulação do *Perseverance* que haviam abandonado o navio em Santa María e sido levados sob custódia pelas autoridades espanholas confirmaram as alegações de Cerreño. De suas celas em Talcahuano, eles unanimemente confirmaram em testemunho o comando calamitoso de Delano. O *Perseverance* tinha estado mais de um ano fora de Boston, disseram dois deles, e havia acumulado apenas sete mil peles de focas. John McCain reclamava que tudo que ele podia mostrar depois de meses no mar era "uma jaqueta, um colete e dois pares de calças". Outro relatou o comando cada vez mais frenético de Delano, seu hábito de punir com chicotadas as menores transgressões. "Nada agrada a ele", testemunhou David Brown, que pediu permissão para ficar no Chile. William Brown, "vendo que a situação era sem esperança, havia resolvido não seguir mais" Delano. Peter Sanson disse que "tendo desperdiçado a viagem", o *Perseverance* "teria que recorrer à pirataria para cobrir suas despesas". Este, afirmava ele, era o motivo pelo qual havia abandonado Delano.

Esses testemunhos, declarou Cerreño, provavam que Delano era pouco mais que um bandido. Ele pediu a Rozas para manter Delano longe dele. Outros "anglo-americanos" com frequência iam a portos espanhóis buscando refúgio e testando a "hospitalidade" espanhola, disse Delano, com suas bajulações simpáticas e tentativas fracassadas de fazer humor, era outra coisa. Com ele, os novos Estados Unidos da América tinham "produzido um monstro".

No início de abril, Rozas estava farto de Delano e Cerreño. De maneira geral, Rozas gostava dos *bostoneses*. Delano, contudo, parecia um pouco ansioso demais para agradar e desesperado demais para elogiar. Quanto a Cerreño, Rozas tinha uma grande antipatia pela maioria dos residentes espanhóis de Lima. Seus donos de navios monopolizavam o transporte entre Concepción e o Peru, cobrando dos chilenos preços exorbitantes para despachar seu trigo para o mercado de Lima. Além disso, *limeños* eram servis e exagerados. "Eles estavam sempre se ajoelhando e fazendo reverências para seus vice-reis", escreveu ele certa vez numa carta para um amigo. "Eles são obsequiosos, se humilham diante dos piores e lisonjeiam os mais ineptos. São incapazes de atos nobres ou perversos, que exigiriam energia demais ou força de caráter."[10]

O juiz havia tentado negociar um acordo entre os dois capitães, propondo o que considerava uma recompensa justa de três mil pesos. Delano recusou a oferta com muito "calor e fogo", dizendo que já havia cedido e estava disposto a aceitar dez mil, um montante consideravelmente menor que a metade do valor do navio. Cerreño, disse ele, sabia o que estava fazendo quando havia lhe prometido a recompensa, mas agora que o navio estava de volta em suas mãos, estava tentando renegar uma oferta justa. Delano argumentava que poderia ter se apropriado de toda a carga e do próprio navio. Em vez disso, ele havia garantido que o navio fosse "conduzido em segurança para o porto". E assim, queria a sua recompensa.

Rozas desistiu. Ele deu a Cerreño permissão para voltar a Lima e disse a Delano para levar sua queixa para Santiago. O *Tryal* deixou Talcahuano no final de abril, seguido pouco depois pelo *Perseverance*. A reputação de Delano o precedeu: as autoridades reais em Santiago não lhe concederam nem permissão para sair do navio. Disseram que seria melhor ele "rumar para Lima" e falar diretamente com o vice-rei.[11]

* *

DELANO NO PASSADO HAVIA reclamado dos legalismos espanhóis, da papelada infindável, das inexplicáveis duplas ou triplas taxas impostas a um único item, e das regras e regulamentos arbitrários que governavam o comércio e a navegação. Ele tinha dificuldade com o espanhol corriqueiro, mas o formalismo espanhol, com sua voz passiva e verbos reflexivos aparentemente usados para confundir sujeito e objeto, era uma sala dos espelhos incompreensível.

Ele esperava tratar de sua disputa com Cerreño "de forma simples". Em Concepción, tinha dito a Thomas Delphin, um velho comerciante irlandês que vivia há tanto tempo no Chile que chamava a si mesmo de Tomás Delfín, que "não queria entrar em qualquer tipo de disputa legal". Era, disse Delano, seu mais "fervoroso desejo evitar um caso de tribunal". Agora, enquanto tentava se defender de acusações que mal compreendia, e lutava pela compensação que acreditava merecer, Delano se viu sendo passado de um magistrado para outro, perdido no mundo sombrio do colonialismo espanhol, cujas regras misteriosas e conspirações se tornavam mais confusas à medida que a autoridade real ia se apagando.

E assim Delano foi para Lima.

INTERLÚDIO

A maquinaria da civilização

O AMASA DELANO FICTÍCIO DE *BENITO CERENO* PARECE UM COMPLEMENto da criação mais famosa de Herman Melville, o capitão Ahab, com os homens representando duas faces da expansão americana. Um é virtuoso, o outro é vingativo. Amasa é vazio, prisioneiro das superficialidades de sua própria percepção do mundo. Ahab é profundo. Ele examina as profundezas. O primeiro não é capaz de ver o mal, o segundo só consegue ver a "malignidade intangível" da natureza. "Uma tempestade para cada calmaria", diz Ahab em *Moby-Dick*.

A mesma complementaridade se aplica a Ahab e ao Amasa Delano histórico. Ambos são agentes de duas das indústrias mais predatórias de sua época, com seus navios levando para o Pacífico a "maquinaria da civilização", nas palavras do Delano real, usando aço, ferro e fogo para matar animais e transformar gordura e peles em valor. O "egoísmo selvagem" de Ahab já foi interpretado por alguns como uma extensão do individualismo nascido da expansão americana, sua raiva, a raiva do eu que se recusa a ser limitado pela fronteira da natureza, uma supremacia individual projetada no grande oceano, incapaz de se conectar com qualquer outro ser humano, exceto, passageiramente, com Pip. Amasa também é movido pelo ego. Em mais de quinhentas páginas de suas memórias, ele raramente menciona outro membro da tripulação. A impressão é de que ele navegava sozinho. Mas seu egoísmo, em contraste com o de Ahab, é voltado para dentro, obcecado não tanto com o domínio do mundo, embora ele quisesse ter sucesso, mas com o domínio de si mesmo.[1]

Ahab é a exceção, um rebelde que caça sua baleia branca até a morte, contra qualquer lógica racional econômica. Ele sequestrou a "maquinaria", o *Pequod*, e se revoltou contra a "civilização", seguindo em sua caçada quixotesca, violando o contrato que tinha com os donos de seu navio. O personagem hoje é sinônimo de ruína, usado para explicar tudo, das guerras de George W. Bush ao aquecimento global, um destruidor do planeta que corporifica a busca insaciável do homem por mais e mais recursos. No entanto, insurgentes como Ahab, por mais perigosos que sejam para as pessoas ao redor, não são os principais agentes da destruição. Eles não são aqueles que caçarão animais quase até a extinção – ou levarão o mundo à beira do desastre. Estes seriam os homens que nunca discordam, que executam, como escreve Jeremy Harding em um ensaio sobre *Moby-Dick*, o "processo extrativo triturante dia após dia", homens que estão "apaixonados pelas glórias do planeta, mas dedicados a gastá-las". Como Amasa Delano.[2]

Delano é a regra. Enquanto o mesmérico Ahab – o "carvalho rachado pelo trovão" – foi considerado como um protótipo do totalitarista do século XX, um Hitler ou Stalin perneta, Delano representa uma forma mais moderna de autoridade. Seu poder é baseado não no carisma demagógico, mas nas pressões cotidianas envolvidas em controlar o trabalho braçal e converter os recursos naturais que se esvaíam em itens vendáveis. Apanhado nas tenazes da oferta e procura e preso no vórtice da exaustão ecológica, com sua própria tripulação à beira do motim por não haver mais focas para matar e nenhum dinheiro para ganhar, Delano estimula seus homens a saírem à caça, não de uma baleia branca, mas de rebeldes negros. A queda deles no barbarismo, seguida pela perseguição implacável, mas ao mesmo tempo mundana, a Benito Cerreño pela metade do valor de seu navio e carga, acontece não porque Delano estivesse discordando das leis do comércio e do capital, mas porque ele costumava administrá-las fiel e rotineiramente. Ele tinha "conhecimento de seu dever", como disse, e estava "disposto a cumprir fielmente seus ditames".

PARTE VII
AVARIA GROSSA

Avaria (seguros) Uma perda em um carregamento de bens que é menor que uma perda total (...) e em última instância vem da palavra árabe *awarijah*, que significa "mercadoria danificada pela água do mar". (...) uma avaria particular é uma perda que afeta apenas interesses específicos (...) Uma avaria grossa é uma perda no seguro que afeta todos os interesses envolvidos na carga a bordo, bem como o próprio navio.

— *DICTIONARY OF INTERNATIONAL TRADE*, 2005

CAPÍTULO 24

LIMA OU A LEI DA AVARIA GROSSA

Quatorze quilômetros e meio para o interior e com vista para o Pacífico, a 4.500 metros acima do nível do mar, Lima, a Cidade dos Reis, a sede da Inquisição e o lar da Casa da Moeda Real, era o grande trono do catolicismo na América do Sul. Abaixo, na costa, o porto de Callao era impressionante, mas de uma maneira diferente. Era um dos portos globais mais movimentados do mundo, ligava a América Espanhola às Filipinas, China, Japão, Indonésia, Índia e Rússia, com ancoragem profunda e águas calmas que davam ancoradouro seguro para centenas de navios ao mesmo tempo.[1]

Também era um dos portos com mais negros. No decorrer de quase três séculos, cerca de 100 mil africanos tinham sido trazidos para o Peru via Callao. Mas Callao não era apenas um porto de escravos. Era um porto dos escravos, o coração pulsante do Pacífico negro, testemunha de que o comércio marítimo da Espanha nas Américas, o fluxo de sangue de seu império, era em grande medida administrado por homens de cor. Uma das primeiras coisas que Amasa Delano teria visto, depois de entrar no porto e apreciar os pináculos de Lima ao longe, depois de ser rebocado para o cais em uma balsa em meio a bandos de flamingos e depois subir por uma escada que se estendia ao longo do quebra-mar, era uma rua estreita de terra batida, "cheia de marinheiros e negros, de todas as tonalidades, peruanos e mulas". As ruas eram cheias de africanos e afro-americanos, entre marinheiros, ambulantes, artesãos, condutores, mendigos e prostitutas – alguns deles livres, outros escravos, todos cuidando de seus negócios com uma liberdade inconcebível num porto de trabalho escravo nos Estados Unidos (exceto Nova Orleans).

A cidade em si parecia ser "comprimida nas menores dimensões possíveis – reduzida a sua fração irredutível", uma cidade em ruínas, de ruelas apertadas e casas de um só andar, com os aposentos principais e suas redes balançando abertos para a rua. Delano poderia ter-se "admirado com os jumentos, a sujeira inconcebível de seus condutores, os vestidos alegres das mulheres e a aparência singular" dos soldados quéchua – com suas pequenas boinas e uniformes cinza-avermelhados, "bochechas pronunciadas", "olhos (...) carvão ardente" e um "fogo vulcânico logo abaixo da pele".

Havia uma rua comercial de artigos para navios, em que se vendia breu, alcatrão, cordoalha, estopa, machados e outras mercadorias marítimas, tinha lojas de roupas cheias de calças de nanquim, calças holandeses e casacos de marinheiro britânicos, salões de dança e pelo menos uma estalagem e taverna "miserável" onde os homens eram "todos trapaceiros e as mulheres, todas negras escandalosas". Havia marinheiros britânicos em todas as esquinas e "grupos de capitães sentados em cadeiras velhas".

Apesar da poeira e da sujeira, esta parte da cidade era considerada nova em 1805. A Velha Callao, na ponta de uma península que se projetava para dentro do porto, fora destruída em 1746 por um maciço tsunami que quase chegou aos portões de Lima. Pelo menos cinco mil pessoas morreram no desastre, quase todos os residentes do porto, e quando Delano visitou as ruínas, ficou chocado com os ossos que ainda continuavam espalhados pelo chão. Alguns eram de vítimas que tinham ficado presas em casa quando ocorreu o terremoto ou eram os restos de corpos trazidos pela maré depois que a onda gigantesca recuou. "O mar vomitou corpos durante meses, cadáveres nus, metade comidos pelos peixes", relatou uma testemunha na época. Outros eram esqueletos daqueles enterrados em túmulos coletivos, "arrancados do cascalho" pela erosão.[2]

Eles estavam por toda parte, espalhados no solo estéril e reunidos em pilhas no que haviam sido as adegas e porões das casas levadas pelo mar. A cena mais espantosa era um par de arcos subterrâneos, tudo que restava de uma prisão onde "os estrangeiros, bem como os espanhóis das classes inferiores, estavam confinados" quando a onda arrebentou: "aqueles arcos estavam cheios de ossos humanos, assim como a maioria dos porões, sem nenhum tipo de cobertura." Outro visitante descreveu ter passeado pelas "cavernas em arco" e visto esqueletos "amontoados nos porões estreitos, com altura suficiente apenas para alguém se deitar, e nas mais variadas posições, nas quais se renderam às agonias da dissolução".³

Em suas memórias, Delano muitas vezes parece roçar a superfície das coisas, saltando de acontecimento em acontecimento, intuindo a importância deles e até mesmo oferecendo observações perspicazes, contudo nunca compreendendo as correntes subterrâneas mais profundas da história que fluem velozes. Mas aqui, em Callao, portal de tantos africanos para Lima, ela própria construída sobre os túmulos dos incas vencidos, Delano está em meio a um vasto campo de ossos que viraram cinzas e quase apreende a plenitude do tempo. "A totalidade dessas ruínas vistas juntas", escreve ele, "por uma pessoa no local foi, creio, suficiente para pôr em movimento todos os poderes da mente."⁴

UMA VEZ DE FATO em Lima, Delano se comportou como uma espécie de ianque da Nova Inglaterra na corte do rei Carlos. Na verdade, a cidade real combinava mais com a personalidade de Delano que Concepción. Aquela cidade, apesar de todo seu radicalismo esclarecido, era esnobe e provinciana. Lima, por outro lado, embora ainda não fosse o lugar devasso que se tornaria depois da independência, era mais uma mistura de culturas, um lugar onde tanto o catolicismo inquisitorial e o protestantismo pudico podiam encontrar algum alívio. "O próprio som da palavra *Lima*", escreveu um viajante de língua inglesa sobre o nome da cidade, "afeta-me agora como alguma dança espanhola vigorosa e um tanto melancólica."⁵

As ruas eram cheias, as lojas, bem abastecidas, e a cidade borbulhava com "gente de todas as classes, cores e profissões". Havia mais igrejas que teatros ou salas de bilhar, e muitas delas eram graciosas em sua decadência. Melville esteve na cidade em 1844 e comparou suas cruzes pendentes com "pátios inclinados de frotas ancoradas".

Entretanto, havia uma abundância de tavernas e estalagens. Delano, que ficou em uma muito procurada por capitães de navio, descreve uma peça que ele ajudou a pregar em um padre que foi ao hotel pedindo doações e instando os oficiais protestantes a beijar uma imagem da Virgem Maria. Quando o padre desviou a atenção momentaneamente, Delano e seus companheiros esconderam a Virgem debaixo dos lençóis de sua cama. O clérigo ficou angustiado por não conseguir encontrar a imagem, até que finalmente um dos marinheiros puxou o lençol e revelou Maria. Uma vez que o padre estava vendendo beijos por esmolas, disse ele, talvez ela mesmo tivesse decidido cuidar dos negócios e entrar direto na cama.

Como os funcionários em Santiago haviam negado sua petição de uma audiência, bruscamente mandando-o embora com seu navio, Delano decidiu aparecer sem aviso no palácio do vice-rei e confiar na sorte. Ele chegou cedo numa manhã de outono, num domingo, enquanto o vice-rei, o segundo marquês de Avilés, se preparava para a missa. Não era o momento mais oportuno para pedir um encontro não marcado com o mais poderoso funcionário espanhol da América do Sul. As relações de Madri com os Estados Unidos durante aqueles meses andavam tensas, uma vez que as negociações de Thomas Jefferson para a compra da Louisiana, dos franceses, que incluía grandes extensões de território reivindicado por Carlos IV, não estavam indo bem. Mas Avilés acabou por gostar de Delano. Ele lhe deu permissão para ir e vir como quisesse, quando quisesse, a tal ponto que o capitão de Duxbury passou a ser conhecido entre os cortesãos do palácio como o "favorito do rei".[6]

O palácio real de Lima, de três andares, ocupava quase dois hectares no centro da cidade. O prédio era conhecido por seus corredores labirínticos, jardins encantadores de figueiras e flores, salões cavernosos, mas com tapeçarias de parede e pinturas a óleo, e uma galeria se estendendo por todo o segundo andar. Tinha sido destruído, reconstruído e ampliado várias vezes desde sua primeira construção, em 1535, por Francisco Pizarro, o conquistador do Império Inca, e fundador do Peru, pertencente à Espanha. Quando Amasa Delano lá chegou, a corte real era considerada "o melhor e mais suntuoso edifício do reino inteiro, uma vez que não havia quase um vice-rei que não tivesse acrescentado um aposento ou uma nova ala, contribuindo para a majestade que o local representa".[7]

Amasa visitou o palácio pelo menos cinquenta vezes durante sua estadia em Lima, se perdendo com frequência em suas "muitas curvas e meandros". Ao ler na *Bank's Geography* sobre o esplendor dos sentinelas da corte real, ele se dedicou a satisfazer sua curiosidade. "Eu não acreditava plenamente no relato, até que os vi pessoalmente."[8] Delano, vestindo sua jaqueta de lã grossa de marinheiro e calça larga de algodão, inspecionou os sentinelas, que vestiam requintados calções vermelhos e coletes azuis rendados de dourado, meias de seda e sapatos de veludo e estavam armados com espadas francesas e alabardas suíças. Ele também passou por um contingente menor de cinco escravos cerimoniais – *los negros del rey*, os negros do rei –, vestidos com caras camisas de algodão azul de Quito, chapéus de palha e graciosos ponchos de algodão. "As vestimentas dos guardas é a coisa de aparência mais elegante e extraordinária que eu já vi", comentou Delano.[9]

Delano estava igualmente perdido, tentando compreender o emaranhado de interesses comerciais rivais que parecia estar criando obstáculos para o recebimento da recompensa que lhe era devida, pois apesar da afeição de Avilés por Amasa, o vice-rei não conseguia atender seu pedido com facilidade. A rebelião no *Tryal*, a perda de grande parte de sua carga, inclusive os africanos exilados, executados e quase mortos de fome, afetava muitos interesses poderosos, inclusive vários comerciantes que haviam ajudado Cerreño a financiar a compra de seu navio. Numa economia que funcionava principalmente à base de notas promissórias e letras de câmbio, era improvável que desistissem de um navio cheio de riqueza monetizável na forma de escravos.[10]

Quando, alguns dias antes que Delano chegasse, Cerreño tinha entrado com o *Tryal* no porto de Callao trazendo cinquenta escravos sem dono, dos quais cerca de metade eram mulheres e crianças, os investidores quiseram sua parte. Os africanos ocidentais não eram peixe solto, e sim expressões vivas de dívida, crédito e caução, aos quais eles se agarraram rapidamente como objetos de disputa.

AGORA QUE ARANDA ESTAVA morto, quem tinha o direito de vender os rebeldes sobreviventes do *Tryal*? E quem receberia os lucros da venda? Estas eram duas perguntas sobre as quais os vários processos se baseavam. Juan Nonell, rancheiro de Buenos Aires que havia se tornado mercador de escravos, quando soube da notícia da rebelião e de sua repressão, deu a um advogado de Lima uma procuração para pedir a penhora dos escravos pelo valor que Aranda devia a ele. Ao mesmo tempo, o sogro e a mulher de Aranda, em Mendoza, também apresentaram documentos para pedir a penhora dos africanos ocidentais. Eles procuravam recuperar pelo menos uma quantia equivalente à da entrada que Aranda tinha pago a Nonell quando os comprara, em abril de 1804, e o valor de uma caixa de joias e outros bens que Aranda levara na viagem e que tinham desaparecido. Os muitos credores de Cerreño, homens que lhe tinham feito os empréstimos para comprar o *Tryal*, bem como os comerciantes que tinham perdido sua carga durante a viagem, também cobravam o que diziam que lhes era devido. E então havia o próprio Cerreño. Ele considerava os escravos sua presa pessoal, esperando vendê-los para cobrir suas perdas, pagar suas dívidas e se livrar de Amasa Delano.[11]

Para fundamentar sua causa, Cerreño, em sua petição ao tribunal comercial de Lima, invocava um princípio de direito marítimo conhecido como a lei da avaria grossa (*avería gruesa* em espanhol). É uma legislação antiga, usada por navegadores romanos, islâmicos e cristãos antes que o seguro de carga especializado se disseminasse. Tinha o intuito de igualar as perdas resultantes de um desastre marítimo. Se uma tripulação tivesse que lançar ao mar a carga de um mercador para tornar o navio mais leve, de modo a suportar uma tempestade, então todos os comerciantes com mercadorias a bordo deste navio deveriam arcar com parte do prejuízo, com base numa percentagem de sua porção da carga total. À medida que o seguro marítimo evoluiu ao longo dos anos 1700 e 1800, donos de navios negreiros também aplicavam a lei da avaria grossa para reclamar perdas sofridas durante insurreições de escravos. Argumentavam que tais revoltas deveriam ser consideradas comparáveis a um ato de Deus, uma tempestade ou algum outro "perigo do mar", e assim qualquer avaria resultante ao navio ou perda de carga deveria ser dividida entre todas as partes interessadas (atuários calculavam que havia uma chance em dez de que a carga de qualquer navio negreiro pudesse se revoltar e que numa rebelião um oitavo dos escravos seria morto). E existe pelo menos um caso infame, o do *Zong*, em 1781, em que os donos do navio afirmaram que o lançamento ao mar de 132 africanos foi necessário para salvar o restante dos escravos e da tripulação porque o navio não estava levando alimentos suficientes para cobrir a travessia do Atlântico.*

Cerreño não tinha seguro, mas invocou o princípio, dizendo que parte do lucro da venda dos escravos do *Tryal* deveria ser usada para ajudá-lo a pagar suas dívidas e se livrar de Delano. O pedido dele foi negado na primeira audiência, mas depois de meses de apelos ele afinal conseguiu obter uma decisão parcialmente favorável. Um juiz ordenou que os africanos ocidentais fossem vendidos para um dos mais ativos mercadores de escravos de Lima, Jacinto Jimeño, por um preço com base em seu valor estimado. Jimeño, por sua vez, dividiria seu pagamento entre Nonell, os herdeiros de Aranda e Cerreño. A decisão, contudo, não encerrou o caso.

---

* A aplicação da lei da avaria grossa a insurreições de escravos levantava um problema filosófico delicado, pois em nenhum outro caso de perda de carga a perda era causada pela vontade e ação da carga. Esta questão veio à luz em um caso que chegou à Suprema Corte da Louisiana em 1842, quando advogados da Merchant' Insurance Company, que havia assumido o navio negreiro *Creole*, defenderam que seus clientes não eram responsáveis por pagar perdas sofridas pelo navio em resultado de uma rebelião de escravos. Rebeliões, diziam eles, eram causadas não por "acidentes externos", mas pelos "vícios inerentes do objeto segurado" – isto é, a tendência inerente de escravos se rebelarem. Um dos advogados da companhia, Judah Benjamin, que mais tarde seria procurador-geral da confederação, baseou seu argumento na humanidade fundamental dos escravos: "O que é um escravo? Ele é um ser humano. Ele tem sentimentos, paixões e intelecto. Seu coração, como o do homem branco, se incha de amor, arde de ciúme, dói com sofrimento, pena quando sofre restrições e desconforto, ferve de raiva na vingança e sempre acalenta o desejo de liberdade." Ele "é dado a se revoltar pela própria natureza das coisas (...) Alguém negará que a sangrenta e desastrosa insurreição do *Creole* foi resultado das qualidades inerentes dos próprios escravos, insuflados não apenas por sua condição de servidão, mas estimulados pelo afastamento de seus amigos e lares (...) e encorajados pela disciplina frouxa do navio, a fraqueza numérica dos brancos e a proximidade de uma província britânica?". De acordo com o historiador Tim Armstrong, Benjamin argumentou em outro caso que "a rebelião é intrínseca à escravidão" e que a escravidão é uma "instituição que desde a época de Justiniano tem sido mais descrita como *contra naturam* e um resultado de condições locais do que de aplicação universal. (...) A implicação mais geral é que a situação do escravo é temporária e reversível. O escravo nunca pode ser definitivamente tratado como um pertence". Os argumentos de Benjamin, que ganharam a causa para os seguradores, de certa maneira paralelo àqueles dos médicos de Montevidéu que invocaram vida interior dos escravos para explicar a epidemia que havia assolado o *Joaquín*, um exemplo de como os horrores da escravidão estavam ajudando a modernizar a medicina. Aqui os horrores estavam forçando a modernização do direito: seres humanos eram universais, mas a escravidão não, uma posição interessante para um homem que se tornaria o advogado-chefe dos Estados Confederados da América.

Nonell e os herdeiros de Aranda apelaram e os credores de Cerreño continuaram com seus processos, do mesmo modo que os comerciantes cujas cargas tinham sido alijadas para tornar o navio mais leve durante a tempestade. As múltiplas ações e contra-ações que giravam ao redor da questão de como dividir o valor estimado dos rebeldes sobreviventes do *Tryal* não se arrastaram por tanto tempo quanto o caso Jarndyce *vs* Jarndyce, de *Casa desolada*, de Charles Dickens, mas durante anos dois advogados não podiam falar a respeito da questão por "cinco minutos, sem chegar a um desacordo total a respeito de todos os princípios".[12]

ENQUANTO ISSO, AMASA DELANO continuava a exigir o pagamento de dez mil pesos de Cerreño. Seu irmão Samuel chegou a Lima em junho, dizendo a ele que as focas continuavam escassas, confirmando sem dúvida o que os irmãos já sabiam: a viagem havia fracassado.

Durante os dois meses seguintes, Delano se apresentou diante de inúmeros burocratas da Coroa. Para cada um relatava o risco em que tinha posto a si mesmo e seus homens naquele dia no Pacífico Sul. A cada um apontava a parte no depoimento de Cerreño em que o espanhol elogiava suas ações, chamando-o de heroico e generoso, e a parte de outro depoimento em que ele "agradecia à Divina Providência por ter mandado Masa Delano para subjugar os Negros". A cada um ele apelava com base nas leis marítimas e práticas com relação a recompensas e compensação por serviços prestados. E a cada um reiterava que poderia ter apenas ficado com o navio inteiro e sua carga, "tudo o que havia de bom".

Por fim, em setembro, ele fez um último apelo a Avilés. Delano disse que compreendia que o vice-rei tinha muitos interesses a considerar. Mas lhe suplicava que decidisse a questão de uma vez por todas. Desde a sua chegada a Talcahuano, seus homens continuavam a abandoná-lo, levando consigo equipamentos valiosos do navio. Ele estava em Lima há meses, cada vez mais endividado, tentando alimentar os homens que tinham ficado em seu navio. Estava tão desesperado que até tentou vender o *Perseverance* à Marinha espanhola, na esperança de pagar o que devia e apenas voltar para casa no *Pilgrim*. A Marinha declinou a oferta, achando que seria caro demais transformar a escuna em um navio de guerra. Ele ainda tinha "cerca de trinta homens em diferentes ilhas". Eles precisavam de comida e outros suprimentos, e se sua reivindicação fosse protelada por mais tempo, com certeza "eles iriam sofrer".[13]

Avilés finalmente disse a Delano que decidiria em seu favor, mas somente se ele baixasse sua exigência para oito mil pesos. Delano havia se recusado a ceder anteriormente, em Concepción, mas agora não teve escolha senão concordar. O vice-rei chamou Cerreño a seu gabinete, com Delano presente, e disse ao espanhol que o poria na prisão se ele não pagasse. Cerreño ainda não tinha recebido sua parte na venda dos africanos ocidentais a Jimeño (não se sabe se algum dia recebeu), mas diante da força da decisão ele conseguiu hipotecar o *Tryal* e pegar emprestado o dinheiro para pagar Delano.

DELANO RECEBEU SUA RECOMPENSA, oito mil pesos em ouro, mas esta não foi muito longe. Este era quase o valor que ele devia a vários fornecedores em Callao para manter o *Perseverance* à tona e seus homens alimentados. Foi preciso mais um ano, totalizando quase três desde que ele havia partido de Boston, para Delano finalmente encher seu porão de peles de foca. Em julho de 1806, ele levou o *Perseverance* para a China, mas como o mercado ainda estava saturado, teve que esperar meses até vender as peles.

Samuel Delano ficou nas águas ao largo do Chile por mais um ano, partindo finalmente em setembro de 1807, com apenas treze mil peles. A caminho de Cantão, o *Pilgrim* enfrentou um vendaval quando entrava no Mar da China, virando de lado, até seus mastros ficarem debaixo das ondas. Três homens pereceram e tudo indicava que o navio também se perderia. Mas então, miraculosamente, o vento virou a proa para o outro lado e endireitou o navio antes que este se enchesse de água. O *Pilgrim* se salvou, embora quase todas as peles tivessem ficado destruídas.

EM LIMA, JIMEÑO VENDEU a maioria dos homens, mulheres e crianças da África Ocidental que ficaram com ele menos de um ano. Muitos foram comprados individualmente. Eles se viram espalhados ao redor de Lima sozinhos, a solidariedade e comunidade que haviam criado durante a longa viagem fora destruída. Outros tiveram a sorte de ficar em grupos de dois ou três.

O sociólogo Orlando Patterson escreveu que a essência da escravidão era a "morte social". De certa maneira, Patterson descreve o que os médicos em Montevidéu concluíram a respeito do *Joaquín* no final de 1803, que a escravidão resultou em um *cisma* – ou cisão –, a separação dos escravos de seu passado, de sua história, família e lar, de todas as coisas que os tornavam humanos, e os tornou "isolados genealógicos". Nada ilustra melhor essa ruptura que os recibos de venda que existem nos arquivos de Lima relativos aos homens, mulheres e crianças sobreviventes do *Tryal*. A documentação é parca. Os registros fornecem no máximo a idade e o sexo da pessoa vendida, ao lado do preço e termos de crédito da transação. Eles omitem os nomes originais e não dão indicação do que aconteceu com os bebês, se ficaram com suas mães ou foram vendidos para casas diferentes.[14]

Os recibos oferecem alguma informação que sugere que a ruptura psíquica não foi total. Em alguns casos, revelam os novos nomes cristãos dos africanos ocidentais: "Dois novos negros", comprados por uma casa por 960 pesos, "respondem pelos nomes Antonio e Manuel e têm 13 anos de idade". Um garoto jovem comprado por um comerciante "responde pelo nome Joaquín". A expresão "responde pelo nome" tem a intenção de ser formal e inócua. Mas ela choca. Parece mais uma admissão por parte dos donos de que aqueles novos rótulos seriam sempre pseudônimos e que a perda sofrida pelos escravos de suas recentes experiências e vidas passadas permaneceria incompleta – que as duas meninas de 12 anos tiradas do *Tryal* e vendidas a Doña María Daga e Doña María Rivera por 920 pesos poderiam "responder pelos nomes cristãos de Maria e Rosa", mas aquilo nunca seria tudo o que elas eram.

CAPÍTULO 25

A *DITOSA*

Embora Benito Cerreño tivesse mantido o nome original de seu navio pintado no casco, de vez em quando ele se referia ao *Tryal* como *la Prueba*, que em espanhol também significa uma prova de fé. Era comum que católicos na América espanhola se inspirassem em temas religiosos para dar nomes aos seus navios, da mesma forma como faziam os protestantes da Nova Inglaterra, embora os primeiros também apreciassem muitos santos martirizados (inclusive São João Nepomuceno), enquanto os últimos preferiam as virtudes (como a perseverança). Em todo caso, Benito Cerreño, tendo passado por mais provas de fé do que Jó, decidiu pouco depois de voltar de Concepción para Lima rebatizar seu navio. Ele agora navegaria com o *La Dichosa* – A Ditosa.[1]

Cerreño não estaria a bordo. Jurando nunca mais voltar ao mar, ele arrendou o *la Dichosa* a outro capitão mercante e se dedicou a começar uma nova vida em terra. Uma semana depois de sua volta a Lima, Cerreño casou-se com Francisca Murre, uma viúva recente cujo primeiro marido lhe havia deixado uma plantação de cana-de-açúcar de tamanho considerável, a Hacienda Humaya, a cerca de 112 quilômetros ao norte da cidade. Na época, a melhor medida do valor de uma propriedade não era seu tamanho, e sim a idade e a altura de suas safras. Quando Benito e Francisca se mudaram para lá, Humaya tinha doze campos plantados com cana-de-açúcar de dezoito meses com mais de treze metros e meio de altura, quase prontas para a colheita. Tudo levado em conta, com seu açúcar, pomares, oficinas, sede da fazenda e gado, a plantação foi avaliada em quase 200 mil pesos.²

Tal estimativa incluía seus escravos, uma vez que produzir cana só era possível com mão de obra para cortá-la. Os 236 escravos da propriedade foram avaliados em 91.782 pesos, quase metade do valor total da propriedade. A maioria deles – 129 homens e 107 mulheres – estava há mais tempo na América que seu novo senhor. Eles nasceram e foram criados no Peru e batizados na religião católica. Alguns eram descendentes dos primeiros africanos da época em que propriedade foi fundada, em 1693. Outros poderiam até ter tido ancestrais no Peru antes disso.

Deve ter sido tentador para Cerreño, quando assumiu sua vida de aristocrata, uma vida que sua família em Andaluzia havia perdido, acreditar que tinha deixado para trás tudo que lhe acontecera no *Tryal*. A dias de distância do movimento e da política de Lima, a Hacienda Humaya se espalhava pelas encostas cobertas de neblina do Vale Huaura. Era uma antiga propriedade dos jesuítas, ligada à costa por uma velha estrada muito acidentada. Quando Cerreño assumiu o comando da fazenda, sua capela, de nave dupla, ainda tinha seu órgão original, pia batismal de pedra entalhada e púlpito de madeira.

Lá não havia Babos. Nem Atufals e Moris. Nem Leobes, Quiamobos, Alasans, Malpendas ou Matunquis. Nenhuma massa de mulheres africanas indistinguíveis cantando cânticos fúnebres. Havia apenas os escravos meeiros que moravam em pequenas casas de sapé ao longo da estrada que ligava a casa-grande ao cemitério da plantação. Entre eles se encontrava Juan Capistrano, de 63 anos, que administrava a moenda de cana (ele foi avaliado em trezentos pesos), Domingo de la Nieves (que valia um peso de cada um de seus 80 anos) e Agostina de la Rosa, uma inválida de 90 anos (dez pesos).

Porém, em 1820, o mundo caiu mais uma vez para Cerreño.

NA AMÉRICA ESPANHOLA, durante suas guerras pela independência – que duraram mais de uma década, de cerca de 1810 até bem depois dos anos 1820 –, milhares de escravos negros no México, Colômbia, Venezuela, Argentina e nos Andes abandonaram seus campos, oficinas e casas para se juntar aos exércitos insurgentes. Em alguns lugares eles constituíam até 30 por cento das forças revolucionárias.

O Chile esteve na vanguarda da independência e emancipação, estabelecendo sob a liderança de ninguém mais que Juan Martinez Rozas um conselho de autogoverno que em 1811 aprovou uma série de medidas que limitavam a escravatura. Entre elas estava a "Lei do Ventre Livre", que decretava que todas as crianças nascidas de pais escravos eram livres, e uma futura proibição de importação de novos escravos para território do Chile. Quando o vice-rei do Peru enviou tropas reais para pacificar o Chile, o Exército Revolucionário dos Andes – comandado pelo general argentino José de San Martín e constituído principalmente por escravos alforriados de Buenos Aires e Mendoza – atravessou os Andes vindo da Argentina e entrou no país para derrotá-las. Muitos deles haviam passado pela mesma jornada que Babo e Mori, mas sob circunstâncias completamente diferentes: tendo primeiro chegado a Montevidéu como escravos, eles atravessaram os Pampas como homens livres, juntando-se às tropas insurgentes de San Martín em Mendoza, então atravessaram os Andes para libertar o Chile, um passo importante para a obtenção da independência de toda a América do Sul espanhola.[3]

Somando milhares, estes soldados rebeldes emancipados, agora contando com os negros livres e emancipados do Chile, continuaram a seguir a rota dos rebeldes do *Tryal*. Partiram de Valparaíso com destino a Lima em agosto de 1820, como parte da frota expedicionária de San Martín, que jurava derrubar os "tiranos que acreditavam que podiam escravizar impunes os filhos da liberdade". A flotilha desembarcou primeiro ao sul de Lima. Subindo e descendo pelos vales entrecruzados que ligam o Pacífico aos Andes, escravos fugiram de suas *haciendas* aos milhares para se juntar a San Martín, levando comida, gado e cavalos roubados de suas plantações. Outros apenas aproveitaram o caos causado pela invasão para fugir, não se juntando nem aos *patriotas* nem aos *realistas*.[4]

Em 9 de novembro de 1820, San Martín navegou para o norte de Lima, para a Baía de Huacho, no fundo do Vale Huaura. Pouco depois, suas tropas marcharam subindo o vale com o poder de emancipar qualquer escravo que se juntasse a eles. Em 27 de dezembro – exatamente dezesseis anos do dia da revolta do *Tryal* –, um destacamento de soldados rebeldes chegou aos portões de Humaya. Cerreño, tendo sobrevivido a uma insurreição, não esperou para ser apanhado por outra. Ele não estava mais lá quando os soldados entraram no dia seguinte, fugira para Lima e abandonara a *hacienda* nas mãos de seus escravos.[5]

Por algum tempo, Lima agiu como se tudo estivesse como sempre tinha sido e continuaria a ser. Rozas estava certo com relação aos comerciantes da cidade. Eles eram servis. Ao mesmo tempo que Buenos Aires, Montevidéu, Caracas, Bogotá e Santiago, ao lado de cidades de província, como Concepción e Mendoza, estavam lutando pela independência, "a fortaleza de Lima", com seu excesso de padres e lordes, comerciantes ricos ligados às grandes casas comerciais de Sevilha e Cádiz, e o exército bem armado do vice-rei, permaneceu fiel à Espanha. Os habitantes da cidade e as propriedades que a circundavam, escreveu um observador, "continuaram a viver em seu estilo habitual de luxo esplêndido, com conforto e segurança imprudentes, até que o inimigo veio e bateu nos 'portões de prata da cidade dos reis'".[6]

Isso ocorreu em julho de 1821. San Martín e seu exército entraram em Lima e seus residentes finalmente se deram conta de que estavam vivendo em novos tempos. "A consternação foi excessiva", escreveu a mesma testemunha; "os homens andavam de um lado para outro amedrontados e na dúvida sobre o que deveriam fazer; as mulheres corriam pelas ruas em direção aos conventos; e as ruas estreitas ficaram literalmente entupidas de carroças e mulas, e homens montados a cavalo". Cerreño provavelmente estava entre aqueles que tentavam fugir da cidade "a pé, em carroças, a cavalo (...) homens, mulheres e crianças com cavalos e mulas e grupos de escravos carregados de bagagem e outros bens de valor (...) tudo era uma gritaria e confusão". Logo, contudo, as ruas ficaram vazias, à medida que se espalhava o temor de que a "população escrava da cidade pretendia aproveitar a ausência de tropas para se unir e massacrar os brancos".[7]

Os lordes e damas de Lima tinham pouco a temer. San Martín, depois de tomar Lima, emitiu uma série de decretos que limitavam o comércio de escravos e a escravatura. Mas, ainda enfrentando um exército real forte fora da cidade, ele esperava conquistar os proprietários de terras rurais para sua causa. De modo que seguiu uma linha rigorosa, emancipando escravos, que se juntavam às suas fileiras, mas deixando claro que os fugitivos ainda pertenciam aos seus donos. Os combates se arrastaram por anos. Só em dezembro de 1824, na Batalha de Ayacucho, as tropas monarquistas foram expulsas.

A este ponto, a promessa radical inicial da independência da América espanhola, que viu os exércitos revolucionários marchando através de terras de *hacienda*, libertando escravos aos milhares, tinha sido contida. O processo legal da abolição, que havia começado no Chile, em 1811, continuaria. Mas foi feito de forma gradual e conservadoramente, através de medidas, leis e decretos destinados a manter o poder da elite proprietária de terras da região. Mesmo assim, em 1855 – dez anos antes da Guerra Civil dos Estados Unidos acabar em Appomattox – a compra, venda e manutenção de seres humanos como bens móveis estava encerrada em todas as repúblicas americanas que tinham se separado da Espanha.

Quanto a Benito Cerreño, ele foi posto na cadeia por alguns dias sob a acusação de ter ajudado forças monarquistas pouco depois de ter fugido das tropas de San Martín.[8] Logo foi libertado e, quando a vida voltou ao normal, conseguiu reivindicar Humaya e sua gente, retomando uma vida aristocrática agora acomodada ao governo republicano. Em 1829, Cerreño teve um ataque hemiplégico que o deixou paralisado. Morreu em 1830. Sua viúva, Francisca, viveu até 1853. A abolição ainda demoraria um ano para chegar ao Peru, contudo, por ocasião de sua morte, o testamento dela emancipava todo o "grande número de escravos" de Humaya, exceto por um, que era deixado para sua filha.[9]

Anos antes, Cerreño tinha perdido o navio anteriormente conhecido como *Tryal* para seus credores. *La Dichosa*, a Ditosa, foi avistado depois disso por Mayhew Folger, o capitão quacre do *Topaz*, famoso por ter resgatado os sobreviventes do *Bounty* de Bligh nas Ilhas Picárnia. Ao retornar a Nantucket em 1810, ele contou ao seu amigo Thomas Coffin que o antigo navio de Coffin estava apodrecendo no porto de Valparaíso, "saqueado, maltratado pelas intempéries e enraizado na água".[10]

CAPÍTULO 26

SOLIDÃO

GRUPOS DE GOLFINHOS E BANDOS DE AVES MARÍTIMAS SEGUIRAM O *Perseverance* quando este se aproximava do Cabo da Boa Esperança, em maio de 1807, voltando para a Nova Inglaterra vindo da China com o porão pela metade cheio de porcelanas e chá que não valiam o suficiente para cobrir o que Delano devia aos seus homens, nem para pagar os credores. A embarcação estava maltratada. De acordo com seu diário de bordo, "precisava de todos os tripulantes" para se manter à tona. "O navio estava deixando entrar muita água, obrigando-nos a bombear a cada meia hora." O tempo tinha se tornado "sombrio" depois que entraram no Atlântico Sul, com nuvens passando rápidas, ventos "desconcertantes" e ondas pesadas de oeste. O Quatro de Julho amanheceu "escuro e ventoso". Não havia mais bebida alcoólica a bordo, mas a tripulação comemorou jantando um guisado de carne. Na sexta-feira, 24 de julho, "os contornos do Cabo Cod" surgiram à vista. Alguns dias mais tarde, o *Perseverance* chegava a Boston, encerrando uma viagem de quase quatro anos, com duas voltas ao mundo e mais de oitenta mil quilômetros navegados.[1]

Delano tinha a expectativa de que houvesse algo esperando por ele. "Muitos amigos poderosos" em Lima tinham lhe dito, afirmava ele, que o rei da Espanha, Carlos IV, lhe enviaria pessoalmente uma recompensa adicional, além do ouro que havia recebido de Cerreño. É fácil imaginar, enquanto ele apresentava seu caso de gabinete em gabinete, os burocratas reais lhe dizendo tal coisa na esperança de que ele se fosse. Mas havia um presente para ele em Boston, embora não fosse o que havia esperado. Era um medalhão de ouro com o perfil de Carlos em relevo, junto com uma carta do enviado da Espanha nos Estados Unidos agradecendo a Delano em nome do rei por seu serviço nobre e humano. Poucos meses depois, Carlos seria deposto do trono por Napoleão, acabando de uma vez por todas com a esperança de Delano de receber, como ele dizia, "algo que me trouxesse essencialmente alguma vantagem".[2]

Isso poderia ter ajudado Delano. A América havia mudado enquanto ele estava fora. Dívidas tinham assumido um papel mais central na economia em crescimento da nação, e Delano estava preso aos seus grilhões, foi levado aos tribunais e, ao que parece, posto na prisão por inadimplência. Ele devia quantias significativas a vários credores desde antes da primeira viagem do *Perseverance* (inclusive a Ezra Weston, em Duxbury). Mas agora estava sendo processado por pessoas que nunca tinha conhecido, por credores que tinham comprado sua dívida de credores anteriores ou por indivíduos que afirmavam ser testamenteiros de marinheiros mortos. Ele devia milhares de dólares a várias pessoas quando a maioria dos prisioneiros na Prisão de Boston eram marinheiros cumprindo sentença por dívidas de menos de vinte dólares. Um tal de George Riley devia menos de cinquenta dólares, e passou seis anos na cadeia. Um bostoniano cego foi encarcerado por dever seis dólares.[3]

Delano continuou a comandar o *Perseverance* por mais algum tempo, levando bacalhau seco para o Caribe. As dívidas e a pressão de ter que sustentar a família o obrigaram a abandonar seus escrúpulos anteriores quanto a negociar com as ilhas escravagistas. Com a ajuda do reverendo Horace Holley, seu pastor na Igreja Unitarista da Hollis Street, Delano pôde recorrer a alguns dos mais proeminentes residentes da cidade para pedir ajuda. Um jovem advogado em início de carreira, Lemuel Shaw, que viria a ser presidente da Suprema Corte de Justiça de Massachusetts, bem como o sogro de Herman Melville, ofereceu seus serviços gratuitamente para tirá-lo da cadeia. Delano também escreveu para o juiz da Suprema Corte Joseph Story, mais tarde famoso por decidir em favor dos rebeldes do *Amistad*, pedindo que interviesse a seu favor junto a um juiz encarregado de um dos processos. "Rogo que tenha amizade por um homem honesto, e concorde", suplicou ele. Delano foi declarado inadimplente pela maioria dos tribunais. Ele simplesmente não compareceu a juízo para os julgamentos.[4]

Delano vendeu seu navio em 1810, pagando parte do que devia, não tudo. Conseguiu um emprego na alfândega de Boston e foi morar na Summer Street, a uma curta caminhada do India Wharf, também em Boston. Era o chefe de família falido de oito pessoas, inclusive irmãs, sobrinhos e sobrinhas. Foi por volta dessa época que, incentivado pelo reverendo Holley, começou a escrever suas memórias. Seu advogado, Shaw, fez um contrato entre Delano e três homens, possivelmente amigos, mas talvez apenas outros credores, que adiantaram o dinheiro para a publicação do livro. Vendido por subscrição, deveria reverter a sucessão de "infortúnios e constrangimentos" de Delano. "É uma questão lamentável", escreveu Holley em um esboço biográfico incluído nas memórias como apêndice, que um homem como Delano, "de sentimentos generosos e altruístas, e que fez tanto esforço para conquistar uma vida confortável no mundo, seja tão desafortunado a esta altura de sua vida".[5]

DELANO TINHA GRANDES EXPECTATIVAS para *A Narrative of Voyages and Travels*. Enviou um exemplar para o secretário de Estado John Quincy Adams, em Washington, pedindo um comentário favorável que pudesse ajudar a vender o livro e dizendo a Adams que ele o havia escrito para contribuir com a "grande reserva de conhecimentos já coletados pelo capitão Cook e outros".* O livro é cheio de longas descrições do mundo natural ("as serpentes de Bouro são extraordinárias") e informações náuticas úteis, tais como a direção de correntes, a localização de rochedos sob a água e em que sentido os ventos normalmente sopram quando se entra nesse ou naquele porto. "A ponta ocidental" da Ilha de San Félix "é de cor diferente da parte oriental". "Entre as partes vermelha e preta é o melhor lugar para se desembarcar." Delano faz longas digressões filosóficas em todo o livro, considerando, por exemplo, a universalidade fundamental

---

* Adams enviou uma resposta diplomática, agradecendo o presente, mas se esquivando do pedido de apoio: "Envio-lhe meus agradecimentos pela luz favorável na qual o senhor está disposto a considerar a opinião que eu sem dúvida terei a respeito desta obra ao lê-la."

das religiões do mundo e a similaridade entre o "sistema de dialética" grego e o hinduísmo. "Quase não existe uma ideia", escreve ele, "apresentada por metafísicos" que não possa ser encontrada em "escritos brâmanes".[6]

Mas à medida que avançamos pelas páginas, *A Narrative* parece menos uma enciclopédia de conhecimento do mundo que um longo catálogo de trapalhadas, fiascos e desastres demonstrando a impossibilidade do conhecimento, ou pelo menos a impossibilidade de se fazer alguma coisa com o conhecimento depois que ele é coletado. Ao ser catapultado para o mundo pelo grande ímpeto igualitário da Revolução Americana, Delano descobriu que este era um grande desfile de mortificações, uma palavra que aparece com frequência em suas memórias. Eu descrevi aqui apenas algumas de suas derrotas. Mas houve muitas mais. O próprio Delano descreveu sua vida, quando estava no Estreito de Bass, pensando que iria se afogar, como cheia de "dificuldades e privações, além de muitas cenas terríveis de injustiça, ingratidão e decepção".

DELANO PENSOU QUE SEU livro iria ajudar a desmitificar o mundo, da mesma maneira que ele, quando jovem, tinha pensado que ir para o mar lhe permitiria julgar todos os muitos "relatos exagerados" que tinha lido em livros e "falsas declarações" feitas por marinheiros. Valorizava ver o mundo como realmente era, vê-lo com, como ele diz, com "dois olhos". Talvez seja por isso que ele iniciou suas memórias com uma história sobre uma tentativa de trazer sua tripulação para a razão.

Marinheiros eram uma estranha "classe de homens", escreveu ele. É verdade que eles passavam a vida mapeando os movimentos do mundo natural, as esperadas idas e vindas de estrelas, planetas, marés e correntes. Mas se navegar era um ofício que se podia aprender, também era um "mistério", como estipulavam os contratos de aprendiz. "Os marinheiros, contudo, geralmente os homens mais ousados que existem, com frequência são escravos abjetos de um temor supersticioso", reclamava Delano. Em viagens em que ventanias seguiam ventanias numa sucessão incompreensível, os marinheiros, continuamente expostos aos caprichos da natureza, davam grande valor a "tradições que são passadas de geração em geração com relação a augúrios, encantamentos, predições e à atuação de espíritos invisíveis". Assoviar podia convocar Satã, afogar um gato podia trazer uma tempestade, marinheiros podiam da mesma maneira pendurar um martim-pescador pelo bico ou consultar um barômetro para prever o tempo, e apenas uma palavra de um astrólogo podia fazer com que uma tripulação inteira abandonasse um navio.

Delano achava que tais práticas zombavam da "Deidade", como se Deus fosse intervir na mecânica da natureza pelo "propósito mais banal", para fazer, digamos, a Estrela do Norte brilhar no sul. Assim, depois de ouvir alguns de seus homens de vigia certa noite debatendo a existência de fantasmas, Delano decidiu que tinha que fazer alguma coisa. Ele encontrou um velho esfregão de convés e o vestiu com lençol branco de modo que parecesse uma mulher de cintura fina envolta numa mortalha, e o pendurou em um moitão acima da popa do navio. Ele pretendia delicadamente dar um susto nos vigias da noite, e então revelar o embuste, na esperança de que aquela realidade "curasse" os homens de "sua loucura".[7]

A peça funcionou bem demais. Um grupo de homens sentados à popa no tombadilho superior "ficou perplexo, imobilizado de terror, e parecia uma petrificação de olhos esbugalhados que não respirava". Eles então passaram a falar com a assombração, perguntando a ela em "nome do santo Deus, quem é você, e o que você quer?". Temendo ter ido longe demais, Delano retirou a aparição e se recolheu a sua cabine para dormir, planejando revelar a brincadeira na manhã seguinte. Mas foi acordado no meio da noite por seu imediato, que lhe disse que a tripulação estava reunida no convés, "cheia de ansiedade e temor". Delano tentou acalmar seus homens, mas o sofrimento deles era tão "extremo" que não conseguiu. Temeroso de revelar seu embuste, ele se calou. Durante o resto da viagem, aquele caso perseguiu Delano e lhe causou "muita ansiedade". Não teve, admitiu ele, "o bom resultado que eu havia planejado".

É um prelúdio apropriado para as memórias de Delano, prenunciando decepções e enganos por vir. Depois de episódios semelhantes, tais como a peça pregada nele por seus companheiros britânicos em Pio Quinto, Delano se dedicava a longas passagens de reflexões sombrias e introspecção, não muito diferente de Ulisses na *Odisseia* de Homero. Mas Ulisses conseguiu usar essas reflexões para seu benefício. Ele tapou os ouvidos de seus homens para que eles não sucumbissem ao canto das sereias e enganou o ciclope, permitindo que ele e seus homens escapassem. Delano consegue apenas se tornar prisioneiro de sua própria peça, obtendo o resultado oposto do que havia pretendido, confirmando para seus homens a existência de fantasmas.

A Revolução Norte-Americana para homens como Delano foi um grande acontecimento esclarecedor, ajudando a desencantar o mundo. Pregadores de Duxbury que apoiavam a independência disseram a ele que o destino de cada um não era predestinado, que o homem tinha a razão e o livre-arbítrio, que lhe davam o poder de fazer de si mesmo o que ele quisesse. Mas para o desafortunado Delano, a fé na razão e no livre-arbítrio se tornou seu próprio encantamento, cegando-o para os laços que uniam os homens, que impunham os limites de quem tinha sucesso e quem fracassava, e que decidiam quem era livre e quem não era.*

A Era da Revolução Amasa do Haiti para Île de France, de Bombaim para Lima, trazendo-o de volta para casa, onde encontrou à sua espera apenas notas promissórias há muito vencidas, notificações para comparecer em juízo e uma América que ele não conseguia compreender, uma lembrança de um monarca que logo seria deposto foi sua única medalha.[8]

---

* Isto fica ainda mais claro na seção de suas memórias em que ele fala sobre seu endividamento. O endividamento era um flagelo social – os tribunais de Boston mandaram mais de 1.442 inadimplentes para a cadeia em 1820, alguns por deverem ninharias. Alguns inadimplentes eram novos investidores correndo risco, investindo em vários esquemas fracassados. Outros eram perdulários, que bebiam até cair na penúria. Mas muitos, como os velhos marinheiros de Delano e comerciantes que acreditavam que crédito e dívida deveriam ser usados para dar apoio ao comércio de mercadoria, e não a um comércio em si e por si, se viram puxados para o fundo do poço por forças de mercado incontroláveis, inclusive uma série de falências de bancos que assolou a Nova Inglaterra nos anos 1810. Existe uma sugestão, em um documento difícil de ler nos registros de Lemuel Shaw, de que Delano perdeu as poucas economias que tinha durante um desses colapsos. Contudo Delano dizia que a solução para esse problema era mais de responsabilidade pessoal. "É um dever de todo homem cuidar de seus proventos", escreveu ele, "e não ser passado para trás pela operação de qualquer dos princípios supracitados." "Nunca permita que uma conta fique em aberto com amigo ou inimigo, mesmo que ele diga: 'Deixe ficar como está até o seu retorno'", aconselha ele, pois o que pensamos que será "o saldo justo" nunca será suficiente para pagar "a cobrança". Delano não diz quem eram esses amigos ou inimigos, mas parece que homens em quem ele confiava foram rápidos em usar os tribunais para multiplicar suas desventuras. Qualquer homem do mar que se deixe aberto a tais manipulações legais, escreve ele, vai se descobrir "na velhice sem um tostão e sem amigos". Isto "partirá seu coração, mais especialmente se ele possuir uma mente nobre".

* *

AO FINAL DE SUA última viagem de caça às focas no *Pilgrim*, depois de seu navio quase emborcar e de ele ter perdido todas as peles, Samuel Delano voltou a se dedicar ao cristianismo. Ele foi seduzido pelo Segundo Grande Despertar dos Estados Unidos, uma reação contra o intelectualismo que tinha se infiltrado no cristianismo de sua juventude, um retorno à religião como uma experiência carnal e sensual. Numa carta a seu filho em Nova Orleans, Samuel o advertia para cuidar de sua alma naquele "lugar doentio", recordando-o de que Deus havia "enviado Seu único filho para o mundo envolto em humanidade para ser flagelado, fustigado, pregado na cruz, sangrado e morto para que nós (...) nos arrependêssemos de nossos pecados". "Esteja preparado para morrer", dizia ele, pois depois da "morte vem o julgamento". Samuel tinha até sua própria "visão noturna" profética, uma confusa mistura de "mulheres", "luxúria" e "carne", que ele conseguia interpretar como uma "confirmação" das "sagradas escrituras". Ele tinha ido muito além dos exercícios de lógica que se passavam por sermões nos bancos da igreja de sua infância, quando pastores como Elijah Brown falavam sobre a razão ser o "guia para o êxtase".[9]

Amasa seguiu o caminho oposto. Em suas memórias, ele demonstra uma tolerância e relativismo por outras culturas que se tornariam mais comuns mais tarde, no século XIX, quando Melville estava escrevendo, mas que era raro no início dos anos 1800. Delano é mais analítico, mais consciente das forças sociais maiores, quando debate o impacto que os europeus tiveram sobre os não europeus. Em sua descrição de Palau, por exemplo, ele é crítico em relação à maneira de chegada de navios cheios de armas, têxteis, joias e conhaque que destruiu o equilíbrio entre vício e virtude existente entre os residentes das ilhas. Delano parece estar tirando suas palavras diretamente do *Discurso sobre a desigualdade*, de Jean-Jacques Rousseau, quando escreve que as mercadorias aprofundaram os desejos deles, criando "necessidades" mais pessoais e tornando-os mais calculistas, mais colaboradores, até enganosos, na busca de "meios de gratificação desonestos". Ele também parece estar se baseando em Rousseau, assim como nos sermões dos pregadores de Duxbury, como Charles Turner e Elijah Brown, ao escrever que a civilização é dependente da criação de um sistema de virtudes para controlar "paixões vis e perversas". Um rápido aumento das "necessidades" poderia tornar até "nações cultas (...) mais miseráveis que quaisquer selvagens". Era pior entre os "ilhéus", não por causa de nenhuma falha intrínseca, mas porque "os brancos" não davam a eles tempo para desenvolver contrapesos. Os "europeus" imediatamente entravam para acelerar a perturbação, usando suas "artes e força (...) para trair, sequestrar ou se apoderar aberta e violentamente dos nativos para os propósitos mais egoístas e desumanos". Tais ações, escreve ele, por sua vez, provocavam "represálias".

Apesar de toda a censura, esta crítica ainda estava baseada na fé, no cristianismo otimista que Delano absorveu durante a juventude. Ele acreditava que o comércio, se lhe fosse dado tempo e comedimento por parte dos europeus, finalmente ajudaria os "ilhéus" a multiplicar suas "virtudes e bênçãos, e demonstrar uma variedade maior de talentos e simpatias". Mas já nos anos 1820, depois de ainda mais infortúnios e constrangimentos, que provavelmente incluía o tempo passado na prisão cumprindo sentença, de coração partido com o fracasso do livro que não vendia, o pluralismo questionador de Delano evoluiu para uma dúvida mais profunda.

Em setembro de 1821, ele encontrou um artigo em um jornal de Boston, *Sketches of Indian History*", relatando um encontro entre um guerreiro seneca chamado Red-Jacket e missionários de Boston que teve lugar em Buffalo Creek, Nova York, em novembro de 1805. O encontro acabou com o seneca ensinando a seus pretensos tutores o método dedutivo: "Vocês dizem que estão certos, e que nós estamos perdidos; como saberemos que isto é verdade?" Quer Delano tenha ficado comovido com o sofrimento dos índios descrito por Red-Jacket ou impressionado com a pergunta, ele recortou o artigo e o enviou com uma carta para Samuel em Duxbury.*

---

* Red-Jacket fazia uma lista de queixas contra os "brancos": "Nós lhes demos milho e carne; em troca, eles nos deram veneno. (...) Depois o número deles aumentou enormemente; eles queriam mais terra; eles queriam o nosso país." Ele prosseguiu: "Nós sabemos que a sua religião está escrita em um livro; se era destinada a nós, assim como a vocês, por que o Grande Espírito não o deu a nós, e não só a nós, mas porque ele não deu aos nossos ancestrais o conhecimento daquele livro, com os meios de compreendê-lo corretamente? Nós sabemos apenas o que vocês nos dizem a respeito dele. Como saberemos quando acreditar, uma vez que somos enganados com tanta frequência pelos brancos? Irmãos, vocês dizem que só existe uma

"Por favor, leia e reflita bem sobre cada frase", escreveu Amasa para seu irmão fundamentalista. "Traga à mente o que você sabe que a raça cristã fez para tornar miseráveis outros povos e mesmo uns aos outros." Samuel também enfrentava dificuldades com dívidas, às quais Amasa aqui poderia estar se referindo. "Deixe-me lhe perguntar", prosseguiu ele, "quem fez você tão extremamente infeliz neste mundo, senão os cristãos. Considere se algum chinês, ou ilhéu de Sandwich, ou quaisquer outros ilhéus, alguma vez lhe causou tanto prejuízo, onde não havia nenhum cristão (...) envolvido." Em uma parte ilegível da carta, Amasa parece dizer que ele não "aboliria o cristianismo", uma vez que era a "religião de nossos pais". Mas aqueles cristãos que se aproveitavam dos índios não mereciam respeito.[10]

Delano então relaciona este imperialismo cultural a seu próprio desconforto espiritual. Depois de descrever a si mesmo como estando sem rumo, "inclinando-se ora para cá, ora para lá", ele prossegue:

> Eu vou dizer mais uma ou duas palavras sobre o estado de minha mente e então abandonarei o assunto: minha mente por muitos anos viveu dividida quanto a se existia uma vida após a morte, tanto quanto ao temor de que a lua fosse cair em cima de mim e me esmagar. Eu sempre penso quando isso vem à minha mente, que não sei nada a respeito disso, e que nenhum outro homem sabe, ou jamais soube, ou jamais saberá, até chegar ao túmulo. Mas minha prece é sempre como a do soldado que está indo para a batalha, isto é: por favor, Deus, se houver um deus, salve a minha alma, se eu tiver alma.
>
> Afetuosamente, seu irmão,
> Amasa Delano

Amasa morreu dois anos depois, em 1823, ao que parece de um ataque do coração. Ele não estava sozinho. Delano morava com a mulher, irmãs

---

maneira de adorar e servir ao Grande Espírito; se só existe uma religião, por que vocês, brancos, discordam tanto a respeito dela? Por que todos não concordam, uma vez que todos vocês podem ler o livro?" O discurso continua sendo reeditado e ensinado em colégios e faculdades até os dias de hoje. Curiosamente, Red-Jacket anteriormente lutara contra o avô materno de Herman Melville, Peter Gansevoort, durante a Revolução Americana.

e sobrinhos. A julgar por sua correspondência, contudo, ele se sentia isolado.

Não deveria ter se sentido, não só pela família numerosa, mas porque Boston durante seus últimos anos de vida se parecia muito com sua cidade natal, Duxbury, pelo menos no que dizia respeito ao triunfo do cristianismo anticalvinista. Seu irmão pode ter abraçado fervorosamente a Cristo, e ele próprio esteve perto de rejeitar o cristianismo por completo, mas a vida religiosa e intelectual da cidade era dominada por uma nova geração de pregadores unitaristas, como o pastor de Delano, Horace Holley, e o mais influente, William Ellery Channing, que estavam ainda mais certos do que os reverendos Turner e Brown de que o homem tinha livre-arbítrio, que tanto indivíduos como o mundo podiam ser governados pela razão, que a fé podia livrar-se da doutrina sombria da predestinação e que o cristianismo podia se reconciliar com o Iluminismo. A teologia deles encontrou expressão em associações pela reforma centradas em acabar com a escravidão, melhorar a sorte das classes trabalhadoras e emancipar as mulheres, bem como em vários movimentos seculares de "autoaprimoramento" populares entre a crescente classe média. Em outros sentidos, também a experiência norte-americana da democracia ainda parecia vital, dinâmica. Por toda a Nova Inglaterra, por exemplo, estava para começar um despertar cultural, um "Renascimento Americano" que produziria filósofos como Ralph Waldo Emerson e Henry David Thoreau, e escritores como Hernan Melville e Margaret Fuller.[11]

Mas os contornos da crise estavam ficando visíveis. O Compromisso do Missouri* tinha acabado de dividir a nação entre estados livres e estados escravocratas, transformando uma disputa moral em disputa territorial. O Mississippi, o Alabama e o Missouri recentemente tinham sido admitidos na União, e colonos estavam avançando para o oeste, levando consigo seus escravos para a Louisiana, o delta do Mississippi e o Texas. Um ano antes da morte de Delano, mais da trinta escravos afro-americanos, inclusive seu líder, Denmark Vesey, foram enforcados em Charleston, na

---

* Acordo aprovado em 1820 nos Estados Unidos entre grupos pró-escravatura e pró-abolição para regular o trabalho escravo no Oeste do país.

Carolina do Sul, acusados de estarem planejando uma rebelião inspirada pela Revolução Haitiana.

O republicanismo da juventude de Delano tinha começado a se esgarçar, puxado, por um lado, por radicais, que queriam estender a promessa de liberdade a todos os homens, e por outro lado, por preservacionistas, que poderiam ser pessoalmente contra a escravatura, mas que achavam que acabar com ela não valia o risco que criava para o país. Em Duxbury, Seth Sprague, apenas alguns anos mais velho que Amasa, achava que a escravatura era um pecado que precisava ser extirpado da terra a todo custo. Mas seu filho, Peleg, que se tornou senador dos Estados Unidos, disse que o próprio Jesus Cristo não apoiaria a abolição se significasse "pôr em risco nosso governo e nossa União, sob os quais nós prosperamos como nenhum povo jamais prosperou, e que lançam para as nações da terra uma luz que nenhum luminar político jamais lançou".[12]

Amasa veio ao mundo quando era possível ter aquele tipo de fé na América sem precisar discutir abertamente que liberdade para alguns significava escravidão para outros. Ele o deixou acreditando que nunca conheceria a sua própria mente, absolutamente nada a respeito dela, e que nenhum outro homem jamais poderia conhecer ou conheceria.

O espólio total dos bens de Amasa compreendia uma rede de descanso puída, avaliada em cinquenta cêntimos, uma velha escrivaninha de pinho, também avaliada em cinquenta cêntimos, e sete mil exemplares de *A Narrative of Voyages and Travels* – ou seja, relíquias de sua vida no mar. Também havia outra rede, de sua vida como escritor, a escrivaninha e seus livros, a soma não vendida de ambas as vidas.[13]

EPÍLOGO

OS ESTADOS UNIDOS DE HERMAN MELVILLE

No início dos anos 1800, a mesma febre que havia se apoderado da América espanhola começou a se espalhar pelo Sul dos Estados Unidos. Exatamente como décadas antes, mercadores enviavam mais e mais escravos para os Pampas e pelos Andes, mercadores agora estavam mandando cada vez mais pessoas escravizadas para fora dos velhos estados escravagistas da Virgínia, Carolina do Norte, Delaware e Maryland, para as novas plantações de cana-de-açúcar e algodão do Sul profundo e do sudoeste.

Muitos deles viajaram como Babo, Mori e outros incontáveis cativos viajaram – em fila indiana ou colunas duplas, pescoços acorrentados uns nos dos outros como elos de uma corrente, através de planícies e subindo montanhas. Outros desceram em barcaças os rios Mississippi e Ohio. E exatamente como Mordeille havia descarregado escravos contrabandeados ao longo das praias porosas do Rio da Prata, corsários franceses, o mais famoso Jean Lafitte, trabalharam com os comerciantes na Louisiana, no território do Mississippi e no Texas, descarregando escravos que tinham tirado de navios capturados em extensões vazias ao longo da Costa do Golfo, inclusive a Ilha de Galveston. Quando Delano partiu com o *Tryal* no início de 1805, havia menos de 1 milhão de escravos nos Estados Unidos, a maioria deles concentrada na costa do Sul ou logo no interior, nos estados do Tennessee e Kentucky, e nos territórios do Mississipi e Nova Orleans. Quatro décadas depois, havia quase 4 milhões, espalhados do Atlântico ao Missouri e ao Texas, no total valendo mais de 3 bilhões de dólares, "mais que todo o capital investido em estradas de ferro e fábricas em todos os Estados Unidos". Um comércio e um sistema, a escravatura nos Estados Unidos também foi um delírio, uma "febre" – uma "febre perfeita", "uma febre de negros", como jornais na Geórgia descreveram a demanda de escravos.[1]

Em 1859, Herman Melville, assim como muitos outros de sua geração, ainda podia pensar que "se tornar norte-americano é essencialmente se despojar de uma identidade passada, fazer um corte radical com o passado".[2] "O passado está morto", escreve ele em seu romance *White Jacket*. "O futuro é ao mesmo tempo esperança e fruição. (...) Cabe aos Estados Unidos abrir precedentes, e não respeitá-los." Os comentários aparecem numa passagem longa que defende a "abolição" do açoitamento em navios da Marinha, uma causa que Melville usa como metáfora para outras formas de poder arbitrário absoluto, inclusive a escravatura. "Livre-se do chicote", diz ele aos "capitães e comodoros" da América. Mais adiante na passagem, Melville imagina a marcha para o futuro como um movimento através do Oeste para o Pacífico: ele compara a totalidade do continente americano com a aliança de Deus com "o antigo Israel", o "direito nato" de um povo livre. "Nós, americanos", escreve ele, "carregamos a arca das liberdades do mundo. (...) Nós somos os pioneiros do mundo, a vanguarda, enviados para a imensidão inexplorada das coisas nunca experimentadas, para abrir um novo caminho no Novo Mundo que é nosso."[3]

Mas eram as pessoas escravizadas, pelo menos no Sul e no sudoeste, que estavam abrindo aquele "novo caminho", derrubando florestas, transformando a "imensidão inexplorada das coisas nunca experimentadas" da América em plantações e propriedades vendáveis e colhendo o algodão e cortando a cana-de-açúcar que traziam mais e mais territórios para uma economia atlântica vicejante. Longe de isolar a escravidão no Sul, enquanto disseminava as liberdades republicanas no Oeste, a expansão revitalizou o sistema escravagista, permitindo aos fazendeiros do Sul fugir do solo exaurido. Também politicamente, os esforços em meados dos anos 1840 para concretizar o destino manifesto da nação, uma frase cunhada bem naquela época, haviam aprofundado a situação difícil criada pela escravatura. A anexação do Texas em 1846, seguida pela invasão do México naquele mesmo ano, haviam removido os últimos obstáculos para se chegar ao Pacífico. Em vez de agir como um diluente, que enfraquecia a toxicidade da escravatura, a expansão para além da fronteira demonstrou ser um acelerante, à medida que mercadores de escravos, membros do Partido do Solo Livre e abolicionistas lutavam contra a perda de espaço num país que estava crescendo.

O México havia abolido a escravatura em 1829, sendo seguido por quase todo o restante da América espanhola até cerca da metade dos anos 1850. Mas os sulistas, sentindo-se cercados pelo Norte, viam uma chance: "Eu quero Tamaulipas, Potosi e mais um ou dois outros estados mexicanos", disse o senador do Mississippi Albert Gallatin Brown em 1859, "e quero todos eles pelo mesmo motivo – para a introdução ou a disseminação da escravatura." O *Daily Constitutionalist*, de Augusta, era ainda mais ambicioso em sua convocação para restabelecer a escravatura na América espanhola. O jornal da Geórgia queria que os sulistas construíssem um "império" escravagista, que se estendia de "San Diego, no Oceano Pacífico, para o sul, ao longo da costa do México e da América Central, para o istmo do Panamá; depois para o sul – ainda para o sul! –, ao longo da costa de Nova Granada e do Equador, até onde a fronteira sul deste último chega ao oceano" – perto das águas chilenas onde o *Perseverance* de Amasa Delano encontrou o *Tryal* de Benito Cerreño. De certa maneira, essa visão fecha a história em um círculo completo, com o pesadelo para dentro do qual Delano navegou em 1805 transformado em um sonho de escravagistas para o hemisfério inteiro.[4]

PARA AQUELES QUE PRESTAVAM atenção, a situação era tão alarmante quanto "um alarma de incêndio no meio da noite", como Thomas Jefferson descreveu em 1820 a divisão de uma república em expansão em polos opostos de estados livres e escravagistas. Mesmo assim, ao longo dos anos 1840, era possível acreditar que a abolição seria conseguida dentro do escopo das instituições políticas e legais do país, ao permitir que a realidade da lei alcançasse sua promessa: de que *todos* os homens são criados iguais. Esta possibilidade pareceu ser confirmada em 1841, quando o ex-presidente americano John Quincy Adams invocou o princípio dos direitos naturais para defender com sucesso os africanos rebeldes do *Amistad* diante da Suprema Corte. Numa tentativa de se libertar, 53 africanos (49 adultos e quatro crianças) tinham se rebelado, se apoderado do navio negreiro que os mantinha cativos, e assassinado seu capitão e alguns dos tripulantes. Adams argumentou que este ato estava plenamente dentro da "Lei da Natureza e do Deus da Natureza no qual nossos pais fundamentaram nossa própria existência nacional". Os rebeldes foram soltos e tiveram permissão para voltar para a África.

Mas nove anos depois o Congresso aprovou uma lei que fez retroceder o que muitos acreditavam ser o curso natural do liberalismo. Num esforço para apaziguar os estados do Sul, os legisladores aprovaram a Lei do Escravo Fugitivo, que garantia que o governo federal devolveria escravos fugitivos a seus donos. A lei era parte de uma grandiosa barganha, mais uma "solução de compromisso" concebida por nossos líderes nacionais, homens como Daniel Webster, de Boston, que consideravam a proteção da propriedade e a preservação da União como sendo uma prioridade mais alta que a abolição da escravatura. Thomas Sims, um escravo fugitivo de 17 anos, estava entre os primeiros capturados pela rede da lei. Sua prisão numa rua de Boston em abril de 1851, com um mandato emitido em favor de seu dono na Geórgia, galvanizou a comunidade de abolicionistas da cidade, cujos advogados pediram ao juiz presidente da Suprema Corte de Justiça de Massachusetts, Lemuel Shaw, sogro de Herman Melville, um *habeas corpus*.

Conceder o pedido seria considerar a Lei do Escravo Fugitivo inconstitucional, confirmando as críticas de escravagistas do Sul de que Washington não estava disposta a fazer cumprir a lei. Somente no ano em que a lei entrou em vigor, milhares de escravos fugitivos que viviam nos estados do Norte, inclusive alguns que tinham sido presos por força da lei e tiveram que fugir de novo, escaparam para o Canadá, pelo menos 3 mil apenas nos últimos meses de 1850. Uma grande multidão se reuniu no tribunal de Boston, que estava protegido por uma falange de policiais, agentes federais e milicianos. Correntes tinham sido estendidas ao redor do prédio para impedir Sims de fugir, e o juiz Shaw teve que se curvar muito para entrar. "O Judiciário se arrasta sob as correntes dele", noticiou a imprensa antiescravagista.[5]

Shaw estava entre os juristas mais respeitados do país. Pessoalmente, ele era a favor da emancipação, tendo ao longo de anos criativamente interpretado a lei (ele não era o que hoje seria chamado de um "originalista"*) para limitar o escopo da escravatura e expandir a definição de trabalho livre. Naquele momento, contudo, acreditando que o destino da república estava em suas mãos, ele disse que uma leitura estrita da Constituição limitava sua habilidade de infringir a legislação federal. Em vários pontos, a decisão dele explicitamente declarava que o que Shaw chamava de "paz", "felicidade" e "prosperidade", tornadas possíveis pela preservação da "união" e das instituições de governo da república, tinham precedência sobre o direito natural à liberdade. "Pedido recusado", disse Shaw.

Então a petição foi apresentada a Peleg Sprague, de Duxbury. Anteriormente, quando era senador dos Estados Unidos, Sprague tinha dito que nem "o Salvador" em pessoa aboliria a escravatura se isto significasse interferir nas leis de uma nação. Agora, como juiz federal do tribunal de apelação, ele tinha uma oportunidade de fazer o que acreditava que Jesus faria. Sprague também negou a petição de Sims. O prisioneiro foi levado pelas ruas de Boston até o porto, posto a bordo do *Acorn* e levado de volta para Savannah, onde foi açoitado publicamente e posto para trabalhar em um campo de arroz.

O caso de Sims radicalizou os reformistas abolicionistas, destruindo para muitos deles a legitimidade da lei e das instituições legais. Os abolicionistas compararam o juiz presidente com Pôncio Pilatos, e Henry David Thoreau aparentemente estava pensando em Shaw e talvez em Sprague, quando disse que juízes eram "apenas os inspetores de ferramentas de arrombadores e assassinos, que diziam a eles se as ferramentas estavam funcionando ou não". As decisões "quebraram a equanimidade de Ralph Waldo Emerson", levando o filósofo que valorizava a reflexão silenciosa e a autonomia individual acima de tudo a convocar uma resistência coletiva contra a lei. Se juízes não sabiam dizer como proteger a "soberania do Estado" *e* a "vida e liberdade de todos os habitantes", então de que serviam "o conhecimento ou a veneração" deles?, perguntou Emerson. "Eles não têm mais utilidade que idiotas."[6]

* * *

---

* Desde os anos 1980, nos Estados Unidos, são chamados de originalistas aqueles que defendem um conjunto de teorias derivadas da interpretação da Constituição Americana, de acordo com as intenções originais dos pais fundadores do século XVIII. (N. do R.T.)

COMO TODO MUNDO COM relação à posição política de Melville, estudiosos debateram qual era a opinião dele com relação à decisão de seu sogro. Apesar de toda a rebeldia emocional de Melville, sua prosa vigorosa que celebrava as liberdades do mundo, sua apreciação das "graças trágicas" de até mesmo os "mais ínfimos desajustados, náufragos e renegados", Melville não era considerado um rebelde. Ele temia a guerra e a revolução, acreditando que por mais justificada que fosse sua causa, as consequências seriam piores. "Tempestades são formadas por trás das tempestades que sentimos", escreveu ele mais tarde em um de seus poemas sobre a Guerra Civil, intitulado "Incertezas". E ele desconfiava do zelo da maioria dos abolicionistas, que eram tão perigosos, em sua opinião, para as "instituições do país", nas quais estavam investidas "as grandes esperanças da humanidade," quanto os jacobinos em Paris, que tinham demonstrado ser a "promessa" da Revolução Francesa. O que separava Melville de estadistas e juízes, como Shaw e Sprague, que conceberam e defenderam a Lei do Escravo Fugitivo e outros apaziguamentos, era que ele também sabia que as injustiças identificadas por abolicionistas e jacobinos eram igualmente destrutivas para as esperanças da humanidade. Ele incluiu motins em navios em muitas de suas histórias, a começar por seu primeiro livro, *Typee*. Contudo, apenas um desses motins foi levado a cabo até o fim. Ou eles eram cancelados no último minuto ou os abusos que os provocavam eram remediados por intercessão ou arrependimento de instâncias superiores. A única história em que Melville vai até o fim com uma revolta é *Benito Cereno*, e o desastre resultante é quase que total.[7]

Benito Cereno, escrito quatro anos depois da decisão de Sims, captura o impasse dos anos 1850, a sensação de que o país se via diante de uma de duas opções igualmente inaceitáveis: abolir a escravatura, ou deixar a escravatura em paz e aceitar o fato de que a liberdade para alguns exigia a escravização de outros. O *Tryal*, ou como Melville chamou o navio, o *San Dominick*, não o *Amistad*, era a metáfora dos Estados Unidos.

OS ACONTECIMENTOS EVOLUÍRAM RAPIDAMENTE nos anos depois do caso Sims. O Kansas "sangrou", John Brown atacou, escravos continuaram a fugir e o Partido Whig entrou em colapso, sendo substituído pelos republicanos antiescravagistas, que logo mandariam Abraham Lincoln para a Casa Branca.

Quando finalmente veio a Guerra Civil, Lincoln soaria tão severo quanto o próprio Calvino, advertindo os americanos que o conflito poderia ser o castigo de Deus por "toda a riqueza acumulada pelos 250 anos de trabalho não recompensado do homem escravizado". Mas antes, nos anos 1850, um homem mais alegre, Franklin Pierce, liderou a nação, durante um período em que se registrou uma bolha de confiança e lucros em Wall Street. A despeito do fato de que a anexação do Texas e a conquista de quase a metade do território de México tivessem piorado a crise regional, Pierce disse ao país para seguir adiante, deixar de lado quaisquer "temores tímidos" que pudesse ter sobre o "mal" da "expansão".

A marcha para o Oeste não estava apenas revitalizando a escravatura e aprofundando a polarização. Estava tornando explícito o que até então estivera implícito, que, como escreveu Edmund Morgan, a liberdade americana era "interligada e interdependente" da escravatura americana. A legislação mais marcante de Pierce foi a Lei Kansas-Nebraska, que concedeu aos colonos brancos o direito de decidirem por si mesmos se seu território seria livre ou escravagista. Baseada numa doutrina promovida por democratas nortistas chamada "soberania popular", a lei efetivamente definia liberdade como a liberdade de homens brancos escravizarem homens, mulheres e crianças negras. No Sul também, defensores do escravagismo estavam dizendo em público o que muitos deles acreditavam privadamente, que a liberdade exigia a escravatura, que a escravatura era, nas palavras de John Calhoun, da Carolina do Sul, um "bem positivo", a fundação de "instituições políticas estáveis e livres".[8]

Melville antecipou a catástrofe que se aproximava de sua nação em *Moby-Dick*, publicado em 1851. Mas esse livro, a despeito de seu final apocalíptico, era alegre, insinuando possíveis emancipações emocionais, inclusive a capacidade de Pip, de trazer à tona as "humanidades" de Ahab e o amor entre Ishmael e o ilhéu Queequeg. Quem não é um escravo? Todos nós somos! Quatro anos depois, contudo, no meio do mandato de presidente de Pierce, Melville poderia ter esta pergunta em mente de novo, quando se sentou para reescrever o capítulo 18 das memórias de Amasa Delano. A resposta teria sido a mesma, no entanto as implicações seriam mais sombrias. Não havia pessoas livres a bordo do *Tryal*. Obviamente não Cerreño, mantido como refém dos africanos ocidentais. Não Babo, Mori e o restante dos rebeldes, obrigados a representar sua própria escravização e humilhação. E não Amasa Delano, trancado na cela macia de sua própria cegueira. Tentando "quebrar um feitiço", escreveu Melville sobre seu capitão fictício da Nova Inglaterra, Delano foi "mais uma vez enfeitiçado".

Melville não teve que inventar o tipo de esquecimento de Delano. Havia negação por toda parte ao seu redor, em seus amigos e vizinhos, pessoas a quem ele respeitava. Nathaniel Hawthorne, a quem Melville considerava o mais pessimista e mais profundo dos pensadores da condição humana que os Estados Unidos já havia produzido, escreveu com uma nostalgia ingênua que o senhor sulista e o escravo "viviam juntos em maior paz e afeição (...) do que jamais havia existido em qualquer outro lugar entre o senhor e o servo". O vizinho de Melville em Berkshire, Oliver Wendell Holmes, falava calorosamente sobre "escravidão em suas melhores e mais brandas formas" – como o tipo que o Delano ficcional acreditava que existia entre Cerreño e Babo, até que os acontecimentos provaram o contrário. E o sogro de Melville, Lemuel Shaw, mais tarde, depois de ter se aposentado da magistratura, continuou a acreditar que havia tomado a decisão correta ao enviar Thomas Sims de volta para a escravidão e passou os últimos dias de sua vida encorajando Massachusetts a rejeitar uma lei que anulava a Lei do Escravo Fugitivo.[9]

Ao fazer sua narrativa da história da rebelião do *Tryal* e da encenação para escondê-la, Melville deixou de lado a perseguição movida por Delano a Cerreño por quase um ano por metade do valor de seu navio, inclusive o valor de seus escravos. Em vez disso, ele encerrou sua narrativa com Amasa consolando um Benito moribundo, uma conclusão que não creio que tivesse a intenção de mostrar o capitão americano sob uma luz melhor. Eu creio que foi a maneira de Melville dizer que ele não acreditava mais que seu país iria, ou sequer deveria tentar, fugir da história. "Mas o passado passou; por que interpretá-lo moralmente?" Melville faz Delano aconselhar o espanhol: "Esqueça-o. Veja, acolá o sol brilhante esqueceu tudo, e o mar azul, e o céu azul; todos viraram para uma nova página." Por que, quer saber o Delano de Melville, Cerreño não pode fazer o mesmo e seguir adiante? A resposta ressoa com a descrição do Cerreño histórico do Delano histórico como sendo um monstro (uma descrição que não está nas memórias de Delano e, portanto, de que Melville não poderia ter tido conhecimento).

"Porque eles não têm memória", responde Cerreño, "porque eles não são humanos."[10]

OS ACONTECIMENTOS DEMONSTRARAM que os "temores" de Melville estavam errados. A guerra veio, os escravos foram emancipados e a União sobreviveu. Os Estados Unidos, ao que parecia, tinham quebrado o paradoxo da liberdade e da escravidão. Melville era um homem partidário da União quando a guerra finalmente começou, chamando a escravatura, em um apêndice de seus poemas da Guerra Civil, de uma "iniquidade ateia" e se juntando "ao coro exultante da humanidade em prol de sua queda". Mas ele continuava a refletir, preocupado, entre outras coisas, com a degeneração da promessa da liberdade americana em uma "liberdade vil", como descreveu em 1876, no centenário da Revolução Americana, sem "reverência" por "nada" – nem Deus, nem a natureza, nem os outros.

Existe outra maneira de pensar sobre o relacionamento entre a escravidão e a liberdade, além de apenas identificar o paradoxo, capturada em uma epígrafe que Melville usou para outro de seus contos: "Buscando conquistar uma liberdade maior, o homem apenas amplia o império da necessidade." A ideia transmite movimento de avanço, sugerindo que não é o paradoxo que define a América, e sim as incessantes tentativas de escapar ao paradoxo, de retirar os grilhões da história, ainda que tais esforços inevitavelmente aprofundem velhos enredamentos e criem novas "necessidades" – da maneira, por exemplo, como a abertura do Oeste acabou por energizar a escravatura e acelerar a corrida para a guerra. Ou a maneira como a ascensão do livre-comércio prometeu (e ainda promete) que se os homens estivessem livres para promover seus interesses próprios, o resultado seria um mundo cada vez mais harmonioso. A experiência já provou o contrário. Nos Estados Unidos, um ideal mais puro de liberdade acabou por predominar, pelo menos entre alguns, baseado nos princípios da democracia liberal e da economia do *laissez-faire*, mas também numa animosidade mais primitiva, uma supremacia individual que não apenas nega as necessidades que unem as pessoas umas às outras, mas que também se ressente de quaisquer lembretes destas necessidades.

A escravidão de africanos e afro-americanos, escreve o historiador David Brion Davis, teve a "grande virtude, como modelo ideal, de ser clara", comprimindo e condensando em uma instituição visível excepcionalmente grotesca e brutal formas mais difusas de servidão humana. O horror era tão claro, de fato, que "tendia a distinguir a escravidão de outros tipos de barbaridade e opressão", incluindo tanto os mecanismos pelos quais os antigos escravos foram "virtualmente reescravizados" depois da Guerra Civil, bem como "laços interpessoais e teias invisíveis de enredamento" mais sutis. Estas armadilhas invisíveis, escreve Davis, estão "tão ligadas à psicopatologia de nossas vidas cotidianas que só se tornaram visíveis para alguns poetas, escritores e psiquiatras excepcionalmente perceptivos".

Herman Melville as chamava de "linhas do arpão", e ele acreditava que elas podiam prender nações, bem como pessoas.[11]

NOTAS SOBRE FONTES E OUTROS TEMAS

Benito Cereno

Benito Cereno é uma história verdadeira, mas não da maneira como *Moby-Dick* é uma história verdadeira. O livro da baleia de Melville é tão baseado no *Rei Lear* e em *Paraíso perdido* quanto o é no naufrágio do *Essex. Benito Cereno,* em contraste, é extraído quase que inteiramente do capítulo 18 de *A Narrative of Voyages and Travels in the Northern and Southern Hemisphere: Comprising Three Voyages round the World; Together with a Voyage of Survey and Discovery in the Pacific Ocean and Oriental Islands.* O historiador Sterling Stuckey afirma que Melville se baseou nos escritos de viagem de Mungo Park para desenvolver um entendimento da cultura da África Ocidental, e Robert Wallace acredita que Melville tenha utilizado imagens de Frederick Douglass, o ex-escravo e orador abolicionista, inclusive a famosa cena na qual Melville faz Babo aterrorizar Cereno sob o pretexto de barbeá-lo. Mas a fonte primária de *Benito Cereno* é inteiramente o livro de memórias de Delano, *A Narrative of Voyages.* Em seu livro, Delano reproduz uma série de documentos traduzidos da Corte espanhola para reforçar suas queixas contra Benito Cerreño (a quem Delano se refere como Don Bonito o tempo todo). Melville, do mesmo modo, reproduz estes documentos em seu relato ficcional, com importantes alterações para sustentar sua narrativa. Os originais se encontram no Chile, no Arquivo Nacional e na Biblioteca Nacional.

Comentários sobre *Benito Cereno* são extensos. As melhores interpretações abordam a história de perspectivas opostas, inclusive a de Sterling Stuckey, *African Culture and Melville's Art: The Creative Process* in Benito Cerreno and Moby-Dick, Nova York: Oxford University Press, 2009; Carolyn Karcher, *Shadow over the Promissed land: Slavery, Race and Violence in Melville's America,* Baton Rouge: Louisiana State University Press, 1980; Michel Paul Rogin, *Subversive Genealogy: The*

Politics and Art of Herman Melville, Berkeley: University of California Press, 1985; Hershel Parker, "Melville and Politics: A Scrutiny of the Political Milieux of Herman Melville's Life and Works", dissertação de mestrado, Northwestern University, 1963; a obra de Parker, *Herman Melville. A Biography,* vol. 2: 1852-1891, Baltimore: John Hopkins University Press, 2002, pp. 237-42; C. L. R. James, *Mariners, Renegades, and Castaways: The Story of Hernan Melville and The World We Live,* 1953, Hanover: University Press of New England, 1978; Andrew Delbanco, *Herman Melville: His World and Work,* Nova York: Knopf, 2005; Eric Sundquist, *To Wake Nations: Race and the Making of American Literature,* Cambridge: Harvard University Press, 1999. Robert Wallace, *Douglass and Melville: Anchored Together in Neighborly Style,* New Bedford: Spinner Publications, 2005; e Clare Spark, *Hunting Captain Ahab: Psychological Warfare and the Melville Revival,* Kent State University Press, 2001. Ver também Christopher Freeburg, *Melville and the Idea of Blackness: Race and Imperialism in the Nineteenth-Century America,* Cambridge: Cambridge University Press, 2012, capítulo 3, e *Critical Essays on Herman Melville's "Benito Cereno",* ed. Robert E. Burkholder, Nova York: G. K. Hall Co., 1992.

Marginália

Ao longo dos últimos cem anos, estudiosos de Melville obstinadamente identificaram não apenas as fontes de sua inspiração, mas os exemplares físicos de livros que ele teve nas mãos, volumes de que era dono, tomou emprestado ou encontrou em bibliotecas públicas ou em coleções de membros da família. Um livro que ainda não foi localizado é o exemplar de Melville de *A Narrative of Voyages and Travels,* de Delano. O livro de memórias esteve amplamente disponível pouco depois de ser publicado em lugares tão distantes, como bibliotecas em Cantão, na China, e no Caribe, e Melville pode tê-lo encontrado na biblioteca de um navio. Ou ele pode ter ganhado um exemplar de seu sogro, o juiz Lemuel Shaw, que no início de sua carreira foi advogado de Delano. Na esperança de identificar o exemplar que Melville usou, eu chequei várias das primeiras edições (inclusive uma segunda tiragem em 1818) em bibliotecas e coleções particulares. Melville escrevia copiosas marginálias, marcando obras de Shakespeare, Milton, Emerson, Wordsworth, Arnold, Homero e outros com cruzes, sublinhados, pontos de exclamação e comentários. (Ao lado da seção do Evangelho de São João, onde se lê: "Seus discípulos lhe perguntaram: Mestre, quem pecou: este homem ou seus pais, para que ele nascesse cego?", Melville escreveu: "Esta pergunta capciosa parece ter sido evitada nos versículos seguintes." Não fica claro se o comentário se refere à presunção de que um pecado tivesse sido cometido ou que a cegueira seja resultado de pecado.) Eu imagino, portanto, que o exemplar dele de *A Narrative* estivesse muito anotado, considerando-se quantos detalhes Melville extraiu dele para escrever *Benito Cereno*. Usando o Worldcat, o antigo National Union Catalog (com a ajuda de Jessica Pigza na Biblioteca Pública de Nova York) e catálogos de livros usados on-line (como Abebooks e eBay), identifiquei cerca de 159 exemplares de primeiras edições existentes em mais de cem bibliotecas públicas e coleções particulares, e examinei cerca de 75 deles. Infelizmente nenhum volume indicando que tivesse sido de propriedade ou usado por Melville apareceu até a presente data. Eu teria prazer em repassar as listas para qualquer pessoa que queira dar continuidade à busca. Entrem em contato comigo em granddin@nyu.edu.

Dissertações de doutorado foram escritas sobre a marginália de Melville (por exemplo, Walker Cowen, "Melville's Marginalia", Harvard, 1965) e existe uma pequena biblioteca de livros e artigos sobre as fontes de Melville, as leituras de Melville, as Bíblias de Melville, o John Milton de Melville, o tédio de Melville e assim por diante. Além disso, Steven Olsen-Smith, Peter Norberg e Dennis Marnon editam um projeto de internet extremamente útil chamado "Melville's Marginalia", disponível em http://melvillesmarginalia.org/front.php.

Melville e a África

Melville não conhecia as origens dos escravos do *Tryal*, exceto pelo fato de que alguns deles eram identificados como sendo do Senegal e da África Ocidental. Através dos escritos de Alexander Falconbridge e Mungo Park, contudo, ele teve acesso a informações relativas não apenas à África e à escravidão em geral, mas à região e até o porto do qual alguns deles foram embarcados. O avô materno de Melville, Peter Gansevoort, era dono de um exemplar de *Account of the Slave Trade on the Coast of Africa*, de Falconbridge (Londres: J. Phillips, 1788), que atualmente se encontra na Gansevoort-Lansing Collection, na Biblioteca Pública de Nova York. Hershel Parker, em uma comunicação via e-mail, diz que o livro de Falconbridge passou para a biblioteca do tio de Melville, Peter, onde durante o verão de 1832 Herman tinha recebido "liberdade total de acesso". *An Account* tinha a intenção de ser uma revelação, escrita para despertar revolta contra o comércio de escravos. Como Melville faz mais tarde, Falconbridge enfatiza as semelhanças entre a maneira como marinheiros brancos e negros eram tratados, descrevendo em detalhe as torturas infligidas a eles com "severidade brutal" por oficiais. Em *Benito Cereno*, Melville escreve que "como a maioria dos homens de coração bom e alegre, o capitão Delano gostava de negros, não filantropicamente, mas cordialmente, do mesmo modo que outros homens gostavam de cães da raça Newfoundland". É verdade que, como raça, cães Newfoundland tinham uma reputação de ter bom temperamento e serem leais. Mas de maneira interessante, Falconbridge escreve que eles também eram usados em navios negreiros para aterrorizar: "Sempre que alguém da tripulação era surrado, um cão da raça Newfoundland (...) geralmente pulava em cima dele, rasgava-lhe as roupas e o mordia."

Nós sabemos que Melville leu o viajante Mungo Park, citando-o em *Moby-Dick*, *Mardi* e na versão publicada em capítulos de *Benito Cereno*. Sterling Stuckey escreve que "Melville encontrou em *Travels in the Interior Districts of África*, de Park, revelações sobre a humanidade africana tão contrárias às concepções que os brancos e africanos livres tinham da África que houve uma mudança dramática em seu modo de pensar. Por mais favoravelmente disposto com relação aos africanos que ele pudesse ser antes de ter lido *Interior Districts*, o que é revelado ali com relação às habilidades e talentos deles no trabalho deve tê-lo espantado muito, pois a ideia de que africanos trouxessem qualquer habilidade e talento para a escravidão se chocava violentamente com a tese predominante de que, como povo, eles eram por natureza ignorantes, irremediavelmente inferiores aos brancos" ("The Tambourine in Glory: African Culture and Melville's Art", em *The Cambridge Companion to Hernam Melville*, ed. Robert Levine, Cambridge: Cambridge University Press, 1998, p. 43). O relato de Park de suas viagens através da África foi publicado em 1799. Ver também Seymour Gross, "Mungo Park and Ledyard in Melville's *Benito Cereno*", *English Language Notes* 3 (dez. de 1965): 122-23.

Escravidão e Liberdade

A literatura sobre a maneira como as condições de escravidão e liberdade se definiam e dependiam mutuamente é vasta e inclui quase toda a obra indispensável de David Brion Davis. Como Davis escreve sobre a lacuna que existia entre a retórica da liberdade e a realidade da escravidão: "Exigências de coerência entre princípios e prática, por mais sinceras que fossem, eram bastante irrelevantes. A prática era o que tornava os princípios possíveis" (*The Problem of Slavery in the Age of Revolution*, *Slavery and Human Progress*, Nova York: Oxford University Press, 1984, p. 262). As raízes intelectuais, filosóficas e religiosas daquilo em que pensamos como liberdade podem ser identificadas muito antes de o primeiro navio negreiro ter partido da África Ocidental para a América no início dos anos 1500, ou até antes que o primeiro africano de pele negra fosse vendido como escravo na Península Ibérica. Mas tomando emprestado os comentários de Melville sobre a estátua de Nelson em Liverpool, a prosperidade do mundo atlântico estava indissoluvelmente ligada à continuidade do tráfico de escravos, riqueza que por sua vez ajudou a generalizar ideias de liberdade, permitindo que mais e mais pessoas se vissem como sendo livres.

Além de produzirem a riqueza material que tornou possíveis os movimentos de independência americanos, existem muitas maneiras através das quais a ideia e a prática do escravagismo deu forma à experiência política e econômica da liberdade moderna. Primeira, vivendo lado a lado com e sob o controle de brancos, os escravos negros davam às pessoas brancas exemplos concretos do que era não ser livre. Segunda, a escravidão se ressaltava não só como um exemplo negativo, mas como uma qualidade positiva do homem livre: de acordo com algumas tradições de pensamento político, "uma das características do homem livre era ter escravos sob o seu controle" (Barry Alan Shain, *The Myth of American Individualism: The Protestant Origins of American Political Thought*, Princeton: Princeton University Press, 1994, p. 300). Terceira, para os membros da aristocracia, dona de escravos, tratar africanos e seus descendentes como mercadorias ajudava-os a escapar da mercantilização da vida cotidiana, permitindo-lhes ir além das competições mesquinhas do mercado público e "cultivar alguns dos traços mais elevados e enobrecedores da humanidade" (Shain, *The Myth of American Individualism*, p. 300). Quarta, escravos produziam os itens de consumo conspícuo, ouro, prata e couro (e, através da reprodução sexual, outros escravos), que permitiam a indivíduos bem-sucedidos exibir seus "traços enobrecedores". Quinta, a comercialização da sociedade, possibilitada pela escravidão, e a riqueza que a acompanhou, ajudou a democratizar estes "traços enobrecedores", permitindo que cada vez mais pessoas se imaginassem como autônomas e livres. Finalmente, pelo menos no que diz respeito a este resumo, descrições sentimentais da violência, arbitrariedade e abandono selvagem a paixões cruéis e sensuais impostos pela escravatura ajudaram a definir o ideal de interioridade e autodisciplina que se encontrava no centro dos ideais republicanos e liberais do *self*.

Ver David Brion Davis: *The Problem of Slavery* e *Inhuman Bondage: The Rise and Fall of Slavery in the New World*, Nova York: Oxford University Press, 2006; Barbara J. Fields, "Ideology and Race in American History", em *Region, Race and Reconstriction Essays in Honor of C. Vann Woodward*, ed. Morgan J. Koussar e James Mcpherson (Nova York: Oxford University Press, 1882) e "Slavery, Race and Ideology in the United States of America", *New Left Review* 181 (maio-junho de 1990): 95-118; Shain, *The Myth of American Individualism*, especialmente as pp. 288-319; Orlando Patterson, *Slavery and Freedom: The Making of Western Culture*, Nova York: Basic Books, 1991; Bernard Bailyn, *The Ideological Origins of the American Revolution*, Cambridge: Harvard University Press, 1967; Eric Foner, *The Story of American Freedom*, Nova York: Norton, 1999, Robin Einhorn, *American Taxation, American Slavery*, Chicago: University of Chicago Press, 2006; Joan Baum, Mind Forg'd Manacles: *Slavery and the English Romantic Poets*, North Haven: Archon, 1994; Christine Levecq, *Slavery and Sentiment: The Politics of Feeling in Black Atlantic Antislavery*

Writing, 1770-1850, Lebanon: University of New Hampshire Press, 2008; Debbie Lee, *Slavery and the Romantic Imagination*, Filadélfia: University of Pennsylvania Press, 2004; Jeanne Elders de Waard, "'The Shadow of Law': Sentimental Interiority, Gothic Terror, and the Legal Subject", *Arizona Quarterly: A Journal of American Literature, Culture, and Theory* (inverno de 2006), pp. 1-30; Gillian Brown, *Domestic Individualism: Imagining Self in Nineteenth Century America*, Berkeley: University of California Press, 1990; Sidney Mintz, *Sweetness and Power: The Place of Sugar in Modern History*, Nova York: Viking, 1985, e "Slavery and Emergent Capitalism", em *Slavery in the New World*, ed. Laura Foner e Eugene D. Genovese, Englewood Cliffs: Prentice Hall, 1969. Para abordagens abrangentes da escravatura nas Américas nas quais me apoio ao longo desta obra, ver Robin Blackburn, *The Making of New World Slavery: From the Baroque to the Modern, 1492-1800*. Londres: Verso, 1997, e *The American Crucible: Slavery, Emancipation and Human Rights*, Londres: Verso, 2011; Herb Klein, *African Slavery in Latin America and the Caribbean*, Nova York: Oxford University Press, 1986, *The Atlantic Slave Trade*, Nova York: Cambridge University Press, 1999; e David Eltis, *The Rise of African Slavery in the Americas*, Oxford, Oxford University Press, 2000. Em Buenos Aires, o trabalho de Alex Borucki e Lynman Johnson, citado em todo o texto, estrutura como a dinâmica da liberdade e escravidão se desenrolou em campo.

Melville e a Escravatura

A posição de Melville sobre a escravatura tem sido objeto de muita discussão. Ao considerar como a questão se relaciona com *Benito Cereno*, eu me baseei nos autores citados a seguir, entre outros, apesar de muitos deles terem opiniões contrárias, variando de Hershel Parker, que minimiza a importância da escravatura e da raça, a Sterling Tuckey, que insiste na centralidade da cultura africana e afro-americana no pensamento e arte de Melville. Stuckey ouve as primeiras notas do jazz na prosa de Melville, por exemplo, especulando que Melville poderia tê-las capturado ouvindo escravos tocar música em esquinas de rua e nos mercados em Nova York e em Albany.

Benito Cereno misturou os conceitos centrais de opositores e defensores da escravatura. Ao contrário de abolicionistas religiosos, como Harriet Beecher Stowe, que retratavam negros como inocentes semelhantes a Cristo, o Babo de Melville descaradamente aterroriza seus cativos brancos. Para aqueles que defendiam a escravatura, como o virginiano George Fitzhugh, ao dizer que era fundada em "afeição doméstica", que a fraqueza intelectual dos negros ajuda seus donos a alcançar o melhor de si mesmos, que a escravatura civiliza o escravo e o senhor, a trupe de escravos-atores de Melville transformou tais presunções em espetáculo, usando o intelecto para interpretar sua esperada falta de intelecto (ver *Sociology for the South, or the Failure of Free Society*, Richmond: Morris, 1984, pp. 37-40 e 201). Desse modo eles revelaram que o que os sulistas diziam que era natural era na verdade artificial, uma vez que representar é por definição um artifício. Foi "o cérebro" de Babo, "não o corpo", que "havia planejado e liderado a revolta". E para aqueles que acreditavam que a crise causada pela escravatura podia ser solucionada pacificamente, Melville escreveu uma história que acabava em destruição quase que total (ver Rogin, *Subversive Genealogy*, p. 213, para uma elaboração desta linha de argumento).

Melville tinha lido a *Odisseia* de Homero, uma obra em torno de um personagem, Ulisses, a quem muitos estudiosos consideram como o primeiro *self* moderno, um personagem não apenas com interioridade, mas com a astúcia de manipular a interioridade e criar um cisma entre o que é visto no exterior e o que existe no interior. E embora a *Odisseia* não seja sobre a escravidão, filósofos políticos, inclusive muitos por volta da época em que Melville estava escrevendo, com frequência a usaram, em particular o poder que os senhores tinham sobre os escravos, como uma metáfora para representar exatamente o tipo de habilidade que Ulisses possuía, de usar a razão e a vontade para dominar paixões e vícios. Em todo caso, a mentira encenada no *Tryal* fica à altura do ardil arquitetado por Ulisses para escapar de Polifemo na *Odisseia* de Homero. "Eu não sou ninguém", diz Ulisses, brincando com as sutilezas da linguagem para enganar o ciclope, e é isto exatamente o que Mori, Babo e o restante da trupe de escravos-rebeldes fazem, agem como se fossem escravos sem importância, ninguém em quem valha a pena reparar. Fosse lá o que Melville tenha querido que *Benito Cereno* dissesse sobre a escravidão, a história é fundamentalmente sobre a cegueira, uma incapacidade de ver, um tema persistente nos escritos de Melville. Se compararmos a história, por exemplo, à discussão de Ishmael em *Moby-Dick* sobre a "posição lateral dos olhos da baleia", nos daremos conta de que o autor estava pensando sobre o problema que Amasa Delano representa por algum tempo.

Ver Karcher, *Shadow over the Promised Land*; Hershel Parker, "Melville and Politics"; Eleanor E. Simpson, "Melville and the Negro; From *Typee* to 'Benito Cereno'", *American Literature* 41 (março de 1969): 19-38; Rogin, *Subversive Genealogy*, Stuckey, *African Culture and Melville's Art*; e Spark, *Hunting Captain Ahab*, especialmente as pp. 102-7. Ver também Waichee Dimock, *Empire for Liberty: Melville and the Poets of Individualism*, Princeton: Princeton University Press, 1989. Para a ligação complexa de Melville com a Guerra Civil, ver Stanton Garner, *The Civil War World of Herman Melville*, Lawrence: University of Kansas Press, 1993; Daniel Aaron, *The Unwritten War: American Writers and the Civil War*, Nova York: Knopf, 1973, pp. 75-90, e Parker, *Melville: A Biography*, vol. 2, pp. 606-25.

O Neptune

O *Neptune* foi construído para a Companhia Britânica das Índias Orientais em Bombaim, Índia (por isso a teca), como um navio mercante de nome *Laurel*. Mas os franceses capturaram o navio e o renomearam de *Le Neptune*. Os britânicos recapturaram o navio e o venderam em leilão a John Bolton, que manteve o nome e o aparelhou para ser navio negreiro (Merseyside Maritime Museum, Liverpool Register of Merchant Ships, 1793-1802, rolo de microfilme 23,70/1799). Se Mordeille não tivesse interceptado o navio e sua carga, ele poderia ter voltado para Londres com o porão cheio de mogno caribenho, usado para fazer as belas portas entalhadas da Storrs Hall de Bolton.

Lorde Nelson e *The Wrongs of Africa*

Dezesseis dos dezenove membros do comitê cívico criado para erguer o monumento de Nelson em Liverpool eram comerciantes de escravos. O prefeito da cidade, que convocou o comitê, foi John Bridge Aspinall, um proeminente comerciante de escravos que, com outros de sua família, organizou mais de 180 viagens que transportaram quase sessenta mil africanos para as Américas. O comitê, contudo, era presidido por um abolicionista, William Roscoe, membro do Parlamento e autor de vários poemas e panfletos denunciando o comércio de escravos, inclusive *The Wrongs of Africa* e *An Enquiry into the Causes of the Insurrection of the Negroes in the Island of St. Domingo* (1792). Alguns historiadores de Liverpool consideram que Roscoe, ao ajudar a selecionar o desenho do monumento, tenha querido que seus quatro prisioneiros acorrentados fossem uma crítica velada à escravidão. Roscoe também era conhecido do pai de Herman Melville, um fato mencionado por Melville mais tarde na passagem de fluxo de consciência em *Redburn*: "E meus pensamentos se voltaram para o amigo de meu pai, o bom e grande Roscoe, o intrépido inimigo do comércio de escravos; que de todas as maneiras exercia seus talentos para sua supressão; escrevendo um poema (*The Wrongs of Africa*) e vários panfletos; e de seu lugar no Parlamento fez um discurso contra tal comércio, que vindo de um membro de Liverpool deve ter conquistado muitos votos, e teve uma grande participação no triunfo da política sólida e humana que se seguiu."

Para Aspinall, ver, Trans-Atlantic Slave Database (http://www.slavevoyages.org/tast/index.faces). Para a composição do comitê de subscrição do munumento, ver Thomas Baines, *History of the Commerce and Town of Liverpool*, vol. 1, Londres: Longman, 1852, p. 524. Para Roscoe, ver Penelope Curtis, *Patronage and Practice: Sculpture on Merseyside*, Liverpool: Tate Gallery Liverpool, 1989, pp. 21-26. Sobre a amizade do pai de Melville com Roscoe, ver Hershel Parker, *Melville: The Making of the Poet*, Chicago: Northwestern University Press, 2007, p. 46, e Parker, *Melville, A Biography*, vol. 1, p. 9.

O *Tryal* e seus Rebeldes

Eric Taylor escreve em seu muito útil levantamento das centenas de rebeliões de escravos, *If We Must Die in This Way* (Baton Rouge: Louisiana State University Press, 2009), que a rebelião do *Tryal* é "particularmente curiosa" por causa da "incrível quantidade de informações que restaram a respeito". Esta é uma afirmação espantosa, pois de longe o aspecto mais frustrante da pesquisa para o presente livro foi a pouca informação disponível com relação à história dos africanos ocidentais envolvidos, como eles chegaram à América, de onde vinham e o que sofreram ao longo do caminho. A escassez de registros documentais sublinha o grau em que a escravidão no Novo Mundo foi um holocausto anônimo. Existem muitas memórias de escravos emancipados, e acontecimentos específicos, tais como a rebelião do *Amistad* e a insurreição de 1831, na Bahia, Brasil, produziram evidências documentais significativas. Mas a quantidade de informações se dilui diante da escala da escravidão. Ver Taylor, p. 139. Sobre o *Amistad*, ver a história magistral de Marcus Rediker, *The Amistad Rebellion: An Atlantic Odyssey of Slavery and Freedom*, Nova York: Viking, 2012. Para exemplos de memórias, ver Olaudah Equiano, *Interesting Narrative of the Life of Olaudah Equiano; ou Gustavus Vassa the African*, 1789; James Williams, *A Narrative of Events, since the First August 1834*, ed. Diana Paton, Durham: Duke University Press, 2001, e a história de Terry Alford da vida de Abd-al-Rahman, *A Prince Among Slaves*, Nova York: Oxford University Press, 1977.

Das, no mínimo, 12,5 milhões de pessoas tiradas da África e levadas para a América, os historiadores identificaram apenas cerca de 100 mil nomes originais africanos, o que dá uma ideia da magnitude do silêncio histórico. A maioria destes nomes está listada no African Origins Project (http://www.african.origins.org/african-data/), que é baseado nos registros de cerca de 92 mil africanos escravizados liberados principalmente pela Marinha Real Britânica depois de 1808. Embora extremamente útil, o projeto é limitado. Os nomes são de africanos libertados de navios negreiros interceptados depois da abolição britânica do comércio de escravos e poderia superestimar a quantidade de navios que os embarcaram na África Ocidental, de portos se estendendo da Senegâmbia a Biafra. Uma das metas do projeto é compartilhar os nomes com pessoas de línguas africanas de modo a identificar a origem e o grupo étnico. Pessoas que responderam associaram o nome Mori, ou variações, com os kuranko, que vivem no que hoje é Serra Leoa e Guiné, são fortemente relacionados com os mandingas e falam um dialeto da língua mende. Pouco menos de 50 por cento do kuranko hoje são muçulmanos. A maioria dos outros treze nomes de rebeldes do *Tryal* também é associada a embarcações de Bonny e arredores. É mais provável, contudo, que os ditos escravos/rebeldes tenham sido embarcados em algum lugar na Senegâmbia. A correspondência com o pesquisador senegalês Boubacar Barry também foi muito útil para identificar a possível enticidade e origens dos nomes. Ver Alex Borucki, Daniel Domingus da Silva, David Eltis, Paul Lachance, Philip Misevich e Olatunji Ojo, "Using Pre-Ortographic African Names to Identify the Origins of Captives in the Transatlantic Slave Trade: The Registers of Liberated Africans, 1808-1862" (em produção).

A pesquisa de registros de notários em Mendoza, Santiago e Buenos Aires forneceu informações sobre a venda e o transporte de 64 africanos por Juan Nonell em abril de 1804 para Alejandro de Aranda, inclusive o fato de que alguns deles muito provavelmente chegaram no *Neptune*. Outros do lote chegaram em navios diferentes. Alex Borucki relata que havia conexões regulares entre a Senegâmbia e o Rio da Prata naquela época, principalmente através de navios negreiros dos Estados Unidos. Os rebeldes do *Tryal* muito provavelmente vinham da África Ocidental, mas podem não ter sido todos muçulmanos. Documentos espanhóis alternadamente os descrevem como *guineenses, etíopes* ou "da costa do Senegal", uma distinção que poderia significar alguma coisa ou nada para seu dono e capatazes. Os comerciantes de escravos espanhóis costumavam usar a palavra *Senegal* para descrever a região entre o rio Senegal e o rio Gâmbia. Eles também poderiam usar *Guiné* para indicar aquela área. Com mais frequência, contudo, queriam se referir a região ao sul do rio Gâmbia, abrangendo a parte da África Ocidental que se estende acima pelo Atlântico, inclusive Bonny Island, no vasto delta do rio Níger, onde muitos dos navios de Liverpool capturados por Mordeille embarcaram seus cativos. *Guiné* e *Etiópia* também podiam significar toda a África. Muitas, talvez a maioria das transações envolvendo escravos, eram ilegais e portanto não documentadas. E uma vez que 1804 foi o auge do "comércio livre de negros" em Montevidéu e Buenos Aires, qualquer registro que tenha havido era com frequência feito apressadamente, refletindo o frenesi do momento. Havia informações sobre o *Neptune* em Liverpool e Londres, mas não um manifesto ou qualquer outro documento para dar informações sobre os cerca de quatrocentos africanos que o navio embarcou em Bonny.

Os documentos mais importantes, além das memórias de Delano, para a reconstituição dos acontecimentos no *Tryal*, são apresentados a seguir (para abreviações, ver "arquivos consultados", na próxima seção: AGI (Sevilha), Lima 731, nº 27 ("Carta nº 445 del virrey Marqués de Avillés a Miguel Cayetano Soler, Ministro de Hacienda. Comunica el alzamiento de los negros esclavos de Senegal, conducidos a Lima desde Montevideo y Valparaíso en los Navios 'San Juan Nepomuceno' y 'Trial', respectivamente", 23 de abril de 1805); AHN (Madri), legajo 5543, expediente 5 ("El Capitán Amasu de Eleno presta auxilio en la isla Santa María, a la tripulación de la fragata español Trial, em la que havían sublevado los negros"); BN (Santiago), Sala Medina, MSS, vol. 331, ff. 170-89 ("Informe de Luís de Alva al Presidente Luis Muñoz de Guzmán, Concepción"); ANC (Santiago), Real Audiencia de Santiago, vol, 608, ff. 90-93 ("Libro copiador de sentencias 1802ª 1814"); ANC (Santiago), Tribunal del Consulado, vol. 12, ff. 179-89 ("Informe rebelión de negros em la fragata Trial"); ANC (Santiago), "Amacio Delano Capitán de la fragata Perseverancia com el dueño de la Trial sobre el compensativo", ff. 199-213. Detalhes também são encontrados em documentos não catalogados relacionados a taxas aduaneiras e outros documentos relativos a frete encontrados na Contaduría Mayor, na ANC de Santiago, bem como documentos citados descrevendo o conflito legal subsequente de Delano com Cerreño encontrados no Chile e em Lima. Benjamín Vicuña Mackenna, *Historia de Valparaiso*, vol. 2, "De Senegal a Talcahuano: Los esclavos de um alzamiento em la costa pacifica (1804)", em *Huellas de África en América. Perspectivas para o Chile*, ed. Celia L. Cussen, Santiago: Editorial Universitaria, 2009, pp. 137-58, e Jorge Pinto, "Uma rebelión de negros em las costas del Pacífico Sur: El caso de la fragata Trial em 1804", *Revista Histórica* 10 (1986): 139-55. Sobre a venda de Nonell para Aranda, ver também as entradas de notário para Inocencio Agrelo, 10 de abril de 1805, 24 de dezembro de 1806, janeiro de 1811 e 16 de abril de 1939 (anotações à margem da entrada original).

Haiti e Liberdade

Que a Revolução Haitiana foi uma fonte de esperança para homens e mulheres escravizados e de temor para seus escravizadores é um fato bem conhecido. Menos reconhecido é que teve um efeito direto no curso da história. Em 1803, os haitianos definitivamente derrotaram o exército invasor de Napoleão, que tinha ordens de retomar a ilha como colônia francesa. Napoleão havia imaginado uma Santo Domingo retomada, ilha escravagista produtora de açúcar como a âncora de uma nova América francesa se estendendo para cima pelo Vale do Mississippi, conectando-se com o Canadá francês e com o Caribe, isolando os jovens Estados Unidos no leste e abrindo o oeste para colonos franceses. Mas os haitianos obrigaram Napoleão a desistir de seu sonho. De modo que ele vendeu a Louisiana a Thomas Jefferson e voltou sua atenção para destruir o antigo regime da Europa, que, a despeito de suas alianças com os Bourbon de Madri, só podia significar uma coisa: destituir as casas reais que haviam sido construídas por meio da escravidão americana. Depois de derrotar os prussianos na Batalha de Jena e deter os russos em Eylau, Napoleão invadiu Portugal e então se voltou para a Espanha, depondo os Bourbon e pondo seu irmão José no trono (terminando assim com a expectativa de Delano de que ele receberia algo mais além de uma medalha por sua ajuda na retomada do *Tryal*). A combinação de uma guerra financeiramente desgastante contra a Grã-Bretanha, seguida pela ocupação francesa de seis anos da Espanha e de Portugal, marcou o início do fim do domínio espanhol nas Américas, abrindo caminho para homens como Bolívar e San Martín lançarem suas guerras pela independência. Haveria muitos começos e interrupções, muitos avanços e revezes, mas o movimento amplo do continente que começou com o Haiti sendo o primeiro a lutar por mais liberdade e depois por liberdade total era inevitável. Ao mesmo tempo que uma cadeia de acontecimento se desenrolava na Europa e na América espanhola, outra se acelerava na América do Norte: a derrota de Napoleão no Haiti permitiu a Thomas Jefferson comprar a Louisiana, o que pôs em movimento processos simultâneos de expansão rumo ao oeste e extensão da escravatura, levando os Estados Unidos, primeiro, a uma guerra contra o México, e depois, à Guerra Civil.

Há não muito tempo, o Haiti mal constava nas histórias da Era da Revolução, que se focam quase exclusivamente nas revoluções americana, francesa e hispano-americana. Agora, devido ao trabalho dos estudiosos listados abaixo, considera-se que não tenha sido apenas um acontecimento central daquela era, mas sim *o* acontecimento central, uma vez que os insurgentes insistiram em aplicar o ideal da liberdade à escravatura realmente existente: Michel-Rolph Trouillot, Ada Ferrer, Laurent Dubois, Jeremy, Popkin, David Patrick Geggus, Sibylle Fischer, Sue Peabody, Julius Scott, Matthew Clavin e Robin Blackburn.

Pablo Neruda, John Huston, Paul Newman e *I Spy*

No final dos anos 1960, Pablo Neruda disse em uma entrevista que não conseguia encontrar uma abordagem para a história que queria escrever sobre a revolta do *Tryal*. Onde Melville tinha se concentrado no logro, Neruda queria escrever sobre os escravos, chamando seu roteiro de *Babo, o Rebelde*. Mas ele acabou por se ver "lutando contra sombras", talvez querendo dizer a sombra lançada por Melville. Um fragmento do roteiro que Neruda acabou escrevendo imagina Melville como o último sobrevivente, como Ishmael, discutindo com Neruda sobre quem poderia melhor narrar a história:

> NERUDA: *Conte a história.*
> MELVILLE: *Deixe que outros contem.*
> NERUDA: *Você é a única testemunha daquela época, sua voz é a única que resta.*

John Huston, que anteriormente havia levado *Moby-Dick* às telas, queria que *Benito Cereno* fosse seu último filme e esperava convencer Paul Newman a fazer o papel de Amasa Delano: "Paul, querido", escreveu ele em 8 de abril de 1987, "espero fazer mais um filme, este, (...) e ter você, meu ator favorito, atuando nele (...) eu gostaria tanto que nossa parceria se encerrasse em grande estilo." Dois meses mais tarde, o *New York Times* noticiou que Robert Duvall e Raul Julia tinham sido escalados para desempenhar os papéis de Delano e Cerreño. Huston morreu em 28 de agosto de 1987, antes que pudesse começar a trabalhar no projeto.

Em meados dos anos 1960, o poeta Robert Lowell produziu uma versão teatral de *Benito Cereno*, estrelada pelo ator Roscoe Lee Browne como Babo, ou Babu, como Lowell o chamou. A peça foi transmitida pela TV pública em 1965, apenas algumas semanas depois que a NBC, tendo vencido a oposição da maioria de suas estações afiliadas sulistas, lançou o "primeiro programa de TV a apresentar um negro como segundo ator principal em um elenco misto", que foi *I Spy*, com Bill Cosby. Ver "'I Spy' with Negro Is Widely Booked", *New York Times*, 19 de setembro de 1965.

Babo, Estudiosos e Escritores Afro-Americanos e Barack Obama

Neruda pode ter tido dificuldade de compreendê-lo, mas escritores afro-americanos reconheceram Babo. Ralph Ellison usou uma epígrafe da história para seu romance *Invisible Man*, na qual o avô do narrador revela em seu leito de morte que não era um escravo Tomás obediente, e sim um Babo secreto, seu último conselho para seu filho sendo "vencer" os brancos "com sins, miná-los com sorrisos, concordar com eles até a morte e a destruição, e deixá-los que o engulam até vomitarem ou explodirem". Sterling Stuckey liga Babo ao coelho Brer, o vigarista proeminente em contos do folclore afro-americanos. Escritores de fora dos Estados Unidos, do Terceiro Mundo em processo de descolonização, também viram seus esforços nas ações de Babo. "O interesse de Melville [em *Benito Cereno*] está numa vasta parte do mundo moderno", escreveu C. L. R. James de Trinidad em 1953, "os povos atrasados, e atualmente, dos continentes da Ásia e África, e seus feitos enchem as primeiras páginas de nossos jornais." Babo, acreditava James, era o "personagem mais heroico da ficção de Melville, (...) um homem de vontade irredutível, um líder natural, um organizador de grandes tramas, mas um mestre do detalhe". "O que Babo significa?", perguntou o estudioso nigeriano Charles E. Nnolim em 1974. "A palavra 'babo' na língua hauçá, que incidentalmente é a única língua que é falada em toda a África Ocidental, da Nigéria ao Senegal, significa 'NÃO' – uma expressão de forte discordância. (...) Como Melville sabia que 'Babo' (...) é 'NÃO'?"

Mais recentemente, Barack Obama citou *Benito Cereno* como tendo-o influenciado quando jovem, talvez preparando-o para as alucinações de seus críticos mais febris, que o acusam de sequestrar o navio do Estado e fantasiar sobre ter a cabeça enfiada numa estaca.

Ver Stuckey, *Going through the Storm: The Influence of African American Art in History*, NY: Oxford University Press, 1994; Charles E. Nnolim, *Melville's "Benito Cereno": A Study in Meaning of Name Symbolism*, Nova York: New Voices, 1974; Marvin Fisher, *Going Under: Melville's Short Fiction and the American 1850s*, Baton Rouge: Louisiana State University Press, 1877; e James, *Mariners, Renegades and Castaways*, p. 112.

Macacos e Anjos

Herman Melville leu os naturalistas e geólogos de sua época e consideraria as implicações do que afinal veio a ser conhecido como darwinismo ao longo de toda a sua vida como escritor. Ele começou sua carreira literária brincando, uma década antes da publicação da *Origem das espécies*, que os "ancestrais" do homem "eram os cangurus, e não os macacos", que marsupiais eram a "primeira edição da humanidade, desde então revista e corrigida". Trinta anos depois, ele encerrou seu poema de dezoito mil linhas, *Clarel*, com a pergunta: "Se o dia de Lutero expande o ano de Darwin,/ Será que isto excluirá a esperança – impedirá o medo? Sim, macaco e anjo travam o velho debate, /As harpas do céu e os gongos sombrios do inferno;/ A ciência só pode agravar o feudo – / Nenhum árbitro é ela entre o toque e harmonia,/ A batalha em curso entre a estrela e o torrão de terra/ Durará para sempre – se não houver Deus."

Melville comprou um exemplar do *Diário de pesquisas na geologia e história natural dos vários países visitados pelo H.M.S. Beagle ao redor do mundo, sob o comando do capitão Fitz Roy R.N.*, em 1847. Para a leitura de Melville de Darwin, ver Charles Roberts Anderson, *Melville in the South Seas*, Nova York: Dover, 1966, p. 265; Merton M. Sealts, *Melville's Reading*, Colúmbia: University of South Carolina Press, 1988, p. 171; e Mary K. Bercaw, *Melville's Sources*, Chicago: Northwestern University Press, 1987, pp. 2 e 74. Para a influência de Lyell e Darwin em Melville, ver James Robert Corey, "Herman Melville and the Theory of Evolution", dissertação de doutorado, Washington State University, 1968. Ver também Eric Wilson, "Melville, Darwin and the Great Chain of Being", *Studies in American Fiction* 28 (2000): 131-50. E ver a edição de *Moby-Dick* editada por Harrison Hayford, G. Thomas Tanselle, e Hershel Parker, Chicago: Northwestern University Press, 1988, p. 829, para outra passagem que segue de perto o *Diário de pesquisa* de Darwin.

A Revolta do *San Juan Nepomuceno*

Além de uma breve menção em um artigo publicado em um periódico peruano de história, não encontrei nenhuma outra referência de estudo acadêmico sobre esta notável revolta. Notícias do feito do *San Juan* chegaram aos Estados Unidos por meio de três de seus passageiros, que foram levados para Salém, Massachusetts, no brigue *Sukey*, capitaneado por John Edwards, que tinha estado no Senegal comerciando peles, goma, amendoim e óleo de palma. O primeiro relato foi publicado no *Salem Impartial Register* em 30 de julho de 1801, e republicado por jornais em toda a Nova Inglaterra, e traduzido e publicado em Buenos Aires no *Telégrafo Mercantil* em 16 de dezembro de 1801. Sobre o *Sukey*, ver *History of Essex County, Massachusetts: With Biographical Sketches of Many of its Pioneers end Proeminent Men*, vol. 1, ed. Duane Hamilton Hurd, Filadélfia: J. W. Lewis, 1888, p. 92.

Amasa Delano e Franklin Delano Roosevelt

Eleanor Roosevelt Seagraves diz em uma comunicação via e-mail que a velha história de que seu avô, FDR, comprou todos os exemplares existentes das memórias de Amasa Delano não é verdade. Não tem nenhuma lembrança de nenhum membro da família durante sua infância fazer menção a Amasa, embora ela tivesse acabado editando uma edição resumida de *A Narrative* (1994). De acordo com os documento encontrados (graças a Josh Frens-String) no Ministério das Relações Exteriores do Chile (Archivo General Historico del Ministerio de Relaciones Exteriores, Fondo Histórico, vol. 1.404), Roosevelt tomou conhecimento das memórias de Delano em 1934, através de seu subsecretário de Estado para a América Latina, que sugeriu comprar um exemplar e doá-lo à Universidade Nacional do Chile como lembrança da diplomacia de boa vizinhança. Roosevelt concordou, aparentemente dedicando o livro com as palavras: "Que possa a pequena participação que meu parente desempenhou na construção do Chile encorajar outras cooperações frutíferas entre nossos dois povos que compartilham ideais comuns de justiça, paz e humanidade."

Juan Martínez de Rozas, Lemuel Shaw e *Billy Budd*

Juan Martínez de Rozas e Lemuel Shaw desempenharam papéis semelhantes ao criar em seus respectivos países sistemas legais, ajudando a transformar a jurisprudência colonial em corpos coerentes na jurisprudência republicana moderna (as decisões de Shaw, em particular, ajudaram a definir normas legais relacionadas ao comércio, trabalho livre, capacidade mental e liberdade de expressão). De maneira semelhante, a decisão de Rozas em 1805 sobre o caso do *Tryal* é, em certo sentido, comparável à decisão de Shaw em 1851 mantendo a Lei do Escravo Fugitivo. Os dois homens eram pessoalmente contra a escravatura, porém ambos, quando forçados a julgar o conflito entre a justiça e a ordem, preferiram a ordem (embora a decisão de Shaw também defendesse os níveis de soberania estadual, que é o federalismo dos Estados Unidos, um anátema confuso para Rozas).

Melville levantaria a questão de se a justiça estava comprometida com "instituições duradouras" ou direitos naturais que existiam independentemente destas instituições, e seu último livro publicado postumamente, *Billy Budd*, cujo personagem-título, semelhante a Cristo, é condenado e executado pelo capitão Vere, comandante de um navio de guerra britânico, por involuntariamente matar um oficial abusivo. Alguns estudiosos de direito acreditam que Melville tenha baseado Vere em Shaw. A teórica política Hannah Arendt usou *Billy Budd* para argumentar que uma vez que a justiça absoluta nunca pode ser representada institucionalmente, a luta para obtê-la conduz à violência perpétua, à "guerra contra a paz do mundo e o verdadeiro bem-estar da humanidade", enquanto cita o resumo da opinião de Vere de Melville. Escrevendo em meados dos rebeldes anos 1960, Arendt argumentava que o papel da "virtude" nas instituições de direito "não é prevenir o crime do mal, mas punir a violência da inocência absoluta", uma vez que o impulso para alcançar a perfeição (ou a "liberdade perfeita", como Amasa Delano definia o objetivo incivilizado dos revolucionários franceses) pode destruir a sociedade tão rapidamente, se não mais rapidamente, que "o mal elementar".

Para Rozas, ver Domingos Amunátegui Solar, *Don Juan Martines de Rozas*, Santiago: Universo, 1925; Manuel Martines Lavin, *Biografia de Juan Martines de Rozas*, Santiago: Imprenta Albion, 1894; Diego Barros Arana, *História general de Chile*, vol. 8, Santiago: Editorial Universitaria, 2002, pp. 10-15, e Julio Bañados Espinosa, *Ensayos y bosquejos*, Santiago: Libreria Americana, 1884, pp. 255-66. Cristián Gazmuri Riveros, "Libros e ideas políticas francesas durante la gestación de la independência de Chile", em *America Latina ante la Revolución Francesa*, ed. María del Carmen Borrego Plá e Leopoldo Zea, México: UNAM, 1003, p. 9, descreve Rozas como o "verdadeiro ideólogo dos primeiros passos no processo da independência chilena". Para a abordagem de Arendt de *Billy Budd*, ver *On Revolution*, Nova York: Penguin, 1965, p. 84. Seguindo Arendt, teóricos do direito continuam a debater o significado do romance. Ver Richard Posner, *Law and Literature*, 3ª ed. Cambridge: Harvard University Press, 2009, pp. 211-28; Alfred Konefsky, "The Accidental Legal Historian: Herman Melville and the History of American Law", *Buffalo Law Review* 52 (outono de 2004); e Robert Cover, *Justice Accused: Antislavery and the Jusicial Process*, New Haven: Yale University Press, 1975.

A Execução

Eu tenho certeza de que é dar demasiada importância a um mero acidente de caligrafia, mas é interessante notar, considerando que Mori e provavelmente os outros condenados eram muçulmanos, que o escrevente de Rozas, quando registrou a ordem de execução que sentenciava os presos a serem exibidos por Concepción amarrados ao rabo de uma mula, escreveu errado o termo derivado de al-Analus *bestia de albarda*, ou "animal de carga". Ele dividiu a última palavra em duas e pôs o artigo em maiúscula – *bestia Al varda* –, que mais claramente revela a origem árabe da palavra.

Era prática comum tanto na Espanha quanto na América espanhola executar publicamente e depois mutilar ritualmente os condenados de parricídio, de rebelião contra a autoridade do rei, da Igreja, Deus, senhor ou pai de família, fosse ele branco ou negro. Eles podiam ser queimados vivos ou enforcados, como José Maria de España, um branco condenado por conspirar contra a Espanha em 1799 na Venezuela. Depois de sua execução, as pernas e braços de España foram amarrados a quatro cavalos e seu corpo, esquartejado; os "vários quartos" foram então expostos em locais públicos como advertência. Outro estilo de execução era tirado diretamente da lei romana do século I e consistia em açoitar o condenado até estar em carne viva, enforcá-lo até morrer e depois colocar o corpo em um saco de couro com os corpos de um cão, uma cobra, um galo e um macaco e atirá-lo na água. A prática foi caindo em desuso, mas de vez em quando era usada na América espanhola, inclusive no Chile e na Louisiana, durante os anos 1700 (embora a esta altura os animais fossem com frequência representados simbolicamente, através de desenhos). Mais tarde, os próprios rebeldes republicanos executariam publicamente os realistas. Em 1811, Juan Martínez de Rozas mandou matar um traidor da causa patriota e exibir seu corpo ensanguentado desfigurado por mosquetes "para contemplação pública". Foi extradição legal, que considerava a punição pública como uma fonte de virtude cívica, que foi invocada pelo embaixador da Espanha nos Estados Unidos quando ele solicitou ao governo americano a devolução dos rebeldes africanos do *Amistad* à Espanha, de modo que a "vingança pública" pudesse ser satisfeita.

Ver Derek Noel Kerr, "Petty Felony, Slave Defiance, and Frontier Villany: Crime and Criminal Justice in Spanish Louisiana, 1770-1803", dissertação de doutorado, Tulane University, 1983, p. 154. Ver também Claudia Arancibia Floody, José Tomás Cornejo Cancino e Carolina González Undurraga, *Pena de muerte en Chile Colonial: Cinco casos de homicidio de la Real Audiencia*, Santiago: Centro de Investigaciones Diego Barros Arana, 2003; José Félix Blanco, ed., *Documentos para la historia de la vida pública del libertador de Colombia, Peru y Bolivia*, Caracas: La Opinión Nacional, 1875, p. 366; V. Lastarria, M. A. Toronal et al., *Historia general de la República de Chile desde su independência hasta nuestros dias*, Santiago: Nacional, 1866, p. 310.

Melville e o Destino Manifesto

É impossível encontrar um movimento simples nos escritos de Melville, de uma adoção da ideia de destino manifesto a uma postura mais crítica. Seu primeiro engajamento mais amplo com a noção de o Oeste norte-americano servir como uma válvula de segurança estava no romance *Mardi*, publicado um ano antes da famosa passagem de "arca de liberdades", de *White-Jacket*. Já naquela obra, Melville se mostrava cético: "o agreste selvagem do Oeste" não seria "superado em um dia", escreveu ele, "mas acabará sendo superado; e então o recuo terá que vir". Mesmo antes, em 1846, numa carta para seu irmão Gansevoort, Melville tinha dúvidas quanto à invasão do México pelos Estados Unidos. Em tom brincalhão, mas afiado, ele descreveu o delírio "da guerra" que havia dominado o país. A aristocracia estava lustrando "os adornos vermelhos de seus casacos" e os "garotos aprendizes estavam fugindo para a guerra às vintenas". A geração dele era a terceira depois da Revolução Americana, mas seus homens ansiavam por igualar o heroísmo de seus avós. A guerra com o México, temia Melville, só faria crescer o desejo, aumentando a tolerância da nação ao militarismo. "Senhor, o dia está próximo", escreveu ele a seu irmão, "em que a Batalha de Monmuouth, da Guerra Revolucionária, será considerada brincadeira de criança." E ele se angustiava com as consequências, preocupado com o fato de que guerra geraria mais guerra: "'Uma pequena faísca acende grandes fogueiras', como o autor muito conhecido dos provérbios observa corretamente – e sabe-se lá a que levará." Mais tarde, em 1876, Melville celebraria em verso os atos heroicos de seu primo Guert Gansevoort na Marinha, na guerra entre o México e os Estados Unidos. Mas o poema alterna versos aparentemente patriotas exaltados (com Guert "passando rápido e levantando água/ As ondas azuis ensolaradas" para tomar Veracruz e cravar a "bandeira estrelada". "Olá, Santa Anna!") com outros mais céticos, inclusive um que questiona a possibilidade de sequer representar a guerra: "Mas, ah, como falar do furacão desencadeado." De maneira interessante, uma década depois da guerra entre o México e os Estados Unidos, Gert Gansevoort (que era filho de Leonard Gansevoort, o primeiro e talvez alvo principal dos incêndios ateados pelos escravos de Albany em 1793) era o comandante do USS *Decatur* quando, em 1856, ele derrotou um ataque de dois mil índios suaquamish e duwamish tentando retomar o que hoje é o porto de Seattle dos colonos brancos.

Como sua abordagem da maioria de outras questões políticas, a opinião de Melville da democracia jacksoniana que movia o destino manifesto era ambivalente: o famoso capítulo 26 de *Moby-Dick*, "Cavaleiros e escudeiros", parece homenagear Jackson como um profeta de um "grandioso Deus democrático", enquanto o livro seguinte de Melville, *Pierre*, deixa implícito que a democracia jacksoniana não acabou com a antiga ordem, apenas naturalizou desigualdades, tornando-as parte da paisagem. Melville consistentemente criticava a hipocrisia de missionários cristãos e a violência acumulada sobre os índios nativo-americanos, em certas ocasiões chegando até a se aproximar do nível de cinismo que Amasa Delano alcançou no fim de seus dias: "A falta de graça de anglo-saxões/ Para conquistar o amor de qualquer raça/ Odiados por miríades de desapossados / De direitos – os índios a Leste e Oeste./ Estes piratas da esfera!/saqueadores de túmulos/ Piratas hipócritas obsecados por riqueza,/ Que em nome de Cristo e do Comércio/ (Oh, com as frontes escudadas por latão!)/ Defloram a última clareira agreste!" Mas estas são as opiniões de um personagem em um poema muito popular. Ver a discussão de Frederick C. Crewss sobre esta passagem em *"Melville the Great"*, *New York Review of Books*, 1º de dezembro de 2005. Ver também a discussão em Parker, "Politics and Art". Sobre *Pierre*, ver Samuel Otter, "The Eden of Saddle Meadows: Landscape and Ideology in Melville's *Pierre*", *American Literature* 66 (março de 1994): 55-81.

O Império da Necessidade

Melville identifica a epígrafe que usa em seu conto "The Bell Tower" ("Buscando conquistar uma liberdade maior, o homem apenas amplia o império da necessidade") como vinda de um manuscrito particular, possivelmente de posse dele. Alguns especialistas em Melville, contudo, inclusive Hershel Parker (em uma comunicação via e-mail), especulam que ele próprio a tenha escrito. "The Bell Tower", que Melville publicou anonimamente na *Putnam's Monthly*, começa com duas outras citações, ambas identificadas como sendo do mesmo manuscrito particular. Numa delas se lê: "Como negros, estes poderes soturnamente possuem o homem, atentos ao senhor superior; enquanto servem, planejam vingança." Com três vírgulas e um ponto e vírgula para dezesseis palavras, é uma frase maravilhosamente complexa, quase tão difícil de decifrar quanto a história que a segue. "The Bell Tower" se passa na Itália do Renascimento e trata de um relojoeiro que, no processo de fundir um enorme sino, mata um trabalhador, cujo sangue cai no ferro fundido, embutindo um defeito irreversível no sino depois de pronto. Quando o aparato inteiro da torre do sino é concluído, contém um tocador encapuzado em tamanho natural que se move para a frente a cada hora e bate no sino com um porrete, na realidade um robô que Melville explicitamente compara a um escravo. A história acaba com a figura matando a porretadas seu criador e a torre desabando. Melville conclui: "Assim o escravo cego obedeceu a seu senhor ainda mais cego, mas, na obediência, o matou. Assim, o criador foi morto pela criatura. Assim o sino era pesado demais para a torre. Assim, a fraqueza principal do sino estava onde o sangue de homem o havia maculado. E assim veio o orgulho antes da queda." A história seguinte que Melville publicou na *Putnam* foi *Benito Cereno*.

Nem todas as sociedades nas Américas fundadas sobre a escravatura passaram sua história pós-abolição tentando fugir do império da necessidade. A forte tradição social-democrata da América Latina, que garante a seus cidadãos o direito a cuidados médicos, educação e vida decente e digna, admite que existam limites para a liberdade individual. Estas promessas com frequência deixaram a desejar na prática, mas o empenho retórico da região para com os direitos sociais pelo menos reconhece a dívida que a liberdade deve à necessidade. Existem muitos motivos para divergências entre a cultura política dos Estados Unidos e da América Latina uma vez que esta se relaciona a direitos sociais e nem todos eles estão relacionados à história da escravidão. Mas alguns estão: na América espanhola, o fato de que a revolução de mercado movida pela escravatura ocorreu *antes* de seu rompimento com a Espanha significou que o movimento pela independência política e pela abolição da escravatura podia ser visto por muitos republicanos como uma única e mesma coisa. Em seguida à independência, o ostracismo político e a dominação social baseada em categorias raciais continuaram, mas *raça* não se resumia a uma coisa em si (pelo menos não como seria nos Estados Unidos). Na América Latina, as lutas pós-independência por democracia e direitos sociais, por liberdade e igualdade tinham menos probabilidade de ser compreendidas em termos raciais, ou, se fossem, seria de uma boa maneira, com pessoas de pele escura por toda a região lutando por uma democracia social universal. Nos Estados Unidos, onde a revolução de mercado movida pelos escravos ocorreu *depois* da Revolução Americana, não só a luta para estender mais direitos democráticos e mais liberdade para homens brancos era vista como algo distinto da luta pela abolição, como era entendida por muitos como dependente da escravatura, um entendimento que viu sua apoteose na Lei Kansas-Nebraska e a visão de John Calhoun da escravatura como "bem positivo". Então, depois da abolição, esta liberdade forjada na escravatura adquiriu nova forma na fronteira, que permitiu infinitas oportunidades para milhões do que Melville chamou de "reis soberanos" fugirem, imaginando que estava escapando da relação senhor/escravo, escapando do império da necessidade.

ARQUIVOS CONSULTADOS

A escravatura criou o mundo moderno. Esta é uma afirmação feita com frequência, com a qual é fácil concordar e difícil de processar uma vez que sua verdade se perde em sua abstração. Mas ao escrever este livro, passei a apreciar ainda mais a afirmação, a me dar conta das maneiras pelas quais a escravatura se infiltrou na alma e nos nervos do Ocidente. A pesquisa para esta história foi feita em arquivos, bibliotecas e museus em nove países, incluindo Espanha (em Madri, Sevilha e Calañas, a aldeia andaluza onde nasceu Benito Cerreño), Uruguai, Argentina (Buenos Aires e Mendoza, a cidade natal de Alejandro de Aranda), Chile (Santiago, Valparaíso e Concepción), Peru (Lima e Huacho), Grã-Bretanha (Liverpool e Londres), Senegal (Dakar e Port Saint-Louis), França (Aix-en-Provence) e nos Estados Unidos (Boston, Duxbury – terra natal de Amasa Delano – Albany, Nova York, Providence e Washington, D.C, entre outros lugares). Eu viajei de ônibus pelos Pampas e pela travessia dos Andes, aproximadamente a rota que Mori, Babo e os outros cativos africanos ocidentais foram obrigados a percorrer a pé e de mula, e visitei o Vale Huaura, no Peru, a norte de Lima, onde Cerreño, ao abandonar a navegação depois de sobreviver por um triz a sua provação, tomou posse da Hacienda Humaya, uma enorme plantação de cana-de-açúcar escravagista. E tomei um ferry supercarregado de Lota, no Chile, para a ilha do Pacífico de Santa María, passando os três dias de espera pelo barco de retorno sem nada para fazer senão reler *Benito Cereno* e contemplar a baía onde o *Perseverance* de Delano encontrou o *Tryal* de Cerreño (não havia nem cerveja para comprar, uma vez que a maioria dos residentes da ilha tinha se convertido ao pentecostalismo).

Alguns dos locais deste itinerário têm apenas uma relação superficial com a escravatura, por meio dessa história específica. Outros, como Sevilha, Buenos Aires, Port Saint-Louis, Lima, Boston e Liverpool, eram pontos centrais numa rede que financiava, administrava e lucrava com o comércio de escravos, uma vasta rede, mas ao mesmo tempo surpreendentemente fechada, como a história do *Tryal* ilustra. Ao longo do caminho, comecei a ver vestígios da escravatura em toda parte, não apenas na riqueza deixada para trás, em belos prédios barrocos e imponentes cidades bem planejadas e de parques e jardins bem cuidados, como o de Buenos Aires, que fica em cima do antigo mercado de escravos, El Retiro, mas no significado que criava.

A escravatura era uma instituição tão onipresente que produzia seu próprio tipo de sincronicidade, fazendo com que acontecimentos do acaso parecessem quase conspiratórios, como se algum autor divino os tivesse juntado em um padrão intencional, como, para dar apenas um exemplo, a influência recorrente que o mercador de escravos de Liverpool John Bolton teve na produção literária de Melville. Além de despachar seu navio negreiro, o *Neptune*, para Bonny e levantar fundos para erigir o monumento de Liverpool ao Almirante Nelson, ele usou sua fortuna feita com a escravidão para receber e apoiar alguns dos maiores poetas românticos britânicos, inclusive, ocasionalmente, William Wordsworth. Amigo dos direitos do homem e opositor da escravatura, Wordsworth exerceu uma forte influência sobre Herman Melville.* De acordo com Hershel Parker (*Melville: A Biography*, vol. 2, p. 165), ele ensinou Melville a encontrar a "música imóvel e triste da humanidade" na natureza, a olhar para uma paisagem estéril e ver sua história social e natural (a olhar talvez para o Monte Aconcágua, de 6.960 metros, que separa a Argentina do Chile, e se dar conta de que uma estrada de escravos outrora serpenteava ao seu redor). Tentar dar sentido a algumas destas conexões me lançou em tangentes, seguindo os *hiperliks* da história de uma coisa para outra. Comecei a me sentir um pouco como o próprio Herman Melville, que em 1839 olhou para o "Lorde Nelson expirando nos braços da vitória" em Liverpool, e viu não um memorial a um homem, mas o comércio de escravos como a chave para destrancar a história.

Quatorze anos se passaram entre a primeira vez que Melville viu o monumento de Nelson e a publicação de *Benito Cereno*. Mas quando visitei a estátua, enquanto estive em Liverpool, à procura de informações sobre o *Neptune* de Bolton, não pude deixar de pensar que Melville tinha "a Morte sombria e cobiçosa" em mente quando fez Babo amarrar os ossos de Aranda na proa e dizer a seus cativos para manter a fé nos negros.

---

*Wordsworth compôs um soneto para Touissant Louverture, do Haiti, que, como Lorde Nelson, morreu no momento de seu triunfo: feito prisioneiro pelas tropas de Napoleão, ele morreu de frio numa masmorra francesa nos Alpes ventosos em abril de 1803, poucos meses antes de os haitianos expulsarem os franceses de uma vez por todas de sua ilha: "Não existe um sopro do vento", escreveu Wordsworth, "que se esquecerá de ti."

ARQUIVOS

Archivo General de la Nación, Buenos Aires, Argentina [AGN (Buenos Aires)]
Archivo General de la Provincia, Mendoza, Argentina [AGP (Mendoza)]
Archivo del Arzobispado, Mendoza, Argentina [Amasa (Mendoza)]
Archivo General de la Nación, Lima, Peru [AGN (Lima)]
Archivo Arzobispal, Lima, Peru [AA (Lima)]
Archivo General de la Nación, Montevidéu, Uruguai [AGN (Montevidéu)]
Archivo General de la Nación, Montevidéu, Uruguai [AGN (Montevidéu)]
Archivo Nacional de Chile, Santiago [ANC (Santiago)]
Biblioteca Nacional do Chile, Santiago
Archivo Historico Nacional, Madri, Espanha [AHN (Madri)]
Archivo General de Indias, Sevilha, Espanha [AGI (Sevilha)]
Archivo Municipal de Calañas, Calañas, Espanha [AMC (Calañas)]
National Archives and Record Administration, College Park, Maryland [NARA (College Park)]
National Archives and Record Administration, Boston [NARA (Boston)]
Duxbury Rural and Historical Society, Massachusetts [DRHS]
Massachusetts Archives, Boston [MA (Boston)]
Houghton Library, Harvard University, Cambridge, Massachusetts
Baker Library, Harvard University, Cambridge, Massachusetts
British National Archives, Lds [BN (Londres)]
Maritime Archives and Library at the Merseyside Maritime Museum, Liverpool, UK

OUTRAS COLEÇÕES

Centro de Estudios Militares de Peru (Lima), Seccion Archivos y Catálogos
Franklin D. Roosevelt Presidential Library
New York State Library, Manuscripts and Special Collections
Harvard Law Library, Small Manuscript Collection
Social Law Library (Boston)
New Haven Colony Historical Society
Nantucket Historical Society
Peabody Essex Museum
Library of Congress
Archives Nationales d'Outre Mer (Aix-en-Provence, França)

"Melville Marginalia Online" (editado por Steven Olsen-Smith, Peter Norberg e Dennis C. Marnon em http://melvillesmarginalia.org)
The New York Public Library, Gansevoort-Lansing Collection
The New York Historical Society
John Brown Carter Library, Brown University
Archives Nationales du Sénégal (Dakar, Senegal)

NOTAS

Introdução

1. Amasa Delano, *A Narrative of Voyages and Travels in the Northern and Southern Hemispheres: Comprising Three Voyages round the World; Together with a Voyage of Survey and Discovery in the Pacific Ocean and Oriental Islands,* Boston: E. G. House, 1817.
2. Em dezembro de 1916, numa revista chamada *Pacífico*, o chileno Joaquín Díaz Garcés escreveu um conto de ficção chamado "El Camino de los Esclavos", cuja história fictícia descreve a viagem forçada de Babo, Mori e seus companheiros de travessia do continente. Díaz Garcés havia morrido antes da redescoberta de Melville nos anos 1920 e *Benito Cereno* só foi traduzido para o espanhol nos anos 1940 (e só se tornou disponível na América Latina na década de 1960), de modo que Diáz Garcés deve ter tomado conhecimento dos acontecimentos no *Tryal* por meio do historiador chileno Benjamín Vicuña Mackenna, que escreveu a respeito do caso em *Historia de Valparaíso* (Valparaíso: Imprenta Albión de Cox i Taylor, 1869, vol. 2. Em uma nota à sua história, Díaz Garcés disse que esperava "abrir os olhos indiferentes de chilenos para a história da escravatura africana, que por muitos anos também enviou tristes caravanas por nosso território nacional", uma referência que Julio Pinto diz, em uma comunicação pessoal, que pode se referir à deportação forçada de bolivianos e peruanos. Embora não chegasse a fazê-lo, Díaz Garcés planejava dar continuidade à obra com outra história sobre os acontecimentos "improváveis" no *Tryal*. Em 1944, duas décadas depois da morte de Díaz Garcés, a editora que ele ajudou a fundar, Zig Zag, lançou a primeira versão de *Benito Cereno* em espanhol, da América Latina. Sobre Neruda, ver a seção *Notas sobre fontes e outros temas*.

3. Todas as citações de *Benito Cereno* são da versão encontrada em *Billy Budd, and Other Stories*, Nova York: Penguin, 1986. Citações dos romances *Mardi, Redburn, White-Jacket* e *Moby-Dick* são das edições Library of America das obras de Melville, Nova York, 1982 e 1983.
4. Brian Higgins e Hershel Parker, *Herman Melville: The Contemporary Reviews*, Cambridge: Cambridge University Press, 2009, pp. 469-83; Kevin Hayes, *The Cambridge Introduction to Herman Melville*, Cambridge: Cambridge University Press, p. 79.
5. Hershel Parker, *Herman Melville: A Biography*, vol. 2: 1851-1891, Baltimore: Johns Hopkins University Press, 2002, p. 244 para "colapso", p. 399 para "Norte frio".
6. Edmund Morgan, *American Slavery, American Freedom: The Ordeal of Colonial Virginia*, Nova York: Norton, 1975, pp. 4-5.
7. "Um burro de carga do mar, um escravo da Guiné" era como um capitão de um navio da Marinha britânica patrulhando a costa da África e protegendo os navios negreiros britânicos descreveu a si mesmo em 1779. Ver James G. Basker, ed., *Amazing Grace: An Anthology of Poems about Slavery, 1660-1810*, New Haven: Yale University Press, 2002, p. 283.
8. Baseado em buscas selecionadas realizadas em 8 de dezembro de 2012, na Trans-Atlantic Slave Database (http://www.slavevoyages.org/tast/index.faces).
9. Em seu nível mais básico, a encenação que os africanos ocidentais conseguiram levar a cabo no *Tryal* remete ao debate sobre paternalismo escravo, não só os argumentos que a classe dos senhores usava para justificar a escravatura, mas a questões relacionadas a quanto os escravos acreditavam em tais argumentos. É um longo debate, mas o lugar para começar, como tudo que se relaciona com a escravatura, é com W. E. B. Du Bois, especialmente *The Souls of Black Folk* (1903) e *The Negro* (1915). Em 1959, Stanley Elkins (*Slavery: A Problem in American Institutional and Intelectual Life*, Chicago: University of Chicago Press), escrevendo sob a sombra do Holocausto, usou a expressão "instituições totais" para descrever as *plantations* escravagistas, que ele comparava a campos de concentração, como tendo o mesmo poder totalitário sobre os escravizados, capaz de destruir sua personalidade e obrigá-los a internalizar sua subordinação, transformando-os em Sambos infantis (como Mori inicialmente pareceu a Delano). Earl Lewis "To Turn a Pivot: Writing African Americans into a History of Overlapping Diasporas" (em Darlene Clark Hine e Jacqueline McLeod, eds. *Crossing Boundaries: Comparative History of Black People in Diaspora*, Bloomington: Indiana University Press, 1999) debate a importância do ensaio de Elkins, bem como de uma geração de pesquisadores, começando no final doa anos 1960, que "abertamente

rejeitaram" a tese de Elkins. No início dos anos 1970, John W. Blassingame (*The Slave Community: Plantation Life in the Antebellum South*, Nova York: Oxford University Press, 1972) enfatizou a habilidade de escravos de manipular os papéis que lhes eram atribuídos. Eugene Genovese, por sua vez, passou sua carreira documentando o que ele, escrevendo com Elizabeth Fox-Genovese, chamou de "autoengano fatal" da classe dos senhores. Em 1971, Genovese, referindo-se a criados domésticos, disse que a classe dos senhores "sempre havia pensado que conhecia aqueles negros, que os amava e era amada por eles. E os considerava parte da família. Um dia eles descobriram que estavam se enganando e vivendo intimamente com pessoas que absolutamente não conheciam" (em *Red and Black: Marxian Explorations in Southern and Afro-American History*, Nova York: Pantheon Books, 1971, p. 117).

Capítulo 1: Falcões à espreita

1. Clifton Kroeber, *The Grouth of the Shipping Industry in Río de la Plata Region: 1794-1860*, Madison: University of Wisconsin Press, 1957; Carlos Noé Alberto Guevara, *La problemática marítima argentina*, vol. 2, Buenos Aires: Fundación Argentina de Estudios Marítimos, 1981, p. 74; Rubén Naranjo, *Paraná, el pariente del mar*, Rosario: Editorial Biblioteca, 1973, p. 180.
2. Para a discussão sobre o *Neptune* neste capítulo e nos subsequentes, ver os seguintes documentos na Argentina, Uruguai e Grã-Bretanha: na AGN (Buenos Aires), na coleção dos Tribunales, legajo 94, expediente 21; legajo 131, expediente 3288; na coleção Hacienda, legajo 32, expediente 3305, e legajo 120, expediente 3046; e legajo 36 na coleção chamada División Colonia, Sección Gobierno, Gerra y Marina 9.24.4/1806. Na AGN (Montevidéu), na coleção chamada Protocolos de Marina (1795-1814) para o ano de 1805, ver "Fianza don Rafael Fernández, don Jaime Illa y don Antonio San Vicente, con don Benito Olazábal". Também na AGN (Montevidéu), numa coleção chamada Ex. Archivo y Museo Histórico Nacional, caja (caixa) 257, carpeta (arquivo) 40, há um documento chamado "Obrados de la fragata 'Aguila' presa por la fragata 'Neptuno'". Ver também a coleção chamada Escribanía de Gobierno y Hacienda, caja 66, expediente 157 ("Caso de la Hoop"), caja 192 ("Espediente formado sobre ocho rollos de tabaco negro del Brasil hallados en la corbeta Francesa La Ligera su capitán Hipólito Mordell procedente de la costa de la África"). Ver também BN (Londres), BT 98/63, 229, e ADM 12/110;
3. A descrição de Bonny é extraída de William Richardson, *A Mariner of England*, Londres: Murray, 1908, p. 47; Alexander X. Byrd, *Captives and Voyages: Black*

Migrants across the Eighteenth-Century British Atlantic World, Baton Rouge: Louisiana State University Press, 2008 (que ressalta que a viagem dos cativos do interior para a costa com frequência igualava em tempo e sofrimento à Passagem do Meio pelo Atlântico); Alexander Falconbridge, *An Account of Slave Trade on the Coast of Africa*, Londres: J. Phillips, 1788; e George Francis Dow, *Slave Ships and Slaving*, Mineola: Dover, 2002.

4. BN (Londres) T 70/34.
5. Leitch Ritchie, *Travelling Sketches on the Sea-Coasts of France*, Londres: Longman, 1834, e Byrd, *Captives and Voyages*, p. 55, abordam a reputação de serem dados ao fatalismo.
6. Mario Falcao Espalter, "Hipolito Mordeille, Corsario frances al servicio de España", *Revista del Instituto Histórico y Geográfico del Uruguay* 2 (1922):473- 529. Para o sucesso de Mordeille em capturar navios americanos, ver Greg Williams, *The French Assault on American Shipping, 1793-1813*, Jefferson: McFarland, 2010; para sua captura do *Hope* depois de uma "resistência desesperada" liderada por seu capitão, George Astier, ver p. 183.
7. Amédée Gréhan, *La France maritime*, vol. 2, Paris: Postel, 1837, p. 157.
8. Para Bolton, ver Clement Wakefield Jones, *John Bolton of Storrs, 1756-1837*, Kendal: T. Wilson, 1959, p. 51; George Baille, *Interesting Letters Addressed to John Bolton, Esq. of Liverpool, Merchant, and Colonel of a Regiment of Volunteers, to Which Is Annexed Sundry Valuable Documents*, Londres: J. Gold, 1809, p. 34. Para Liverpool e a Revolução Francesa, ver Cecil Sebag-Montefiore, *A History of the Volunteer Forces from the Earliest Times to the Year 1860*, Londres: A. Constable, 1908, p. 255; Historic Society of Lancashire and Chechire, *Transactions of the Historic Society of Lancashire and Cheshire*, vol. 93; Historic Society of Lancashire and Chechire, 1942, p. 110; *Patriot*, 13 de novembro de 1819. Para a amizade de Wordsworth com Bolton, inclusive longas noite passadas em Storrs Hall, ver Charles Wordsworth, *Annals of My Early Life, 1806-1846*, Londres: Longmans, Green, 1891, pp. 13, 93; Juliet Barker, *Wordsworth: A Life*, Nova York: HarperCollins, 2006, p. 392; *George Canning and His Friends*, vol. 2, Londres: E. P. Dutton, 1909, p. 288; Ian Goodall, "Storrs Hall, Windermere", *Georgian Group Journal* 15 (2006-7): 159-214; William Angus Knight, ed., *Letters of the Wordsworth Family from 1787 to 1855*, vol. 2, Boston: Ginn, 1907, p. 129.
9. Manuel Mujica Láinez, *Aquí vivieron: Historias de una quinta de San Isidro, 1583-1824*, Buenos Aires: Sudamérica, 1949, p. 106; Gréhan, *La France maritime*, p. 157.
10. Aqui temos um exemplo de como guerras e revoluções podiam funcionar como mecanismos de deslocamento, apanhando homens em uma situação e deixando-os

em outra, e depois mais uma vez e de novo outra, a cada vez resultando em uma mudança de status. No início da luta da Inglaterra contra a França, um navio mercante britânico fazendo uma escala em Cape Coast Castle comprou uma carga de africanos capturados. Eles eram considerados escravos, foram trancados no porão do navio e destinados às Índias Ocidentais para trabalhar nas plantações de cana-de-açúcar. Este navio foi capturado pelos franceses, que consideraram os africanos não com escravos, mas como conscritos, distribuindo-os entre suas fragatas e navios de guerra. Os africanos agora eram marinheiros. Em 1803, contudo, os britânicos haviam recapturado 65 deles. Depois de algum debate nos conselhos do Almirantado, os britânicos consideraram os africanos não como escravos, mas como prisioneiros de guerra, súditos – ou, como preferiam os franceses, cidadãos – de uma nação legítima, ainda que trapaceira. Mas uma vez que os britânicos não conseguiam fazer com que a França cumprisse suas obrigações de costume e cuidasse destes marinheiros capturados (ou, na verdade, de quaisquer outros, brancos ou negros), os britânicos os distribuíram por toda a Marinha Real. Eles se tornaram, mais uma vez, marinheiros, bem como, presumivelmente, novos súditos britânicos [BN (Londres) ADM 1/3744].Ver também John Thompson, *The Life of John Thompson, a Fugitive Slave*, Worcester, 1856, para o livro de memórias de um escravo fugitivo de Maryland que encontrou uma vida de liberdade em alto-mar.

11. J. Aspinall, *Liverpool a Few Years Since*, Londres, 1852, p. 8. Emma Christopher, *Slave Ship Sailors and Their Captive Cargoes, 1730-1807*, Cambridge: Cambridge University Press, 2006, p. 11.

12. Marcus Rediker, *Between the Devil and The Deep Blue Sea: Merchant Seamen, Pirates, and the Anglo-American Maritime World, 1700-1750*, Nova York: Cambridge University Press, 1989. Ver também Peter Linebaugh e Marcus Rediker, *The Many-Headed Hydra: Sailors, Slaves, Commoners, and the Hidden History of the Revolutionary Atlantic*, Nova York: Beacon Press, 2001.

Capítulo 2: Mais liberdade

1. Samuel Hull Wilcocke, *History of the Viceroyalty of Buenos Aires*, Londres: Sherwood, Neely and Jones, 1807, p. 180.

2. Rubén Carámbula, *Negro y tambor: Poemas, pregones, danzas y leyendas sobre motivos del folklore Afro-rioplatense*, Buenos Aires: Editorial Folklórica Americana, 1952, e *Pregones del Montevideo Colonial*, Montevidéu: Mosca, 1968. Ver Lucio V. Mansilla, *Mis memorias: Infancia-Adolescencia*, Paris: Garnier Hermanos, 1904, p. 132, para memórias de "vendedores ambulantes negros" em Buenos

Aires, com suas cestas cheias de pães, leite, peixes, pêssegos, bolos, empanadas, "cantando cantigas sobre cidra doce, tripas e miúdos".

3. Domingo Faustino Sarmiento, *Obras completas de Sarmiento*, vol. 42, Buenos Aires: Luz del Día, p. 15.

4. John Purdy, *The Brasilian Navigator; or Sailing Directory for All the Coasts of Brasil, to Accompany Laurie's New General Chart*, Londres: R. H. Laurie, 1838, p. 174; Wilcocke, *History of the Viceroyalty of Buenos Aires*, p. 180.

5. AGN (Montevidéu), Archivos Particulares, caja 332, carpeta 4 ("Documentos relativos al Período Colonial. Libro Copiador de correspondência comercial, a Martín de Alzaga").

6. Lyman Johnson, *Workshop of Revolution: Plebéian Buenos Aires and the Atlantic World, 1776-1810*, Durham: Duke University Press, 2011, pp. 19-20 e 299; Jerry Cooney, "Doing Business in the Smuggling Way: Yankee Contraband in the Río de la Plata", *American Neptune* 47 (1987): 162-68. Vicente Gesualdo, "Los Negros en Buenos Aires y el Interior", *Historia*: 5 de maio de 1982, 26-49.

7. George Reid Andrews, *The Afro-Argentines of Buenos Aires, 1800-1900*, Madison: University of Wisconsin Press, 1980, p. 24; Berenice A. Jacobs, "The *Mary Ann*, an Illicit Adventure", *Hispanic American Historical Review* 37 (maio de 1957): 200-12; Charles Lyon Chandler, "The River Plate Voyages, 1798-1800", *American Historical Review* 23 (julho de 1918): 816-26; Ernesto Bassi Arevaol, "Slaves as Commercial Scapegoats: Smuggling Clothes under the Cover of the Slave Trade in Caribbean New Granada", estudo apresentado na American Historical Association Conference, Nova Orleans, 5 de janeiro de 2013.

8. Ver Jeremy Adelman, *Sovereignty and Revolution in the Iberian Atlantic*, Princeton: Princeton University Press, 2006, cap. 2, especialmente pp. 58-73. Adelman escreve (p. 72) que "cada solução metropolitana ou concessão à pressão colonial resultava em mais pressão, e desse modo se acumulava em um vasto modelo de comércio imperial: o tráfico de escravos era a peça central para alimentar fortunas comerciais e expandir a fronteira comercial para o interior imperial". O número de escravos nas colônias americanas da Espanha, que tinha estado crescendo regularmente havia um século – necessários para extrair ouro e cacau na Colômbia e Venezuela e fabricar açúcar no Peru e em Cuba – explodiu no final dos anos 1700 (Herbert Klein, *The Atlantic Slave Trade: New Approaches to the Americas*, Nova York: Cambridge University Press, 1999, pp. 38-40). Para o que se segue, ver também Frank T. Proctor, "Afro-Mexican Slave Labor in the Obrajes de Paños of New Spain, Seventeenth and Eighteenth Centuries", *Americas* 60 (2003): 33-58; Kris Lane, "Africans and Natives in the Mines of Spanish America", em *Beyond Black and Red: African-Native Relations in Colonial*

Latin America, ed. Matthew Restall, Albuquerque: University of New Mexico Press, 2005, pp. 159-84; Kris Lane, *Colour of Paradise: The Emerald in the Age of Gunpowder Empires*, New Haven: Yale University Press, 2010, pp. 67-69. Para interações entre povos africanos e andinos e propriedades na costa, ver Rachel O'Toole, *Bound Lives: Africans Indians, and the Making of Race in Colonial Peru*, Pittsburgh: University of Pittsburgh Press, 2012; Nicholas P. Cushner, *Farm and Factory: The Jesuits and the Development of Agrarian Capitalism in Colonial Quito, 1600-1767*, Albany: State University of New York Press, 1982.

9. Para Cuba, ver Louis Perez, *Cuba and the United States; Ties of Singular Intimacy*, Atlanta: University of Georgia Press, 2003, p. 5. Para abordagens sobre a desregulamentação, ver Manuel Lucena Salmoral, *Regulación de la esclavitud negra en las colonias de América Española (1503-1886): Documentos para su studio*, 2005, parte 1 (em CD-ROM), pp. 170-75; parte 2, pp. 247 e 257. Ver parte 1, p. 144, para "febre de comércio de escravos". Para o direito de "comprar negros onde quer que pudessem encontrá-los", ver Mario Hernán Baquero, *El Virrey Don Antonio Amar y Borbón*, Bogotá: Banco de la República, 1988, p. 172.

10. Alex Borucki, "The Slave trade to the Río de la Plata, 1777-1812; Trans-Imperial Networks and Atlantic Warfare", *Colonial Latin American Review* 20 (2011): 85.

11. Ver carta de Thomas White para os Srs. Gardner e Dean, 17 de março de 1806, Slavery Collection, series II: Gardner and Dean, Nova York Historical Society.

12. Meu conhecimento sobre a importância da escravatura para a revolução de mercado da América do Sul deve muito a *Sovereignty and Revolution*, do historiador Adelman. A desregulamentação do comércio de escravos foi um componente central nos esforços da Espanha para adaptar o sistema colonial às "pressões aumentadas de competição interimperial". Mas, de acordo com Adelman, ao contrário das plantações de monocultura de grande escala, voltadas para a exportação, encontradas no Sul dos Estados Unidos e no Caribe, a escravatura na América do Sul estava ligada a "centros comerciais cada vez mais diversos e descentralizados" por todo o continente. "É possível argumentar", escreve Adelman, "com base em Ira Berlin, que as regiões do interior em expansão da América do Sul eram sociedades escravagistas (não apenas sociedades com escravos) onde os escravos eram de importância central para os processos produtivos. Existiam *plantations*, mas estas eram embutidas em sistemas sociais mais diversificados", com estabelecimentos menores e formas híbridas de trabalho assalariado e coagido. "A escravatura ajudava a sustentar a produção adaptativa, relativamente difusa e rapidamente comercializada nas regiões do interior da América do Sul integradas pelo fluxo de capital mercantil. E enquanto fazia isso, ajudava os

colonizadores a se tornarem cada vez mais autônomos, econômica e socialmente, do comando metropolitano espanhol e português." Em outras palavras, o que se tornou liberdade americana – independência da Espanha – foi possibilitado pela escravatura americana (p. 59). Tal abordagem abre novas formas para comparar a escravatura dos Estados Unidos e da América espanhola e permite uma consideração da importância da escravatura sem reproduzir velhos debates sobre se a escravatura era capitalista ou compatível com o capitalismo. Nos Estados Unidos, os historiadores recentemente retornaram a uma tradição de pesquisa mais antiga, enfatizando-a da escravatura na criação do capitalismo moderno, examinando-a não apenas como um sistema de trabalho ou um gerador de lucro, mas como um impulsor do capital financeiro e da especulação imobiliária, bem como observando como as *plantations* serviam como modelos organizacionais para "práticas inovativas de negócios que viriam a tipificar a administração moderna", como escrevem Sven Beckert, de Harvard, e Seth Rockman, de Brown, em "Como a Escravatura Conduziu ao Capitalismo Moderno", em *Bloomberg*, 24 de janeiro de 2012 (http://www.bloomberg.com/news/2012-01-24/how-slavery-led-to-modern-capitalism-echoes.html). Ver também a coleção de Beckert e Rockman "Slavery's Capitalism: A New Story of American Economic Development", a ser publicada pela University of Pennylvania Press, bem como obras anteriores, inclusive *Capitalism and Slavery*, de Eric Williams, Chapel Hill: University of North Carolina Press, 1944, e *Sweetness and Power: The Place of Sugar in Modern History*, de Sidney Mintz, Nova York: Viking, 1985; também de Sidney Mintz, "Slavery and Emergent Capitalism", em *Slavery in the New World*, ed. Laura Foner e Eugene D. Genovese, Englewood Cliffs: Prentice-Hall, 1969. Ver também a obra recente de Walter Johnson, *River of Dark Dreams: Slavery and Empire in the Cotton Kingdom*, Cambridge: Harvard University Press, 2013.

13. Comerciantes de escravos, contudo, que formavam um grupo distinto dentro da guilda, reclamavam dessa contribuição para corsários, argumentando que na realidade estavam restituindo uma taxa sobre o comércio de escravos que já tinha sido abolida pela Coroa (José María Mariluz Urquijo, *El virreinato del Río de la Plata en la época del Marqués de Avilés (1799-1801)*, Buenos Aires: Academia Nacional de la Historia, 1964, pp. 78-88).

14. Agustín Beraza, *Los corsarios de Montevideo*, Montevidéu: Centro de Estudios Históricos, Navales y Marítimos, 1978, p. 43; Falcao Espalter, "Hipolito Mordeille"; Arturo Ariel Bentancur, *El puerto colonial de Montevideo (I). Guerras y apertura comercial: Tres lustros de crescimento económico (1791-1806)*, Montevidéu: Universidad de la Republica, 1997, pp. 322-41.

Capítulo 3: Um leão sem coroa

1. Ver na íntegra Marcus Rediker, *The Slave Ship: A Human History*, Nova York, Penguin, 2008.
2. Andrews, *Afro-Argentines*, p. 31; Johnson, *Workshop*, p. 38; Susan Migden Socolow, *The Women of Colonial Latin America*, Cambridge: Cambridge University Press, 2000, pp. 84 e 132. O *Nymph of the Sea*, um navio português, havia recentemente entregado 276 africanos de Kilwa, Tanzânia. O *Susan*, registrado nos Estados Unidos, chegou trazendo noventa gambianos. O espanhol *El Retiro*, de Buenos Aires, tinha acabado de voltar com 130 cativos trazidos de um lugar não identificado na "costa da África". O *San Ignacio*, um brigue do Rio de Janeiro, trazia mel, rum, café, algodão e escravos. *Semanario de Agricultura, Industria y Comercio*, vols. 1-2 (facsímile), Buenos Aires: Junta de Historia y Numismática, 1928, p. 151; AGN (Buenos Aires), Sala IX Comercio y Padrones de Esclavos: Escribano de la Marina, 49.3.2; Registro de Navios 10.4.7; The Trans-Atlantic Slave Trade Database, http://www.slavevoyages.org/tast/index.faces; Elena F. S. de Studer, *La trata de negros en el Río de la Plata durante el siglo XVIII*, col. 2, Montevidéu: Libros de Hispanoamérica, 1984.
3. María Díaz de Guerra, *Documentación relativa a esclavos en el Departamento de Maldonado, Siglos XVIII y XIX*. Montevidéu: Imprenta Cooperativa, 1983, pp. 30-32; AGN (Montevidéu: Fondo Archivo General Administrativo, libro 15 A, "Libro de acuerdos que dio principio en abril de 1800", Acta del Cabildo, 28 de março de 1803, f. 87. Ver também Gesualdo, "Los negros", sobre o aumento de parricídios de senhores.
4. Johnson, *Workshop of Revolution*, pp. 177-78.
5. *Revista de la Biblioteca Pública de Buenos Aires*, vol. 3, Buenos Aires: Librería de Mayo, 1881, p. 475; AGN (Montevidéu), Fondo Archivo General Administrativo, libro 15 A, "Libro de acuerdos que dio principio en abril de 1800", Acta del Cabildo, 28 de março de 1803, ff. 87-89; Carlos Rama, *Historia social del pueblo Uruguayo*, Montevidéu: Editorial Comunidad del Sur, 1972, p. 22; Lincoln R. Maiztegui Casas, *Orientales: Una história política del Uruguay*, vol. 1, Montevidéu: Planeta, 2005, p. 28; Oscar D. Montaño, *Umkhonto: Historia del aporte negro-africano em la formación del Uruguay*, vol. 1, Montevidéu: Rosebud Ediciones, 1997, p. 151; Agustín Beraza, *Amos y esclavos, Enciclopedia Uruguaya*, vol. 1, Montevidéu: Editores Reunidos y Arca, 1968, pp. 165-66.
6. W. L. Schurz, *This New World: The Civilization of Latin America*, Nova York: Dutton, 1954, pp. 180-81; Leslie Rout, *The African Experience in Spanish America: 1502 to the Present Day*, Cambridge: Cambridge University Press, 1976, p. 149; Marisele Meléndez, "Visualizing Difference: The Rethoric of Clothing in

Colonial Spanish America", em *Latin America Fashion Reader*, ed. Regina Root, Nova York: Berg, 2006, p. 25. As seguintes fontes são relacionadas ao incêndio do *Albany* abordado na nota de rodapé: para o incêndio e o enforcamento subsequente dos acusados pelo incêndio, ver *Albany Register*, 25 de novembro de 1793; *Nova York Daily Gazette*, 25 de novembro de 1793; *Albany Register*, 17 de março de 1794; *Albany Register*, 27 de janeiro de 1894; *Albany Chronicles: A History of the City Arranged Chronologically, from the Earliest Settlement to the Present Time; Illustrated with Many Historical Pictures of Rarity and Reproductions of the Robert C. Pruyn Collection of the Mayors of Albany*, Albany: J. B. Lyon, 1906, p. 384; George Rogers Howell, *Bi-centennial History of Albany: History of the County of Albany, N. Y., from 1609 to 1886*, vol. 1, Albany, W. Munsell, 1886, p. 302: "Examination of Bet Negro Femali Slave of Philip S. Van Rensselaer, Esquire", New York State Library, Manuscripts and Special Collections; Alice Kenney, *The Gansevoorts of Albany: Dutch Patricians in the Upper Hudson Valley*, Syracuse: Syracuse University Press, 1969, pp. 80-107. Ver também *Oscar Williams*, "Slavery in Albany, New York, 1624-1827", *Afro-Americans in New York Life and History*, vol. 34, 2010 (acessado on-line em 6 de julho de 2012). Para o temor de que os incendiários tivessem sido inspirados pelo Haiti, ver Henriette Lucie Dillon La Tour Du Pin Gouvernet, *Journal d'une femme de cinquante ans*, vol. 2, Paris: Chapelot, 1912, p. 18. Para Pomp, ver *Collections on the History of Albany*, vol. 2, Albany: J. Munsell, 1867, p. 383. O *Evening Journal* é a fonte não datada citada para a descrição de Pomp, provavelmente o *Albany Evening Journal*.

Capítulo 4: Corpo e alma

1. Para a "mente pia" do rei, ver Ildefonso Pereda Valdés, *El negro en el Uruguay, pasado y presente*, Montevidéu: Instituto Histórico y Geográfico del Uruguay, 1965, p. 230; Archivo General de la Nación, *Acuerdos del extinguido cabildo de Montevideo*, vol. 17, anexo, Montevidéu, 1942, pp. 230-31. Para a descrição da "aldeia", ver Isidoro De-María, *Tradiciones y recuerdos: Montevideo antiguo*, Elzeviriana, 1887, Archivo General de la Nación, *Revista del Archivo General Administrativo*, vol. 6, livro 11, Montevidéu: El Siglo Lustrado, 1917, p. 78; Karla Chagas, Natalia Stalla e Alex Borucki, "Uruguay", em Unesco. *Sitios de memoria y cultura vivas de los afrodescendientes en Argentina, Paraguay y Uruguay*, Montevidéu: Unesco, 2011, pp. 112-53. Para o tratamento de escravos como um problema do Estado, ver Salmoral, *Regulación*, parte 1, pp. 183-207.

2. AGI (Sevilha), Gobierno, Indiferente 2826, ff. 286-395. Urquijo, em *El virreinato del Río de la Plata*, p. 361, descreve a alta mortalidade de escravos portugueses.

Ver Joseph Calder Miller, *Way of Death: Merchant Capitalism and the Angolan Slave Trade*, Madison: University of Wisconsin Press, 1996.
3. Falconbridge, *Account*, pp. 24-5.
4. Em 1798, por exemplo, o *Ascensión*, navio negreiro de Rhode Island, comprou 283 escravos em Moçambique, 33 dos quais adoeceram com varíola e foram rapidamente descarregados antes de deixarem a África. Trinta e três morreram a bordo. Uma vez em Montevidéu, os escravos restantes, saudáveis, foram vendidos por, em média, mais de 200 pesos cada. Oito "adoentados", contudo, foram vendidos por 90 pesos, um investimento arriscado com um alto potencial de lucro para o comprador: havia uma grande chance deles não sobreviverem, mas se sobrevivessem, sua imunidade os tornaria muito mais valiosos. Ver o registro de compra não assinado e não datado da Slavery Collection [1798?], série I: Samuel e William Vernon, New-York Historical Society. Que o navio era o *Ascensión* está indicado por outros documentos na coleção. Com relação ao uso de escravos para disseminar a vacina de varíola, ver os seguintes documentos na AGI (Sevilha), Cuba, legajo 1691, 4 de dezembro de 1806; Indiferente General, legajo, 1558-A, 14 de junho de 1804 (para Balmis vendendo e comprando escravos cubanos); Chile, 205 ("Correspondencia de Presidente Luis Muñoz de Guzmán"), 9 de novembro de 1805, para transportar a vacina, "braço a braço pelos negros". Sobre as mulheres africanas que levaram a vacina para Buenos Aires, ver Congreso de la Nación, *Diario de sesiones de la Cámara de Diputados*, vol. 1, 1903, p. 398; ver também Guillermo Fúrlong Cárdiff, *Historia social y cultural del Río de la Plata, 1536-1810*, vol. 2, Buenos Aires: Tipográfica Editora Argentina, 1969, p. 346; Diego Barros Arana, *Historia general de Chile*, vol. 7, Santiago: Rafael Jover: 1886, pp. 265-71; Gonzalo Vial Correa, *El Africano en el Reino de Chile*, Santiago: Instituto de Investigaciones Históricas, 1957; José G. Rigau-Pérez, The Introduction of Smallpox Vaccine in 1803 and the Adoption of Immunization as a Government Function in Puerto Rico, *Hispanic American Historical Review* 69 (agosto de 1989): 393-423. Para as observações de Humboldt, ver Alexander von Humboldt, *Political Essay on the Kingdom of New Spain*, vol. 1, Nova York: Riley, 1811, p. 87.
5. Para um exame abrangente deste tema nos Estados Unidos, ver Harriet Washington, *Medical Apartheid: The Dark History of Medical Experimentation on Black Americans from Colonial Times to the Present*, Nova York: Doubleday, 2007; ver também Richard Sheridan, *Doctors and Slaves: A Medical and Demografic History of Slavery in the British West Indies, 1680-1834*, Londres: Cambridge University Press, 2009.
6. Sobre o *Rôdeur*, ver Ritchie, *Travelling Sketches on the Sea-Coasts of France*, pp. 76-82, que contém uma tradução de um relato em primeira mão, e "Le cri des

Africains contre les Européens, leurs opresseurs; ou Coup-d'oeil sur le commerce homicide appelé Traité des Noirs", *Journal des voyages, découvertes et navigations modernes: ou Archives géographiques et statistiques du XIX siècle* 36 (outubro-dezembro de 1821): 323-24. O estudo de Sébastien Guillié do caso, "Observation sur une blépharoblénorrhée contagieuse", *Bibliothèque Ophtalmologique; ou Recueil d'observations sur les maladies des yeux faites à la clinique de l'Institution royale des jeunes aveugles*, foi publicado antes das duas fontes anteriores. Para Guillié, ver Zina Weygand, *The Blind in French Society: From the Middle Ages to the Century of Louis Braille*, Stanford: Stanford University Press, 2009. O caso do *Rôdeur* foi citado por abolicionistas na França e na Grã-Bretanha, inclusive Benjamin Constant e William Wilberforce.

7. AGN (Buenos Aires), División Colonial, Sección Gobierno, Tribunales, legajo 94, 26.2.3; também Studer, *La trata*, pp. 311-14.
8. Para o temor de Alzaga do igualitarismo, ver Johnson, *Workshop of Revolution*, pp. 157-78; a citação está na p. 164.
9. Miguel de la Sierra y Lozano, *Elogios de Cristo y María: Aplicados a quarenta sermones de sus fiestas*, Zaragoza: Pedro Verges, 1646, p. 61; Real Academia Española, *Diccionario de la lengua castellana*, Madri, 1783; "On Hypochondriasis", *Journal of Psychological Medicine and Mental Pathology*, 1º de janeiro de 1850, p. 3; G. E. Berrios, "Melancholia and Depression during the 19th Century: A Conceptual History", *British Journal of Psychiatry* 153 (setembro de 1988): 298-304. Os protestantes, e pelo menos três dos cinco médicos na comissão do *Joaquín* eram protestantes, podiam identificar católicos careteando e se curvando diante de suas imagens, como propensos a esta doença. Revelando "os pensamentos humilhantes que tinham da natureza divina"; ver Anthony Ashley Cooper, *Characteristics of Men, Manners, Opinions, Times*. J. J. Tourneisen e J. L. Legrand, 1790, p. 103.
10. Thomas W. Laqueur, "Bodies, Details, and Humanitarian Narrative", em *The New Cultural History*, ed. Lynn Hunt, Berkeley: University of California Press, 1989, pp. 176-77.
11. Manuel Hurtado de Mendoza, Antonio Ballano e Celedonio Martínez Caballero, *Suplemento al diccionario de medicina y cirurgía*, 1823.
12. Para Redhead, ver José Luis Molinari, "Manuel Belgrano: Sus enfermidades y sus médicos", *Historia*, Buenos Aires, 1960, 20, pp. 88-160, p. 130.
13. Johnson, *Workshop of Revolution*, pp. 39-43, 151-54. Para comparar Montevidéu com outras experiências escravagistas urbanas, ver, para a Cidade do México, Herman Bennett, *Africans in Colonial Mexico: Absolutism, Christianity, and Afro-Creole Consciousness, 1570-1640*, Bloomington: Indiana University Press, 2003, e "Genealogies to a Past: Africa, Ethnicity, and Marriage in the

Seventeenth-Century Mexico", em *New Studies in the History of American Slavery*, ed. Edward Baptist e Stephanie Camp, Athens: University of Georgia Press, 2006; para Buenos Aires e Lima, Christine Hünefeldt, *Paying the Price of Freedom: Family and Labor among Lima's Slaves, 1800-1854*, Berkeley: University of California Press, 1994. Emeric Essex Vidal visitou Buenos Aires no início dos anos 1800 e observou, em seu *Picturesque Illustrations of Buenos Aires and Monte Video*, Londres: R. Ackermann, 1820, p. 30, que "a escravidão em Buenos Aires é a liberdade perfeita se comparada com escravidão em outras nações", uma contradição de termos que, mesmo não levando em conta as privações e o sofrimento de muitos dos residentes da cidade, ainda capturava sua relativa autonomia. Ver Tomás Olivera Chirimini, "Candombe, African Nations, and the Africanity of Uruguay", em Sheila Walker, ed., *African Roots/African Culture: Africa in the Creation of the Americas*, Lanham: Rowman and Littlefield, 2001, e Mansilla, *Mis memorias*, pp. 132-33. Para uma comparação com Nova Orleans, ver Ned Sublette, *The World That Made New Orleans: From Spanish Silver to Congo Square*, Chicago: Review Press, 2009; para uma comparação com Albany, ver Sterling Stuckey, *Going Through the Storm: The Influence of African-American Art in History*, Nova York: Oxford University Press, 2009, pp. 53-80. Para reclamações, ver Gesualdo, "Los Negros", p. 34; ver também Vicente Rossi, *Cosas de negros: Los orígenes del tango y otros aportes al folklore rioplatense*, Buenos Aires: Aguillar, 1926. Para "sociedad de la nación moro", bem como muitas outras "naciones", ver Miguel Rosal, "Aspectos de la Religiosidade Afroporteña, siglos XVIII-XIX", disponível on-line em http://www.revistaquilombo.com.ar/documentos.htm.
14. Miguel Nuñez de Taboada, *Diccionario de la lengua castellana*, 1825.

Capítulo 5: Uma conspiração de levante e tiros

1. Paul Lovejoy, *Trans-Atlantic Dimensions of Ethnicity in the African Diaspora*, Londres: Continuum, 2003, p. 289; Elizabeth Allo Isichei, *Voices of the Poor in Africa*, Rochester: Boydell and Brewer, 2002, p. 287; Walter Rucker, *The River Flows On: Black Resistance, Culture, and Identity Formation in Early America*, Baton Rouge: Louisiana State University Press, 2006, p. 288; Falconbridge, *Account*, p. 30; Estebán Montejo e Miguel Barnet, eds., *The Autobiography of a Runaway Slave*, Nova York: Macmillan, 1993, pp. 63-4. Byrd, *Captives and Voyages*, pp. 20-30, discute os muitos significados do termo *Igbo*.
2. O caso do *Santa Eulalia* é descrito nos documentos anteriormente citados com relação ao *Neptune* e em AGN (Buenos Aires), División Colonia, Sección Gobiernos, Guerra y Marina, 9.24.4/1806, legajo 36. Ver também AGN (Lima),

registro de notário, José Escudero de Sicilia, Escribano del Tribunal del Consulato, 1805. Cristina Mazzeo de Vivó foi muito gentil de me enviar um rascunho de seu ensaio sobre a viagem, "Vivir y morir en alta mar: La comercialización del esclavo en Hispanoamérica a fines del siglo XVIII", que contém fontes adicionais e subsequentemente foi publicado em *Homenaje a José Antonio del Busto Duthurburu*, ed. Margarita Guerra Martinière e Rafael Sánchez-Concha Barrios, 2 vols., Lima: Fondo Editorial PUCP, 2012.

3. Vicente Osvaldo Cutolo, *Nuevo Diccionario Biográfico Argentino (1750-1930)*, vol. 5 (N-Q), Buenos Aires: Editorial Elche, 1978, p. 649; AGN (Montevidéu), Protocolos de Marina (1803-4), Registro Corriente de Entradas de Marina del Año de 1805 ("Flanza: Señor Antonio Pérez por el depósito de los Negros del Bergantín Diana y Polacra Ligera de Mordelle"). Um dos navios capturados de Mordeille, o *Diana*, também era conhecido como *Dolores*; ver Departamento de Estudios Históricos Navales, *Historia marítima argentina*, vol. 4, Buenos Aires: Departamento de Estudios Históricos Navales, 1993, p. 323.

4. Jacques Duprey, *Voyage aux origines françaises de l'Uruguay: Montevideo e l'Uruguay vus par des voyagers français entre 1708 et 1850*, Mondevidéu: Instituto Histórico y Geográfico del Uruguay, 1952, p. 182.

Interlúdio: Nunca consegui olhar para a morte sem calafrios

1. Para Thoreau, ver *Political Writtings*, ed. Nancy Rosenblum, Cambridge: Cambridge University Press, 1996, pp. 26-7. Para o uso de Melville da escravatura como uma metáfora para a servidão em geral e vice-versa, ver Carolyn L. Karcher, *Shadow over the Promised Land: Slavery, Race, and Violence in Melville's America*, Baton Rouge: Louisiana State University Press, 1980. Para um exemplo de um "escravo" que "gozava das liberdades do mundo", ver *White-Jacket*'s Guinea. Hershel Parker, *Herman Melville: A Biography*, vol. 1, 1819-1851, Baltimores: Johns Hopkins University Press, 2005, p. 147.

2. *Moby-Dick*, pp. 798, 1.094, 1.216-19.

3. John Griscom, *A Year in Europe: Comprising a Journal of Observations in England, Scotland, Ireland, France, Switzerland, the North of Italy, and Holland*, Nova York: Collins, 1823, p. 30.

4. Herman Melville, *Redburn, White-Jacket, Moby-Dick*, Nova York: Library of America, 1983, p. 170.

5. Howard Horsford com Lynn Horth, eds., *The Writings of Herman Melville: Journals*, Evanston: Northwestern University Press, 1989, p. 50.

Capítulo 6: Um guia para o êxtase

1. Philippe de Lannoy gerou Thomas, que gerou Jonathan Sr., que gerou Jonathan Jr., que gerou Samuel, que gerou Amasa. Ver Alicia Crane Williams, ed., Esther Littleford Woodworth-Barnes, comp., *Mayflower Families through Five Generations*, vol. 16, parte 1, Plymouth: General Society of *Mayflower* Descendants, 1999, p. 49; Daniel Delano Jr., *Franklin Roosevelt and the Delano Influence*, Pittsburgh: James Nudi, 1946; Muriel Curtis Cushing, *Philip Delano of the "Fortune" 1621, and His Descendants for Four Generations*, Plymouth: General Society of *Mayflower* Descendants, 2002; *Philip Delano of the "Fortune" 1621, and His Descendants in the Fifth, Sixth, and Seventh Generations*, partes 1 e 2, Plymouth: General Society of *Mayflower* Descendants, 2004, 2011.
2. Para escravatura em Duxbury, ver Justin Winsor, *History of the Town of Duxbury, Massachusetts, with Genealogical Registers*, Boston: Crosby and Nichols, 1849, pp. 68, 70-1, 130, 271, 340; para escravização de nativos americanos, ver pp. 71 e 314. "Nervos de ferro" e capaz de "derrubar florestas e viver de migalhas" era como um dos fundadores da cidade, Myles Standish, era descrito em "Alden Genealogy", *New England Historical and Genealogical Register*, vol. 51 (outubro de 1897), p. 430. Ver também George Ethridge, ed., *Copy of the Old Records of the Town of Duxbury, Mas: From 1642 to 1770*, Plymouth: Avery and Doten, 1893, p. 338: Jennifer Turner, "Almshouse, Workhouse, Outdoor Relief: Responses to the Poor in Southeastern Massachusetts, 1740-1800", *Historical Journal of Massachussetts* 31 (verão de 2003): 212-14.
3. Por vezes escrito como: "Quanto mais destreza e planejamento no pecado, maior abominação ele é para Deus." A história do assassinato do Amasa bíblico está em II Samuel, que Herman Melville leu atentamente, a julgar pelos sublinhados, cruzes e marcações que ele fez na Bíblia que estava usando quando escreveu *Benito Cereno*. Aqui vai meu grande apreço a Clifford Ross por ter me permitido consultar o livro em sua coleção particular. Outra Bíblia da família Melville (Filadélfia: Mathew Carey, 1810), atualmente na Biblioteca Pública de Nova York, coleção Gansevoort-Lansing, em um apêndice intitulado "Índice de Nomes Próprios com Significados na Língua Original", define *Amasa* como "o que poupa o povo".
4. Amasa vinha de uma linhagem de matadores de índios. Em 1637, Philippe de Lanoy havia se apresentado como voluntário para lutar contra os pequots, numa guerra genocida que quase destruiu o grupo nativo americano como povo. Sobreviventes foram caçados e mortos ou vendidos aos espanhóis como escravos. Philippe se apresentou como voluntário em julho de 1837, depois do infame Massacre de Mystic, em que os britânicos cercaram uma habitação coletiva cheia

principalmente de mulheres, crianças e velhos, e a queimaram inteiramente, matando centenas de pessoas. Ele pode ter participado do "combate no pântano" de julho de 1837, uma das últimas batalhas da guerra. Comunicação pessoal com Alfred Cave, 16 de dezembro de 2012. Ver Alfred Cave, *The Pequot War*, Amherst: University of Massachusetts Press, 1996. Para Amasa Delano e acontecimentos cercando o ataque a Saint Francis, ver Ian McCulloch e Timothy Todish, eds. *Through So Many Dangers: The Memoirs and Adventures of Robert Kirk, Late of the Royal Highland Regiment*, Fleischmanns: Purple Mountain Press, 3004, pp. 66-7; BN (Londres), WO 71/68. Marching Regiments (outubro de 1760-julho de 1761), pp. 147-50; Nicolas Renaud d'Avène des Méloizes, *Journal militaire de Nicolas Renaud d'Avène des Méloizes 1756-1759*, Quebec, 1930, pp. 86-7; Stephen Brumwell, *White Devil: A True Story of War, Savagery, and Vengeance in Colonial America*, Cambridge: Da Capo Press, 2004, pp. 230, 235, 305.

5. Seth Sprague, "Reminiscences of the Olden Times", 1845, n.p., *Hon. Seth Sprague of Duxbury, Plymouth County, Massachusetts; His Descendants down to Sixth Generation and His Reminiscences of the Old Colony Town*, comp. William Bradford Weston, n.p., 1915.

6. Para a contribuição dos clérigos de Duxbury para o surgimento do unitarismo, ver Samuel Atkins Eliot, *Heralds of a Liberal Faith*, Boston: American Unitarian Association, 1910, pp. 122-30, 194-99. Para o sermão de Turner na eleição, ver Pauline Maier, *Ratification: The People Debate the Constitution, 1787-1788*, Nova York: Simon & Schuster, 2011, p. 205, e Charles Turner, *A Sermon Preached before His Excellency Thomas Hutchinson*, Boston: Richard Draper, 1773.

7. Para o reequilíbrio de paixões, interesses, virtudes e vícios, ver o debate em Daniel Walker Howe, *Making the American Self: Jonathan Edwards to Abraham Lincoln*, Cambridge: Harvard University Press, 1997, p. 66; Albert O. Hirschman, *The Passions and Interests: Political Arguments for Capitalism before Its Triumph*, Princeton: Princeton University Press, 1997.

8. Ira Stoll, *Samuel Adams: A Life*, Nova York: Simon & Schuster, 2009, pp. 107-8; Harry Stout, *The New England Soul: Preaching and Religious Culture in Colonial New England*, Nova York: Oxford University Press, 1988, pp. 279 e 377.

9. "The Pence Property", *Duxbury Clipper*, 8 de setembro de 2009.

10. Igreja Universalista na Primeira Paróquia de Sherborn, http://www.uuac.org/about/roots.pdf, acessada em 5 de setembro de 2012; Elijah Brown, *A Sermon Preached at the Ordination of ... Zedeziah* (Zedekiah) *Sanger*, Boston: Fleets, 1776.

11. Winsor, *History of the Town of Duxbury*, p. 144. Aproximadamente um terço da população masculina de Duxbury, cerca de 270 homens, praticamente todos os que não eram necessários para manter a cidade alimentada, alistaram-se na

milícia revolucionária e muitos morreram nas mãos dos ingleses e seus aliados, inclusive um filho favorito escalpelado por um guerreiro seneca. Ver William Stone, *Life of Joseph Brant (Thayendanegea) including the Border Wars of the American Revolution*, vol. 1, Albany: Munsell, 1865, p. 373. Ver Kevin Phillips, *1775: A Good Year for Revolution*, Nova York: Viking, 2012.

12. Sprague, "Reminiscences of the Olden Times", n.p, para "conquistas literárias". Ver também Dorothy Wentworth, *Settlement and Growth of Duxbury*, Duxbury: Duxbury Rural and Historical Society, 2000, p. 108; Weston, *Hon. Seth Sprague of Duxbury*; Patrick T. J. Browne, *King Caesar of Duxbury: Exploring the World of Ezra Weston, Shipbuilder and Merchant*, Duxbury: Duxbury Rural and Historical Society, 2006.
13. "Old Duxbury Village Once Called Sodom", *Duxbury Clipper*, 26 de junho de 1996.
14. Turner, "Almshouse, Workhouse, Outdoor Relief", pp. 212-14.
15. Gordon Wood, *The Radicalism of the American Revolution*, Nova York: Vintage, 1993, pp. 230, 246, 305-6. Os historiadores intelectuais e teóricos políticos fazem uma distinção entre o republicanismo e o liberalismo na América dos séculos XVIII e XIX. Em termos gerais, o republicanismo enfatizava a responsabilidade cívica e a virtude pública, enquanto o liberalismo ressaltava a liberdade individual, os direitos naturais e a promoção de autointeresse. Teoricamente, os dois ideais são separados na maneira como compreendem o "bem comum" a ser gerado. O primeiro imagina uma república virtuosa transcendente do individual (Gordon Wood escreve que o republicanismo continha "uma dimensão moral, uma profundidade utópica" que valorizava o "sacrifício de interesses individuais pelo bem maior do todo"; "idealmente, o republicanismo obliterava o individual") e o segundo defende que o bem comum flui das buscas privadas do indivíduo. O papel do governo no primeiro é corporificar ou defender e assegurar a virtude; no segundo, é proteger a pluralidade de liberdades, direitos, interesses e objetivos que geram virtude. Alguns pesquisadores consideraram a tensão entre republicanismo e liberalismo como sendo central para a cultura política americana. Na prática, havia muito mais deslizes e sobreposições em como cidadãos comuns, políticos e intelectuais vivenciavam estes ideais. Homens como Amasa Delano, por exemplo, criados de acordo com os princípios do que chamaríamos de republicanismo do século XVIII, poderiam acreditar que tanto a moralidade quanto a responsabilidade existiam acima de sua experiência pessoal e que o fato de ser livre para buscar seus próprios interesses só faria tornar maior o poço público da virtude. Para historiadores que advertem contra dar muita importância às distinções, ver Howe, *Making the American Self*, pp. 10-3; Stephen Macedo, *Liberal Virtues: Citizenship, Virtue, and Community in Liberal Constitutionalism*,

Princeton: 1987; Joyce Appleby, *Liberalism and Republicanism in the Historical Imagination*, Cambridge: Harvard University Press, 1992.

16. Ou, como um historiador posterior traduziu mais francamente tais sentimentos: na América pós-revolucionária, a expansão "era a única maneira de respeitar a avareza e a moralidade. A única maneira de ser bom e rico". William Appleman Williams, *America Confronts a Revolutionary World, 1776-1976*, Nova York: Morrow, 1976, p. 43; Ver também Justint Winsor, *The Two Hundred and Fiftieth Anniversary of the Settlement of Duxbury*, Plymouth: Avery and Doten, 1887, p. 47.
17. Howe, *Making the American Self*; Wood, *Radicalism*; Hirschman, *Passions and the Interests*, Princeton: Princeton University Press, 1977.
18. Para citações de Delano, ver *Narrative*, pp. 204, 256 e 590.

Capítulo 7: O sistema de nivelamento

1. Para o envolvimento de Delano no comércio de ópio, ver DRHS, série 1, caixa 1, pasta 1, "Amasa Delano to Samuel Delano, Jr., 23 de abril de 1791.
2. Para as citações aqui e abaixo, ver Delano, *Narrative*, pp. 200-204.
3. Lorenzo Sabine, *Biographic Sketches of Loyalists of the American Revolution*, vol. 2, Bedford: Applewood Books, 2009, pp. 398 e 430; Weston, *Hon. Seth Sprague of Duxbury*, p. 73; Winsor, *History of the Town of Duxbury*, p. 138.
4. Meghan Vaughan, *Creating the Creole Island: Slavery In Eighteenth-Century Mauritius*. Durham: Duke University Press, 2005, pp. 231-35.
5. DRHS, series 1, box 1, folder 2, "Amasa Delano to Samuel Delano, Jr., 1794".
6. Delano, *Narrative*, pp. 212 e 250.

Capítulo 8: Sonhos dos Mares do Sul

1. Delano, *Narrative*, pp. 252-53.
2. Delano, *Narrative*, pp. 254.
3. DRHS, Bureau of Marine Inspecion and Navigation Report, original in NARA (College Park), RG 41.
4. Lorenzo Johnston Greene, *The Negro in Colonial New England*, Nova York: Athenaeum, 1968, pp. 23-69; William Cahn, *A Matter of Life and Death: The Connecticut Mutual Story*, Nova York: Random House, 1970; "Slavery's Fellow Travelers", *New York Times*, 13 de julho de 2000; "How Slavery Fueled Business in the North", *New York Times*, 24 de julho de 2000; "Slave Policies", *New York Times*, 5 de maio de 2002; Jay Coughtry, *The Notorious Triangle: Rhode Island and the African Slave Trade, 1700-1807*, Filadélfia: Temple University

Press, 1981, pp. 92-95; Sharon Murphy, *Investing in Life: Insurance in Antebellum America*, Baltimore: Johns Hopkins University Press, 2010. Ver também o relatório sobre seguros na época da escravidão em http://www.insurance.ca.gov/0100-consumers/0300-public-programs/0200-slavery-era-insur/slavery-ecra-report.cfm (acessado em 19 de dezembro 2012); Ronald Bailey, "The Slave(ry) Trade and the Development of Capitalism in the United States: The Textile Industry in New England, *Social Science History* 14 (outono de 1990): 373-414; Anne Farrow, Joel Lang e Jennifer Frank, *Complicity: How the North Promoted, Prolonged, and Profited from Slavery*, Nova York: Ballantine Books, 2006; Richard Hooker, *Aetna Life Insurance Company: Its First Hundred Years*, Hartford: Aetna Life Insurance Co., 1956, pp. 14-5; Gary Simon e Cheryl Chen, "Actuarial Issues in Insurance on Slaves in the United States South" *Journal of African American History* 89 (outono de 2004): 348-57. Ver o comentário de Shaun Nichols da conferência "Slavery's Capitalism", realizada nas universidades de Brown e Harvard, H-Net Reviews. Maio de 2011, http://www.h-net.org/reviews/showrev.php?id=33419. Ver também o resumo de Beckert e Rockman, "How Slavery Led to Modern Capitalism", *Bloomberg*.

5. David Brion Davis, *The Problem of Slavery in the Age of Revolution*, Davis, *Slavery and Human Progress*, Nova York: Oxford University Press, 1984; Douglas Egerton, "The Empire of Liberty Reconsidered", em James Horn, Jan Ellen Lewis e Peter Onuf, eds., *The Revolution of 1800: Democracy, Race, and the New Republic*, Charlottesville: University of Virginia Press, 2002, pp. 213 e 262.

6. DRHS, Diário de Gamaliel Bradford. A filha de Bradford, Sarah Alden Bradford Ripley, foi uma Concord Transcendentalist de primeira hora e dona da Old Manse, que ela alugou para Nathaniel e Sophia Hawthorne. Seu filho, George Partridge Bradford, era amigo de Ralph Waldo Emerson e da Brook Farmer. O próprio Bradford fundaria a Sociedade para o Aprimoramento Moral de Homens do Mar, em Boston, e provavelmente frequentava a mesma igreja unitarista que Amasa Delano nos anos 1810 e início dos anos 1820.

7. Bernard Bailyn, *The Ideological Origins of the American Revolution*, 2ª ed., Cambridge: Harvard University Press, 1992, p. 232; Barry Alan Shain, *The Myth of American Individualism*, Princeton: Princeton University Press, 1994, pp. 288-319.

8. *Patriot Ledger,* postado em 17 de janeiro de 2011, acessado em 9 de novembro de 2011. http://www.patriotledger.com/archive/x2081097545/Add-Duxbury-to-the-list-of-local-towns-with-historical-ties-to-slavery#ixzzldlnH1SN1. Ver também *The Sessional Papers Printed by the House of Lords; Correspondence with Foreign Powers Relating to the Slave Trade,* Londres: William Clowes and

Sons, 1842, pp. 183-84, para a apreensão pela Marinha Real Britânica do brigue de Duxbury *Douglas*, com destino a Bonny, de Havana, sob a acusação de ter "a bordo uma carga suspeita" que se acreditava ter sido trocada por escravos; Browne, *King Caesar of Duxbury*, pp. 94-97, 100-105, 111-12; Elizabeth Donnan, *Documents Illustrative of the Slave Trade to America*, vol. 3, Nova York: Octagon Books, 1965, pp. 102-108; Frederick George Kay, *The Shameful Trade*, Londres: Muller, 1967, p. 126.
9. "A Zombie Is a Slave Forever", *New York Times*, 30 de outubro de 2012.
10. Nathaniel Philbrick, *In the Heart of the Sea: The Tragedy at the Whaleship Essex*, Nova York, Penguin, 2000, p. xi.
11. *Moby-Dick*, p. 1.246.
12. *Moby-Dick*, p. 1.239.
13. Colonial Society of Massachusetts, *Publications of the Colonial Society of Massachusetts*, vol. 7, Boston: The Society, 1905, pp. 94-8.
14. Delano, *Narrative*, pp. 49-53, para o que se segue. O garoto fazia parte do complemento de *lascars* do *Panther*, marinheiros coagidos, escravizados, preso por contratos de aprendiz, dívida ou coagidos de alguma outra maneira, com os quais todos os navios da Marinha Real contavam. Àquela altura, o termo *lascar* havia passado a se referir coletivamente a burmaneses, bengaleses, malabares, malaios, javaneses, chineses e outros marinheiros asiáticos. A palavra, originalmente do urdu ou do árabe, não significava exatamente escravo, mas geralmente sugeria algo bem menos que igualdade. Os navios da Marinha Mercante e da Marinha Real Britânica com frequência retiravam esses marinheiros diretamente de embarcações asiáticas. "Pobres *lascars*", dizia um reformista no Parlamento britânico, os capitães britânicos os estavam "tratando como cães ou escravos, amontoando-os em alojamentos no castelo de proa de uma maneira que se comparada com porcos em um chiqueiro os porcos tinham mais espaço para acomodação". Ver Anne Bulley, *Free Mariner: John Adolphus Pope in the East Indies, 1786-1821*, Londres: British Association for Cemeteries in South Asia, 1992; N. B. Dennys, ed. *Notes and Queries on China and Japan*, vol. 3, Hong Kong: C.A., Saint, 1869, p. 78; Great Britain, Parliament, *The Parliamentary Debates*, Londres: Reuters Telegram Co., 1895, p. 194; Norma Myers, *Reconstructing the Black Past: Blacks in Britain, c.1780-1830*, Londres: Taylor and Francis (Routledge), 1996, pp. 104-17; Anne Bulley, *The Bombay Country Ships, 1790-1833*, Londres: Curzon Press, 2000.
15. Davis, *Problem of Slavery*, pp. 558-62. A expressão "impasse existencial" vem de Alexandre Kojève, *Introduction to the Reading of Hegel*, ed. Raymond Queneau, Ithaca: Cornell University Press, 1980, p. 46. Ver a discussão em Davis, *Problem of Slavery*, p. 561; G.W.F. Hegel, *The Philosophy of History*, trans. John Sibree, Nova York: American Home Library Co., 1902, p. 511.

Interlúdio: O negro sempre terá algo de melancólico

1. John Freeman, *Herman Melville*, Nova York: Macmillan, 1926, p. 61; Hugh Hetherington, ed. *Melville's Rewiewers: British an American, 1946-1891*, Chapel Hill: University of North Carolina Press, 1961, p. 253.
2. Carl Van Doren, "A Note of Confession", *Nation*, 5 de dezembro de 1928; Adam Hochschild, *King Leopold's Ghost: A Story of Greed, Terror, and Heroism in Colonial Africa*, Nova York: Houghton Mifflin, 1998, p. 3.
3. Muitas dessas opiniões são encontradas em John P. Runden, ed., *Melville's Benito Cereno: A Text for Guided Research*, Boston: Heath, 1965. Ver também Burkholder, ed., *Critical Essays*. Para suas fontes originais, ver Rosalie Feltenstein, "Melville's 'Benito Cereno'", *American Literature* 19 (1947): 245-55; Arthur Vogelback, "Shakespeare and Melville's *Benito Cereno*", *Modern Language Notes* 67 (1952):113-16; Newton Arvin, *Herman Melville*, 1950, Nova York: Grove, 2002, p. 240; Stanley Williams, "Follow Your Leader: Melville's *Benito Cereno*", *Virginia Quarterly* 23 (inverno de 1947):65-76; Richard Harter Fogle, *Melville's Shorter Tales*, Norman: University of Oklahoma Press, 1960, p. 137; F. O. Matthiessen, *American Renaissance: Art and Expression in the Age of Emerson and Whitman*, Nova York: Oxford University Press, 1941, p. 508; Yvor Winters, *In Defense of Reason*, Denver: Allan Swallow, 1947, p. 222. Muitos desses julgamentos com relação à malignidade moral de Babo foram feitos no final dos anos 1940 durante a transição da Segunda Guerra Mundial para a Gerra Fria. Durante este período, a política com frequência era apresentada como metafísica. Isto é, o totalitarismo tanto dos nazistas, à direita, quanto dos stalinistas, à esquerda, tendia a ser compreendido do mesmo modo que as ações de Babo eram compreendidas, como sendo sem motivo, movidos por um ódio à liberdade. Estudos acadêmicos sobre *Benito Cereno* e, de fato, grande parte dos estudos sobre Melville em geral, refletiam esta tendência, com a "inocência" de Amasa Delano interpretada como uma metáfora para um americano que apenas relutantemente confronta o mal no mundo. Um bom exemplo é o estudo de Richard Chase de 1950 sobre Herman Melville, que usa o ceticismo e a consciência do mal no mundo de Melville para criticar Henry Wallace, o Partido Progressista e aquela seção da coalizão do *New Deal* que, depois da Segunda Guerra Mundial, queria retomar o foco de corrigir a injustiça econômica dentro dos Estados Unidos, em vez de construir um poderio militar para conter a União Soviética no exterior (*Melville: A Critical Study*, Nova York: Macmillan, 1949). Ver Clare Spark, *Hunting Captain Ahab: Psychological Warfare and the Melville Revival*, Kent: Kent State University Press, 2001, para um relato decisivo da política da Guerra Fria e estudos sobre Melville. Hershel Parker em "Melville and Politics: A Scrutiny of the Political Millieux of Herman

Melville's Life and Works", dissertação de doutorado, Northwestern University, 1963, p. 222, minimiza *Benito Cereno* como crítica ao racismo: "Melville não fez nenhum ataque discreto à escravatura americana em *Benito Cereno*."

4. Sterling Brown, *The Negro in American Fiction*, 1937, Arno Press, 1969, p. 13. Alguns pesquisadores interpretavam a história como sendo sobre a escravidão, mas argumentavam que defendia ou que estava presa a presunções raciais. Ver Sidney Kaplan, "Herman Melville and the American National Sin: The Meaning of 'Benito Cereno'", *Journal of Negro History* 57 (1957): 12-27. Andrew Delbanco, "Melville in the '80s", *American Literary History* 4 (inverno de 1992): 709-25, descreve críticas de Melville pós-Vietnã. Ver também Marvin Fisher, *Going Under: Melville's Short Fiction and the American 1850s*, Baton Rouge: Louisiana State University Press, 1977. Para a influência de Sterling Brown, ver Anthony Appiah e Henry Louis Gates, Jr., eds. *Africana: Arts and Letters: An A-Z Reference of Writers, Musicians and Artists of the African American Experience*, Filadélfia: Running Press, 2004, p. 114; "Sterling A. Brown, 87, Poet and Educator, is Dead", *New York Times*, 17 de janeiro de 1989.

5. D. H. Laurence, *Studies in Classic American Literature*, 1923, Nova York: Penguin, 1990, p. 153. Para uma descrição da "brancura" carnuda de olhos semicerrados mostrada no retrato de Delano, ver Max Putzel, "The Source and the Symbols of Melville's 'Benito Cereno'", *American Literature* 34 (maio de 1962): 196.

6. Lewis Mumford, *Herman Melville: A Study of His Life and Vision*, Nova York: Harcourt, 1962 [1929]; p. 162; Percy Holmes Boynton, *More Contemporary Americans*, 1926, Freeport: Books for Libraries Press, 1967, p. 42.

7. *Moby-Dick*, pp. 993-1.001.

8. De acordo com Merton M. Sealts, *Melville's Reading*, Colúmbia: University of South Carolina Press, p. 160. Melville consultou o seguinte volume, atualmente encontrado na Harvard's Houghton Library: Edmund Burke, *A Philosophical Inquiry into the Origin of Our Ideas of the Sublime and Beautiful, with an Introductory Discourse Concerning Taste, and Several Other Additions*, Filadélfia, publicado por D. Johnson, Portland, de J. Watts, 1806. As citações são encontradas nas pp. 219, 221, 223, 227 e 228.

Capítulo 9: O comércio de peles

1. Andrews, *Afro-Argentines*, p. 29; Archivo General de la Nación, *Acuerdos del Extinguido Cabildo de Buenos Aires*, Buenos Aires: Kraft, 1925, p. 212.

2. Para o *Susan* e o *Louisiana*, ver AGN (Buenos Aires), Sala IX "Comercio y padrones de esclavos, 1777-1808".

3. Para exemplos de marcas a ferro, ver Olga Portuondo Zúñiga, *Entre esclavos y libres de Cuba colonial*, Santiago, Cuba: Editorial Oriente, 2003, pp. 35-43. Para o decreto que aboliu a exigência, ver Salmoral, *Regulación*, parte 1, p. 147. Para o uso contínuo da marca a ferro, ver Johnson, *Workshop of Revolution*, p. 38.
4. AGN (Lima), registro de notário, Emeterio Andrés Valenciano, nº 72b, f. 689; AGN (Lima), registro de notário, Francisco Munarris, nº 449, f. 29. Ver também o debate em Kris E. Lane, *Quito, 1599: City and Colony in Transition*, Albuquerque: University of New Mexico Press, 2002, p. 65; Alejandro de la Fuente, *Havana and the Atlantic in the Sixteenth Century*, Chapel Hill: University of North Carolina Press, 2008, p. 149.
5. AGN (Buenos Aires), registro de notário, registro 6, 1803 (Inocencio Agrelo), ff. 244-46; *Documentos del archivo de Belgrano*, vol. 2, Buenos Aires: Coni Hermanos, 1913, p. 334.
6. Dirección General de Estadística, *Registro estadístico de la Provincia de Buenos Aires*, vol. 11, Buenos Aires: Dirección General de Estadística, 1867, p. 6; Studer, *La trata*, p. 202, Federico Gualberto Garrell, *La Gduana: Su origin, su evolución*, Buenos Aires: Editorial I. A. R. A., 1967, p. 121.
7. John Horace Parry, *The Spanish Seaborne Empire*, Berkeley: University of California Press, 1990, p. 308, escreve que os "primeiros *saladeros* de grande escala, salgando carne bovina para exportação, se estabeleceram em Buenos Aires por volta de 1776".
8. *Household Words: A Weekly Journal*, 25 de janeiro de 1851.
9. Ver Francisco de Solano, *Esclavitud y derechos humanos: La lucha por la libertad del negro en el siglo XIX*, ed. Agustín Guimerá Ravina, Madri: CSIC, 1990, p. 629; José Pedro Barrán e Benjamín Nahum, *Historia rural dei Uruguay moderno: 1851- 1885*, 2 vols., Montevidéu: Ediciones de la Banda Oriental, 1967; Alex Borucki, Karla Chagas e Natalia Stalla, *Esclavitud y trabajo: Un estudio sobre los afrodescendientes en la frontera uruguaya (1835-1855)*, Montevidéu: Pulmón Ediciones, 2004, pp. 18-22; Andrews, *Afro-Argentines*, p. 31; Alfredo Montoya, *Historia de los saladeros argentinos*, Buenos Aires: Editorial Raigal, 1956, p. 22. Para uma descrição em primeira mão de como a escravidão estimulou o crescimento da salga de carne no Rio da Prata, ver o longo depoimento do mercador de escravos José Ramón Milá de la Roca, que afirmava ter "aperfeiçoado" o processo de salgamento; AGI (Sevilha), Buenos Aires, 483 ("Testimonio de Ramón Milá de la Roca", 29 de maio de 1807).
10. Jonathan Brown, *A Brief History of Argentina*, Nova York: Facts on File, 2003, p.111.
11. Benjamín Vicuña Mackenna, *La Argentina em el año 1855*; Buenos Aires: Americana, 1936, p. 131.

12. Lin Widmann, *Twigs of a Tree: A Family Tale*. Bloomington: AuthorHouse, 2012, p. 79.
13. AGI, Buenos Aires, 588, Expedientes de Consulados y Comercio, 1804-06 ("Carta del virrey del Río de la Plata a su Majestad"); AGI, Gobierno, Indiferente 2826, ff. 776-89; Lucía Sala de Tourón, Nelson de la Torre e Julio C. Rodríguez, *Estructura económico-social de la colonia*, Montevidéu: Ediciones Pueblos Unidos, 1967, p. 30. Ver a "slavery collection" da New York Historical Society para comerciantes de escravos de Rhode Island fazendo este tipo de negócio: carta de Thomas White para Messrs. Gardner e Dean, 17 de março de 1806, série II: Gardner e Dean; carta de Samuel Chase para Messrs. Vernon e Gardner, 4 de agosto de 1798, série I: Samuel e William Vernon; registro não assinado e não datado de transação de comércio, Slavery Collection (1798?), série 1: Samuel e William Vernon; Messrs. Vernon Gardner & Co., proprietários do navio *Ascensión* em conta-corrente com Samuel Chace, 17 de novembro de 1798, série I: Samuel e William Vernon; e Vendas da Carga de Escravos do *Ascensión...*, 24 de março de 1798, série I: Samuel e William Vernon.
14. Para o fracasso de Milá de la Roca como mercador de escravos, ver AGI (Sevilha), Buenos Aires, 483, "Testimonio José Ramón Milá de la Roca"; Arturo Ariel Bentancur, *El Puerto Colonial de Montevideo: Guerras y apertura comercial*, Montevidéu: Universidad de la Republica, 1997, pp. 255-60. Para o sucesso de Romero, ver AGI (Sevilha), Buenos Aires, 592, "Expedientos sobre permiso para la introducción de negros, 1798-1805"; AGN (Buenos Aires), División Colonia, Sección Gobierno, Tribunales, legajo 94, expediente 17, IX-36-7-3 ("Autos sobre la participación de Tomás Antonio Romero en el contrabando"); *La revista de Buenos Aires* 18 (1869):177; AGI (Sevilha), Gobierno, Indiferente 2826, ff. 369-423; AGN (Buenos Aires), Navios, Topografia, 10-4-7 ("Valor de los frutos extraídas de cuenta de don Tomás Antonio Romero como producto de esclavatura"); Borucki, "Slave Trade", p. 99; Jeremy Adelman, *Republic of Capital: Buenos Aires and the legal Transformation of the Atlantic World*, Stanford: Stanford University Press, 1999, pp. 44 e 74; Eduardo R. Saguier, *Genealogia de la Tragedia Argentina (1600-1900)*, vol. 1, "La cultura como espacio de lucha", disponível em http://www.er-saguier.org/obras/gta/indice.php, acessado em 26 de julho de 2011; Germán O. E. Tjarks, *El Consulado de Buenos Aires y sus proyecciones em la historia del Río de la Plata*, vol. 2, Buenos Aires: Universidad de Buenos Aires, Faculdad de Filosofía y Letras, 1862, p. 569; Susan Migden Socolow, *The Bureaucrats of Buenos Aires, 1769-1810; Amor al Real Servicio*, Durham: Duke University Press, 1987, pp. 236-41; Sigfrido Augusto Radaelli, *Memorias de los Virreyes del Río de la Plata*, Buenos Aires: Editorial Bajel, 1945, p. 393; Studer,

La trata, p. 288; AGI (Sevilha), Buenos Aires, 592, 1798 ("Testimonio de expediente promovido por Don Tomás Antonio Romero"); Berenice Jacobs, "The Mary Ann, an Illicit Adventure", *Hispanic-American Historical Review* 37 (maio de 1957): 200-12; John Brown Carter Library, Brown and Ives Papers, Sub-series L: Schooner *Eliza*, and Sub-series FF: Ship *Mary Ann*. Sobre a falta de dinheiro, ver David Rock, *Argentina, 1516-1987*, Berkeley: University of California Press, 1985, p. 71.

15. Sobre a dívida de Aranda e seu envolvimento com a guilda de comerciantes de Mendoza, ver Saguier, *Genealogía de la Tragedia Argentina*, especialmente o vol. 2, "Derrumbe del orden imperial-absolutista y crisis del estado colonial (Río de la Plata-siglo XVIII)" e apêndice B-XI. Para as compras anteriores de escravos por Aranda, ver documento datado de 18 de abril de 1801 em AGN (Buenos Aires), Sala IX "Comercio y padrones de esclavos, 1777-1808".

Capítulo 10: Homem que cai/decadência

1. Jean de Milleret, *Entrevistas con Jorge Luis Borges*, Caracas: Monte Avila Editores, 1971, p. 27. Para a família Llavallol, ver *Obras completas de Sarmiento*, vol. 42, Buenos Aires: Luz del Día, p. 15; Stelio Cro, *Jorge Luis Borges: Poeta, saggista e narratore*, Milão: Mursia, 1971, p. 246; Jorge Luis Borges e Fernando Mateo, *El otro Borges: Entrevistas (1960-1986)*, Buenos Aires : Equis Editores, 1997, p. 98; Roberto Alifano, *Diálogos esenciales con Jorge Luis Borges*, vol. 3, Buenos Aires: Alloni/Proa, 2007, p. 63.
2. Para informações sobre os irmãos Aranda, ver os seguintes documentos: *In* AA (Mendoza): Libro de bautismo (matriz), nº 6, f. 272; Libro de funciones (matriz), nº 3A, f. 215; Libro de matrimonios (matriz) nº 4, ff. 133-133v; Censo Parroquial (1º de abril de 1802. No AGP (Mendoza), os registros de notário de Francisco de Videla, nº 89, ff. 81-86v ("Testamento de Manuel Fernández de Aranda"); José de Porto y Mariño, 14 de fevereiro de 1800; e Santiago Garnay, 41v. No mesmo arquivo, ver também Libro Mayor, Real Caja de Mendoza, pastas 37, 39 e 40. Para a importância política do padrasto de Aranda, José Clemente Benegas, ver *Revista del Instituto de Historia del Derecho* 9 (1958): 101-4; Damián Hudson, *Recuerdos históricos sobre la província de Cuyo: 1824-1851*, vol. 2, Buenos Aires: Alsina, 1898, e Jorge Comadrán Ruiz, *Los Subdelegados de Real Hacienda y Guerra de Mendoza (1784-1810)*, Universidade de Mendoza, 1959. Benegas era o encarregado do recolhimento de impostos em Mendoza quando Aranda transportou os escravos do *Tryal* através da cidade. Ver AGP (Mendoza), pasta 86, documento 64. Para a posição "aristocrática" da família do futuro sogro de Aranda,

Isidro Sáinz de la Maza, ver Leoncio Gianello, *Historia del Congreso de Tucumán*, Buenos Aires: Academia Nacional de la Historia, 1966.
3. Julian Mellet, *Viajes pro el interior de la América Meridional, 1808-1820*, Santiago: Editorial del Pacifico, 1959.
4. AGP (Mendoza) pasta 74, documento 29 ("listas militares"): AGN (Buenos Aires). Licencias y Pasaportes, libro 6, f. 198 ("Pide permiso para regressar a Mendoza"); AGN (Buenos Aires), Criminales, legajo 50, expediente 5 ("El alcalde ordinario de la ciudad de Mendoza, Juan de la Cruz Vargas, sobre haberse ausentado ésta y otras personas hacia Chile, sin el correspondiente permiso de ese juzgado"); AGN (Buenos Aires), Despachos Militares y Cédulas de Premio, libro 2, f. 85 ("Nicolás Aranda es nombrado alférez del Regimiento de voluntários de caballería de Mendoza").
5. Para o nascimento de María Carmen, ver Amasa (Mendoza), Libro de bautismos (matriz). Nº 8, f. 23; para seu casamento com Aranda, ver Amasa (Mendoza), Libro de matrimônios (matriz), nº 4, ff. 113-13v.
6. Para o vinhedo de Puebla, ver Pablo Lacoste, *La mujer y el vino: Emociones, vida privada, emancipación económica (entre el reino de Chile y el virreinato del Río de La Plata 1561-1810)*, Mendoza: Caviar Bleu, 2008, e "Viticultura y movilidad social: Provincia de Cuyo, Reino de Chile, siglo XVIII", *Colonial Latin American Historical* Review 13 (2004):230.
7. AA (Mendoza), Libro de bautismos, nº 11, f. 174.
8. José Mariluz Urquijo, "El horizonte feminino porteño de mediados del setecientos", *Investigaciones y ensayos* 36 (julho-dezembro de 1987):83; Amasa (Mendoza) Libro de matrimônios (matriz), nº 11, f. 9v; AGP (Mendoza), Censo parroquial 1777, pasta 28, documento 2.
9. Pablo Lacoste, "El arriero y el transporte terrestre em el Cono Sur (Mendoza, 1780-1800)", *Revista de Indias* 68 (2008): 35-68.
10. Luis César Caballero, *Los negros esclavos em Mendoza, algunas genealogías*, Mendoza: Cuadernos de Genealogia, 2010, p. 233.
11. Gesualdo, "Los negros"; Mansilla, *Mis memorias*, p. 133.

Capítulo 11: A travessia

1. Mellet, *Viajes*; José Joaquín de Araujo, *El lazarillo de ciegos caminantes desde Buenos Aires hasta Lima, 1773*, Buenos Aires: Compañía Sud-Americana de Billetes de Banco, 1908; D. J. Robinson, "Trade and Trading Links in Western Argentina during the Viceroyalty", *Geographical Journal* 135 (março de 1970): 24-41; Alonso de Ovalle, *Histórica relación del Reino de Chile y de la missiones y*

ministérios que ejercita en él la Compañía de Jesús, Santiago: Instituto de Literatura Chilena, 1969.
2. Robert Proctor, *Narrative of a Journey across the Cordillera of the Andes*, Londres: Constable and Co., 1825, p. 7; Max Wolffsohn, "Across the Cordillera, from Chili to Buenos Ayres", *Gentleman's Magazine* 268 (1890): 589; Charles Samuel Stewart, *Brazil and La Plata: The Personal Record of a Cruise*, Nova York: Putnam, 1856, p. 325. Para caravanas de escravos anteriores, ver Gesualdo, "Los negros", p. 28.
3. Victoria Ocampo, *338171 T. E. Lawrence of Arabia*, Buenos Aires: Editoriales Sur, 1942, p. 12; David Garnett, ed., *The Letters of T. E. Lawrence*, Garden City: Doubleday, Doran, 1939, p. 56.
4. Proctor, *Narrative of a Journey*, p. 17.
5. "Sheep Husbandry in South America", *Cultivator and Country Gentleman*, 3 de maio de 1866.
6. Edmund Burke, *A Philosophical Inquiry into the Origin of Our Ideas of the Sublime and Beautiful, with an Introductory Discourse concerning Taste, and Several Other Additions*, Filadélfia: J. Watts, 1806, pp. 81 e 140; Corey Robin, *The Reactionary Mind*, Nova York: Oxford University Press, 2011, pp. 147-48.

Capítulo 12: Diamantes nas solas dos pés
1. Reginaldo de Lizárraga, *Descripción breve de toda la tierra del Perú, Tucumán, Río de la Plata y Chile*, Madri: Ediciones Atlas, 1968, p. 375.
2. Ricardo Rodríguez Molas, *Los sometidos de la conquista: Argentina, Bolivia, Paraguay*, Buenos Aires: Bibliotecas Universitarias, 1985, pp. 200 e 254.
3. AGP (Mendoza), registro de notário, Juan de Herrera, nº 5, 24 de março de 1601, ff. 96-98v; Caballero, *Los negros esclavos en Mendoza*, Mendoza, 2010, p. 20.
4. Rolando Mellafe, *La introducción de la esclavitud negra en Chile: Trafico y rutas*, Santiago: Universidad de Chile, 1959, pp. 250-51; Vial Correa, *El Africano en el Reino de Chile*, pp. 85-6. Para tentativas posteriores de taxar esta rota de escravos terrestres, ver ANC (Santiago), Contaduría Mayor, 2ª ser., vol. 645 ("Alcabala entrada por cordillera esclavos 1777"), e vol. 812 ("Almojarifazgo, 1778"). Ver também ANC (Santiago), Contadoria Mayor, 1ª ser., vols. 1881-991 e 1992-99, para mercadorias, inclusive escravos, fazendo a travessia dos Andes para serem embarcadas de Valparaíso para Lima durante os anos de 1803 e 1804.
5. ANC (Santiago), Contaduría Mayor, 1998; Pedro Santos Martínez, *Las comunicaciones entre el Virreinato del Río de la Plata y Chile por Uspallata (1776-1810)*, Santiago: Universidad Católica, 1963.

6. Edward Arthur Fitzgerald et al., *The Highest Andes: A Record of the First Ascent of Aconcagua and Tupungato in Argentina, and the Exploration of the Surrounding Valleys*, Londres: Methuen, 1899, pp. 173-74; Peter Schmidtmeyer, *Travels into Chile, over the Andes, in the Years 1820 and 1821*, Londres: Longman, 1824, p. 315.
7. "José Espinoza y Felipe Bauza Vieje de Santiago a Mendoza", in *La Expedición Malaspina en la frontera del imperio español*, ed. Rafael Sagrado Baeza e José Ignacio González Leiva, Santiago: Editorial Universitaria, 2004, pp. 875-83; Jerónimo de Vivar, *Crónica y relación copiosa y verdadera de los reinos de Chile*, Santiago: Colloquium Verlag, 1979, p. 187.
8. Citações são extraídas da obra de Darwin que Melville consultou, *Journal of Researches into the Natural History and Geology of the Countries Visited during the Voyage of* H.M.S. Beagle *round the World, under the Command of Capt. Fitz Roy. R.N.*, 2 vols., Nova York: Harper and Brothers, 1846, vol. 2, pp. 76-7.
9. Concolorcorvo, *El lazarillo de ciegos caminantes*, p. 150; Francisco Le Dantec, *Cronicas dei viejo Valparaíso*, Valparaíso: Ediciones Universitarias, 1984, pp. 68-72; Vial Correa, *El Africano en el Reino de Chile*, p. 90.

Interlúdio: A percepção do céu (ou a sanidade do céu)
1. *Moby-Dick*, pp. 1.233-37.
2. Sandra A. Zagarell, "Reenvisioning America: Melville's 'Benito Cereno'", in Burkholder, ed., *Critical Essays*, p. 58.
3. Em 1847, Herman Melville comprou um exemplar do *Journal of Researches*, de Charles Darwin. Ver Sealts, *Melville's Reading*, p. 171. A passagem citada aqui está no vol. 2, p. 86. Para "A mulher de Lot", ver *More Letters of Charles Darwin: A Record of His Work in a Series of Hitherto Unpublished Letters*, vol. 1, Nova York: Appleton, 1903, p. 23 (18 de abril de 1835.)

Capítulo 13: Matando focas
1. Richard Ellis, *The Empty Ocean: Plundering the World's Marine Life*, Washington, D.C.: Island Press, 2003, p. 155.
2. Robert McNab, *Murihiku and the Southern Islands: A History of the West Coast Sounds, Foveaux Strait, Stewart Island, the Snares, Bounty, Antipodes, Auckland, Campbell and Macquarie Islands, from 1770 to 1829*, Invercargill: W. Smith, 1907, p. 221.
3. James Kirker, *Adventures to China: Americans in the Southern Oceans, 1792-1812*, Nova York: Oxford University Press, 1970, p. 78.

4. John Byron et al., *An Account of the Voyages Undertaken by the Order of His Present Majesty for Making Discoveries in the Southern Hemisphere*, Londres: W. Strahan, 1785, p. 44.
5. Kirker, *Adventures to China*, p. 73.
6. Edward Cooke, *A Voyage to the South Sea and around the World in the Years 1708 to 1711, 1712*, Nova York: Da Capo Press, 1969; Woodes Rogers, *A Cruising Voyage round the World: First to the South-Seas*, Londres: A. Bell and B. Lintot, 1712.
7. Augustus Earle, *A Narrative of a Nine Months' Residence in New Zealand in 1827: Together with a Journal of a Residence in Tristan D'Acunha, an Island Situated between South America and the Cape of Good Hope*, Londres: Longman, 1832, p. 344.
8. Samuel Johnson et al., *The World Displayed; or, A Curious Collection of Voyages and Travels, Selected from the Writers of All Nations*, vol. 8, Londres: J. Newbery, 1760, p. 39; William Dowling, *A Popular Natural History of Quadrupeds and Birds*, Londres: James Burns, 1849, pp. 103-4.
9. Robert K. Headland, *The Island of South Georgia*, Victoria: Cambridge University Press, 1992, p. 52.
10. Delano, *Narrative*, p. 306.
11. George Little, *Life on the Ocean; or, Twenty Years at Sea*, Boston: Waite, Peirce, 1844, pp. 106-7.
12. George Staunton, *An Authentic Account of an Embassy from the King of Great Britain to the Emperor of China: Including Cursory Observations Made, and Information Obtained in Travelling through That Ancient Empire, and a Small Party of Chinese Tartary*, Londres: G. Nicol, 1797, p. 236.
13. William Jardine, *The Naturalist's Library*, vol. 8, Edimburgo: W. H. Lizars, 1839, p. 222; Richard Phillips, *A Million of Facts, of Correct Data, and Elementary Constants in the Entire Circle of Sciences and on Subjects of Speculation and Practice*, Londres: Darton and Clark, 1840, pp. 172-73; *Gentleman's Magazine, and Historicle Chronicle* 83 (1813): 339.
14. Antoine-Joseph Pernety, *The Historical of a Voyage of the Malouine (or Falkland) Islands: Made in 1763 and 1764, under the Command of M. de Bougainville*, Londres: T. Jefferys, 1771, p. 203.
15. *Papers of the New Haven Colony Historical Society* 3 (1882): 148.
16. Edmund Fanning, *Voyages round the World: With Selected Sketches*, Nova York: Collins and Hamay, 1833, p. 26.
17. "Narrative of a Sealing and Trading Voyage in the Ship *Huron*, from New Haven, around the World, September, 1802, to October, 1806, by Joel Root, the Supercargo", *Papers of the New Haven Colony Historical Society* 5 (1894): 160.

18. William Moulton, *A Concise Extract, from the Sea Journal of William Moulton*, Utica: n.p., 1804, p. 62.
19. *The Voyage of the Neptune: 1796-1799*, exhibit pamphlet, New Haven Colony Historical Society, outubro de 1996 – junho de 1997; Edouard Stackpole, *The Sea-Hunters: The New England Whalemen during Two Centuries, 1635-1835*, Nova York: J. B. Lippincott, 1953, p. 192; Diary of David Forbes, New Haven Colony Historical Society, MSS 22, box 1, folder L; Francis Bacon Trowbridge, *The Trowbridge Genealogy: History of the Trowbridge Family in America*, New Haven: n.p., 1908, p. 76.
20. "Letters of Sullivan Dorr", *Proceedings of the Massachusetts Historical Society* 67 (outubro de 1841, maio de 1944): 297-302.
21. Kirker, *Adventures to China*, p. 70.
22. Richard J. Cleveland, *Voyages and Commercial Enterprises of the Sons of New England*, Nova York; Leavitt and Allen, 1857, p. 9; Briton Cooper Busch, *The War against Seals: A History of the North American Seal Fishery*, Montreal: McGill-Queen's University Press, 1985, p. 36.

Capítulo 14: Isolados

1. *Moby-Dick*, p. 916.
2. Kirker, *Adventures to China*, p. 70.
3. Stackpole, *Sea-Hunters*, p. 192.
4. Kirker, *Adventures to China*, p. 77: Diary of David Forbes, 2 e 4 de maio de 1799.
5. Diary of David Forbes, 13 de abril de 1799.
6. Redicker, *Between the Devil*, p. 218.
7. Samuel Eliot Morison, *Maritime History of Massachusetts, 1783-1860*, Boston: Houghton Mifflin, 1921, pp. 319-24.
8. Kirker, *Adventures to China*, p. 75; Eugenio Pereira Salas, *Los primeros contactos entre Chile y los Estados Unidos, 1778-1809*, Santiago: Editorial Andrés Bello, 1971, pp. 146-47; ANC (Santiago), Capitanía General, vol. 375 ("Caso de la Venta del Bergantín Mentor", 14 de junho de 1804); "Letters of Sullivan Dorr", Proceedings, p. 352. Para *Strike*, ver *Economic Review* 5 (abril de 1895): 216; ver também Rediker, *Between the Devil*, p. 205.
9. Tim Severin, *In Search of Robinson Crusoe*, Nova York: Basic, 2002, p.52. Há alguma incerteza quanto a quem era o capitão do *Nancy* durante esse incidente. A maioria dos relatos sugere que fosse J. Crocker, de Boston, ou de New London. Mas caçadores de focas russos, de acordo com Glynn Barratt, *Russia and the South Pacific, 1696-1840: Southern and Eastern Polynesia*, vol. 2, Vancouver: University

of British Columbia Press, 1988, p. 244, acreditavam que fosse um capitão chamado Adams. E Richard Cleveland, em *Voyages and Commercial Enterprises*, p. 212, refere-se a tal capitão como "Capitão H——". Também existe discrepância com relação à data, com alguns relatos dizendo que o incidente ocorreu em 1805 e outros em 1808. Para as citações, ver Otto von Kotzebue, *A Voyage of Discovery into the South Sea and Beringg's Straights*, vol. 1, Londres: Spottiswoode, 1821, p. 143.

10. Ralph Paine, *The Ships and Sailors of Old Salem: The Record of a Brilliant Era of American Achievement*, Nova York: Outing Publishing Co., 1908, pp. 323-24.
11. "Letters of Sullivan Dorr," p. 361.
12. Ibid., p. 352.
13. "The Voyage of the Neptune", *Papers of the New Haven Colony Historical Society* 4 (1888):48.

Capítulo 15: Uma terrível autoridade

1. Moulton, *Concise Extract*, 1840.
2. Rediker, *Between the Devil*, pp. 208 e 218; Falconbridge, *Account*, p. 39.
3. *Niles' Weekly Register* 48 (1835): 67; Cyrene M. Clark, *Glances at Life Upon the Sea, ou Journal of a Voyage in the Antartic Ocean: In the Brig Parana, of Sag Harbor, L.I., in the Years '53 '54: Description of Sea-Elephant Hunting among the Icy Islands of the South Shetland, Capture of Whales, Scenery in the Polar Regions*, &c., Middletown: Charles H. Pelton, 1855, p. 49.
4. Delano, *Narrative*, p. 291.
5. "Narrative of a Sealing and Trading Voyage in the Ship Huron", p. 163; Busch, *War agains the Seals*, pp. 15-6. Nantucket Historical Association, Ships Logs Collection, Topaz.

Capítulo 16: A escravidão tem graus

1. Anna Davis Hallowell, *James and Lucretia Mott: Life and Letters*, Boston: Houghton Mifflin, 1881, p. 32; Otelia Cromwell, *Lucretia Mott*, Nova York: Russell and Russell, 1958, p. 9. Para o *Tryal*, ver NARA (College Park), RG 76, Spain, Disallowed Claims, vol. 55, *Trial* or *Tryal*; ANC (Santiago), Capitanía General, vols. 789 e 908; ver também ANC (Santiago), registros de notário, José María Sánchez, Valparaíso, 18 de maio de 1802, e Escribanos de Valparaíso, vol. 24, 29 de abril de 1802 e 16 de dezembro de 1803. Ver Rogers, *Cruising Voyage*, pp. 140-80, para um relato em primeira mão de uma série de ataques de corsários em 1709 feitos a partir de ilhas no Pacífico contra navios mercantes espanhóis,

inclusive dois levando escravos africanos vindos do Panamá para Lima. Carol Faulkner, *Lucretia Motts' Heresy: Abolition and Women's Rights in the Nineteenth Century America*. Filadélfia: University of Pennsylvania Press, 2011, p. 22.

2. Peabody Essex Museum, 1800 Mashpee Census, miscellaneous bound documents, MSS 48, box 2, folder 16 ("Levi Mye, o filho de sangue misto de Newport, tem uma família numerosa com a primeira mulher, de "sangue puro", e com a segunda, de origem negra, tem dois ou três filhos").

3. Jack Campisi, *The Mashpee Indians: Tribe on Trial*, Syracuse: Syracuse University Press, 1991, p. 88; Peabody Essex Museum, 1800 Mashpee Census. Para epidemias anteriores à colonização e para uma discussão mais detalhada da historiografia sobre nativos americanos da Nova Inglaterra durante este período, ver Nathaniel Philbrick, *Mayflower: A Story of Courage, Community, and War*, Nova York: Penguin, 2006, pp. 48-9; 372-73.

4. Jean Hankins, "Solomon Briant and Joseph Johnson: Indian Teachers and Preachers in Colonial New England", *Connecticut History* 33 (1992): 49; Mark Nicholas, "Mashpee Wampanoags of Cape Cod, the Whalefishery, and Seafaring's Impact on Community Development", *American Indian Quarterly* 26 (primavera de 2002): 165-97. Para Amos Haskins, ver Daniel Vickers, "Nantucket Whalemen in the Deep-Sea Fishery: The Changing Anatomy of an Early American Labor Force", *Journal of American History* 72 (1985): 277-96.

5. "Stephen Hall and Another versus Paul Gardner, Jun., & al.," October term, 1804, *Reports of Cases Argued and Determined in the Supreme Judicial Court of the Commonwealth of Massachusetts*, vol. 1, Boston: Little, Brown, 1851, pp. 172-80.

6. James D. Schmidt, "'Restless Movements Characteristic of Childhood': The Legal Construction of Child Labor in Nineteenth-Century Massachusetts", *Law and History Review* 23 (verão de 2005): 323. Para a expressão "licença ilimitada" de transferência – que é o direito dos senhores de enviar seus aprendizes para qualquer lugar, ver o caso Commonwealth v. Edwards (que cita Hall et al. v. Gardner et al.) na Suprema Corte da Pensilvânia, *Reports of Cases ... 1754-1845*, vol. 6, Filadélfia: Kay and Brothers, 1891, p. 204. Hall et al. v. Gardner at al. seria citado ou mencionado em pelo menos 19 casos subsequentes, tanto em estados nortistas quanto sulistas (bem como no Havaí): Weeks v. Holmes (Mass. 1853); Randall v. Rotch (Mass. 1831); Coffin v. Bassett (Mass. 1824); Mason v. Waite (Mass. 1823); Davis v. Coburn (Mass. 1811); Brooks v. Byam (Mass. 1843); J. Nott & Co. v. Kanahele (Hawaii King. Jul Term 1877); In re Gip Ah Chan (Hawaii King. Aug Term 1870); W. B. Conkey Co. v. Goldman (Ill. App. 1 Dist. Dec 04, 1905); Vickere v. Pierce (Me. 1835); Futrell v. Vann (N.C. Jun Term 1848); Dyer v. Hunt (N.H. 1831); Overseers of Town of Guilderland v. Overseers of Town of Knox

(N.Y. Sup. 1826); Commonwealth v. Edwards (Pa. 1813); Lobdell v. Allen (Mass. Oct Term 1857); Lord v. Pierce (Me. 1851); e Gill v. Ferris (Mo. Apr Term 1884). Um agradecimento a Ron Brown, diretor associado para documentos na Biblioteca da Escola de Direito da Universidade de Nova York, por fornecer estas citações. Afirmar que escravos eram na verdade trabalhadores por contrato de dívida era uma maneira que os donos de escravos ao se mudarem de um estado escravagista para um onde não havia escravidão tentavam usar para manter seus "bens". Um dos casos citados acima, Commonwealth v. Edwards, citing Hall et al. v. Gardner et al., ajudou a limitar esta prática. Ver Paul Finkelman, *An Imperfect Union: Slavery, Federalism, and Comity*, Clark: Lawbook Exchange, 2000, p. 58.
7. *Decisions at Chambers by Single Justices of the Supreme Court of the Hawaiian Islands*, Honolulu: Hawaiian Gazette Co., 1889, pp. 25-41.
8. Apesar de sua perda, Coffin continuou a defender calorosamente hispano-americanos e ensinou muitas expressões espanholas à sua filha Lucretia, que se tornaria uma proeminente abolicionista e sufragista. Ver Faulkner, *Lucrecia Mott's Heresy*.
9. AGN (Lima), registros de notário, Vicente de Aizcorbe, nº 72; 1802-3, ff. 642v-44.

Interlúdio: Um alegre repasto
1. Em *Billy Budd and Other Stories*, pp. 73, 78 e 79.

Capítulo 17: Noite do poder
1. Evelyn Underhill, *Mysticism: A Study in the Nature and Development of Man's Spiritual Consciousness*, Londres: Jack Books, 1980, pp. 81 e 86; Reynold Alleyne Nicholson, *The Mystics of Islam*, Londres: George Bell, 1914, p. 20; Samar Attar, *Debunking the Myths of Colonization: The Arabs and Europe*, Lanham: University Press of America, 2010, p. 62; Cheikh Anta Mbacké Babou, *Fighting the Greater Jihad: Amadu Bamba and the Founding of the Muridiyya of Senegal, 1853-1913*, Athens: Ohio University Press, 2007; Nile Green, *Sufism: A Global History*, Hoboken: John Wiley, 2012. E.E. Evans-Pritchard, *Witchcraft, Oracles and Magic among the Azande*, Londres: Oxford University Press, 1937, p. 2.
2. Ousman Murzik Kobo, *Unveiling Modernity in Twentieth-Century West African Islamic Reforms*, Leiden: Brill, 2012, p. 134; Lansiné Kapa, *The Wahhabiyya: Islamic Reform and Politics in French West Africa*, Evanston: Northwestern University Press, 1974, p. 49.
3. Existe apenas uma única versão em árabe do Corão, com muitas edições em inglês. Eu utilizei a tradução de Abdullah Yusuf Ali, *The Qur'an: Text, Translation*

and Commentary, Singapura: Muslim Converts' Association, 1946. Os registros do tribunal divergem quanto a se a rebelião ocorreu bem cedo na manhã de 27 ou 28 de dezembro de 1804. Do mesmo modo, há discrepâncias de dois dias entre a data atribuída por Delano e por Cerreño à rebelião. Mas Laylat al-Qadr pode cair nos últimos dez dias ímpares do ramadã: 28 de dezembro de 1804 se converte no calendário islâmico no 25º dia do ramadã de 1219. Ver Reis, *Slave Rebellion*, pp. 118-19, para uma comparação com a revolta Bahian Malê. Documentos portuários e de impostos encontrados em ANC (Santiago), Contaduría Mayor, 1ª ser., vols. 1993, 1998, 2335, 2338 e 2339, dão o itinerário do *Tryal* para 1804: julho, Lima para Valparaíso e portos ao Sul; setembro, Valparaíso para Lima, transportando, entre outras cargas, um escravo africano não identificado e uma mulher escrava não identificada trazidos por terra de Buenos Aires para serem vendidos em Lima; 3 de outubro, Lima para portos ao sul, inclusive Concepción; 20 de novembro, retorno de Concepción para portos ao Norte, transportando carga de trigo, banha, pranchas de cipreste e pinho, garrafas e barris de vinho, manteiga, queijo, orégano, nozes de pinho, galinhas e *fresadas*, ou biscoitos; 2 de dezembro, chegada a Valparaíso. Para a descrição do viajante do início do século XIX, Schmidtmeyer, *Travels into Chile*, p. 208.

4. W. Jeffrey Bolster, *Black Tars: African American Seamen in the Age of Sail*, Cambridge: Harvard University Press, 1998.
5. Concolorcorva, *El lazarillo*, pp. 250-51.
6. Para informações sobre os Cerreños de Calañas, ver os seguintes documentos em AMC (Calañas, Espanha: legajo 252 (resoluções diversas, 1827-94); legajos 202-3 (listas de milícia, 1771-1830); legajo 559 (donos de bens imóveis, A-L); legajo 560 (terras eclesiásticas arrendadas e outras); legajo 561 (listas de impostos cobrindo os anos 1760-1850); legajo 562 (a taxa *Unica Contribución* de 1771); legajo 1134 (registros diversos de divisões de propriedades e distribuição de herança); legajos 1129-30 (divisões de propriedades e distribuição de herança, 1762-72); legajos 1092-95; 1099-1100 (registros de notário, 1757-1804). Ver também Antonio Ramírez Borrero, *Calañas en la segunda mitad del s. XVIII*, Huelva: Diputación Provincial, 1995; José de la Puente, *Historia marítima del Perú: La independencia de 1790-1826*, parte 5, vol. 2, Lima: Editorial Ausonis, 1972, p. 168. Para o endividamento contínuo de Cerreño com credores peruanos, ver AGN (Lima), registros de notário, Francisco Munárriz, nº 453, f. 432 ("Obligación a Don Juan Ignacio Rotalde"). O primo de Cerreño, Ramón Marques, também estava envolvido no financiamento do *Tryal;* ver AGN (Lima), registro de notário, Vicente de Aizcorbe, nº 72, ff. 642v-644 r. Sobre a ajuda do primo de Cerreño para o financiamento, ver AGN (Lima), registro de notário, José

Escudero de Sicilia, nº 214, ff. 980r-98lv e 1048r-1049r. Sobre Cerreño ter sido tutor das filhas de Marques depois da morte deste, ver AGN (Lima), registro de notário, Francisco Munárriz, nº 453, f. 428r.

7. Henriette Lucie Dillon La Tour du Pin Gouvernet, *Journal d'une femme de cinquante ans*, vol. 2, Paris: Chapelot, 1912, p. 18; Alice Kenney, *The Gansevoorts of Albany: Dutch Patricians in the Upper Hudson Valley*, Syracuse: Syracuse University Press, 1969, pp. 80-107; *Albany Gazette*, 25 de novembro de 1793, reproduzido na *New York Daily Gazette*, 25 de novembro de 1793; "Examination of Bet Negro Female Slave of Philp S. Van Rensselaer, Esquire", New York State Library, Manuscripts and Special Collections; *Albany Chronicles: A History of the City Arranged Chronologically from the Earliest Settlement to the Present Time: Illustrated with Many Historical Pistures of Rarity and Reproductions of the Robert C. Pruyn Collection of the Mayors of Albany*, Albany: J. B. Lyon, 1906, p. 384.

8. Cristina Soriano, "Rumors of Change: Repercussions of Caribbean Turmoil and Social Conflicts in Venezuela (1790-1810)", dissertação de doutorado, New York University, 2011, p. 151.

9. Ada Ferrer, "Haiti, Free Soil, and Antislavery in the Revolutionary Atlantic", *American Historical Review* 117 (2012): 40-66.

10. *Letters on West Africa and the Slave Trade: Paul Erdmann Isert's Journey to Guinea and the Carlbbean Islands in Columbia (1788)*, trad. e ed. Selena Axelrod Winsnes, Oxford: Oxford University Press, 1992, p. 180.

11. Agradeço a Jennifer Lofkrantz, que numa comunicação pessoal me forneceu informações sobre a escravidão na legislação islâmica da África Ocidental.

Capítulo 18: A história do *San Juan*

1. María Luisa Laviana Cuetos, *Guayaquil en el siglo XVIII: Recursos naturales y desarollo económico*, Sevilha: CSIC, 1987, p. 292. Para as pessoas de cor livres e escravas nos estaleiros de Guayaquil, ver Lawrence Clayton, *Caulkers and Carpenters in a New World: The Shipyards of Colonial Guayaquil*, Athens: Center for International Studies, Ohio University, 1980. Os africanos ocidentais do *San Juan* poderiam ter chegado a Montevidéu em um dos seguintes navios: o *Rainbow*, que chegou em agosto de 1800 trazendo 91 escravos (AGN-A, Sala IX, 18-8-11; obrigado a Alex Borucki pela informação), ou no *Astigarraga*, de propriedade do comerciante de Montevidéu José Ramón Milá de la Roca, que chegou a Montevidéu em 15 de junho de 1800, trazendo 58 senegaleses. Ver AGI (Sevilha), Buenos Aires, 483 ("Testimonio de Ramón Milá de la Roca", 29 de maio de 1807), f. 11. Para a carga do *San Juan*, bem como seu codinome, *God's Blessing*, ver "Derechos

de Alcaldía" e "Derechos de Almojarifazgo" documentos em AGN (Buenos Aires), Sala XIII, 39-9-3, Aduana Montevideo, para os meses de setembro a novembro de 1800. Para Rotalde, ver Patricia Marks, *Deconstructing Legitimacy: Viceroys, Merchants, and the Military in Late Colonial Peru*, University Park: Penn State University Press, 2007, p. 32. Para Ollague, ver Ronald Escobedo Mansilla, Ana de Zaballa Beascoechea e Óscar Álvarez Gila, eds., *Comerciantes, mineros y nautas: Los vascos en la economía americana*, Bilbao: Servicio Editorial, Universidad del País Vasco, 1996, p. 86.

2. *Telégrafo Mercantil*, 16 de dezembro de 1801. Os arquivos coloniais franceses contêm nove documentos relacionados a essa revolta, datados de 1816, quando o dono peruano do navio se aproveitou da queda de Napoleão (e do "retorno da augusta Casa dos Bourbon ao trono de seus ancestrais, que restaurou o antigo relacionamento entre as monarquias da Espanha e da França") para obter compensação por sua perda. Ver Archives nationales d'outre mer (Aix-en-Provence, France), Fonds Ministeriel, Series Geographique, Senegal Papers, série 6, dossier 3. Uma menção ao acontecimento também é encontrada em "Correspondance du gouverneur Blanchot (François Emilie de Verly), gouverneur de Gorée et du Sénégal de 1786 á 1807, avec le ministre (an X/1808)", localizada em Fonds Ministerial, na subcategoria, Sénégal et Côtes d'Afrique–Sous-série C⁶ 1588/1810.

3. Eric Robert Taylor, *If We Must Die in This Way*, Baton Rouge: Louisiana State University Press, 2002, p. 172; ver também David Richardson, "Shipboard Revolts, African Authority, and the Atlantic Slave Trade", *William and Mary Quarterly* 58 (janeiro de 2001): 69-92.

4. *Letters on West Africa*, p. 176; Taylor, *If We Must Die*, p. 110. Johannes Postma, *The Dutch in the Atlantic Slave Trade, 1600-1815*. Nova York: Cambridge University Press, 2008, p. 167, escreve que a explosão foi causada por um disparo de canhão de um navio hostil.

5. Para Saint-Louis por volta dessa época, ver Howard Brown, "The Search for Stability", em *Taking L1berties: Problems of a New Order from the French Revolution to Napoleon*, ed. Howard Brown and Judith Miller, Manchester: Manchester University Press, p. 37. Ver também George Brook, *Yankee Traders, Old Coasters, and African Middlemen: A History of American Leglt1mate Trade with West Africa in the Nineteenth Century*, Boston: Boston University Press, 1970; Lucie Gallistel Colvin, *Historical Dictionary of Senegal*, Scarecrow Press / Metuchen, 1981, pp. 81-98. Para Charbonnier, ver Sylvain Sankalé, *À la mode du pays: Chroniques saint-lousiennes d'Antoine François Feuiltaine, Saint-Louis du Sénégal, 1788-1835*, Paris: Riveneuve, 2007; Léon Diouf, *Église locale et crise africaine: Le diocèse de Dakar*, Paris: Karthala, 2001; Joseph-Roger de Benoist, *Histoire de*

l'Eglise catholique au Sénégal du milieu du XVe slécle à l'aube du troisléme millénaire, Paris: Karthala, 2008; Martin Klein, "Slaves, Gum, and Peanuts: Adaptation to the End of the Slave Trade in Senegal, 1817-48", *William and Mary Quarterly* 66 (outubro de 1999): 895-914; Philip Curtin, *Economic Change in Precolonial Africa: Senegambia in the Era of the Slave Trade*, Madison: University of Wisconsin Press, 1975; James Searing, *West African Slavery and Atlantic Commerce: The Senegal River Valley, 1700-1860*, Cambridge: Cambridge University Press, 1993. Para espanhóis ainda tirando escravos de Sain-Louis, apesar da abolição, pelo menos antes da chegada de Charbonnier, ver AGI (Sevilha), Buenos Aires, 483 ("Testimonio de Ramón Mila, de la Roca", 29 de maio de 1807). Para o governo tumultuado de Charbonnier, ver Archives du Sénègal, Dakar, Sous-Série 3B 1 "Correspondence depart du Gouverneur du Sénègal à toutes personnes autres que le Ministre (1788-1893)" 3 B 1, documentos 91 a 104.
6. AGI (Sevilha), Lima, 731 ("Carta nº 445 dei virrey Marqués de Avilés a Miguel Cayetano Soler, ministro de Hacienda", 23 de abril de 1805).

Capítulo 19: A seita maldita de Maomé

1. Herb Klein, *The Atlantic Slave Trade*, Nova York: Cambridge University Press, 1999, pp. 5-6; Robin Blackburn, *The Making of the New World Slavery: From Baroque to the Modern, 1492-1800*, Londres: Verso, 1997, pp. 67-80; Stuart Schwartz, ed., *Tropical Babylons: Sugar and the Making of the Atlantic World, 1450-1680*, Chapel Hill: University of North Carolina Press, 2004.
2. John Esposito, *The Oxford Encyclopedia of the Modern Islamic World*, Nova York: Oxford University Press, 1995, p. 134; Aurelia Martín Casares, *La esclavitud en la Granada del siglo XVI: Género, raza, y religion*, Granada: Universidad de Granada, 2000, p. 435.
3. Federico Corriente, *Dictionary of Arabic and Allied Loanwords: Spanish, Portuguese, Catalan, Galician and Kindred Dialects*, Leiden: Brill, 2008, p. 36.
4. James Muldoon, *The Americas in the Spanish World Order: The Justification for Conquest in the Seventeenth Century*, Filadélfia: University of Pennsylvania Press, p. 24. Ver James Carroll, *Jerusalem, Jerusalem: How the Ancient City Ignited Our Modern World*, Boston: Houghton Mifflin Harcourt, 2011, 152-53; Karoline Cook, "Forbidden Crossings: Morisco Emigration to Spanish America, 1492-1650", PhD dissertation, Princeton University, 2008, pp. 84-87; Barbara Fuchs, *Mimesis and Empire: The New World, Islam, and European Identities*, Cambridge: Cambridge University Press, 2004, p. 74; Frank Graziano, *The Millennial New World*, Nova York: Oxford University Press, 1999, p. 25. A citação

no parágrafo anterior é de Francisco López de Gomara, *Histórica General de las Indias*, Caracas: Fundación Biblioteca Ayacuch, 1979, p. 31.

5. Vincent Barletta, *Covert Gestures: Crypto-Islamic Literature as Cultural Practice in Early Modern Spain*, Minneapolis: University of Minnesota Press, 2005, p. 3.
6. Cook, "Forbidden Crossings", p. 40.
7. Ver a discussão em Rudolph T. Ware, "The Longue Durée of Qu'ranic Schooling, Society and State in Senegambia", in *New Perspectives on Islam in Senegal: Conversion, Migration, Wealth, Power, and Femininity*, ed. Mamadou Diouf and Mara Leichtman, Nova York: Palgrave Macmillan, 2009, pp. 22-3. Mungo Park, viajando entre os muçulmanos fulbe nos anos 1790, escreveu que "no exercício de sua fé, contudo, eles não são muito intolerantes com seus compatriotas que ainda retêm suas antigas superstições" (*Travels in the Interior Districts of Africa*, Nova York: E. Duyckinck, 1813, p. 57). Ver também Paul Lovejoy, "Slavery, the Bilād al-Sūdān, and the Frontiers of the African Diaspora", in *Slavery on the Frontiers of Islam*, ed. Paul Lovejoy, Princeton: Markus Wiener, 2004, p. 16. Para "espíritos menores", ver Lansiné Kapa, "The Pen, the Sword, and the Crown: Islam and Revolution in Songhay Reconsidered", *The Journal of African History*, vol. 25, nº 3 (1984): 241-56. Ver também William Desborough Cooley, *The Negroland of the Arabs Examined and Explained: Or, An Inquiry into the Early History and Geography of Central Africa*, Londres: J. Arrowsmith, 1841, uma fascinante interpretação por um geógrafo inglês do século XIX de manuscritos clássicos árabes com séculos de idade descrevendo as relações entre os mercadores árabes e os africanos sub-saarianos, inclusive padrões de comércio, escravidão e conversão religiosa.
8. Joan Cameron Bristol, *Christians, Blasphemers, and Witches: Afro-Mexican Ritual Practice in the Seventeenth Century*, Albuquerque: University of New Mexico Press, 2007, p. 29. *The Christian Traveller: Western Africa: Being an Account of the Country and Its Products, of the People and Their Conditions, and of the Measures Taken for Their Religious and Social Benefit*, Londres: Charles Knight, 1841, p. 73.
9. André Alvares de Almada, *Brief Treatise on the Rivers of Guinea*, translated and edited by Paul Edward Hedley Hair, Liverpool: Department of History, University of Liverpool, 1984 [c.1594], pp. 19 e 46. Ver também uma edição portuguesa do século XIX de Alvares de Almada, *Tratado breve dos Rios de Guine' do Cabo-Verde ...*, Porto: Commercial Portuense, 1841.
10. Balthasar Barreira, "Achievements on the Coast of Guinea and Sierra Leon", in *Jesuit Documents on the Guinea of Cape Verde and the Cape Verde Islands, 1585-1617*, ed. and trans: P. E. H. Hair, Liverpool: University of Liverpool, 1989,

sect. 29, ch. 2, p. 6. Para o modo como a alfabetização foi disseminada ao longo do vale do rio Gâmbia por clérigos islâmicos itinerantes pouco depois do início do comércio de escravos no Atlântico, ver também André Alvares de Almada, *Brief Treatise on the Rivers of Guinea*, c. 1594, ed. and trans. P. E. H. Hair, Liverpool: University of Liverpool, 1984, p. 46; Theodore Canot, *Adventures of an African Slaves*, Mineola: Courier Dover, 2002, p. 180.

11. Terry Alford, *Prince among Slaves: The True Story of all African Prince Sold into Slavery in the American South*, Nova York: Oxford University Press, 1977.

12. O tratado de Sandoval foi publicado na Espanha em duas edições durante a vida dele. A primeira em 1627, e depois uma segunda, versão ampliada em 1646. As citações vêm de uma edição traduzida por Nicole von Germeten: Alonso de Sandoval, *Treatise on Slavery: Selections from De instauranda Aethiopum salute*, Indianapolis: Hackett Publishing, 2008. As citações e passagens relevantes são encontradas nas pp. 33, 56, 68, 113, 120 e 136.

13. Manuel Barcia, "'An Islamic Atlantic Revolution': Dan Fodio's Jihād and Slave Rebellion in Bahia and Cuba, 1904-1844", *Journal of African Diaspora, Archaeology, and Heritage*, vol. 2, nº 1 (maio de 2013): 6-17. Há algum debate quanto ao nível em que o sufismo pode ser considerado um movimento de "reforma". Ver Bernd Radtke e F. S. O'Fahey, "Neo-Sufism Reconsidered", *Der Islam* 70 (1993): 52-87; W. G. Clarence-Smith, *Islam and the Abolition of Slavery*, Nova York: Oxford University Press, 2006, p. 153; Lovejoy, "Slavery, the Bilād al-Sūdān, and the Frontiers of the African Diaspora", p. 15. Em *Benito Cereno*, Melville escreve que Babo, na África, era "escravo de um homem negro", um fato que não é citado no relato de Delano nem encontrado em outros registros históricos, sugerindo que ele tinha conhecimento da existência de escravidão entre africanos.

14. Thomas Ewbank, *Life in Brazil; or, A Journal of a Visit to the Land of the Cocoa and the Palm*, Nova York: Harper and Brothers, 1956, p. 439.

15. Rout, *African Experience*, p. 24; Charles Christian e Sari Bennett, *Black Saga: The African American Experience. A Chronology*, Nova York: Basic Civitas Books, 1998, p. 4; Jane Landers e Barry Robinson, eds., *Slaves, Subjects, and Subversives: Blacks in Colonial Latin America*, Albuquerque: University of New Mexico Press, 2006, p. 49.

16. Para a presença do islã na escravatura americana, ver a seguinte importante obra: Paul Lovejoy, "Muslim Freedman in the Atlantic World: Images of Manumission and Self-Redemption", in Lovejoy, ed., *Slavery on the Frontiers of Islam*, Princeton: Markus Wiener Publishers, 2004; Allan Austin, *African Muslims in Antebellum America: A Source Book*, Nova York: Garland, 1984; Edward Curtis, *Encyclopedia of Muslim-American History*, vol. 1, Infobase Publishing, 2010;

Rout, *The African Experience in Spanish America*; Michael A. Gomez, *Exchanging Our Country Marks: The Transformation of African Identities in the Colonial and Antebellum South*, Chapel Hill: University of North Carolina Press, 1998, e *The Black Crescent: The Experience and Legacy of African Muslims in the Americas*, Cambridge: Cambridge University Press, 2005; Sylviane Diouf, *Servants of Allah: African Muslims Enslaved in the Americas*, Nova York: New York University Press, 1997; e Vincent Thompson, *Africans of the Diaspora: Evolution of Leadership, 18th Century to 20th Century*, Lawrenceville: Red Sea Press, 2000. Para a ameaça ideológica do islã ao catolicismo, ver Cook, "Forbidden Crossings: Morisco Emigration to Spanish America, 1492-1650", e Fuchs, *Mimesis and Empire*, p. 74. Para percepções em primeira mão desta ameaça, ver, além da obra já citada, António Galvão, *Tratado dos descobrimentos antigos, e modernos...*, Lisboa: Officina Ferreiriana, 1731, e Gomes Eannes de Azurara (Gomes Eanes de Zurara), *Chronica do descobrimento e conquista de Guiné*, Paris: Aillaud, 1841; para o papel que a escravidão desempenhou na teologia islâmica, especialmente na África Ocidental durante a época das jihads, ver Lovejoy, "Slavery, the Bilād al-Sūdān, and the Frontiers of the African Diaspora"; Radtke and O'Fahey, "Neo-Sufism Reconsidered", *Der Islam* 70 (1993): 52-87; W. G. Clarence-Smith, *Islam and the Abolition of Slavery*; Nova York: Oxford University Press, 2006; Babou, *Fighting the Greater Jihad*, e David Robinson, *The Holy War of Umar Tal: The Western Sudan in the Mid-Nineteenth Century*, Oxford: Clarendon Press, 1985; para possível influência islâmica numa série de violentas revoltas de escravos em Cuba durante as primeiras décadas dos anos 1800, ver Manuel Barcia, *Seeds of Insurrection: Domination and Slave Resistance on Cuban Plantations*, Baton Rouge: Louisiana State University Press, 2008. O estudo de João José Reis da rebelião na Bahia em 1835 é um estudo crucial sobre a maior revolta urbana de escravos da história americana: *Slave Rebellion in Brazil: The Muslim Uprising of 1835 in Bahia*, trad. Arthur Brakell, Baltimore: Johns Hopkins University Press, 1997. Reis fez uma ligeira revisão de sua posição anterior com relação à centralidade do islã na rebelião da Bahia: os muçulmanos sem dúvida foram líderes dos rebeldes, mas ele agora enfatiza "uma racionalidade étnica guiando a ação coletiva deles". Depois que a rebelião foi sufocada, as autoridades brasileiras escolheram os muçulmanos para serem punidos: "os muçulmanos tinham sido fortemente atingidos pela repressão em 1835, a religião se tornou estritamente proibida, enquanto que centenas de escravos muçulmanos foram vendidos para o Sul, muçulmanos livres foram deportados ou partiram espontaneamente para a África, enquanto outros migraram para o Rio de Janeiro e outras cidades mais ao sul. Embora alguns muçulmanos na Bahia ainda estivessem ativos na segunda metade do século, o islã não conseguiu adesão entre os mestiços, e acabou por desaparecer como religião organizada..."; Reis, "American Counterpoint: New Approaches to Slavery and Abolition in Brazil", estudo apresentado na conferência anual do Centro Gilder Lehrman da Universidade de Yale, 29 e 30 de outubro de 2010, disponível em http://www.yale.edu/glc/brazil/papers/reis-paper.pdf.

Interlúdio: O abominável, desprezível Haiti

1. Eric Foner, *The Fiery Trial: Abraham Lincoln and American Slavery*, Nova York: Norton, 2010.
2. Patrick Geggus e Norman Fiering, *The World of the Haitian Revolution*, Bloomington: Indiana University Press, 2009, p. 320; David S. Reynolds, *Mightier Than the Sword*: Uncle Tom's Cabin *and the Battle for America*, Nova York: Norton, 2011, p. 75; Matthew Clavin, *Toussaint Louverture and the American Civil War: The Promise and Peril of a Second Haitian Revolution*, Filadélfia: University of Pennsylvania Press, 2009, pp. 41-3.
3. Ver "At the First Performance of Lamartine's Play in Paris", *North Star*, 13 de junho de 1850. Ver também "Toussaint L'Ouverture", *North Star*, 13 de junho de 1850; "Toussaint L'Ouverture", *Frederick Douglass' Paper*, 4 de setembro de 1851; "Isaac Toussint L'Ouverture, Son of the Haitian Negro General", *Frederick Douglass' Paper*, 25 de novembro de 1854. O próprio Douglass se recusava a discutir o Haiti e sua revolução em detalhes até sua visita ao país em 1861. Antes disso, ele reservava o tópico para "certas plateias para evitar conjurar imagens de uma guerra racial". Ver Clavin, *Toussaint Louverture*, p. 218; *Frederick Douglass: Selected Speeches and Writings*, ed. Philip Foner e Yval Taylor, Chicago: Chicago Review Press, 2000. O estudioso Robert Wallace recentemente defendeu uma tese convincente sobre a influência importante, mas secreta, que Douglass teve sobre Melville, que incorporou ideias e imagens de discursos do ex-escravo e abolicionista em seus escritos. Ver *Douglass and Melville: Anchored Together in Neighborly Style*, New Bedford: Spinner Publications, 2005. Ver pp. 110-18 para a comparação entre os usos de Douglass e Melville da metáfora do vulcão, bem como outras influências que Douglass pode ter tido em *Benito Cereno*.
4. Eric J. Sundquist, *To Wake the Nations: Race in the Making of American Literature*, Cambridge: Belknap, 1998, p. 170.
5. Numa comunicação pessoal, Hershel Parker diz que acredita que Melville estivesse em sua casa em Pittsfield, Massachusetts, no dia 26 de fevereiro de 1855. Elliott (às vezes escrito Elliot) não comparou explicitamente o Haiti ao Sul. Mas o *Times* o fez em sua crítica da palestra: "Seus homens, seus escravos, seus bens

– têm dentro de si a velha, humana e inextinguível paixão por Liberdade"; o descontentamento dos escravos "não se mostra agora" e nem o fez por muito tempo em "Santo Domingo". O estudo até reciclava a metáfora de Frederick Douglass para advertir os escravos sobre "o vulcão no qual vocês residem". ("Touissant L'Ouverture – Lecture by C. W. Elliott". *New York Times*, 27 de fevereiro de 1855, Nova York: J. A. Dix, 1855.) Ver também "The Danger to the South", *New York Times*, 9 de maio de 1855, e C. W. Elliott, *Heroes Are Historic Men: St. Domingo, Its Revolution and Its Hero, Touissant Louverture. An Historical Discourse Condensed for the New York Library Association, 26 de fevereiro de 1855*, Nova York: J. A. Dix, 1855. Elliott era amigo e colega de Frederick Law Olmsted – os dois homens logo trabalhariam juntos para projetar o Central Park, em Nova York – e foi Olmsted quem fez a revisão de *Benito Cereno* para a *Putnam's Monthly*.

Capítulo 20: Desespero

1. Delano, *Narrative*, pp. 277 e 299.
2. A menção ao pé deformado de William vem de Hoyt Papers, em DRHS. Um agradecimento para Carolyn Ravenscroft.
3. Delano, *Narrative*, pp. 420-21.
4. François Péron, *King Island and the Sealing Trade*, 1802, Canberra: Roebuck Society, 1971, p. 14.
5. Marjorie Tipping, *Convicts Unbound: The Story of the Calcutta Convictas and Their Settlement in Australia*, Ringwood Penguin Books Australia, 1988; Robert Knopwood, *The Diary of the Reverend Robert Knopwood, 1803-1838*, Hobart: Historical Research Association, 1977, p. 47; F. M. Bladen, ed., *Historical Records of New South Wales*, vol. 5, Sydney: N.S.W. Government, 1895, pp. 172-77, 186-97, 225, 263, 813-15; William Joy, *The Exiles*, Sidney: Shakespeare Head Press, p. 52; James Backhouse Walker, *Early Tasmania: Papers Read before the Royal Society of Tasmania during the Years 1888 to 1899*, Hobart: The Society, 1902, p. 45.
6. Delano, *Narrative*, p. 430; C. H. Gill, "Notes on the Sealing Industry of Early Australia", *Journal of the Royal Historical Society of Queensland* 8 (1967): 234; Patsy Adam Smith, *Moonbird People*, Sydney: Rigby Limited, 1965, p. 41.
7. Walker, *Early Tasmania*, pp. 41-2.
8. *Sydney Gazette*, 19 de agosto de 1804.
9. Ibid., 22 de abril de 1804; 19 de agosto de 1804; 26 de agosto de 1804; 2 de setembro de 1804 e 7 de outubro de 1804, relatou os movimentos do *Perseverance e do Pilgrim* em Nova Gales do Sul.

10. Juan Fernández era usada como colônia penal e, como Delano e seus homens chegaram justo no meio de uma série de fugas, os espanhóis não queriam estrangeiros na ilha. Ver Benjamín Vicuña Mackenna, *Juan Fernández, historia verdadera de la isla de Robinson Crusoe*, Santiago: R. Jover, 1883, p. 308; Ralph Lee Woodwar, *Robinson Crusoe's Island: A History of the Juan Fernández Islands*, Chapel Hill: University of North Carolina Press, 1969; José Toribio Medina, *Cosas de la colonia: Apuntes para la cronica del siglo XVIII en Chile*, Santiago: Fondo Histórico y Bibliográfico José Toribio Medina, 1952, pp. 100, 266-67.

11. Delano, *Narrative*, pp. 467-68. Por um momento, pareceu que nem Amasa nem seu irmão "de pé deformado" iriam sobreviver. Olhando para trás, Amasa viu seu irmão com uma pesada jaqueta de marinheiro, "lutando duramente para se manter à tona" num suporte de madeira "com seu pé manco e os braços com os movimentos limitados". Então ele se virou em direção ao *Pilgrim*, ao longe, para ver seu outro irmão, Samuel, correndo para lá e para cá de um mastro para outro. Naquele momento de pânico, Delano se acalmou pensando em baleias. "Como a fêmea de algumas espécies quando seu filhote é apanhado enfrenta todos os arpões e lanças que podem ser usados para sua destruição, até que sua cria dê o último suspiro, e só então a mãe desaparece." Delano sabia que enquanto o irmão que estava diante dele continuasse com sua observação frenética, o "irmão atrás dele" ainda estava à tona. Se Samuel saísse do convés, então William "teria se afogado". Amasa então refletiu serenamente sobre o que aconteceria com ele se morresse, levando embora seu mundo de aflição: "Para mim mesmo eu não conseguia ver que a vida tivesse tão grande importância, uma vez que eu já tinha sofrido tantas dificuldades e privações, e presenciado muitas cenas terríveis de injustiça, ingratidão e decepção." A cena é ligeiramente semelhante a uma das passagens mais comoventes de *Moby-Dick*, em um capítulo intitulado "A Grande Armada", em que em meio a uma caçada frenética Ishmael, no baleeiro do *Pequod*, se vê no meio de um bando de baleias amamentando: "Muito abaixo deste mundo maravilhoso na superfície, um outro mundo ainda mais estranho se revelava diante de nós quando olhávamos pela borda. Pois suspensas naquelas águas profundas flutuavam as formas de baleias que amamentavam seus filhotes, e outras que pela enorme circunferência pareciam que em breve se tornariam mães. O lago, como sugeri, era até uma profundidade considerável extremamente transparente; e como os bebês humanos enquanto mamam olham calma e fixamente para longe do seio, como se levassem duas vidas diferentes ao mesmo tempo, e enquanto ainda sugam o alimento, podem estar se deleitando espiritualmente com alguma reminiscência extraterrena; assim também os filhotes daquelas baleias pareciam olhar na nossa direção, mas não para nós, como se não passássemos de pedaços

de algas para seus olhos recém-nascidos. Flutuando ao lado deles, as mães também pareciam silenciosamente nos observar." A cena acalma Ishmael, do mesmo modo que pensamentos de uma baleia com seu filhote acalmaram Amasa. "E assim, embora cercadas por cículos e mais círculos de consternação e temor, essas criaturas inescrutáveis no centro, livre e destemidamente se permitiam ocupações pacíficas; sim, serenamente se entregavam ao carinho e prazer. Mas mesmo assim no tempestuoso Atlântico do meu ser, eu me imobilizo e me apresento em calma muda: e enquanto pesados planetas de aflições crescentes giram ao meu redor, bem lá no fundo e bem lá dentro continuo a me banhar na eterna suavidade da alegria."

12. Para Rufus Low no *Essex*, ver Biblioteca do Congresso, "Sailing Master Rufus Low's Journal", Edward Preble Papers; George Henry Preble, *The First Cruise of the United States Frigate Essex*, Salém: Essex Institute, 1870, p. 43; Christopher McKee, *Edward Preble: A Naval Biography, 1761-1807*, Annapolis: Naval Institute Press, 1996, p. 81.

Capítulo 21: Ilusão

1. Rogers, *Cruising Voyage*, p. 145.
2. Ibid., p. 146.
3. Para a ilha Santa María, ver ANC (Santiago), Capitanía General, vol. 772, nº 5 (1804); Capitanía General, vol. 522, nº 22 (1757); Real Audiencia, vol. 3.000, nº 279 (1665); Real Audiencia, vol. 3.030, nº 36 (1637). Também em AGI (Sevilha), em Chile 25 e 221, correspondencia, existem documentos descrevendo o temor da Espanha, em 1804, de perder a ilha para os piratas e contrabandistas britânicos.
4. Melville, *Benito Cereno*, p. 161.
5. Pesquisadores têm ressaltado a tradição do trapaceiro entre afro-americanos, que mantiveram vivas as fábulas orais sobre seres humanos astutos e animais espertos, como o Coelho Brer, que usam a sua inteligência para ludibriar os poderosos. As histórias, contadas à noite ao redor da fogueira, remontavam a suas origens em comunidades camponesas e pastoris na África e não só permitiam aos escravos rir de seus senhores, mas também ensinar estratégias de sobrevivência para as gerações seguintes, como usar a espertaza e o logro como armas. Ver Larry E. Hudson, *Walking toward Freedom: Slave Society and Domestic Economy in the American South*, Rochester: University of Rochester Press, 1994, pp. 150-52; Lawrence Levine, *Black Culture and Black Consciousness: Afro-American Folk Thought from Slavery to Freedom*, Nova York: Oxford University Press, 1978, p.

125. Sterling Sluckey explicitamente liga Babo de *Benito Cereno* ao Coelho Brer: "O jogo de ironia que informa as atividades de Babo (...) é exatamente o mesmo adotado pelo Coelho Brer em sua expressão afro-americana. (...) O que é certo é que Babo se parece tanto como o Coelho Brer que é perfeitamente lógico que ele venha do Senegal, um próspero irradiador de histórias da lebre africana, o modelo ancestral do Coelho Brer." Tanto o Coelho Brer quanto Babo são ligados a um "sentido compartilhado de retidão moral, que os leva a se tornarem forças de retribuição que punem sem sentimentalismo os representantes da cobiça e da crueldade" (*Going through the Storm: The Influence of African American Art in History*, Nova York: Oxford University Press, 1994, pp. 165 e 167). Babacar M'Baye, em *The Trickster Comes West: Pan-African Influence in Early Black Diasporan Narratives*, Jackson: University Press of Mississippi, 2009, examina a influência do folclore senegalês, particularmente aquele associado aos wolof, na cultura afroamericana.
6. Sobre o islã e ideias de escravidão e liberdade, ver William Gervase Clarence-Smith, *Islam and the Abolition of Slavery*, Londres: Hurst and Co., 1988, pp. 1-4, 19-25, 152-54, 223-29; Franz Rosenthal, *The Muslim Concept of Freedom prior to the Nineteenth Century*, Leiden: Brill, 1960, pp. 32, 110-12; Paul Lovejoy, "The Context of Enslavemenl in West Africa: Ahmad Baba and the Ethics of Slavery", *Slaves, Subjects, and Subversives*, ed. Landers and Robinson, pp. 9-38.
7. Delano, *Narrative*, pp. 324-25.

Capítulo 22: Retaliação

1. As citações deste capítulo são encontradas em Delano, *Narrative*, pp. 325-28. Para a evolução do seguro marítimo, ver Jonathan Levy, *Freaks of Fortune: The Emerging World of Capitalism and Risk in America*, Cambridge: Harvard University Press, 2012. Sobre o *Zong*, ver Jane Webster, "The *Zong*, in the Context of the Eighteenth-Century Slave Trade", e James Oldham, "Insurance Litigation Involving the *Zong* and Other British Slave Ships, 1780-1807", ambos no *Journal of Legal History* 28 (dezembro de 2007): 285-98 e 299-318. Ver também Ian Baucom, *Specters of the Atlantic: Finance Capital, Slavery, and the Philosophy of History*, Durham: Duke University Press, 2005.

Capítulo 23: Condenação

1. Delano, *Narrative*, pp. 328.
2. Darwin, *Journal of Researches*, vol. 2, pp. 46-7.

3. Guillermo I. Castillo-Feliú, *Culture and Customs of Chile*, Westport: Greenwood, 2000, p. 27; Sergio Villalobos, *Tradición y reforma en 1810*, Santiago: RIL Editores, 2006, p. 199; Diego Barros Arana, *Historia general de Chile*, Santiago: Editorial Universitaria, 2002, vol. 8, p. 15; "Observaciones sobre los serviles anarquistas de Córdova de la Plata", *Década Araucana*, 12 de julho de 1825, p. 5.
4. AGP (Mendoza), Censo paroquial mes de setiembre de 1777, pasta 28, documento 2.
5. Moulton, *Concise Extract*, p. 83. Rozas mais tarde faria amizade com outro americano, Procopio Pollock, um maçom da Filadélfia e médico de bordo no *Warren* que pregava o republicanismo por meio de sua clandestina *Gazeta de Procopio*, que traduzia notícias revolucionárias e propagandas para o espanhol.
6. Aqui, "guerra" é tradução para *"hicieron armas contra los Americanos"*.
7. Os crimes mais comuns que faziam com que um condenado fosse mandado para Valdivia eram deserção, roubo, assassinato e vadiagem, com a população carcerária da prisão dividida, grosso modo, entre espanhóis e mestiços, com alguns índios. No início de 1804, não havia africanos nem descendentes de africanos entre os presos. Ver ANC (Santiago), Real Audiencia, vol. 2.470 ("Relación que manifiesta los desterrados que se hallan en las obras de plaza, y presidio de Valdivia").
8. AGC (Santiago), Capitanía General, vol. 873 ("Expediente formado ante la Intendencia de Concepción relativo a la construcción de un tabladillo en el Cuartel de Dragones de Concepción").
9. Hernán San Martín, *Nosotros los Chilenos*, Santiago: Editora Austral, 1970, p. 251.
10. Barros Arana, *Historia general*, vol. 8, p. 78, para *Bostonés*.
11. ANC (Santiago), Contaduría Mayor, lst ser., vol. 1.634, ff. 334-35.

Interlúdio: A maquinaria da civilização
1. Newton Arvin, *Melville*, Nova York: Sloane, 1950, p. 180, para "egoísmo selvagem".
2. Jeremy Harding, "Call Me Ahab", *London Review of Books*, 31 de outubro de 2002.

Capítulo 24: Lima ou a lei da avaria grossa
1. Para as descrições de Callao, ver George Peck, *Melbourne, and the Chincha Islands with Sketches of Lima, and a Voyage Round the World*, Nova York: Scribner, 1854, pp. 142-45; Gilbert Farquhar Mathison, *Narrative of a Visit to Brazil, Chile, Peru, and the Sandwich Islands*, Londres: Bentley, 1825; Proctor, *Narrative of a Journey*, William Bennet Stevenson, *Historical and Descriptive Narrative of Twenty Years' Residence in South America*, Londres: Longman, 1829.

2. Charles Walker, *Shaky Colonialism: The 1746 Earthquake-Tsunami in Lima, Peru, and Its Long Aftermath*, Durham: Duke University Press, 2008, p. 10.
3. Hugh Salvin, *Journal Written on Board of His Majesty's Ship Cambridge, from January, 1824, to May, 1827*. Newcastle: Walker, 1829, p. 30. Salvin aqui talvez erroneamente atribua os esqueletos como pertencentes às vítimas de forças realistas durante a Guerra da Independência, uma vez que o que ele descreve é quase idêntico ao que Delano havia visto anos antes daquela guerra.
4. Delano, *Narrative*, pp. 487-88.
5. Peck, *Melbourne*, p. 150.
6. Delano, *Narrative*, p. 494.
7. Bernabé Cobo, *Historia de la fundación de Lima*, Lima: Imprenta Liberal, 1882, p. 56.
8. Delano, *Narrative*, p. 494.
9. AGN (Lima), Real Hacienda Caja Real, legajo 1931, caderno 1630, para as vestimentas *de los negros del rey*.
10. Durante meses, Cerreño foi dado como morto e seu navio como perdido; seus credores haviam dado entrada nos documentos para recuperar seu investimento através de uma espécie de apólice de seguro real. Ver ACH (Lima), signatura GO-BI 2 legajo 91, expediente 775.
11. Para reivindicações feitas com relação à carga de Aranda pela sua mulher, Carmen Maza, e seu sogro, Isidro Maza, ver AGP (Mendoza), registros de notário, José de Porto y Mariño, nº 152, ff. 46-7 ("Transcripción del poder de don Isidro Sainz de la Maza"), e ff. 91v-92v ("Transcripción del poder del 27 de julio de 1805 de doña María del Carmen Maza"). Para Nonell, ver AGN (Buenos Aires), registros de notário, Inocencio Agrelo, nº 6, ff. 387-88 ("Poder de Don Juan de Nonell a favor de Don Antonio de Estapar"); AGN (Lima), registros de notário, José Escudero de Sicilia, nº 214, ff. 660-63, 715v-719, 1177v, 1182. Para a dívida de Cerreño, ver AGN (Lima), registros de notário, José Escudero de Sicilia, nº 214, ff. 660-63, 715v-719, 1177v, 1182. Para o debate de Cerreño, ver AGN (Lima), notário, José Escudero de Sicília, nº 214, ff. 660-63, 715v-719, 1048r-1949r, 1177v; AGN (Lima) TC-GO 2, legajo 13, expediente 612 ("José Escudero de Sicilia, escribano mayor del Real Tribunal del Consulado de Lima, solicita la cancelación de cantidad de pesos por las costas obradas en los autos de la avería gruesa que sufrió la fragata Trial, por la sublevación de una partida de negros"); e AGN (Lima), TC-JU, legajo 182, expediente 519 ("Ante el Real Tribunal del Consulado de Lima").
12. Michael Lobban, "Slavery, Insurance, and the Law", *Journal of Legal History* 28 (dezembro de 2007): 320-22; Tim Armstrong, "Slavery, Insurance, and Sacrifice

in the Black Atlantic", in *Sea Changes: Historicizing the Ocean*, ed. Bernhard Klein e Gesa Mackenthun, Nova York: Routledge, 2004.

13. AGN (Lima), Real Hacienda, legajo 1033, cuaderno 1632, 1805.
14. Orlando Patterson, *Slavery and Social Death: A Comparative Study*, Cambridge: Harvard University Press, 1982, pp. 5 e 331. Muitas destas vendas estão em AGN (Lima), registro de notário, Manuel Malarin, nº 390. Ver especialmente ff. 555, 571, 574, 620, 667 e 673. Ver também AGN (Lima), Cabildo-Causas Civiles (CA-JO 1), legajo 158, expediente 2994; legajo 153, expediente 280; e legajo 154, expediente 2848.

Capítulo 25: A *Ditosa*

1. AGN (Lima), TC-JU l, legajo 182, expediente 519 ("Autos seguidos por Miguel de Monrreal, capitán y ex maestre de la fragata 'Trial'") 25 de setembro de 1806; AGN (Lima), Real Hacienda, legajo 1036, expediente 1635.
2. AGN (Lima), Real Audiencia, Tierras y Haciendas, legajo 21, cuaderno 133, f. 44 ("Testimonio del Inventario de la Hacienda de Humaya"), e AGN (Lima), signatura C-13, legajo 25, expediente 31 ("La Administración e Intendencia de Temporalidades con Benito Cerreño"). Ver também AA (Lima), Parroquia del Sagrario (Catedral): Libros de Matrimonios, nº 11 (1785-1846), f. 125; AA (Lima), Parroquia del Sagrario, Indice de Pliegos Matrimoniales, nº 4 (1791-1814), 21 de abril de 1805, f. 1v.
3. Em 1823, o Senado de um Chile independente votou com unanimidade para abolir imediatamente a escravatura, sem qualquer período de aprendizagem ou compensação a ser paga aos donos de escravos. A medida, escreve Robin Blackburn, foi "mais radical" que a abolição gradual intermediada pelos tribunais que havia ocorrido nos estados ao norte da Linha Mason-Dixon, nos Estados Unidos (Blackburn, *The Overthrow of Colonial Slavery, 1776-1848*, Londres: Verso, 1988, p. 358). A escravidão no Chile não era uma instituição tão profundamente enraizada como o era no Peru, no Brasil, ou mesmo na Argentina, onde levou mais tempo para ser abolida. Havia entre dez e doze mil africanos ou pessoas de descedência africana no Chile, cerca da metade dos quais eram escravos; a maioria vivia dentro ou nos arredores de Santiago ou mais ao norte. Numa cidade sulista como Concepción, eram os índios que costumavam ser escravizados. Ver Simon Collier e William F. Slater, *A History of Chile, 1808-2002*, Cambridge: Cambridge University Press, 2004, p. 42. Para a importância de Rozas como jurista, ver Fernando Campos Harriet, "Don Juan Martínez de Rozas, jurista de los finales del periodo indiano", *VII Congreso del Instituto Internacional de Historia del*

Derecho Indiano, Buenos Aires, *1 al 6 de agosto de 1983*, Buenos Aires: Pontificia Universidad Católica, 1984.
4. Peter Blanchard, *Under the Flag of Freedom: Slave Soldiers and the Wars of Independence in Spanish South America*, Pittsburgh: University of Pittsburgh Press 2008, pp. 92-7, 103.
5. Diego Barros Arana, *Historia general de Chile*, vol. 9, Santiago: Editorial Universitaria, 2002, pp. 85-8; *Memorias, Diarios y Crónicas*, vol. 2, ed. Felix Denegri Luna, Lima; Comisión nacional del sesquicentenario de la Independencia del Peru, 1975, p. 589. "James Paroissien, anotaciones para un diario" (18 de agosto de 1820-19 de março de 1821), *Colección de obras y documentos para la historia argentina: Guerra de la independencia*, vol. 17, parte 1, Buenos Aires: Senado de la Nación, 1963, p. 32.
6. Basil Hall, *Extracts from a Journal Written on the Coasts of Chili, Peru, and Mexico, in the Years 1820, 1821, 1822*, vol. 1, Londres: Constable and Co., 1824, p. 90.
7. Hall, *Extracts*, pp. 219-20.
8. Centro de Estudios Militares del Perú, Sección Archivos y Catálogos, tomo 1: 1821-23, legajo 2, document 6; legajo 17, document 274; *Gaceta de Gobierno de Lima*, 22 de janeiro de 1817.
9. Robert Maclean y Estenós, *Sociologia Peruana*, Lima: Librería Gil, 1942, p. 154; AGN (Lima), registro de notário, Pedro Seminario, nº 776, f. 181 (17 de abril de 1852).
10. William Edward Gardner, *The Coffin Saga: Nantucket's Story, from Settlement to Summer Visitors*, Cambridge: Riverside Press, 1949, p. 168.

Capítulo 26: Solidão
1. Houghton Library, Harvard University, "Perseverance (Ship). Logbook, 27 Jan-24 Jul 1807" (MS Am 465.5).
2. Notas sobre o elogio foram publicadas em jornais por todo o nordeste. Ver, por exemplo, o *Portsmouth Oracle*, 22 de agosto de 1807, e o *United States Gazette*, 21 de agosto de 1807.
3. Registros da Suprema Corte de Justiça de Massachusetts (Boston) mostram que Delano começou a deixar de pagar suas dívidas em 1797. Ele devia pelo menos $500 a três homens. Ver Turner V. Delano, Supreme Judicial Court for Plymouth Counter, maio de 1799, Record Book Summary. Ver também DRHS, Delano Papers, series 3, box 2, folder 2, "Summons for Amasa Delano to appear in Plymouth Court of Common Pleas", 9 de fevereiro de 1799, "Summons for Amasa Delano to appear in Plymouth Court of Common Pleas", 7 de julho de 1799;

"Martin Bicker and Others Recover Damages from Amasa Delano", 3 de abril de 1798; "Bond of Arbitration between Amasa Delano and Timothy Parsons to Settle Dispute", 25 de fevereiro de 1798. Um processo de cobrança de dívida envolvia Sally Rutter, uma mulher que ele afirmava nunca ter conhecido que dizia ser a executora do testamento de James Blake, que havia participado da segunda viagem do *Perseverance*. Blake morreu antes de voltar aos Estados Unidos, mas Rutter dizia que tinha em mãos um recibo que Delano tinha dado a ele em Cantão no valor de $1.608. Blake e seu amigo do peito Phineas Trowbridge tinham sido excepcionalmente problemáticos para os irmãos Delano. Eles estavam "sempre tramando alguma coisa", de acordo com testemunho prestado pelo primeiro imediato de Delano. Deixados em Más Afuera para caçar focas, eles viviam "apenas os dois juntos" e conspiravam para roubar de Delano milhares de dólares em peles. Rutter também afirmava que, antes de partir, Delano tinha tomado emprestados de Blake $1.400 como capital inicial para a viagem, prometendo um retorno de $28.000 após o término da viagem. O Tribunal de Justiça ordenou que Delano pagasse a Rutter $2.198,05, mais custas judiciais de $32,60, e a decisão foi matida em apelo na Suprema Corte. Não existe nenhuma prova de que Delano tenha cumprido a decisão; o fato de não ter comparecido à última audiência significa que ele provavelmente seria preso. Ver Supreme Judicial Court for Suffolk County, Amaso Delano, in Review v. John & Sally Rutter, Executors of the Estate of James Blake; file papers, docket no. 348. Para a dívida em Boston, ver Port Society of Boston and Its Vicinity, *Report of the Managers of the Port Society of the City of Boston and Its Vicinity*, Boston: H. Eastburn, 1836, p. 13; Charles Sellers, *The Market Revolution*, Nova York: Oxford University Press, 1992, p. 87.

4. Harvard Law Library, Small Manuscript Collecton, Judge Story Papers.
5. Informações sobre esta fase da vida de Delano vêm de várias fontes: Censo de 1810, Boston, Ward 11, Suffolk, p. 107, line 33; National Archives micropublications, 252, roll 21; *The Boston Directory; Containing the Names of the Inhabitants*, Boston: Edward Cotton, 1809, p. 47 (ver também 1810 ed., p. 63). O pai de Delano morreu em 1814, deixando para ele a sua casa, terras e gado, bem como dois bancos na capela para o caçula, William, que na época havia constituído família. Amasa, que não tinha filhos, herdou $200, mas o dinheiro foi imediatamente para seus credores. Samuel recebeu $500 e cada uma das três irmãs Delano, Irene, Abigail e Elizabeth, herdou $100. Informações do espólio Probate nº 6321, Estate of Samuel Delano, d. 6 de novembro de 1814, e Plymouth County Registry of Deeds, book 70, p. 148, resumido em notas disponíveis em DRHS. Ver também DRHS, Delano Papers, box 8, folders 17 e 18 para as "contas" de Delano com Weston.

6. Franklin D. Roosevelt Presidential Library, Hyde Park, Nova York, Frederic Delano Papers, troca de cartas entre Amasa Delano e o secretário de Estado John Quincy Adams, dezembro de 1817.
7. Para "propósito mais banal", ver Perry Miller, *Errand into the Wilderness*, Cambridge: Harvard University Press, 1984, pp. 66-7.
8. Sellers, *Market Revolution*, p. 87; Bruce Mann, *Republic of Debtors: Bankruptcy in the Age of American Independence*, Cambridge: Harvard University Press, 2009. O progresso da vida de Delano, conforme ele o relata em *A Narrative*, se parece muito com *Israel Potter*, de Melville, publicado pouco antes de *Benito Cereno*, que narra a história de uma vida que começa "gloriosamente", mas não chega a "lugar nenhum", a de um veterano da guerra revolucionária, que "demonstra ter pouca flexibilidade, pouca capacidade de resiliência (depois de uma série de derrotas), mas uma capacidade quase infinita de sofrer e e resistir". A história começa com Potter deixando sua fazenda para combater na Batalha de Bunker Hill, uma batalha que Melville descreve em termos ignóbeis: Potter fica perplexo com a "densa multidão e confusão" do campo de batalha e começa a golpear com a coronha de seu rifle a torto e a direito, como os "caçadores de focas na praia" usam os porretes. Ele olha para baixo e pensa ter visto uma espada sendo erguida contra ele. Mas a arma está numa mão presa a um braço decepado. Depois da batalha, Potter é catapultado para o centro da política. Ele conspira com Benjamin Franklin na França, luta ao lado de John Paul Jones, tenta ajudar Ethan Allen a fugir da prisão, e até conhece o rei George. Mas ele está perdido nos labirintos da história do mesmo modo que Amasa esteve no palácio real em Lima. Melville encerra a história trazendo Potter de volta, depois de um exílio de meio século, no dia 4 de julho de 1826, para Bunker Hill, onde uma multidão está reunida para ver um monumento pronto sendo inaugurado. Mas, em vez de ser reconhecido como um Filho da Liberdade, Potter quase é atropelado por um "carro de triunfo patriótico" com uma bandeira bordada em dourados, celebrando os veteranos da batalha. Ele volta para a casa de seu pai, mas lá também ninguém o reconhece. Incapaz de convencer o governo a lhe pagar uma pensão, ele morre sem um tostão; "suas cicatrizes foram sua única medalha". Para as descrições de *Israel Potter*, ver Andrew Delbanco, *Herman Melville: His World and Work*, Nova York: Knopf, 2005, p. 226; Parker, *Herman Melville: A Biography*, vol. 2, p. 224.
9. DRHS, Delano Papers, ser. 1, box 1, folder 5, Samuel Delano Jr. to Samuel Delano III, 21 de março de 1820; DRHS, Delano Papers, ser. l, box 1, folder 5, Samuel Delano Jr. ao Captain Henry Chandler, 11 de dezembro de 1832.
10. DRHS, Delano Papers, ser. l, box 8, folder 14, Amasa a Samuel Delano Jr., 7 de setembro de 1821. Para as finanças de Samuel, ver DRHS, Delano Papers, ser. 3,

box 2, folder 2, "Attachment of Goods and Estate of Samuel Delano Jr.", 22 de julho de 1822, e "Settlement of Grievance between Samuel Delano Jr. and G. W. Martin", 21 de abril de 1823.

11. Daniel Walker Howe, *What Hath God Wrought: The Transformation of America, 1815-1848*, Nova York: Oxford University Press, 2009, p. 617.
12. *Speeches and Address of Peleg Sprague*, Boston: Phillips, Samson, 1858, p. 452.
13. MA (Boston), Judicial Archives, docket nº 27093, vols. 121 (pp. 300 e 464); 121-1 (p. 37); 172 (p. 104); 193 (p. 226); 207 (p. 170).

Epílogo: Os Estados Unidos de Herman Melville

1. Daniel Johnson e Rex Campbell, *Black Migration in America: A Social Demographic History*, Durham: Duke University Press, 1981; John Russell Rickford, *Spoken Soul: The Story of Black English*, Hoboken: John Wiley, 2002, p. 138; Walter Johnson, "King Cotton's Long Shadow", *New York Times*, 30 de março de 2013; Frederic Bancroft, *Slave Trading in the Old South*, 1931, Nova York: Frederick Ungar, 1959, p. 363, para citações sobre a febre. Ver também Johnson, *River of Dark Dreams*, pp. 374-78; John Craig Hammond, *Slavery, Freedom, and Expansion in the Early American West*, Charlottesville: University of Virginia Press, 2007; Matthew Mason, *Slavery and Politics in the Early American Republic*, Chapel Hill: University of North Carolina Press, 2006; Adam Rothman, *Slave Country: American Expansion and the Origins of the Deep South*, Cambridge: Harvard University Press, 2007, p. 193.
2. Stephen Matterson, "Introduction", in Herman Melville, *The Confidence-Man*, Nova York: Penguin, 1990, p. xxiv. Ao mesmo tempo, Melville também estava questionando esta crença. Ver Hershel Parker, "Politics and Art".
3. *White-Jacket*, pp. 505-6; para o rompimento "radical" de Melville com o passado, Matterson, "Introduction", *The Confidence-Man*, p. xxiv. Para o uso de Melville da disciplina naval e do poder arbitrário de oficiais como uma metáfora da escravidão, e sobre o reconhecimento de um crítico sulista da metáfora, ver Karcher, *Shadow over the Promised Land*, pp. 44-7.
4. Robert May, *The Southern Dream of a Caribbean Empire*, Baton Rouge: Louisiana State University Press, 1973, p. 164.
5. John M. Murrin, Paul E. Johnson, James M. McPherson, Alice Fahs, and Gary Gerstle, *Liberty, Equality, Power: A History of the American People*, Independence Cengage Learning, 2012, p. 463; *Liberator*, 23 de maio de 1851.
6. Robert Cover, *Justice Accused: Antislavery and the Judicial Process*, New Haven: Yale University Press, 1975, p. 251; *The Writings of Henry David Thoreau: Cape Cod*

and Miscellanies, Nova York: Houghton Mifflin, 1906, p. 396; Jeannine DeLombard, "Advocacy 'in the Name of Charity' or Barratry, Champerty, and Maintenance? Legal Rhetoric and the Debate over Slavery in Antebellum Print Culture", in *Law and Literature*, ed. Brook Thomas; Turbinger: Gunter Narr Verlag, 2002, p. 271, Robert D. Richardson Jr. *Emerson: The Mind on Fire*, Berkeley: University of California Press, 1995, p. 496; Louis Menand, *The Metaphysical Club: A Story of Ideas in America*, Nova York: Farrar, Straus and Giroux, 2001, p. 21; Len Gougeon, *Virtue's Hero: Emerson, Antislavery, and Reform*, Athens: University of Georgia Press, 2010, p. 244; William Nelson, "The Impact of the Antislavery Movement upon Styles of Judicial Reasoning in Nineteenth-Century America", *Harvard Law Review* 87 (1974): 513-66; Anthony Sebok, *Legal Positivism in American Jurisprudence*, Nova York: Cambridge University Press, 1998, p. 69; *Reports of Cases Argued and Determined in the Supreme Judicial Court of the Commonwealth of Massachusetts, 1851*, vol. 61, Boston: Little, Brown, 1853, p. 310; Don Fehrenbacher, *The Slaveholding Republic: An Account of the United States Government's Relations to Slavery*, Nova York: Oxford University Press, 2002, p. 234. Para as decisões anteriores de Shaw contra a escravatura, ver Cover, *Justice Accused*. Em 1844, por exemplo, Shaw libertou Robert Lucas, que chegou em Boston no USS *United States* (o mesmo navio que trouxe Herman Melville de volta para casa de suas viagens pelo Pacífico que logo se tornariam famosas). A decisão de Shaw no caso de Lucas foi de certo modo semelhante a uma anterior dada pelo Supremo Tribunal do Estado na ação movida pelos pretensos donos de James Mye, que o haviam alistado como tripulante no *Tryal* com a expectativa de que receberiam uma porcentagem de sua parte. Com Lucas, seu dono o havia alistado na Marinha e recebido seu soldo, mas depois de o navio atracar em Massachusetts, o escravo pediu sua liberdade ao tribunal e Shaw a concedeu. "Apenas uma pessoa livre pode ser parte em um contrato", escreveu Shaw.
7. Parker, *Herman Melville: A Biography*, vol. 2, p. 454.
8. Para "soberania popular" como "supremacia branca", ver Pamela Brandwein, *Reconstructing Reconstruction: The Supreme Court and the Production of Historical Truth*, Durham: Duke University Press, 1999, p. 38; Ashraf H. A. Rushdy, *American Lynching*, New Haven: Yale University Press, 2012, p. 143; Kristen Tegtmeier Oertel, *Bleeding Borders: Race, Gender, and Violence in Pre-Civil War Kansas*, Baton Rouge: Louisiana State University Press, 2009, p. 4.
9. Delbanco, *Melville*, pp. 153-54; Parker, *Melville and Politics*, p. 234.
10. *Benito Cereno*, p. 257.
11. Davis, *Problem of Slavery*, p.563; Douglas Blackmon, *Slavery by Another Name: The Re-Enslavement of Black Americans from the Civil War to World War II*, Nova York: Anchor Books, 2008.

AGRADECIMENTOS

No início dos anos 1920, o jornalista de guerra e escritor britânico H. M. Tomlinson contou um segredo aos americanos. Existia um livro obscuro que certas pessoas usavam como um "teste astucioso" para identificar as de opiniões e gostos semelhantes. Se elas lhe dessem o livro para ler, escreveu Tomlinson no *Christian Science Monitor*, e você "não manifestasse nenhuma surpresa", seria considerado "ruim". Mas, uma vez que elas "tinham quase temor de sua própria convicção", não diriam a você que não era bom. Ficariam em silêncio. Se, contudo, *Moby-Dick*, de Herman Melville, se apoderasse de você, você teria demonstrado ser uma pessoa digna, capaz de "residir em segurança com demônios ou anjos e se manter composta com a mente tranquila entre as estrelas e as profundezas infinitas". Noventa anos depois, senti que tinha a minha senha pessoal para um mundo de demônios e anjos. Quando me perguntavam em que eu estava trabalhando, eu dizia que estava pesquisando os acontecimentos que tinham inspirado uma história de Herman Melville. "Não *Moby-Dick*", eu dizia, "outra." Menos da metade das pessoas tinha ouvido falar de *Benito Cereno*, e menos gente ainda tinha lido o livro. Aqueles que tinham lido, entretanto, sabiam que era diferente. Foi Corey Robin quem me contou o segredo e devo a ele a ideia deste livro.

Ao longo dos anos, mantive uma lista crescente de pessoas que me ajudaram em pequenas e grandes coisas para avançar com este trabalho, e se deixei alguém de fora, peço desculpas. Embora eu cite seus trabalhos ao longo de todo o livro, um crédito especial é devido aos historiadores Alex Borucki e Lyman Johnson. Eles foram extremamente generosos dedicando tempo a responder a minhas perguntas e a ler o manuscrito. De modo que quero agradecer a amigos e colegas, na NYU e em outros lugares, que ouviram, sugeriram, corrigiram e tiveram paciência, inclusive Barbara Weinstein, Ada Ferrer, Sinclair Thomson, Michael Ralph, Gary Wilder, Laurent Dubois, Donna Murch, Chuck Walker, Mark Healey, Karen Spalding, Gerardo Rénique, Jennifer Adair, Debbie Poole, Kristin Ross, Harry Harootunian, Eric Foner, Emilia da Costa, Ned Sublette, Constance Ash-Sublette, Walter Johnson, Fred Cooper, Ernesto Semán, Bob Wheeler, Julio Pinto, Peter Winn, Gil Joseph, Stuart Schwartz, Tom Bender, Matt Hausmann, Amy Hausmann, Robert Perkinson, Christian Parenti, Laura Brahm, Jack Wilson, Gordon Lafer, Josh Frens-String, Christy Thornton, Aldo Marchesi, Ervand Abrahamian, Carlota McAlister, Marilyn Young, Deborah Levenson, Liz Oglesby, Molly Nolan, Lauren Benton, Cristina Mazzeo de Vivó, Henry Hughes, Jorge Ortiz-Sotelo e Chris Maxworthy. Jean Stein gentilmente leu o manuscrito e ofereceu um encorajamento constante, Eleanor Roosevelt Seagraves gentilmente dedicou tempo para conversar sobre as memórias de Delano. Susan Rabiner ajudou a guiar o trabalho desde o início. No meio do projeto, entre a pesquisa de arquivo e a redação, eu entrei numa obsessão por Melville, em cujas profundezas a única coisa que me fazia prosseguir era saber que Richard Kim compreenderia.

Muitas, muitas pessoas ajudaram na pesquisa deste livro, inclusive Roberto Pizarro, Seth Palmer, Liz Fink, Kyle Francis, Matthew Hovious, Flor Maribet Pantoja Diaz, Emiliano Andrés Mussi, Yobani Gonzales Jauregui, Andrés Azpiroz, Christy Mobley e Adam Rathge. Rachel Nolan contribuiu com seus muitos talentos, inclusive um conhecimento imprevisto de santos católicos, para a revisão e checagem dos fatos. Em Mendoza, Luis César Caballeros conduziu uma pesquisa crucial e Diego Escolar foi um anfitrião maravilhoso. Boubacar Barry me ajudou a especular sobre as origens dos nomes dos rebeldes do *Tryal*; Al Cave me passou informações sobre a Guerra Pequot; Clifford Ross me permitiu examinar uma das Bíblias da família de Melville; na NYPL, David Rosado facilitou a reprodução de várias ilustrações e Jessica Pigza montou uma lista de primeiras edições existentes das memórias de Delano; BJ Gooch, o arquivista da Transylvania University Library, confirmou que Horace Holley foi de fato o autor do desenho biográfico de Amasa Delano; Michael Dyer, no New Bedford Whaling Museum, identificou ilustrações; Jennifer Lofkrantz esclareceu certas questões de lei islâmica; em Concepción, Alejandro Mihovilovich Gratz dividiu comigo seu profundo conhecimento das histórias da região, do mesmo modo que Manuel Loyola e Magdalena Varas, membros de uma trupe de dança e teatro, Teatro del Oráculo, dedicada à recuperação da história popular ou "do povo": depois de encontrar uma referência da execução em 1805 de Mori e dos outros africanos ocidentais, eles começaram a pesquisar os acontecimentos do *Tryal*, encenado em 2006, *La Laguna de los Negros*. Informações sobre esta e outras produções podem ser encontradas no website do grupo: http://www.teatrodeloraculo.cl. Elizabeth Bouvier, chefe dos arquivos da Suprema Corte de Massachusetts, ajudou a interpretar documentos relacionados aos vários processos de cobrança de dívida de Amasa Delano; Ron Brown, na New York University School of Law, compilou listas de processos que citavam *Hall et al. vs. Gardner et al.* Eu também gostaria de agradecer a Ibrahama Thioub e Ibra Sene por terem contribuído com seu conhecimento dos arquivos de Dakar.

Carolyn Ravenscroft, a arquivista da Duxbury Rural and Historical Society, merece uma menção especial. Carolyn esteve com esse projeto quase que desde o início, e embora sejam limitadas as vezes em que se pode usar a palavra *generosa* em agradecimentos, ela o foi, e mais que isso. Hershel Parker certa ocasião foi gentil o suficiente para responder uma pergunta por e-mail e espero que ele não lamente tê-lo feito! Desde então ele tem sido excepcionalmente caridoso em responder perguntas e dividir seu conhecimento incomparável sobre a vida e a obra de Herman Melville.

Tive o privilégio de terminar uma cópia final do manuscrito enquanto era um bolsista da Gilder Lehrman Fellow em história americana no Centro Cullman para acadêmicos e escritores da Biblioteca Pública de Nova York. Como se tempo para escrever e acesso às coleções da biblioteca não fossem benefício suficiente, o ano também me permitiu a rara oportunidade de debater toda sorte de assuntos com as pessoas maravilhosas que mantêm o centro e a biblioteca em funcionamento, especialmente Jean Strouse, Marie d'Orginy, Paul Delaverdac, Caitlin Kean e Maira Liriano, e um maravilhoso grupo de bolsistas: Mae Ngai, Betsy Blackmar, Philip Gourevitch, Said Sayrafiezadeh, Valentina Izmirlieva, Gary Panter, Jamie Ryerson, John Wray, Luc Sante, Shimon Dotan, Katie Morgan, Tony Gottlieb, Ruth Franklin e Daniel Margocsy.

Tenho uma enorme dívida de gratidão para com todas as pessoas na Metropolitan Books, inclusive Rick Pracher e Kelly Too, mas especialmente com Riva Hocherman e Connor Guy. Eles me ajudaram mais do que eu conseguiria relatar aqui. Mais uma vez foi um prazer trabalhar com Roslyn Schloss. E Sara Bershtel: sempre que me pedem para comparar as diferenças entre ter um manuscrito revisto por um editor universitário e um revisto por um editor comercial, meus pensamentos se voltam para Sara. Não existe comparação. Ela traz uma dedicação formidável, precisão e inteligência para o pensamento sobre conteúdo e forma de um livro, começando na primeira conversa e só acabando depois de os agradecimentos estarem escritos. Tive sorte por tê-la como editora e ainda mais por tê-la como amiga. Obrigado.

No passado, agradeci a Tannia Goswami, Tosh Goswami e, é claro, a Manu Goswami. Vou fazê-lo de novo, mas desta vez também incluo Eleanor Goswami Grandin, nascida em, dependendo do calendário que se esteja usando, 20 de Rabi-al-thani 1435 ou 23 de Ventôse 220, mas em todo caso começando o mundo de novo.

CRÉDITOS DAS ILUSTRAÇÕES

Estou em dívida para com as seguintes pessoas e instituições pela permissão para publicar imagens de suas coleções: Carolyn Ravenscroft e Erin McGough, da Duxbery Rural and Historical Society (pela pintura do *Perseverance*, imagem 15); ao Schomburg Center for Research, em Black Culture, da NYPL (imagem 5); à Print Collection, a Miriam e Ira D. Wallach, da Division of Art, Prints and Photographs da NYPL (imagens 9, 10, 11 e 20); à General Research Division da NYPL (imagens 21, 25, 27, 28 e 31); à Picture Collection da NYPL (imagem 36); a Michel Dyer, do New Bedford Whaling Museum (imagens 30 e 34); à British Library (imagem 32); e a Garrick Palmer, que gentilmente me permitiu reproduzir duas de suas maravilhosas gravuras em madeira (imagens 33 e 37) que ilustram a edição de 1972 de *Benito Cereno*.

Primeira inserção: página 167

Imagens:
1: "Capturant le Gustave Adolphe", Ange-Joseph-Antoine Roux, 1806.
2: René Geoffroy de Villeneuve, *L'Afrique, ou histoire, moeurs, usages et coutumes des africains: le Sénégal* (1814).
3: Gravura de T. H. Birch, 1837, original no National Maritime Museum (Greenwich, Londres).
4: "Escravos na Costa Ocidental da África", Auguste-François Biard, *c.* 1833.
5: Johann Moritz Rugendas, *Voyage pittoresque dans le Brésil* (...) (1835).
6: "Vista de Montevidéu da Baía, Fernando Brambila, *c.* 1794.
7: Charles Darwin, *Journal of Researches* (...) (Thomas Nelson, 1890).

8, 12 e 13: César Hipólito Bacle, *Trages y costumbres de la Provincia de Buenos Aires* (1833 [1947]).
9, 10 e 11: Jean-Baptiste Debret, *Voyage pittoresque et historique au Brésil* (1834).
14: Amasa Delano, *A Narrative* (...) (1816).
15: da Coleção da Duxbury Rural and Historical Society; fotografia de Norman Forgit.
16: Monumento a Nelson, Liverpool, desenhado por G. e C. Pyne, esculpido por Thomas Dixon, em *Lancashire Illustrated: From Original Drawings* (1831).

Segunda inserção: página 261

Imagens:
18: *C. H. Pellegrini: Su Obra, su vida, su tiempo*, compilada por Elena Sansinea de Elizalde (1946).
19: César Hipólito Bacle, *Trages y costumbres de la Provincia de Buenos Aires* (1833 [1947]).
20: Jean-Baptiste Debret, *Voyage pittoresque et historique au Brésil* (1834).
21 e 25: Alexander Caldcleugh, *Travels in South America* (1825).
23 e 24: Charles Darwin, *Journal of Researches* (...) (Thomas Nelson, 1890).
26: Charles Darwin, *Journal of Researches* (...) (Ward Lock, 1890).
27: George Anson, *A Voyage Round the World* (1748).
28: *The Boy's Own Paper*, 10 de dezembro de 1887.
29: Mapa de Alexander Hogg, em G. A. Anderson, *A New, Authentic, and Complete Collection of Voyages Round the World* (1784).
30: "Ann Alexander", Guiseppi Fedi, 1807.
31: P.D. Boilat, *Esquisses Sénégalaises* (1853).
32: "Plano de la Isla Santa María em la costa del reyno de Chile", 1804.
35: "Vista de Talcahuano", Fernando Brambila, *c.* 1794.

Impressão e Acabamento:
GRÁFICA STAMPPA LTDA.
Rua João Santana, 44 - Ramos - RJ